MANAGEMENT
SIGLO XXI

muy pronto todos dirigiremos
empresas de este modo

FINANCIAL TIMES
Prentice Hall

En un mundo cada día más competitivo, sólo las ideas marcan la diferencia.

Ideas que abren puertas, métodos para resolver problemas o simplemente información para entender mejor lo que está pasando en el mundo de la economía y de los negocios. En Prentice Hall, contamos con los autores líderes del mundo empresarial y financiero, para presentarle las últimas tendencias del mercado global.

Abrir nuevas vías en su negocio, desarrollar su carrera o ampliar sus conocimientos... Le proporcionamos las herramientas adecuadas para llegar a todas sus metas.
Para más información sobre nuestras publicaciones visítenos en:

www.pearsoneducacion.com

Pearson Educación

SUBIR CHOWDHURY

peter senge
c k prahalad
kouzes & posner
ghoshal & bartlett
rosabeth moss kanter
con otros autores

MANAGEMENT
SIGLO XXI

Traducción de Francisco Ortiz Chaparro

FINANCIAL TIMES
Prentice Hall

Madrid - Londres - Nueva York - San Francisco - Toronto - Tokyo - Singapur - Hong Kong
París - Milán - Munich - México D. F. - Santafé de Bogotá - Buenos Aires - Caracas

SUBIR CHOWDHURY
Management Siglo XXI

Todos los derechos reservados.
No está permitida la reproducción total o parcial de esta obra
ni su tratamiento o transmisión por cualquier medio o método
sin autorización escrita de la Editorial.

DERECHOS RESERVADOS
© 2000 respecto a la primera edición en español por:
PEARSON EDUCACIÓN, S. A.
Núñez de Balboa, 120
28006 Madrid

ISBN: 84-205-3059-X
Depósito Legal: M-39467-2000
PRENTICE HALL es un sello editorial autorizado de PEARSON EDUCACIÓN

Traducido de: *Management 21C*
Copyright © 2000 Subir Chowdhury
Capítulo 14 © Peter Senge y Katrin Käufer, 2000
Capítulo 18 © Rosabeth Moss Kauler, 2000
ISBN: 0-273-63963-3

Diseño de cubierta: Mario Guindel y Yann Boix
Fotografía de cubierta © Photonica
Editora de la edición en español: Adriana Gómez-Arnau
Equipo de producción:
Dirección: José Antonio Clares
Técnico: José Antonio Hernán
Maquetación: DiScript
Impreso por: ELECÉ Industria Gráfica, S.L.

IMPRESO EN ESPAÑA - PRINTED IN SPAIN

Este libro ha sido impreso con papel y tintas ecológicos

MANAGEMENT SIGLO XXI

SUBIR CHOWDHURY
Moreen Anderson
Christopher A. Bartlett
Hamid Bouchikhi
David Conklin
Paul Dainty
Paul A. L. Evans
Caela Farren
J. Will Foppen
Robert M. Fulmer
Sumantra Ghoshal
Marshall Goldsmith
Linda A. Hill
Ingalill Holmberg
Rosabeth Moss Kanter
Katrin H. Käufer
John R. Kimberly
James M. Kouzes
Stuart R. Levine
Peter Lorange
Peter Moran
Barry Z. Posner
C. K. Prahalad
Jonas Ridderstråle
Peter M. Senge
Lawrence Tapp
Dave Ulrich

*A mi mujer, Malini,
y a todas las grandes mentes
que han hecho posible este libro.*

TABLA DE CONTENIDO

	Pág.
AGRADECIMIENTOS	xi
PRÓLOGO	xiii
1 Hacia el futuro del management	1
PARTE I – EL LÍDER DEL SIGLO XXI	17
2 El líder janusiano	19
3 El liderazgo sensacional	36
4 El liderazgo como genio colectivo	49
5 El líder dualístico: desarrollando la paradoja	72
6 El edu-líder basado en el valor	90
7 Maestría: la ventaja crítica	103
8 Las mentalidades para ser managers	115
PARTE II – LOS PROCESOS EN EL SIGLO XXI	129
9 La creación de valor: el manifiesto del management del siglo XXI	131
10 El trabajo emergente de los directivos	152
11 Los procesos ultrarrápidos de gestión	163
12 El liderazgo del conocimiento	173
13 Desarrollo del liderazgo futuro	186
14 Las comunidades de líderes o la ausencia de liderazgo	201
PARTE III – LA ORGANIZACIÓN DEL SIGLO XXI	223
15 El puesto de trabajo customizado	225
16 La tela de araña creativa	239
17 Contexto, capacidad y respuesta	255
18 El pensamiento caleidoscópico	271
NOTAS	285
BIBLIOGRAFÍA	301
SOBRE LOS PENSADORES	303
ÍNDICE	311

AGRADECIMIENTOS

Reconozco, con gratitud, mi amplia deuda con los 26 distinguidos pensadores y autores que han colaborado en esta obra. *El Management en el siglo XXI* no se hubiera materializado nunca sin el generoso apoyo de Moreen Anderson, Christopher A. Bartlett, Hamid Bouvhikhi, David Conklin, Paul Dainty, Paul A.L. Evans, Caela Farren, J. Will Foppen, Robert M. Fulmer, Sumantra Ghoshal, Marshall Goldsmith, Linda A. Hill, Ingalill Holmberg, Rosabeth Moss Kanter, Katrin H. Käufer, John R. Kimberly, James M. Kouzes, Stuart R. Levine, Peter Lorange, Peter Moran, Barry Z. Posner, C.K. Prahalad, Jonas Ridderstråle, Peter M. Senge, Lawrence Tapp y Dave Ulrich. Aprecio enormemente el tiempo y el trabajo que han dedicado a este proyecto. Su dedicación y sus aportaciones son imposibles de valorar y me han servido de gran inspiración.

Tengo que agradecer especialmente a Richard Beckhard el apoyo que me ha prestado desde el primer día, y a Marshall Goldsmith, un gran colega y auténtico amigo que me ha inspirado desde la etapa inicial del proyecto.

Debo mucho a Peter F. Drucker, pionero y máximo pensador de nuestro tiempo sobre la dirección de empresas. Sus escritos me inspiran todos los días.

Robert McLeod es un gran amigo mío y un seguidor incondicional de mi obra, que deja, a diario, sus propias ocupaciones para ayudarme. Harriet Levine es un auténtico amigo y su entusiasmo y apoyo en este proyecto me han sido muy válidos. Y otra amiga muy especial del mundo editorial, Cynthia Zigmund, está siempre detrás de mí en todos mis proyectos editoriales.

Estoy agradecido también a todas las asistentes personales y a las investigadoras asociadas que han constituido los enlaces con los colaboradores de *El management en el siglo XXI*. Se incluyen entre ellas, Ginger Bitter, Lisa Cohen, Nathalie D'Aboville, Bárbara Devine, Kristin C. Doughty, Judy Ellis, Catherine Titzsimons, Annette Forbes, Amy Hungerford, Barbera Kooijman, Jean Macdonald, Claire Manefield, Cappy Reed, Willa Reiser, Rita Kauselar Sukul, Amélie Theorell, Andrea Truax, Sharon Wilson y Meg Wozny.

Tengo la suerte de haber podido trabajar con el enérgico editor de Finantial Times Prentice Hall, Pradeep Jethi. Su ánimo es valioso para cualquier autor. Me gustaría dar las gracias también a Amelia Lakin, Martin Drewe, Angela Lewis, Kate Jenkins y Claudia Orrell, de Prentice Hall, por su constante ayuda.

Y, sobre todo, gracias de todo corazón a mi maravillosa esposa, Malini, que me apoya plenamente en todo proyecto que emprendo.

SUBIR CHOWDHURY
Novi, Michigan

PRÓLOGO

Mientras que la revolución de la tecnología de la información nos está acercando unos a otros, la globalización plantea un reto a las aptitudes de nuestro lenguaje y una generación nueva reconfigura nuestra estrategia empresarial. ¿Está cambiando el mundo de los negocios o es la dirección de empresas la que cambia? ¿Dependerá el éxito de la industria manufacturera de que adopte la tecnología de la información? ¿Serán los individuos objetivo de los empleadores, o serán las organizaciones las que sean objetivo de los empleados? Estas fueron algunas de las preguntas que me inspiraron a crear *Management siglo XXI*.

El libro que está leyendo pone de manifiesto los pensamientos y visiones colectivas de algunas de las mejores mentes mundiales. Es un proyecto auténticamente pionero a nivel global. Son los mejores pensadores contemporáneos sobre el *management* los que están aquí, a su alcance. Desde Australia a los Estados Unidos, de Francia a Holanda, de Inglaterra a Canadá, de Suecia a Suiza. *Management siglo XXI* reúne las visiones sobre el nuevo milenio en un libro conciso, que le permite entender los cambios que se están produciendo y los que se pueden esperar. El futuro de las actividades empresariales *será* diferente: ¿qué versiones está leyendo?

Management siglo XXI aporta una detallada descripción de la aparición y desarrollo global de nuevos negocios y culturas, pero también intriga, provocación, ánimo y, sobre todo, cambia las actitudes de todos los que lo leen. En el capítulo I presento conceptos nuevos, como son el Retorno sobre el talento, la Prevención de incendios y el Sistema de gestión del talento.

En la primera parte, descubrimos al líder januasiano, al líder dualísta, el edu-líder basado en el valor, al liderazgo sensacional, el poder del genio colectivo, la maestría y la mentalidad. En la parte 2, "Los procesos en el siglo XXI", se describen las acciones, las aptitudes y las estrategias que necesitarán los líderes y los directivos para poder competir en el futuro. En la última parte, el puesto de trabajo *customizado*, la tela de araña creativa y el pensamiento caleidoscópico le inspiran para reconsiderar a la organización del siglo XXI y ayudarle a prepararse para él.

Management siglo XXI es para los que creen en la guerra creativa, para los que inspiran a otras personas, para los que creen en los demás y no solo en sí mismos, para los que celebran la diversidad, para los que buscan la realización de un sueño constantemente, para los que quieren reconfigurar el mundo del mañana. Algún día, todos dirigiremos empresas de este modo.

CAPÍTULO 1

HACIA EL FUTURO DEL MANAGEMENT

SUBIR CHOWDHURY

El arte de la gestión empresarial está cambiando, y a un ritmo rápido. En el mundo de la corporación, los directivos debaten continuamente la naturaleza evolucionista de los negocios y el efecto que tal naturaleza tiene sobre los mismos. Pero muy pocos se centran adecuadamente en el *management* mismo. Ford constituye un ejemplo del modo en que está cambiando el estilo de la gestión, en un entorno como el de la industria automovilística de los Estados Unidos, conocido generalmente por su resistencia al cambio y por su liderazgo burocrático. Jacques Nasser, director ejecutivo de Ford, se dirige todos los viernes por correo electrónico a los más de cien mil empleados del grupo y les pone al corriente de sus éxitos y fracasos.

Cuando leí por primera vez el libro de Alfred P. Sloan *My Years with General Motors,* descubrí que su extraordinario éxito se debió fundamentalmente a su liderazgo basado en la información. Sloan, que era un visionario, reunió eficazmente la información de los proveedores y la utilizó en su provecho. Medio siglo después, la gestión de la información sigue siendo un instrumento fundamental para tener éxito en los negocios. Fue tan necesaria en aquellos tiempos como lo es en los nuestros. Pero la diferencia fundamental entre sus tiempos y los de Nasser consiste en el método de gestionar la información. Esto nos lleva a meditar sobre la gestión empresarial y sobre su futuro.

El *management,* en este siglo XXI, dependerá de sus fundamentos. Estos se basan en el liderazgo, los procesos y las organizaciones. En este capítulo primero nos ocupamos de estas tres partes vitales de la gestión empresarial del siglo XXI.

EL LÍDER DEL SIGLO XXI

Busque el sueño, aliméntelo y hágalo realidad. Esto es lo que hay que hacer. En el verano de 1998, mientras deambulaba por Silicon Valley en compañía de 20 consejeros delegados, me asaltó una idea: el liderazgo que busca el sueño. Los líderes del siglo XX han estado evolucionando hacia los líderes del siglo XXI adoptando esta manera de pensar. El activo más valioso de los líderes del siglo XXI será la capacidad de soñar, al igual que lo es para los emprendedores. Estos líderes buscarán el sueño, lo alimentarán y lucharán para hacerlo realidad. Pero el sueño es una palabra vacía, a menos que la idea se lleve a la práctica de manera eficaz. Los líderes que triunfan alimentan sus sueños mediante una buena comunicación, inspiran todo a todos los que participan en la organización para que crean también en sus sueños. Tan pronto como un sueño se convierte en realidad, estos líderes van a la búsqueda del próximo. La búsqueda constante de nuevos sueños y el derecho de emprender acciones eficaces para hacerlos realidad constituye el núcleo del liderazgo basado en la búsqueda del sueño.

La comunicación «grupista»

Conviértase en "grupista" en lugar de en individualista. Usted puede disponer de los mejores sistemas de comunicación, pero si es un líder individualista, la organización se resentirá. La clave está en la comunicación grupística. Internet e intranet son sistemas eficaces de comunicación, y los directivos gastan grandes cantidades de dinero en mejorar estos sistemas de comunicación. Lo cual está bien, pero la mayor parte de las veces, los directivos caen en el error de no descubrir la diferencia entre el arte de la comunicación y su medio. He visto a consejeros delegados de varias compañías grandes y medianas de los Estados Unidos introducir Internet para asegurar una comunicación efectiva desde la cumbre de la empresa hasta el nivel más bajo de la misma. Internet no se comunica con las personas, son estas las que se comunican con las personas. Internet no es más que un medio, y ni tan siquiera un sistema de Internet maravilloso garantiza por sí mismo una comunicación eficaz. Todo el mundo sabe que Internet hace que la comunicación sea más rápida, pero el 70% de las personas que reciben correo electrónico no lo contestan inmediatamente. ¿Cuántas de estas personas utilizan Internet como una herramienta de comunicación plenamente eficaz?

Un comunicador "grupista", crea una atmósfera amigable en la que todos se comunican con rapidez. En las grandes organizaciones, la comunicación puede fallar debido a las capas de la burocracia y las personas puede que solo reciban el 10% de la información que se les envía. Las comunicación eficaz ayuda a romper con la tradicional organización jerárquica. También incentiva la comunicación de las noticias tanto malas como buenas, de manera que cualquier tipo de noticia puede viajar desde una punta de la empresa hasta la otra y a través de todos los niveles de la misma. El líder del siglo XXI creerá firmemente en la comunicación grupista, que es rápida e implica a todo el mundo.

La emoción y la creencia, gemelos inseparables

Usted tendría que llegar al corazón, a la mente; provocar la emoción. Cuando trabajaba en una planta de la General Motors como consultor, mi primer cometido consistió en resolver un complejo problema de pintura. Me di cuenta desde el principio de que la causa raíz de cualquier problema de ese tipo tenía que estar debajo de la superficie, y que la solución debería ser conocer a los trabajadores que estaban implicados diariamente en esa área. La dirección ignora generalmente las recomendaciones de tales trabajadores, no valora sus ideas y ni siquiera trata de entenderlos. Los directivos ponen en cuestión sus capacidades y creen en personas extrañas a la empresa antes que en los que trabajan en ella. Además, no tienen en cuenta lo perjudicial que puede ser la presencia de una persona extraña para los que están dentro. Yo era una de esas personas extrañas y, sin embargo, resolví el problema. Lo único que hice fue que, en lugar de centrarme en el problema, me centré en los trabajadores que habían estado implicados en él. Llegué a sus corazones, llegué a sus mentes y creé un lazo emocional con ellos. Les aseguré que no se les penalizaría por el hecho de proporcionarme información. Comunicaría a los directivos todo lo que ellos me dijeran. Y se tomaron inmediatamente las acciones precisas para resolver el problema de acuerdo con mis recomendaciones.

Los directivos deben entender que el compromiso emocional de los empleados es tremendamente valioso para una organización. Para comprometerlos en una nueva estrategia, el reto al que se enfrenta generalmente la dirección consiste en reducir el tiempo entre la concepción de una idea y su puesta en práctica. Una manera de incrementar ese compromiso es conseguir que las personas de toda la organización se impliquen plenamente en la creación de la estrategia. Esto puede ser un gran reto, pero un consejero delegado visionario triunfará si las personas se comprometen emocionalmente en la tarea de alcanzar una meta común.

Créame. Esa debería ser la consigna del líder del siglo XXI. Hay una gran diferencia entre aceptar y creer. La mayor parte de las veces, la gestión crea la clase de cultura que los trabajadores aceptan, pero en la que no creen. El hecho de imponer algo a los empleados es un signo de arrogancia por parte de los directivos. La gente puede aceptarlo por miedo, pero no cree en ello. Esto es importante a la hora del cambio. Cualquier intento de cambio puede fracasar, pero si la gente cree en el cambio, éste se impondrá. Los líderes del siglo XXI deben crear una atmósfera en la que la gente crea en la estrategia, crea en las decisiones de la dirección. Y crea en su trabajo. Cuando la gente cree en las decisiones de la dirección, se produce una corriente emocional en el seno de la organización. Una atmósfera de este tipo hace que una organización prospere. Los líderes que triunfan crean siempre esta clase de entorno, tanto dentro como fuera de la organización.

La creación de un clima de temor es otra gran metedura de pata de los directivos. La mayoría de las veces, los directivos fracasan a la hora de reconocer que sus decisiones crean un clima así dentro de una organización. He visto esto casi en todas partes, desde Nueva Delhi a Detroit, desde Estocolmo a Seúl. El temor afecta de manera negativa a la fuerza y al éxito de una organización. Cuando estuve en Seúl, una ciudad que trataba de recuperar una economía próspera, descubrí, en un gran conglomerado empresarial, que todo el mundo tenía miedo. Los trabajadores, los ingenieros, los directivos jóvenes, todos estaban proporcionando a los máximos directivos informes y datos positivos como consecuencia del miedo. Me di cuenta de que prácticamente todos los gráficos que informaban de una salud creciente eran mentira. Les pregunté por qué hacían esto y la respuestas típica fue: "Si informo de la verdad, suprimirán mi puesto de trabajo". Estos trabajadores no confían en la dirección y no creen en el modo de gestionar de sus altos directivos. Los directivos pueden crear un entorno de trabajo mejor en una organización, eliminando el miedo y creando un lazo emocional con los trabajadores.

La multi capacitación

Los líderes del siglo XXI se tendrán que hacer más multicapacitados o polivalentes que sus predecesores del siglo XX. Para conseguir el éxito serán vitales los conocimientos de idiomas, de culturas y de una amplia gama de temas. No podrán utilizar todas sus potencialidades, a menos que sean expertos en la materia de que traten. Pero los líderes del mañana tendrán que ser expertos en varios campos, porque si quieren adquirir conocimientos, los pueden obtener. Cualquier especialidad se puede aprender. La ignorancia no constituirá una excusa.

Una de las características importantes de un líder polivalente es su capacidad para animar la diversidad. El verdadero compromiso con tal diversidad comienza con una clara visión y estrategia. La valoración de la diversidad crea un entorno que estimula la emoción y que anima a todos a alcanzar su pleno potencial. Como dice Lewis Platt, el director de Hewlett-Packard:

> "Creemos que nuestra diversidad representa una fuerza tremenda en Hewlett-Packerd. Nos permite reunir una amplia gama de potencial humano. La diversidad de HP constituye una ventaja competitiva para nuestros clientes, nuestros empleados y nuestra empresa."

El verdadero reto que afronta el mundo de la organización no es la distancia geográfica, sino la distancia cultural. La diversidad ha sido siempre el principal reto de los

Estados Unidos, pero también es su mayor fortaleza. Las organizaciones que puedan adoptar y gestionar la diversidad como estrategia de negocio, triunfarán. Muchas organizaciones hacen afirmaciones a la moda sobre la diversidad, pero, ¿cuántas hacen algo, realmente, en este terreno? La diversidad es un imperativo del mundo de los negocios. La consolidación de Internet ha desafiado a las empresas a hacerse más diversas cada día, y en el mundo competitivo de hoy, tan rico en información, nunca sabemos de donde puede venir la mejor idea.

La mentalidad siguiente

Los líderes del siglo XXI ansiarán alcanzar la meta siguiente. Lucharán por casi todo aquello que incremente el éxito de sus organizaciones. Los directivos tradicionales se duermen en los laureles, una vez que han conseguido algo, en lugar de luchar por el objetivo siguiente. Esta actitud daña a sus organizaciones. Los buenos líderes celebran los éxitos, pero inmediatamente se ponen a trabajar para conseguir el siguiente. La actitud más extendida entre los líderes del mañana será la de "¿Qué es lo siguiente?". Yo lo denomino "el cultivo de la mentalidad de lo siguiente". Tales líderes serán:

- Grandes trabajadores
- Insatisfechos perpetuos
- Centrados en una idea
- Curiosos
- Constantes

En todos los sectores de los negocios se está celebrando una carrera, ya sea en el campo de la innovación, en el de la competencia o en otros. El vencedor conseguirá más ventaja competitiva. Pero para llegar el primero hay que actuar con rapidez, y para reaccionar con celeridad hay que tener mentalidad de lo siguiente.

Un amigo mío, de Silicon Valley, montó una empresa de Internet y la vendió dos años después por la sorprendente cantidad de 80 millones de dólares. Vive aún en un apartamento y trabaja en su siguiente objetivo, en lugar de emplear el tiempo en celebrar el éxito.

El consejero delegado de General Electric, Jack Welch, pone siempre de manifiesto en su liderazgo una mentalidad de lo siguiente e induce esta mentalidad de lo siguiente en todos los que están a su alrededor. En una charla emitida por satélite a todo el país, dijo: "Queremos personas que se levanten todas las mañanas con la pasión por encontrar algo mejor: encontrarlo a partir de sus compañeros en la oficina, a partir de otra empresa. Estamos buscando continuamente".[1]

LOS PROCESOS DEL SIGLO XXI

Los directivos deben reconocer la importancia que tiene aprender las lecciones. Los fracasos enseñan el modo de triunfar en el futuro. Muchos líderes, cuando no consiguen alcanzar una meta deseada, buscan una fórmula mágica, en lugar de aceptar la realidad tal como es. Los líderes y directivos del siglo XXI deben de replantearse los procesos del siglo XX.

Estos procesos deben de centrarse en prácticas esenciales, y en este capítulo me he centrado en cuatro áreas críticas que creo que tendrán un impacto significativo en la organización del siglo XXI. Tales áreas son:

- Educación desde la raíz
- Prevención del fuego
- Interacción directa
- Globalización efectiva

Educación desde la raíz

La educación *desde la raíz,* no simplemente la educación sin más, es la estrategia asesina de los directivos. La educación *desde la raíz* implica la formación de todo el personal, sin discriminación alguna, desde el presidente hasta el último obrero de la fábrica. A menudo, los directivos olvidan dar formación al personal de los niveles más inferiores. En una fábrica norteamericana, los directivos estaban cambiando el software de análisis de Lotus a Excel. Reparé en que se les estaba formando en Excel, pero no se estaba formando a los empleados de los niveles más inferiores, a pesar de que ellos iban a ser los principales usuarios de la hoja del cálculo. Seis meses después, los directivos a los que se había proporcionado la formación habían dejado de utilizar el nuevo programa y habían delegado las tareas relacionadas con el mismo en aquellos empleados a los que no se había formado en primer término. Este tipo de práctica de gestión es preocupante.

La educación *desde la raíz* ayuda a poner en práctica la implementación adecuada, tanto se trate de un nuevo sistema informático como de la estrategia de la empresa. La formación sin la implementación significa que la organización está tirando el dinero. He visto gastar millones de dólares a ciertas organizaciones para formar empleados en la utilización de herramientas específicas, pero, en muchas ocasiones, estos empleados no las van a utilizar en el desempeño normal de su tarea. Después se preguntan los directivos por qué no se perciben resultados del dinero empleado en formación.

Todo programa de formación debe contar con un plan de implementación estratégica, y los directivos deben controlar siempre tales planes para asegurarse de que la formación no ha sido una pérdida de tiempo. Cientos de empresas multinacionales invierten todos los años miles de millones de dólares en formación para el liderazgo. Conozco a algunos directivos medios de estas corporaciones que han asistido a estas sesiones de formación y nunca he visto cambio real alguno en sus capacitaciones o en el modo de hacer las cosas. La alta dirección debe controlar los resultados de estas actividades de formación en todos los niveles de sus organizaciones.

Sin una formación *desde la raíz,* es más difícil la puesta en práctica del cambio. Perderá su *momentum,* a menos que todos traten realmente de hacer que se produzca. Muchas iniciativas fracasan porque los directivos fuerzan el cambio en los empleados, en lugar de formarles sobre lo que trata de hacer la organización. Los cambios llevan tiempo, pero muchos de nosotros no nos damos cuenta de ello.

Antes de introducir el cambio es importante encontrar colegas que se embarquen con uno en el viaje hacia el cambio. Si encontramos a las personas que nos apoyarán en el cambio, estos ayudarán a convencer a otros, que al principio puede que no hayan estado convencidos de nuestros planes, de que el cambio les beneficiará a ellos también. Y recuerde que para conseguir las metas hemos de ser flexibles y creativos. Los directivos hablan del cambio en las reuniones normales, pero la mayor parte de las veces no pueden convencer a su personal de cómo les va a beneficiar el cambio a ellos.

La Ford ha emprendido una gran iniciativa para cambiar la mentalidad tradicional de la empresa mediante la formación. Su consejero delegado, Jacques Nasser, decía en una entrevista publicada en la *Harvard Business Review*: "No se puede inventar una empresa como la Ford de la noche a la mañana; tenemos demasiada tradición. Pero no cabe duda de que hemos de cambiar nuestro enfoque fundamental del trabajo –tenemos que cambiar nuestro ADN–. Y con la formación se consigue mejor esto que con cualquier otro método que yo conozca". El personal ha conseguido sumar unos dos mil millones de dólares a la última línea, gracias a los programas de formación que ha empleado Ford. Ford ha creado una cultura que ayuda a implementar el cambio, en lugar de obligar a su personal a aceptarlo.[2]

Prevención de incendios

Se debe poner en práctica la prevención del fuego y no la lucha contra el incendio. La mayor parte de las empresas continúan recompensando espléndidamente a los directivos que hacen de bomberos. De acuerdo a una encuesta, el 75 por ciento de los directivos estadounidenses dijeron que los buenos bomberos se promocionaban más rápidamente. Sin embargo, no se recompensa a los que previenen los incendios. Hace dos años, discutí con un directivo de la General Motors que estaba enormemente orgulloso de sus equipos de "bomberos" y me contaba como había resuelto un difícil problema uno de esos equipos. "Mi equipo desensambló totalmente el complejo producto y volvió a reensamblar todas las piezas. Problema resuelto y dinero ahorrado para la organización". Le pregunté cual había sido la raíz del problema, pero no me lo supo decir. A continuación, le pregunté cómo podía garantizar su equipo que el problema no se iba a volver a presentar. Tampoco supo responderme. Este modo de operar, que consiste en curar en lugar de en prevenir, es común a muchas organizaciones, desde Norteamérica a Asia y desde Europa hasta Australia.

La prevención no acarrea la gloria inmediata. Muy pocos líderes recompensan a sus directivos por su capacidad para prevenir problemas. Sin embargo, la prevención del defecto mantiene a los clientes satisfechos y leales. Esta es la causa de que perdure el romance de los consumidores estadounidenses con los productos japoneses. En 1996, por ejemplo, el Honda Accord superó en ventas a todos los demás automóviles en los Estados Unidos, estableciendo un récord de ventas histórico. Y en los últimos 18 años, Honda ha ocupado el número 1 en el *ranking* de fidelidad del cliente, según una encuesta de R.L. Polk & Co. Además, en mayo de 1999, Honda anunció un récord en los beneficios por tercer año consecutivo, a lo que le ayudó en no poca proporción el montante de sus ventas en los Estados Unidos. Toyota también se ganó la fidelidad de sus clientes en todo el mundo al poner el acento en la prevención.

En el siglo XXI, los clientes exigirán perfección y exclusividad en los productos y un servicio superior relacionado con los mismos. Pero para conseguir fabricar productos mejores rápidamente, las organizaciones del siglo XXI se han de centrar en incentivar la ingeniería, prestando muchísima atención a "la prevención de incendios". Gene Bylinsky, de *Fortune*, informó en noviembre de 1998 de que una notable máquina, la DC265, producida por la Xerox Corporation, había capturado el 70 por ciento del mercado de las fotocopiadoras controladas digitalmente de la gama alta utilizando herramientas de prevención de incendios como Robust Engineering. La pantalla sensible al tacto de la máquina –una mejora sobre las copiadoras japonesas rivales a base de botones- pone de manifiesto como algunas áreas de la industria americana han comenzado a fabricar productos superiores, después de años de ir tras las huellas de los japoneses.[3] El éxito en el mercado no viene determinado sólo por la alta tecnología: el modo en que los directivos empleen esta tecnología será crucial en el siglo XXI.

Interacción directa

Interactúe con sus clientes –este va a ser el eslogan del año 2000 y de años posteriores. La organización del siglo XXI luchará por el entusiasmo del cliente en lugar de por la satisfacción del cliente. Entusiasmo del cliente significa emoción y fidelidad por parte del cliente, espoleado por el hecho de que el servicio y los productos disponibles para el mismo sobrepasarán sus expectativas. El modo de hacer que una organización obtenga beneficios no consiste sólo en encontrar clientes, sino en retenerlos.

Sorprendentemente, los modos de hacer y mantener clientes están cambiando cada día. Las organizaciones del siglo XXI harán clientes nuevos y leales a través de la interacción directa con ellos. Los clientes necesitan que se les atienda a todas horas. El consejero delegado de IBM, Gerstner, emplea más de la tercera parte de su tiempo en visitar y relacionarse con los clientes del grupo.

Los clientes son más inteligentes de lo que solían, especialmente gracias a la revolución en la tecnología de la información. Ellos no se ocupan de las estructuras de gestión, de la planificación estratégica, de las perspectivas financieras, o del líder de la organización. Se ocupan de los productos y servicios a su disposición. Los clientes valoran el acceso rápido y fácil a los productos y solicitan una gran cantidad de información antes de tomar una decisión de compra. Internet está satisfaciendo plenamente las necesidades de información de muchos clientes, y una empresa podría encontrar útil reunir información de los clientes presentes y futuros creando un foro de Internet. Esto, si se implanta adecuadamente, podría mejorar en gran medida la monitorización del cliente, y la información procedente del cliente influiría en las decisiones relacionadas con el producto.[4] Creo que la organización del siglo XXI producirá centros virtuales de interacción con el cliente. Los directivos, empujados por la creciente competencia, tienen que reaccionar rápidamente para mejorar productos y servicios. Centros como estos proporcionarían los datos necesarios para permitir reaccionar rápidamente ante las necesidades de los clientes.

La globalización efectiva

Incontables organizaciones se están expandiendo internacionalmente y esta es la tendencia principal en el mundo de los negocios en los Estados Unidos, Asia y Europa, aunque muchos consejeros delegados no entienden adecuadamente como globalizar de modo eficaz o cómo ello les ayuda a competir con otros. Pero el simple hecho de que una empresa esté presente a escala global no garantiza que vaya a tener un éxito global, y tampoco lo garantiza el hecho de tener una gran cantidad de banderas nacionales ondeando en el vestíbulo de los cuarteles generales corporativos.

Hace cinco años, las compañías europeas y americanas se hicieron fanáticas de China y de la India, e invirtieron muy fuertemente para convertirse en líderes en dichos países. Presentaron sus caros productos a los consumidores indios y chinos, sin efectuar con anterioridad ningún tipo de estudio cultural, social o político. El automóvil en la India constituye un ejemplo señero. Todos los grandes fabricantes de automóviles de los Estados Unidos y de Europa fueron vencidos gradualmente por el modelo local Maruti, no por su calidad, sino por la conciencia del precio que tenían los consumidores indios. Antes de introducir un producto en un mercado, los directivos tienen que entender a dicho mercado y a sus clientes. Nicholas Trivisonno, presidente y consejero delegado de la empresa de estudios de mercados internacionales con base en los Estados Unidos, A.C. Nielsen, dice: "No hay un cliente global. Cada país y el consumidor de cada país tienen actitudes y comportamientos, gustos y pautas de ahorro diferentes". La empresa está presente en más de 90 países de tres continentes y trabaja para más de 9.000 clientes.[5]

Las organizaciones deben responder a los diferentes mercados adaptando los productos, los servicios y los procesos a los requerimientos locales. McDonald's ofrece hamburguesas de cordero en lugar de ofrecerlas de vaca en la India por consideraciones de tipo religioso, y Baskin-Robbins ofrece en Japón helado con sabor a té verde. Pero deben darse cuenta también de que las adaptaciones locales pueden obstaculizar la aceptación de un producto por parte del cliente. Por ejemplo, la cadena de restaurantes TGI Friday de los Estados Unidos incorporó muchos platos locales en su menú cuando se instaló en Corea del Sur. Los análisis que estudiaron las razones por las que el rendimiento de mercado era muy pobre, pusieron de manifiesto que los clientes se imaginaban que, al ir al restaurante, estaban visitando América, y les disgustaba encontrar los mismos sabores de los mismos platos locales antiguos.[6]

La globalización puede ser un beneficio o un inconveniente para una organización, dependiendo de la situación política y económica de un país. Hace tres años, las empresas hacían bien invirtiendo en Asia, pero recientemente estas inversiones han conocido malos tiempos. Por otra parte, empresas asiáticas que invirtieron en Occidente obtuvieron beneficios. La globalización entraña siempre riesgos que pueden variar de un país a otro. La clave está en saber con qué rapidez puede reaccionar una empresa ante este cambio dramático. Los directivos que quieran crecer y crear riqueza de manera consistente en esta atmósfera volátil, deben:

- estudiar la cultura, el mercado y la competencia locales.
- preparar un modelo de negocio que sirva efectivamente a las necesidades del mercado.
- animar a los empleados a que conserven los valores locales.
- introducir productos nuevos e innovadores con sabor local.

LA ORGANIZACIÓN DEL SIGLO XXI

En el invierno de 1999, cuando estaba escribiendo acerca de la gestión en el siglo XXI, varias mega fusiones sacudieron el mundo de la corporación americano. Europa estaba anticipando la introducción de una moneda común y la crisis económica en Asia continuaba. De mis dispersos pensamientos surgió una nueva idea: la organización centrada en el talento. El éxito de la organización del siglo XXI dependerá de la utilización eficaz de personas con talento. Las organizaciones centradas en el talento buscarán constantemente talento nuevo, lo retendrán, satisfaciendo sus necesidades, lo utilizarán de manera eficaz y crearán un entorno incentivador para que trabajen en él.

Son las personas las que crean las organizaciones, y son las personas las que pueden destruirlas. El activo más valioso en los negocios no es la tecnología ni el capital, sino la gente. La fuerza fundamental de la organización del siglo XXI será su personal. Cuando las organizaciones virtuales están celebrando su éxito en los mercados financieros y rompiendo las reglas de juego de las bolsas de valores, deberían recordar que deben su éxito no a la tecnología de que disponen, sino a lo que está detrás de ella: la gente: vieja, joven, mujeres, hombres, blancos, negros. En su libro de 1998, *The Human Equation,* el profesor Jeffrey Pfeffer, de la Standford Business School, decía que: "Las empresas que gestionan bien al personal superarán en rendimiento a las empresas que no lo hagan en un 30 o un 40%".[7] Las personas dirigen personas, dentro y fuera de la organización. La gestión eficaz del personal es un reto al que habrán de enfrentarse cada vez más los directivos del siglo XXI.

Retorno sobre el talento

Durante décadas, las organizaciones han utilizado parámetros de medida como el retorno sobre inversiones y el retorno sobre activos. Las organizaciones del siglo XXI utilizarán una unidad de medida llamada retorno sobre el talento (RST). Las ecuaciones que miden los negocios en la actualidad solamente se ocupan del capital, pero el retorno sobre el talento se expresa que la siguiente manera:

$$ST = \frac{\text{conocimiento generado}}{\text{inversión en talento}}$$

El RST mide el retorno de la inversión en la gente. Pone de manifiesto si los directivos están reclutando a las personas adecuadas y de qué manera las utilizan para conseguir el éxito. Puede ser una medida cualitativa o cuantitativa, según el punto de vista de los directivos. ¿Consiguen los directivos el máximo retorno de su inversión en cada uno de los minutos del día? Si los directivos quieren ver resultados cuantitativos, pueden poner una etiqueta de precio sobre el conocimiento generado basado en los resultados.

Los directivos eficaces ponen en práctica la medida de retorno sobre el talento para controlar el rendimiento y prevenir las oportunidades. Esto determina si la inversión es beneficiosa o no. Para hacer que la inversión sea beneficiosa, la dirección debe:

- medir constantemente el RST.
- mejorar constantemente el RST.
- barajar los talentos una y otra vez.

La generación de conocimiento

El valor de la generación de conocimiento se incrementa con el despliegue efectivo del mismo. La generación de conocimiento efectiva da lugar a un RST alto. Consigue que los trabajadores sean creativos, que innoven, que los procesos se flexibilicen, que se produzcan mejoras continuas en el producto y que las comunicaciones sean las adecuadas. Ayuda a los directivos a ser flexibles, a capitalizar las oportunidades y a mantener el ritmo del cambiante entorno de los negocios.

Las personas de talento influyen en los que están a su alrededor y su conocimiento se acabará compartiendo a lo largo del tiempo. Se debería recompensar a todos los generadores de conocimiento, en todos los niveles de la organización. Si los directivos del siglo XXI quieren que estos generadores de conocimiento alcancen su rendimiento máximo, deberán evitar encomendarles tareas rutinarias.

Invertir en talentos

La organización que no invierte en talentos se queda estancada. He visto a las organizaciones invertir en tecnología, en máquinas y en personas. Pero en el siglo XXI, la inversión más valiosa de las tres será la que se haga en las personas. No obstante, los directivos deben tener cuidado también en invertir en las personas adecuadas, en aquellas cuyas capacidades se ajusten a las necesidades de la organización. La generación de conocimiento y la inversión en talentos están en el centro del RST, que creo que será la clave del éxito de las organizaciones del siglo XXI. Un RST elevado depende de un eficaz sistema de gestión del talento.

El sistema de gestión del talento

Un sistema de gestión del talento(SGT) es una herramienta muy eficaz para una organización. Los directivos que la utilizan pueden sacar el adecuado partido a las capacitaciones de los empleados de talento. Una organización puede contar con una gran cantidad de personas de talento, sin que produzcan resultados significativos. Esto se debe a la falta de un SGT adecuado. Estas mismas personas producirían buenos resultados si trabajasen en una organización que utilizara un sistema de gestión del talento. Este sistema tiene cuatro elementos:

- Atracción de los talentos
- Retención de los talentos
- Gestión de los talentos
- Identificación de los talentos

Atracción de los talentos

La búsqueda sin descanso de personas con talento debería ser una de las estrategias principales de la gestión. Cada vez son más las empresas que no pueden reclutar a personas con talento con la rapidez con que las necesitan. Esta escasez de talento es el principal obstáculo para el crecimiento de una empresa, por lo que superarlo puede constituir una gran ventaja estratégica. Pero el dinero por sí solo no es suficiente. Las personas de talento desean formar parte de una organización en la que puedan creer, que las mantenga motivadas continuamente. Todas las organizaciones deberían crear un entorno de trabajo flexible que atraiga a las personas de más talento, a fin de generar el conocimiento que necesita la organización.

Retención de los talentos

La organización que tenga éxito en el siglo XXI no tendrá garantizada la lealtad de las personas de talento. Tendrán que reclutarlas y retenerlas constantemente, y así tendrán *think-tanks* a todos los niveles. Uno de los factores más importantes de la organización del siglo XXI será el compromiso mutuo entre el empleador y el empleado. Joe Liemandt, consejero delegado de Trilogy Software, una empresa de software de rápido crecimiento, dice que trata a sus empleados como si "todos fueran directivos, todos fueran socios, todos fueran accionistas". Y cree firmemente que en esto reside el éxito. Pero su preocupación mayor consiste en mantener a sus empleados de talento. Sabe que estos pueden irse a cualquier parte. "No hay nada más importante que reclutar y desarrollar a personas. Esta es mi tarea número 1."[8]

Barb Karlin, director de personal de Intuit, dice: "Si pierdes a la gente grande, pierdes el éxito. Así de simple". La organización debe crear una atmósfera que haga que las personas de talento quieran permanecer en ella.

Gestión de los talentos

La gestión de los talentos es una especialidad diferente, que tiene que aprenderse. Los directivos tienen que saber cómo obtener el mejor rendimiento de las personas, y el modo de situarlas estratégicamente en el puesto adecuado, de manera que no se vean distorsionadas por el trabajo rutinario. Los directivos deben proporcionar el escenario en el que puedan producir el máximo conocimiento, la máxima innovación, y tener el máximo impacto. De hecho, el talento gestionado estratégicamente generará el retorno máximo. Creo firmemente que las organizaciones del siglo XXI tendrán directores de talento, que gestionarán eficazmente el talento dentro y fuera de la organización. Estos directores de talento deberán contratar a los mejores, utilizar a los mejores y retener a los mejores.

Identificación de los talentos

El talento es un recurso escaso y también, frecuentemente, oculto. He trabajado año tras año con directivos que no saben cómo identificar a las personas de talento. El ejemplo principal es la General Motors. He encontrado en esta empresa a muchos hombres y mujeres brillantes, pero creo que la dirección no consigue utilizarles eficazmente. Estas personas son talentos ocultos. Son talentos frustrados y, por consiguiente, talentos improductivos. Si los directivos de General Motors no utilizan estos talentos adecuadamente en el siglo XXI, alguna otra empresa los utilizará. Los directivos deben identificar los talentos ocultos en los empleados actuales, antes de contratar talentos nuevos.

La búsqueda continua de la innovación

La organización del siglo XXI tendrá que reinventar su producto diariamente. El consejero delegado de Snapples, fabricante de bebidas no alcohólicas, Michael Weinstein, que dio la vuelta a la empresa, decía en el *Wall Street Journal*: "No estamos en el negocio de la bebida sin alcohol; estamos en el negocio de la moda. Es una búsqueda constante de nuevos productos, sabores y envases dirigida a los consumidores que quieren lo último".[9]

El proceso creativo es siempre caótico, pero las organizaciones innovadora cuentan siempre con personas persistentes que hacen que las cosas sucedan. Las organizaciones del siglo XXI apoyarán a las personas persistentes y las animarán a creer en sus sueños. Enron ha sido denominada la más admirada de las 500 compañías de *Fortune* en la categoría de la innovación, durante varios años consecutivos. Su presidente y consejero delegado, Kenneth L. Lay, dice en su sitio web: "Creemos firmemente en las competencia. Generalmente, todas las industrias que se abren a la competencia se ponen a innovar de una manera tremenda casi de forma inmediata. Enron es un laboratorio para la innovación".[10] Este compromiso con las innovación de la alta dirección cala en todos los niveles.

Pueden producirse fallos, pero esto forma parte del juego. Deberíamos aceptar los fallos y aprender de ellos. Albert Yu, vicepresidente primero del Intel's Microprocessor Products Group, y persona responsable de alimentar las máquinas innovadoras de la superpotencia mundial en semiconductores dice:

> "Un fallo estrepitoso tiene un poder tremendo. El infame fallo de Pentium en 1994 fue devastador y pasamos por todos los estadios que la aflicción: negación, rabia y aceptación. Fue increíblemente penoso para la compañía y para mí personalmente. Pero, a resultas de ello, conseguimos mejorar. Marcó una transición cierta. Yo soy una persona diferente hoy día. Ha cambiado el modo en que validamos nuestra tecnología antes de que salga a la calle. Pasamos de tener una orientación a la ingeniería del producto a orientarnos al con-

sumidor... Todos reconocemos que el problema amenazaba las imagen de Intel. Teníamos un auténtico equipo de trabajo y afrontamos la crisis juntos. Hoy sabemos que podemos responder a cualquier crisis diez veces más rápidamente que antes".

CONCLUSIÓN

En este capítulo 1 he presentado unos conceptos que creo que tendrán un profundo impacto en el siglo XXI y que se podrían aplicar fácilmente tanto a las instituciones sin ánimo de lucro, como a las empresas mercantiles, y tanto a las organizaciones gubernamentales como a las empresas multinacionales.

¿Que ocurriría si un país deseara operar bajo el «sistema de gestión del talento» o «del liderazgo buscador del sueño»? Curiosamente, estos conceptos no tienen fronteras. Por ejemplo, la India dispone de una fuerza de trabajo con enorme talento y multitud de líderes. Pero lo que le falta al país es un sistema de gestión del talento.

El ciberespacio ha estado derribando fronteras geográficas desde su nacimiento, pero las mayores aventuras del ciberespacio se originan aún en los Estados Unidos. Esto no se debe a que los demás países carezcan de riqueza o de talentos, sino a la falta de sueños. Hombres y mujeres jóvenes de todo el mundo desean venir a los Estados Unidos porque es la nación que les muestra cómo soñar, la que les anima a tener ideas y la que crea el éxito. Los Estados Unidos han sido siempre líderes globales en la práctica del liderazgo basado en la búsqueda del sueño.

PARTE I

SIGLO XXI

LÍDER

¿Cuáles son, pues, las implicaciones para el líder del siglo XXI? ¿Qué le lleva a inspirar a los demás para alcanzar el éxito? Los expertos en liderazgo y profesores James M. Kouzes y Barry Z. Posner abren la primera parte del libro y presentan al *Líder janusiano* —al líder que tiene la capacidad de mirar hacia adelante y hacia atrás, para presidir los resultados y los principios, los amaneceres y los ocasos—, que pregunta: "¿Qué he aprendido sobre el liderazgo a largo de mi carrera y que me sirva para el futuro? ¿Qué hemos aprendido colectivamente sobre el liderazgo que podamos enseñar a los demás, de manera que se puedan beneficiar de nuestra experiencia?". Kouzes y Posner presentan siete lecciones claves que resisten el examen del tiempo. Declaran confidencialmente que, cuando llegue el siglo XXII, estas lecciones serán tan válidas como lo son hoy día.

La obligación de prepararse para un futuro digitalizado y globalizado ha puesto de manifiesto la necesidad de un liderazgo nuevo y distinto -innovador, apasionado, sensacional. Se trata de líderes que tienen un sueño e ideas únicas y que suponen una auténtica ventaja competitiva. El líder tradicional medio no sobrevivirá en el próximo milenio. Si queremos ser competitivos, tenemos que adoptar el último tabú -construir a partir de la emoción y de la imaginación. Los profesores Ingalill Holmberg y Jonas Ridderstrale, de la Escuela de Economía de Estocolmo, predicen que los líderes y las organizaciones del futuro se verán forzados a encontrar caminos innovadores para incrementar el ritmo de la *destrucción creativa*.

Las corporaciones de nivel mundial del siglo XXI utilizarán colectivos de individuos con talento, apasionados y diversos que evolucionan constantemente. Los líderes de éstos moldearán lo que es, en esencia, *el genio colectivo,* como define Linda A. Hill, profesora de la Harvard Business School. Como quiera que el entorno competitivo ha cambiado fundamentalmente, la gestión estratégica del talento es la clave para conseguir ventaja competitiva. Gestionar la adecuación al puesto y la forma en que los individuos trabajan en la organización se está convirtiendo rápidamente en el dilema fundamental del liderazgo. En este capítulo, la autora ha trazado el perfil de una selección de nuevos altos directivos de *young ventures*. Hill nos ayuda a entender el proceso necesario para desarrollar y liberar el poder de talentos y equipos altamente interactivos.

El liderazgo se ha convertido en la tarea de aprovechar creativamente la tensión entre fuerzas opuestas. Esto es ya evidente, y a medida que nos adentramos en el nuevo milenio, las implicaciones de liderar y vivir en un mundo pleno de dualidad, dilema y paradoja se harán más obvias. Esta es la predicción subyacente en el capítulo del renombrado pensador Paul A.L. Evans. El profesor Evans, del INSEAD, ayuda al lector, de manera muy convincente, a reconocer las dualidades en la vida de hoy y nos pone el ejemplo de la firma L'Oreal, líder en el mundo de la cosmética y la empresa más consistente y próspera de Francia. También nos proporciona lecciones e ideas sobre cómo sobrevivir en mundo de la paradoja y las dualidades.

Start R. Levine cree que las cualidades de liderazgo basadas en el valor ayudarán a los líderes a aprender, adaptar y responder positivamente en el nuevo milenio. Señala también que el individuo más admirado será definido como un *edu-líder,* una persona motivada por valores íntimos que construye relaciones de confianza a través de la comunicación eficaz. El líder, por la misma naturaleza de estas cualidades, se centra en impulsar hacia adelante a las personas y a las organizaciones, enseñando a sus empleados e incrementando su competencia. En este capítulo, Levine presenta siete principios que definen los elementos de la transición con éxito del siglo XX al XXI.

Caela Farren cree que el dominio de una profesión o de un oficio será la ventaja crítica o incluso una necesidad para los líderes y directivos del siglo XXI. Farren nos conduce a través de seis áreas críticas que afectan a la organización y nos invita a los directivos de hoy a convertirnos en los maestros del mañana.

En el futuro, los directivos que sean capaces de aprender y de adaptarse continuarán mereciendo un premio. Paul Dainty y Moreen Anderson predicen que será fundamental para el éxito de estos directivos la capacidad de entender y gestionar en función del enfoque mental de cada uno, o "mentalidad". Han argumentado que la complejidad y el cambio constante caracterizarán los entornos de trabajo de la gente y que los individuos que quieran triunfar necesitan pensar de manera más amplia en las capacidades y mentalidades que aportan a sus puestos de trabajo. Los profesores Dainty y Anderson, de la Melbourne Business School, predicen también que, para muchas empresas, las batallas corporativas del milenio se librarán más para cambiar las mentalidades que para cambiar la tecnología.

CAPÍTULO 2

EL LÍDER JANUSIANO

JAMES M. KOUZES Y BARRY Z. POSNER

Jano, la antigua deidad romana, preside el portal por el que nos adentramos en el siglo XXI. Desde el año 153 a.C., enero ha sido el mes de Jano, y el 01/01/00, Jano saluda no sólo la llegada de un año nuevo, sino también el nacimiento de un nuevo milenio. Jano, representado a menudo con dos caras —una para mirar al pasado y otra para mirar al futuro— es el que mejor representa el espíritu de este momento.

La capacidad para mirar hacia adelante y hacia atrás es fundamental a la hora de aprender y de liderar. De hecho, los estudios ponen claramente de manifiesto que la habilidad para mirar primero a nuestro pasado, a fin de no adentrarnos ciegamente en el futuro, fortalece realmente nuestra capacidad para ver este futuro de una manera más clara.[1] Sin embargo, los líderes globales de hoy tienen que operar a la velocidad de Internet, e incluso la pausa de un nanosegundo para meditar sobre las lecciones del pasado parece a muchos una pérdida de tiempo, el recurso más escaso de la actualidad. Sin embargo, recordando a Jano, debemos resistir esa tentación, especialmente en este momento de gran significación simbólica.

El líder janusiano —el líder con capacidad para mirar hacia adelante y hacia atrás, para presidir sobre comienzos y finales, amanecidas y ocasos—, se para y pregunta: "¿Qué he aprendido sobre el liderazgo a lo largo de mi carrera que me pueda servir en el futuro? ¿Que hemos aprendido colectivamente sobre el liderazgo que podamos enseñar a los demás, de manera que puedan beneficiarse de nuestra experiencia?"

Nos hemos preocupado continuamente, durante más de dos décadas, por descubrir qué es lo que lleva a una persona a convertirse y a actuar como líder creíble. Nos ha guiado el deseo de descubrir las prácticas comunes de hombres y mujeres corrientes cuando están ejerciendo su liderazgo. Y, sabiendo que el retrato del liderazgo que surge de los casos de las mejores personas es sólo un cuadro parcial, hemos explorado también las expectativas que tienen de los líderes quienes son objeto de ese liderazgo. Las estrategias, las tácticas, las capacitaciones y las prácticas solamente toman vida cuando entendemos mejor las aspiraciones humanas fundamentales que conectan a los líderes y a los que están bajo su liderazgo.

Nuestro análisis de miles de casos, encuestas y estudios empíricos ponen de manifiesto una pauta coherente de prácticas de liderazgo ejemplar y de expectativas fundamentales de los liderados. Aunque queda mucho por aprender todavía, presentamos, en este capítulo, siete lecciones claves que resisten el examen del tiempo y que merece la pena que permanezcan con nosotros a la hora de pasar de un milenio al otro. Afirmamos que cuando llegue el siglo XXII, estas lecciones serán tan válidas como los son hoy. De manera que, ¿qué es lo que lleva a liderar a otros para conseguir que se hagan cosas extraordinarias en las organizaciones, y cuáles son las implicaciones para este líder del siglo XXI?

LECCIÓN 1
EL FUNDAMENTO DEL LIDERAZGO ES LA CREDIBILIDAD

Muchas personas en todo el mundo están hartas, disgustadas, enfadadas y pesimistas respecto del futuro. En algunos lugares, la alienación es más intensa que nunca. La lealtad de las personas hacia las instituciones, y de las instituciones hacia las personas, se hunde como una piedra. Nos gustaría más luchar que conectar; pero tenemos que conectar. En un clima como éste, ¿cómo puede un líder movilizar a una audiencia que aparentemente no quiere movilizarse, para conducirla a un futuro desconocido e incluso incierto?

Con el fin de responder a estas preguntas, nos hemos vuelto hacia los implicados, hacia los seguidores. Hemos preguntado a personas de más de treinta países y representantes de todos los sectores y funciones concebibles qué es lo que "buscan y admiran en un líder, en una persona a la que seguirían voluntariamente". La gente nos ha contestado de manera coherente desde 1980, y nos contesta aún hoy, que las cualidades que buscan en un líder son estas cuatro: que sea honesto, que tenga visión de futuro, que inspire entusiasmo y que sea competente.[2] Los que contestaron a nuestra investigación creen firmemente que desean líderes íntegros y que susciten confianza, que tengan visión y sentido de la dirección, entusiasmo y pasión, así como experiencia e historial en hacer cosas.

Los que da fuerza a estos hallazgos, es el hecho de que las características que se resaltan en ellos son esencialmente las mismas que constituyen la base de lo que los expertos de la comunicación denominan "credibilidad de la fuente". Al evaluar las fuentes de información —ya sean presentadores de informativos en la televisión, vendedores, directivos, físicos, políticos o sacerdotes— las audiencias están más dispuestas a creer en aquellos individuos que consideran sinceros y honestos, y que son expertos y competentes, dinámicos e instigadores. Hemos descubierto en nuestros estudios que las personas que van a seguir un liderazgo esperan de sus líderes lo mismo que de otras fuentes de información creíbles. Quieren a un líder que sea creíble. La credibilidad es el fundamento del liderazgo.

Queremos creer en nuestros líderes. Queremos tener fe y confianza en ellos como personas. Queremos que se pueda creer en su palabra, que crean firmemente en la dirección en la que nos llevan, y que tengan el conocimiento y las cualidades necesarias para conducirnos. La credibilidad es el fundamento sobre el que los líderes y los liderados forjan los grandes sueños del futuro. Sin credibilidad, las visiones se difuminarán y las relaciones se marchitarán. Cuando la gente no cree en el mensajero, tampoco creerá en el mensaje. Estos hallazgos nuestros se han mostrado tan coherentes durante tanto tiempo, que hemos dado en denominar a lo que representan la Primera Ley del Liderazgo.

Pero, ¿cómo superan los líderes el cinismo y restauran la fe y la confianza necesarias para atraer y retener a las mejores personas? La primera acción que deben emprender los líderes consiste en afirmar y mantener la credibilidad personal. Después de todo, el liderazgo es una relación entre aquellos que aspiran a conducir y los que han elegido seguir. La calidad de esta relación influye fuertemente en el compromiso de los miembros de la organización con ella, con su personal, sus productos y sus clientes.

En el fondo de la credibilidad personal están los valores y las creencias. De hecho, credibilidad viene de la palabra latina *credo,* que significa "creo". La gente espera que sus líderes representen algo y que tenga valor para mantener sus convicciones. Cuando los líderes no tienen claro qué es aquello en lo que creen, es mucho más probable que cambien su postura ante cualquier novedad o encuesta de opinión. Por tanto, el primer hito en el viaje hacia la credibilidad del líder es que tenga claros los valores personales. Resulta esencial reparar en que los líderes que más claros tienen sus valores personales son los más comprometidos con las metas y objetivos de la organización.

Implicaciones para el líder del siglo XXI

Para ser un líder, independientemente de la edad que tengamos, hemos de comprometernos en un proceso de auto descubrimiento. La capacidad para ganar el premio gordo de la credibilidad personal depende de hasta qué punto nos conozcamos a nosotros mismos. Los líderes que pretendan hacerse creíbles deben conocer qué son y qué representan. Deben desarrollar y articular un conjunto claro de principios guía, una filosofía del liderazgo. Cuando mejor se conozcan a ellos mismos, mejor podrán acordar las palabras y los hechos.

Todos podemos esperar cambios más masivos y dolorosos del siglo XXI. La eficacia de cualquier cambio e iniciativa de cambio está ligada inexorablemente a la credibilidad de las personas que dirigen los trabajos. Los liderados se sentirán implicados voluntariamente en la extensión en que crean en los que va a patrocinar el cambio. Por eso es aconsejable que los líderes comiencen todos los cambios significativos con un "crédito". No se trata simplemente de "¿creen que el nuevo sistema mejorará nuestro rendimiento?", sino también de "¿creen en mí y en mi capacidad para liderar este esfuerzo por el cambio?".

LECCIÓN 2
EL LIDERAZGO ES ASUNTO DE TODOS

El mito asocia el liderazgo con una posición superior. Supone que liderazgo se escribe con L mayúscula y que se es líder automáticamente cuando se está arriba. Pero el liderazgo no es un lugar, es un proceso. Implica capacidades y habilidades que son útiles tanto si nos encontramos en el despacho de un ejecutivo como si estamos en la línea de producción. Y el mito más pernicioso de todos es que el liderazgo está reservado solamente a unos cuantos. El mito se perpetúa diariamente cuando cualquiera se pregunta: "¿Los líderes nacen o se hacen?" Es cierto que el liderazgo no es un gen y que tampoco es algo místico y etéreo que no puede entender la gente ordinaria. La creencia de que sólo unos cuantos tienen la suerte de poder descifrar el código del liderazgo es un mito. Este es, de todos los mitos del liderazgo, el que ha perjudicado más que ningún otro el desarrollo de las personas y ha retrasado más el desarrollo de países y empresas.

Nuestros estudios han puesto de manifiesto que el liderazgo consiste en un conjunto de prácticas observables y que se pueden aprender. A lo largo de dos décadas de estudio, hemos tenido la suerte de oír o leer las historias de más de 7.500 personas corrientes que han dirigido a otras en la consecución de cosas extraordinarias. Hay muchos millones más. Si hay una lección singular sobre el liderazgo que pueda sacarse de todos los casos que hemos reunido, es esta: el liderazgo es asunto todos.

* * *

De alguien, por ejemplo, como Melissa Poe, de St. Henry's School en Nasville, Tennessee.[3] Poe, que era una estudiante de cuarto curso de primaria, temerosa de la continua destrucción de los recursos de la tierra, escribió una carta al entonces presidente de los Estados Unidos George Bush, pidiéndole ayuda para iniciar una campaña que salvara el medio ambiente para el disfrute de las generaciones futuras. Después de haber enviado la carta, pensó con preocupación que nunca se la presentarían al presidente. Después de todo, ella era solamente una chiquilla. De manera que, como se sentía apremiada por el tema, decidió atraer la atención del presidente haciendo colocar su carta en una cartelera. Con diligencia y trabajo duro, la niña de nueve años consiguió que le colocaran su carta en una valla publicitaria, gratuitamente, y fundó Kids for a Clean Environmet (Kids F.A.C.E.), una organización que tienen como meta desarrollar programas para limpiar el entorno.

Comenzó a recibir, casi inmediatamente, cartas de otros jóvenes que estaban tan preocupados por el entorno como ella. Querían ayudarle. Cuando, finalmente, Poe recibió la desalentadora carta rutinaria del presidente, no vio destrozado su sueño. Ya no necesitaba la ayuda de nadie famoso para difundir su mensaje. Había encontrado en ella misma la persona que necesitaba —ese alguien poderoso que podía inspirar a otros a implicarse y hacer que sus sueños se convirtieran en realidad.

En el transcurso de nueve meses, más de 250 vallas de todo el país incluían su carta gratuitamente y el número de miembros de Kids F.A.C.E. había crecido notablemente. A medida que la organización crecía, el primer proyecto de la Kids F.A.C.E. de Poe, un programa de reciclaje en su escuela, dio origen a un manual lleno de ideas sobre la manera de limpiar el entorno. La impaciencia y el entusiasmo la llevaron a hacer algo y su trabajo se vio recompensado. Hoy día, Kids F.A.C.E. cuenta con más de 350.000 miembros y 2.000 capítulos (www.kidsface.org).

* * *

Poe es la prueba de que no tenemos que esperar a nadie para dirigir. No hay que tener un título o un puesto o un presupuesto. Pero, al ver el liderazgo como un conjunto determinado de rasgos del carácter o ligado a un puesto relevante, se ha construido una profecía auto satisfaciente que condena a las sociedades a contar solamente con unos cuantos líderes buenos. Es mucho más saludable y productivo que empecemos a asumir que es posible que todos seamos líderes. Si asumimos que el liderazgo se puede aprender, podemos descubrir cuántos buenos líderes hay realmente. Que el liderazgo se puede poner de manifiesto en nombre de la empresa, del gobierno, de la escuela, de la organización religiosa, de la comunidad, del grupo de voluntarios, del sindicato o de la familia. El líder que todos llevamos dentro puede sentir la llamada para ponerse en marcha en cualquier parte, en cualquier lugar.

Está claro que no deberíamos engañar a la gente haciéndole creer que puede alcanzar metas que no sean realistas. Tampoco deberíamos suponer que sólo unos cuantos llegarán a alcanzar la excelencia en el liderazgo o en cualquier otra empresa humana. Los que tienen más éxito en conseguir que los demás den lo mejor de sí mismos son los que establecen metas que se pueden conseguir, aunque rompan fronteras, y los que creen que tienen la capacidad de hacer que los demás desarrollen sus talentos.

A medida que crecía el número de personas que contestaba a las preguntas de nuestra investigación, más nos alegrábamos del resultado de la misma. Porque lo que descubrimos, y volvimos a descubrir, es que el liderazgo no es una reserva privada de unos cuantos hombres y mujeres carismáticos. Es un proceso que ponen en marcha las personas corrientes cuando dan lo mejor de sí mismas y de los demás. Queremos que, tanto si se encuentra en el sector público como en el privado, si es empleado o voluntario, si está en primera línea de batalla o en un escalón ejecutivo, si es estudiante o padre, sea capaz de desarrollarse como líder mucho más de los que tradicionalmente se han considerado posible. Liberemos al líder que se encuentra dentro de cada uno de nosotros y ocurrirán cosas extraordinarias.

Implicaciones parar el líder del siglo XXI

Cuando se piensa en todo esto, ¿no resulta que todo lo referente al liderazgo consiste en liberar al líder que hay en cada uno de nosotros? ¿No se supone que los líderes tienen que liberar dentro de la organización la capacidad que todo el mundo tiene para ser excelente? El desarrollo del liderazgo no es lo mismo que el desarrollo de la dirección ejecutiva. Si queremos tener más líderes, tenemos que seguir la pauta de las empresas que implican a los líderes en enseñar a líderes en toda la organización. Debemos ampliar nuestro concepto de liderazgo para incluir tanto a los están en la primera línea de la fábrica como a los que están en los despachos de los ejecutivos. Cuando todo el mundo de las organizaciones se comporte como líderes —cuando todos afronten retos, inspiren a los demás, capaciten, modelen y animen— el compromiso será mucho mayor y el éxito mucho más probable. El secreto de las organizaciones que consiguen altos rendimientos es que todos saben que se espera y se recompensa el liderazgo a todos los niveles y que todos los individuos son responsables de conseguir que se hagan cosas extraordinarias.

———— LECCIÓN 3 ————

EL RETO ES LO QUE DA LA OPORTUNIDAD DE LLEGAR A SER GRANDES

Cuando eligieron a la doctora Charlie Mae Knight nueva superintendente del Ravenswood School District en East Palo alto, California, se convirtió en la duodécima superintendente en diez años. Se encontró un distrito en el que estaban cerradas el 50% de las escuelas y el 98% de los niños estaban por debajo de los niveles académicos de California. El distrito tenía la renta más baja de todo el estado. Las clases estaban llenas de cubos para recoger el agua de lluvia que se filtraba por los decrépitos tejados, el hedor que despedían los lavabos era insoportable y los robos aumentaban de forma acelerada. Las ardillas y las ratas habían comenzado a apoderarse de las instalaciones. Pero, por si todo ello no fuera suficiente, la nueva superintendente tuvo que apechugar con un pleito que duraba diez años y que trataba de cancelar el distrito, por la pobre calidad de la formación que se daba en el, y obligar a los niños a irse a escuelas de fuera de su comunidad.

Estos retos hubieran desanimado a cualquiera, pero no a Knight. Inmediatamente después de tomar posesión del cargo, consiguió apoyo por parte de empresas del área y de fundaciones de la comunidad, a fin de conseguir los recursos que tanto necesitaba. El primer proyecto que emprendió fue la restauración de la escuela de Garden Oaks. Trabajadores voluntarios de la cercana Raychem Corporation repararon el tendido eléctrico y los sistemas de telefonía. Una patrulla de voluntarios eliminó a las ratas con escopetas de perdigones. La comunidad ayudó a pintar el edificio por dentro y por fuera y las ferreterías donaron los suministros necesarios para ello. Al poco tiempo, la gente que residía cerca empezó a llamar para preguntar cuál era el color utilizado para pintar la escuela, con el fin de pintar sus casas haciendo juego con ella. Trajeron árboles y plantas y los plantaron delante de sus casas. Los padres aportaron un nuevo liderazgo y comenzaron a pedir que no se les utilizara solo para pedirles opinión. Como respuesta a ello, se puso en marcha un programa para que los padres pudieran dedicar tiempo, voluntariamente, a la escuela. Los profesores comenzaron a notar que estaba sucediendo algo y quisieron tomar parte también. El distrito pitaba.

A los dos años de la llegada de Knight, los niños superaron los baremos de rendimiento académico en un 51%. (Hoy, una de las escuelas del distrito ha alcanzado el 68%, a kilómetros de distancia del punto de partida). Una de las escuelas del distrito ha sido de las primeras en todo el estado en utilizar la tecnología informática en todas las disciplinas, lo que la distanció tecnológicamente de todas las escuelas de California, y fue la primera escuela elemental que se conectó a Internet. El pleito se terminó. Los ingresos subieron desde los 1.900 dólares por estudiante a 3.500. Y East Palo Alto recibió por primera vez el premio a la distinción, por parte del estado, como consecuencia de sus rendimientos y de sus programas innovadores.

* * *

Si vamos a tener un futuro, y sobre todo si queremos prosperar en un futuro, tenemos que aprender de Knight que los líderes no esperan —de hecho, no pueden esperar— a contar con grandes planes estratégicos, con una legislación nueva, o con obtener un consenso. Knight sabía, al igual que otros líderes que alcanzan resultados extraordinarios, que tenía que conseguir algunas victorias al principio. "Es difícil conseguir que nadie se emocione con la sola manifestación de una visión. Tenemos que hacer algo", nos dijo. "Triunfar al principio fue muy importante porque el triunfo significa movimiento. Tuve que mostrar algunos signos visibles de que se estaba produciendo un cambio si quería mantener el impulso inicial, y para restaurar la confianza de la gente en que podíamos proporcionar educación de calidad."

Los líderes toman la iniciativa. La puesta en marcha de una organización, dar la vuelta a una empresa que tiene pérdidas, mejorar significativamente la condición social, mejorar la calidad de vida de la gente, requiere un espíritu proactivo. Los líderes no se caracterizan por esperar el permiso para empezar, sino por actuar con sentido de la urgencia. Si queremos liderar ahora o en el futuro, lo primero que tenemos que hacer es organizar una descubierta.

Implicaciones para el líder del siglo XXI

Haga algo. Progresamos con los esfuerzos que hacemos, llenos de la mejor intención, para diagnosticar concienzudamente la situación, para cambiar los programas de manera ingeniosa y para conseguir un amplio consenso. Toda intervención consta de teoría y de práctica, pero hay que hacer que las cosas se muevan. Centrémonos en cosas pequeñas, en cosas como pintar y limpiar las escuelas. Hagamos pequeños experimentos en lugar de emprender grandes transformaciones. Transformación es una palabra espantosa. Puede incluso desanimar a la gente. Puede también desencadenar actitudes cínicas. Pequeñas victorias sucesivas dan un crédito enorme a los líderes e inspiran confianza.

―――― LECCIÓN 4 ――――
LOS LÍDERES SE CENTRAN EN EL FUTURO

A las 3 y 29 de la tarde del 15 de octubre de 1978, un equipo de diez mujeres consiguió algo que ningún otro grupo había conseguido. The American Women's Himalayan Expedition fue el primer equipo americano de escaladores que alcanzó la cumbre de la décima montaña más alta del mundo, la Annapurna I. Arlene Blum fue la líder de la expedición. Su conmovedor relato de esa aventura, *Annapurna: A Woman'sPlace* (reeditado por Random House en octubre de 1998) tuvo una gran acogida.[4] Pero, ¿Qué es lo que lleva a un hombre o a una mujer a hacer algo como esto?

> "Para nosotras, la respuesta era mucho más que 'porque estaba allí'", dice Blum. "Todas habíamos experimentado las alegrías, la exaltación y la cálida camaradería de las alturas, y ahora estábamos en camino para un último objetivo: el décimo pico más alto del mundo. Pero, en cuanto mujeres, afrontábamos un reto incluso mayor que el de la montaña. Teníamos que creer lo suficiente en nosotras mismas para intentarlo, a pesar de las convenciones sociales y de 200 años de historia de escaladas en los que las mujeres quedaron al margen, por lo general".[5] Blums habla de cómo se había dicho a las mujeres durante años que no eran lo suficientemente fuertes como para llevar cargas pesadas, que no tenían experiencia en liderar equipos ni la estabilidad emocional necesaria para escalar las montañas más altas. Su fe personal en la capacidad de las mujeres escaladoras se vio confirmada cuando subieron al Mount McKinley, en 1970. "Nuestra expedición daría a diez mujeres la oportunidad de intentar la escalada de unos de los picos más altos y difíciles del mundo, así como la experiencia necesaria para planificar futuras expediciones al Himalaya. Sin triunfábamos, seríamos los primeros americanos que escalaban el Annapurna y las primeras mujeres americanas en alcanzar los ocho mil metros."[6]

Lo que diferencia a los líderes de otras personas creíbles es que miran hacia delante. Aunque el fundamento del liderazgo es la credibilidad, la capacidad para pintar y resaltar una imagen ennoblecedora del futuro constituye ese algo especial que hace que los líderes sean verdaderamente un caso aparte.

Blum vió lo que otros no habían visto. Imaginó algo para su grupo que fue más allá de lo corriente, mucho más allá de lo que otros consideraban posible. Para Blum, esto consistía en probar que las mujeres son capaces de hacer cosas que otros habían considerado imposibles. Ella compartía con otros líderes de nuestro estudio la característica de "ver el futuro", de mirar más allá del horizonte del tiempo e imaginar que las cosas más grandes estaban más adelante. Ellos vieron algo que otros no vieron, de manera vaga, como no podía ser menos por la distancia. Imaginaron que era posible hacer cosas extraordinarias, o que lo ordinario se podría transformar en algo noble. Como dice Blum, "para llegar a alguna parte, tanto en el mundo de la escalada como el de los negocios, tenemos que saber dónde vamos. No estoy hablando de la 'visión corporativa'. Estoy hablando de un cuadro que representa claramente donde quiere ir el individuo".[7]

El consenso sobre la idea de que sin visión se pueden hacer pocas cosas es abrumador. Todas las empresas o proyectos, sean grandes o pequeños, comienzan en los ojos de la mente. Comienza en la imaginación y en la creencia de que algún día puede ser real lo que hoy es sólo una imagen. Cuando falta una clara visión del futuro, los liderados estarán tan nerviosos como los turistas que se encuentran en cualquier lugar del mundo conduciendo por una carretera montañosa, en medio de la niebla.

Implicaciones para el líder del siglo XXI

La escalada de una montaña es una metáfora maravillosa para hablar del liderazgo del cambio organizativo. La cumbre es la visión. Uno mantiene siempre en la mente ese pináculo, a medida que se prepara para la ascensión y la realiza. Don Bennett, el primer manco que escaló el monte Ranier, nos dijo que se imaginaba en la cumbre de la montaña mil veces *cada día*. Los líderes tienen que hacer lo mismo, mantener la mirada fija en la cumbre y la mente concentrada en alcanzarla. Los líderes deben hacer al menos otras dos cosas fundamentales para incrementar su capacidad para enrolar a los demás en una imagen inspiradora del futuro. Primero, deben dedicar más tiempo a pensar, a leer, a estudiar y a reflexionar sobre el futuro. Los líderes tienen que dedicarse a ser futuristas cuando estén visitando sus propios laboratorios de investigación o los laboratorios de una universidad cercana, cuando estén hablando con los colegas de otras partes del mundo, o cuando estén conectados a la red en línea y navegando por la web para encontrar las últimas tendencias.

Deben comprometer también a sus liderados en un diálogo sobre el futuro. Deben comunicar con entusiasmo las oportunidades emocionantes, porque cuando los demás pueden ver claramente cómo encajan en un ideal y en una imagen única del futuro, se sienten significativamente más inclinados a desear alcanzarlo. Es como si tratáramos de ensamblar un rompecabezas. Resulta mucho más fácil de hacer cuando podemos ver el cuadro completo en la tapa de la caja antes de empezar a poner las piezas en su sitio. Los líderes deben ser capaces de pintar vívidamente ese cuadro.

LECCIÓN 5
LOS LÍDERES SON JUGADORES DE EQUIPO

Al principio de nuestro estudio, y cuando estaba en los comienzos de su carrera, pedimos al que hoy es presidente de Amdahl Corporation, Bill Flanagan, que nos describiera qué era lo mejor de su persona. Después de reflexionar unos momentos, nos dijo que no podía hacerlo. Extrañados, le preguntamos por qué y replicó: "Por que no se trata de lo mejor de mí. Fue lo mejor de nosotros. No fui yo. Fuimos nosotros".

El liderazgo no es un sólo. En los miles de casos de liderazgo que hemos estudiado, no hemos encontrado un solo ejemplo de que haya ocurrido algo extraordinario sin la implicación y el soporte activos de muchos personas. Tampoco esperamos encontrar ninguno en el siglo XXI. El liderazgo es un diálogo, no un monólogo.

Cuando la meta es conseguir un rendimiento superior, el ganador debe apostar siempre más por la cooperación que por la competición y el logro individualista. Con la competición casi nunca se consigue el mejor rendimiento. La persecución de la excelencia es un juego de colaboradores. Y esto se hace más cierto cuando las condiciones son extremadamente difíciles y urgentes, como es probable que ocurra en la mayor parte de principios del siglo XXI. El autor y conferenciante universitario Alfie Hohn lo explica de esta manera: "El camino más sencillo para entender por qué la competición no promueve generalmente la excelencia consiste en darnos cuenta de que tratar de hacer bien las cosas y golpear a los demás son dos cosas diferentes".[8] Una se refiere a conseguir lo superior; la otra, a hacer que otro sea inferior. Una se refiere a conseguir cosas, la otra, a hacer subordinados. Los líderes verdaderos no se centran en tirar por el suelo a los competidores, sino en crear valor para sus clientes, conocimientos y capacitaciones para sus estudiantes, salud para sus pacientes y orgullo para sus ciudadanos. En un mundo más complejo e interconectado, las estrategias ganadoras se basarán siempre en la filosofía del "nosotros", y no en la del "yo".

Las colaboración se basa en la confianza. Sin confianza no se puede dirigir. Los líderes ejemplares se dedican a construir relaciones basadas en el respeto y la simpatía mutua. En un reciente estudio de PriceWaterhouseCoopers sobre la innovación en las empresas que aparecen en *Finantial Times 1000*, los investigadores informan de que la confianza fue "el principal de los parámetros que establecían la diferencia" entre las empresas que se agrupaban en el 20 por ciento superior y las que estaban entre el 20 por ciento inferior, de todas las entrevistadas". Dicen los investigadores: "Las confianza que otorgaban los que consiguieron los máximos resultados daba poder a los individuos para comunicar y poner en práctica cambios tendentes a conseguir convertir en realidad los objetivos estratégicos."[9]

Mucho antes de que la palabra *empowerment* se incorporara al vocabulario popular, los líderes que tenían credibilidad sabían que sólo podrían esperar conseguir hacer cosas extraordinarias cuando sus liderados se sintiesen fuertes, capaces y eficaces. Los liderados que se sienten débiles, incompetentes e insignificantes, rinden por debajo de la media con regularidad, desean huir de la organización y están maduros para el desencanto o incluso para la revolución.

Cuando examinamos las veces en que la gente se siente sin poder y las veces en que se siente poderosa, nos quedamos sorprendidos por un mensaje claro y consistente: que el hecho de sentirse poderoso —de sentirse capaz, literalmente— procede de un profundo sentido de tener el control de nuestras vidas. Cuando nos sentimos capaces de determinar nuestro destino, cuando creemos que somos capaces de movilizar los recursos y apoyos necesarios para completar una tarea, persistimos en nuestros esfuerzos por completarla. Pero cuando sentimos que estamos controlados por otros, cuando creemos que nos faltan el apoyo o los recursos, puede que cumplamos, pero no mostramos compromiso para alcanzar la excelencia. Los líderes que consiguen credibilidad, prefieren dejar a un lado su propio poder, con el fin de incrementar el sentido de autoconfianza, la autodeterminación y la eficacia personal de los demás. El hecho de hacer a los otros más poderosos es lo que verdaderamente mejora las posibilidades de alcanzar el éxito.

Implicaciones para los líderes del siglo XXI

Los lazos entre los líderes y los liderados tienen que fortalecerse. Puede que estemos en un mundo interconectado por redes, pero la confianza virtual es una ilusión. La confianza se desarrolla cuando conseguimos conocernos unos y otros, y en este tema no hay otra alternativa que emplear tiempo relacionándonos cara a cara con la gente. Si queremos formar equipos fuertes, tenemos que charlar con los demás de las cosas que preocupan seriamente a la gente. El trabajo del líder es convertir en líderes a los propios liderados, por muy paradójico que pueda sonar. Esto requiere un compromiso profundo con el desarrollo profesional y personal de los otros. Significa compartir, o incluso ceder, recursos a los otros, y demostrar que la gente puede sentirse siempre con poder para elegir. Las palabras claves de los líderes del siglo XXI son servir y apoyar, más que mandar y controlar.

_____ LECCIÓN 6 _____
EL LEGADO QUE DEJA ES LA VIDA QUE LLEVA

Antonio Zárate supo que Metalsa, una empresa de estampación en metal para la industria automovilística, necesitaba una profunda reconfiguración. El cambio en Metalsa comenzó muy poco después de que Zárate, director de operaciones por aquel entonces, visitase el Japón en 1985. "Las empresas japonesas eran un poco diferentes de Metalsa, no sólo por sus herramientas, sino también por sus valores", observa. "Todas las personas que vi parecían preocuparse por los demás; el equipo era más importante que el individuo y la gente era muy honesta".

Zárate creía que el pueblo mexicano compartía estos valores, pero que se inhibía de expresarlos en el trabajo. Sospechaba que la naturaleza burocrática y autocrítica de las prácticas mercantiles tradicionales en México se interponía entre los grandes esfuerzos y la voluntad de la gente. Esto tendría que cambiar si Metalsa se quería convertir en una empresa competitiva en los mercados mundiales.

En 1986, Zárate empezó a promover una nueva filosofía en el campo de las operaciones de Metalsa. Después, en 1988, fue elegido consejero delegado -es decir, que para el mundo exterior es el principal jefe ejecutivo, pero internamente es el coordinador del equipo directivo- y llevó este credo a todas partes de la empresa. Zárate resume el método de Metalsa con la siguiente fórmula:

$$CCMDV = CPT + CCT + L$$

lo que quiere decir que la "Calidad Como Modo De Vida" es el resultado de sumar la "Calidad Personal Total", el "Control de Calidad Total" y el "Liderazgo". Como dice Zárate: "Creemos que la calidad de los productos y servicios solamente se puede conseguir a partir de la calidad de las personas".

La filosofía subyacente procede de un conjunto de valores culturales extendidos por toda la corporación, como la confianza, la solidaridad, el servicio y la formación, y de un conjunto de valores personales individuales, tales como responsabilidad, puntualidad, honradez, humildad, austeridad, paciencia, servicio y la búsqueda de la "calidad personal total".

Zárate sabía que parar extender el cambio tenía que hacer llegar este mensaje directamente a cada uno de los miembros. "Sentí que la gente necesitaba ver que empleaba tiempo en hablarles personalmente sobre la calidad, la filosofía, y del modo en que íbamos a ir para delante", explica. Imploró a los empleados que se concentraran en mejorar la calidad de la persona que llevaban dentro. Sabía que si lo hacían así, y si adoptaban un elevado espíritu de servicio, sus acciones reflejarían seguramente su propia calidad como personas. Les aseguró que si practicaban las actitudes correctas todos los días en cosas pequeñas, todas las cosas acabarían siendo un poco mejor cada día. Él transmitía también a través de estas disquisiciones su creencia de que el servicio al cliente era tan importante como la calidad física del producto. Se mostraba también inexorable en el campo de la solidaridad, al preguntar retóricamente: "Si cuando quieres acabar con tu enemigo tratas de dividirlo, ¿por qué vas a dividir nuestra empresa?".

Las cosas empezaron a cambiar. Los ejecutivos empezaron a servir al cliente y dejaron de ser burócratas. Dejaron de perder el tiempo en el papeleo innecesario. Se eliminaron los relojes para fichar y son los equipos de trabajo los que mantienen ahora sus propios registros de asistencia. Se eliminaron los inspectores y supervisores de control de calidad; su papel lo han asumido los miembros del equipo. En este proceso, Metalsa pasó de tener siete escalones directivos a solamente cuatro —incluido Zárate.

Además de los escalones directivos, se han eliminado también escalones sociales. El estatus ha sido algo inherente a todas las jerarquías, y estaba bastante pronunciado en México. Así que lo primero que eliminó Zárate fue el estatus. Era típico, que en las listas de convocatorias de reuniones se relacionara a los asistentes en el orden marcado por sus cargos. Ahora, todo se hace por orden alfabético. No se reservan sitios de aparcamiento para directivos; todas las plazas están abiertas para todos. La gente no tiene títulos; todos son coordinadores.

Basado en unos valores claros, Zárate ha llevado a los trabajadores de Metalsa desde un futuro cuestionable a un reconocimiento a nivel mundial como fabricante de productos de calidad para la industria del automóvil y como modelo del empresario mejicano ilustrado. Cuando Zárate entró como directivo en 1988, Metalsa operaba solamente con una planta, tenía unas ventas domésticas de 23 millones de dólares, vendía solamente 23.000 dólares por empleado, no exportaba, empleaba a 1.000 trabajadores y tenía una tasa de rechazos del 10%. En 1995, después de siete años bajo su liderazgo, operaba con seis plantas, las ventas se habían incrementado a más de 150 millones de dólares, de los cuales exportaba el 40%, tenía más de 2.000 empleados, las ventas por empleado habían subido a más de 75.000 mil dólares, se había mejorado la productividad en un 200% y se había reducido la tasa de rechazos a un 1%. Había ganado también numerosos premios para proveedores por su calidad, entre ellos el prestigioso QSP de 1994, otorgado por la General Motors y concedido solamente a 171 de sus 30.000 proveedores de todo el mundo.

El futuro es mucho más brillante hoy que hace una década, y Metalsa está posicionada claramente para competir en el mercado global. "La calidad de Metalsa es un modo de vida —dice orgulloso Zárate—, está basada en la condición de que para competir en el mercado es necesario servir. Decimos que la gente tiene que vivir para servir, en lugar de vivir para que le sirvan".

* * *

En nuestro extenso estudio sobre la credibilidad del líder, pedimos a la gente que nos dijera cómo podían saber si alguien es creíble o no. La respuesta más frecuente fue: "Tienen que hacer lo que dice que van a hacer". Para ganar credibilidad, es esencial dar ejemplo. Cuando la gente tiene que decidir si un líder es creíble o no, lo primero que hace es escuchar lo que dice y, después, vigilar lo que hace. Cuando ambas cosas concuerdan, se les concede credibilidad. La gente juzga si quiere poner sus vidas en sus manos de acuerdo a como conduzca su vida. Si sueña con dejar un legado, tenga en cuenta la regla de oro del liderazgo: haga lo que diga que va a hacer.

Implicaciones para el líder del siglo XXI

El test más fiable sobre la credibilidad del liderazgo consiste en conocer qué es aquello a lo que los líderes prestan atención, y lo que hacen. A los líderes se les juzga por el modo en que emplean su tiempo, por la manera de reaccionar ante incidentes críticos, por las historias que cuentan, por las preguntas que hacen, por el lenguaje y los símbolos que emplean, y por las medidas que toman. Toda evaluación organizativa debería incluir un examen de estas dimensiones para los líderes. Estos necesitan ser conscientes de los mensajes que están enviando con sus acciones. Nada incita más al cinismo que la hipocresía, y los líderes tendrán que vigilar constantemente que lo que practican y lo que predican están en consonancia, de manera que puedan dar ejemplo a los demás. Los líderes deben tener claro primero qué es lo que representan y en lo que creen, al igual que Antonio Zárate, y, después, realizar acciones que sean coherentes con estas creencias.

———— LECCIÓN 7 ————

LA SIMPATÍA Y EL AFECTO ESTÁN EN EL CORAZÓN DEL LIDERAZGO

Nos hemos estado engañando a nosotros mismos durante años. Hemos estado funcionando a la sombra de algunos mitos sobre el liderazgo y el *management* que nos han impedido ver la verdad. Primero, está el mito del rabioso individualismo. La creencia en que los mejores resultados se consiguen actuando de una manera individual. "Si quiere que algo se haga bien, hágalo usted mismo", se nos ha dicho. Parecemos contentos de creer que no necesitamos de ninguna otra persona para conseguir hacer las cosas lo mejor posible. Pero el hecho es que no damos lo mejor de nosotros mismos cuando estamos aislados. No conseguimos cosas extraordinarias trabajando solos, sin apoyos, sin que nos den ánimos, sin que se nos exprese confianza y sin que nos ayuden otras personas. No tomamos tampoco de esa manera las mejores decisiones, ni conseguimos las mejores notas, ni corremos más rápidos, ni alcanzamos los mayores niveles de venta, ni inventamos productos que marquen un hito, y tampoco vivimos más tiempo. Pero incluso si pudiéramos conseguir todo esto, ¿cuál sería la diferencia?

Nos hemos desenvuelto también bajo el mito de que los líderes tenían que ser fríos, reservados y analíticos; tenían que separar la emoción del trabajo. Se nos ha dicho que los líderes auténticos no necesitan cariño, afecto ni amistad. A menudo hemos oído que dirigir "no es un concurso de popularidad". "No me preocupa gustar a la gente o no. Lo único que pretendo es que me respeten". Algo sin sentido. En el fondo de todo liderazgo eficaz hay un afecto genuino por la gente.

Una de las entrevistas más edificantes que realizamos en el transcurso de la redacción de nuestro tercer libro, *Encouraging the Heart,* fue la de Toni Codianni, director del Grupo de Desarrollo de Formación de Toshiba America Information Systems, que nos dijo: "La práctica más importante del liderazgo es llegar al corazón de la gente, porque es la más personal".[10] Codianni cree que el liderazgo se ocupa siempre de la gente, y si vamos a dirigir personas tenemos que de preocuparnos por ellas.

El Centro para el liderazgo creativo (Center for Creative Leadership, CCL) ha examinado el proceso de selección de los ejecutivos, y sus resultados apoyan la observación de Codianni. Al examinar las variables críticas para el éxito de los tres principales puestos de las grandes organizaciones, descubrieron que el factor número uno para el éxito es "Las relaciones con los subordinados".[11]

En un estudio más sorprendente aún, el CCL descubrió algo que debería desterrar para siempre el mito del directivo puramente racional. Los investigadores del CCL, utilizando una batería de instrumentos de medición, buscaron un número de factores que pudieran explicar el éxito de los directivos y encontraron que sólo un factor diferenciaba significativamente a la cuarta parte de los directivos superiores de la cuarta parte de los inferiores. (Lo encontraron con un instrumento de evaluación llamado FIRO-B, desarrollado por William C. Schutz, que mide dos aspectos de tres necesidades interpersonales básicas —hasta qué punto expresamos y deseamos inclusión, control y afecto.[12]

La idea que se tiene popularmente de los directivos es que necesitan expresar su capacidad de control. De manera que podemos pensar que este es el factor que distingue a los directivos que han conseguido los mejores resultados de los que han conseguido los resultados peores. Pero esto *no* es lo que halló el CCL. El único factor que diferenciaba a los primeros de los últimos era la *expresión de afecto*. En contra del mito popular del jefe de corazón frío que se ocupa muy poco de los sentimientos de las personas, los directivos que consiguieron los mejores rendimientos se muestran más cálidos y afectuosos hacia los demás. Se mantienen más cerca de la gente, y son significativamente más abiertos a la hora de compartir pensamientos y sentimientos que sus colegas que obtienen resultados peores. Desde luego que estos directivos no carecían de cualidades racionales. De hecho, todos obtuvieron una puntuación muy alta en los tests correspondientes, y todos expresaron también su necesidad de tener poder e influencia sobre los demás. Ocurre simplemente que estos factores no explicaron por qué estos directivos obtenían mejores resultados.

Cuando los investigadores del CCL examinaron más detenidamente sus hallazgos, descubrieron que los subordinados que se encontraban a dos niveles por debajo, en la organización, de los directivos que conseguían mejores resultados, estaban significativamente más satisfechos en conjunto con sus compañeros, con la supervisión, con líderes superiores, la planificación de la organización, la ética y la calidad. Claramente, el ser abiertos y afectuosos recompensa.

Como quiera que la evidencia nos dice que expresar afecto es importante para triunfar, y necesitamos triunfar, resulta que es como si todos tratáramos de que esconder algo que todos necesitamos. Es un secreto que tenemos miedo de revelar porque podría hacernos parecer blandos o indecisos, o Dios sabe qué. Ese secreto es éste: en realidad, todos queremos ser amados.

Es imposible, ante esto, escapar al mensaje de que cuando la gente trabaja con líderes que se preocupan por ella y que les llega al corazón, se siente mejor. Crece su autoestima. Estos líderes liberan el espíritu de las personas, inspirándolas a menudo para que sean más de los que pensaban que era posible. Y esa debe ser, ciertamente, nuestra misión última como líderes.

Implicaciones para los líderes del siglo XXI

Apreciación, reconocimiento, elogio, gratificación. Algún gesto sencillo que diga, "me preocupo por usted y por lo que hace". Así hay que empezar. El hecho de dar ánimos, en forma de un simple "gracias" o de una celebración sofisticada supone una realimentación —realimentación positiva—. Es información que comunica, "está en el buen camino. Lo está haciendo verdaderamente bien. Gracias". Negarnos los unos a los otros este regalo de realimentación positiva es negarnos oportunidades crecientes de éxito.

CREA EN QUE ES CAPAZ DE ESTABLECER UNA DIFERENCIA

En nuestras clases y seminarios, pedimos regularmente a los alumnos que compartan con nosotros una historia sobre un líder al que admiren y cuyos pasos les gustaría seguir. Esperamos que con este ejercicio los alumnos descubrirán por sí mismos que es lo que necesitan para poder ejercer influencia sobre los demás. Tenemos también otro objetivo: queremos que descubran el poder que tenemos cada uno de nosotros para establecer una diferencia.

Todos aquellos a los que hemos preguntado han sido capaces virtualmente de nombrar al menos a un líder que les ha impactado incitantemente. Algunas veces se trata de una figura muy conocida del pasado, que ha cambiado el curso de la historia. Otras veces es un modelo de rol contemporáneo el que sirve como ejemplo del éxito. Y, en ocasiones, se trata de una persona que les ha ayudado a aprender —un padre, un amigo, un sacerdote, un entrenador, un profesor, etc.—.

Verónica Guerrero nos hizo reparar en lo extraordinarias que pueden ser las personas que nos rodean. Guerrero eligió a su padre, José Luis Guerrero, como el líder al que admira. Guerrero contó la historia del liderazgo de su padre en el sindicato UNS (Unión Nacional Sinarquista) en los primeros años cuarenta. Relató con detalle lo que hizo su padre y resumió su explicación con esta observación de José Luis: "Creo que la labor que realicé entonces me ayudó a elevarme a mí mismo, y a otros, a niveles que no sabía que podía alcanzar... Si sientes fuertemente algo, si éste algo va a beneficiar al final a la comunidad y a tu país, no le des la espalda. El miedo a fracasar o a lo que pudiera ocurrir no ayuda a nadie... No permitas que nadie ni nada te haga volver la espalda".

Verónica Guerrero terminó la definición de su padre (que se estaba muriendo de cáncer de páncreas), con esta observación: "Cuando escuché esta historia a un hombre enfermo, cansado y débil, no pude dejar de pensar que nuestra fuerza como humanos y como líderes no tiene nada que ver con nuestra apariencia. Más bien tiene que ver con lo que sentimos, con lo que pensamos de nosotros mismos... El liderazgo es aplicable a todas las facetas de la vida".

Esta es precisamente la cuestión. Si vamos a ser líderes en el siglo XXI, tenemos que creer que también nosotros podemos ser una fuerza positiva en el mundo. Tiene todo que ver con lo que sentimos y con lo que pensamos de nosotros mismos.

CAPÍTULO 3

EL LIDERAZGO SENSACIONAL

INGALILL HOLMBERG Y JONAS RIDDERSTRALE

Debemos prepararnos todos para vivir en un mundo caracterizado por el impacto simultáneo de la digitalización y la globalización. Estamos en una economía del exceso, en la que hay mercados absolutamente para todo, desde materias primas y recursos financieros, hasta patentes y personas. En un lugar como este, las fuentes subyacentes de la competitividad consistirán cada vez más en cosas intangibles. Por el contrario, tanto los clientes como los empleados potenciales demandarán líderes, estrategias, organizaciones, productos y servicios tangibles. La nueva fuente primigenia de la competitividad estará en nuestra capacidad para entender, desarrollar y aprovechar las emociones y la imaginación. En momentos tan poco convencionales, no podemos tener un liderazgo convencional. Necesitamos un liderazgo diferente. Necesitamos un liderazgo innovador. Necesitamos un liderazgo apasionado. Necesitamos un liderazgo sensacional.

LA SOCIEDAD DE LOS EXCEDENTES

Estamos en la edad de la abundancia, y la competencia, tal como la hemos conocido, se ha vuelto totalmente loca. ¿Cómo podemos explicar el hecho de que el ciudadano medio de los Estados Unidos esté expuesto a 247 anuncios por día? ¿O que haya visto 350.000 anuncios antes de cumplir los 18 años? No es de extrañar que la Mercedes Benz utilice en uno de sus anuncios para la televisión a una mujer que tiene un orgasmo, o que el mago de Miller haga crecer pelo en los sobacos de las mujeres que le rodean, en un reciente anuncio de una marca de cerveza. Los tiempos extremos requieren medidas extremas, y la economía del exceso alcanza a todos los rincones del globo.

En 1996 se presentaron en el mercado japonés 1.000 tipos de soda nuevos —de los que se continúan vendiendo menos del 1 por ciento—. Ese mismo año, Sony lanzó 5.000 productos nuevos —más de dos productos nuevos por hora de trabajo—. Puede que esto sea necesario en un mercado en el que la vida media de un producto de electrónica de consumo ha caído hasta los tres meses. Pero, si la comparamos con Walt Disney, la marca de innovación de Sony no es más que un soplo. Michael Eisner, consejero delegado de Disney, decía que la empresa desarrolla un producto nuevo —una película, un libro de comics, un disco compacto o cualquiera otro— cada cinco minutos. En Noruega, país que cuenta con 4,5 millones de habitantes, el consumidor medio puede elegir entre 200 periódicos, 100 revistas semanales y 20 canales de televisión.

El conocimiento está explotando también. En Bangalore, India, que se ha convertido en la segunda ciudad del mundo en importancia en desarrollo de software, hay actualmente 140.000 ingenieros en tecnologías de la información. ¿Pero, cuál es el salario medio de un ingeniero indio? Entre 500 y 1.000 dólares al mes, de acuerdo a su experiencia. Y, siendo esto así, ¿cómo se va a contratar en el futuro a un sueco, un alemán, un inglés o un estadounidense?

El que ahora termina ha sido, ciertamente, el siglo de los genios. El 90 por ciento aproximadamente de todos los científicos que han pisado la faz de la tierra viven en la actualidad. En 1960 se doctoraron en los Estados Unidos 5.000 personas; el año pasado, 75.000. En el Reino Unido, el número de cursos de masters, MBA, ha pasado de 2 a 130 en 30 años. Bienvenidos a la edad del más —más miedo, más alegría, más incertidumbre, más competencia.

No cabe duda alguna al respecto. En un futuro próximo estarán compitiendo entre sí excesivas empresas similares que emplearán a personas similares, con especialidades similares, para lanzar al mercado productos y servicios similares, de similares calidad, precio y rendimiento. Nos sentiremos encantados por ello, en cuanto consumidores —una vez que nos hayamos acostumbrado a vernos condenados a la libertad... la libertad de elegir—. Pero en cuanto ejecutivos, odiaremos esta situación. Una vez que la oferta supere a la demanda en su industria, se las tendrá que ver con un cliente exigente, y el cliente exigente es un dictador. Se trata de una sociedad del excedente al borde del capitalismo libre de fricción. Quizás tenga razón Andy Grove, presidente de Intel, cuando afirma que sólo sobrevivirán los paranoicos.

¿Cómo podemos crear ventajas competitivas sostenibles en una sociedad del excedente? La respuesta es que no podemos. Argumentaremos que el éxito futuro depende del desarrollo de las condiciones que faciliten la continua (re)creación de valor para el cliente. En nuestras mentes, este proceso requiere cada vez más co-creación de ventaja competitiva, implicando a todos y a todo, acudiendo a todas partes y sin parar. Como dijo una vez el economista austríaco Joseph Schumpeter, el éxito dependerá de la capacidad para comprometernos constantemente en la destrucción creativa.[1] Al menos, esto es lo que muchas empresas de Silicon Valley comunican a sus empleados cuando les dicen: "Hagan que sus propios productos se queden obsoletos".

¿POR QUÉ A LOS DIRECTIVOS LES GUSTAN LOS MONOPOLIOS?

En una economía de mercado, los negocios se reducen básicamente a hacer dinero, al menos en cantidad suficiente como para asegurar la supervivencia de la firma. Ahora bien, esta no es la razón por la que la gente funda empresas de éxito —recordemos que Ford se fundó con la finalidad de democratizar el automóvil y Disney para hacer feliz a la gente, no para hacer dinero— pero, a pesar de ello, es necesario conseguir un beneficio mínimo. Por tanto, y a pesar de todo lo que pueda hablarse sobre la superioridad del sistema capitalista y de la importancia de la competencia asesina, la experiencia nos dice que todos los directivos comparten el mismo sueño secreto, con independencia de su edad, su género o su procedencia geográfica. El sueño que les hace sudar y agitarse en la cama dando vueltas a la única manera de hacer dinero. Se trata de su pequeño sueño secreto de crear monopolios temporales. ¿Por qué todos los ejecutivos comparten esta fantasía? En realidad, es muy sencillo. A menos que la empresa disfrute de una posición de monopolio, la competencia la obligará a comprometerse en despiadadas guerras de precios que se saldarán con beneficio cero.

Aun cuando los directivos admitieran que su sueño secreto consiste en crear monopolios temporales, la mayor parte de los ejecutivos nunca reconocerían que el fin último de sus intenciones y acciones estratégicas es matar el espíritu de la libre empresa. Y les pagan por intentarlo una y otra vez, y en ocasiones muy galanamente, podríamos añadir. Para crear un monopolio temporal, la empresa tienen que ser diferente. El producto ofrecido debe añadir valor único a un conjunto específico de clientes —un nicho—. En el caso de Progressive Corp., la sexta empresa en importancia en el sector de seguros del automóvil de los Estados Unidos, y una de las que mejores resultados obtiene, esta aspiración supone tomar como clientes objetivos a delincuentes y alcohólicos. ¿Alguien se atreve a negar que la competencia se ha vuelto loca? Por resumir una larga historia, en una sociedad del excedente, la estrategia se centra en derogar el derecho del cliente a la libertad de elegir. En la edad de la abundancia, la estrategia se centra en elegir al cliente y después elegir para el cliente. En una economía del exceso, la estrategia se dirige a no dejar al cliente elección posible —a convertirse en la única posibilidad de elección natural.

DE COMPETENCIAS CLAVES A COMPETENTES CLAVES

Toda empresa tiene una necesidad enorme de personas que sean capaces de dar con ideas únicas. En muchas organizaciones, la auténtica fuente de ventaja competitiva la constituyen estos "competentes claves", individuos que atesoran las características necesarias para crear monopolios temporales, y no las "competencias claves", que Gary Hamel y C. K. Prahalad presentaron hace unos cuantos años.[2] Mientras que los competentes personifican claves prospectivas, nuestra experiencia nos dice que las competencias, al menos como se definen popularmente, representan claves retrospectivas. Naturalmente, la mayor parte de las empresas, y fundamentalmente aquellos directivos que no son competentes claves, odian este hecho y nunca lo reconocerán. Para contrarrestar su poder, las firmas tratan de ser menos dependientes de estos "monopolios andantes". Uno de los objetivos principales del famoso sistema de gestión empresarial "Navigator", utilizado por la compañía de seguros sueca Skandia, es convertir el capital humano en capital estructural. Skandia espera que la corporación valga algo más que sus ladrillos y su mortero cuando las personas se vayan de la empresa a las 5 de la tarde. Incluso alguien como Bill Gates admite que si tuvieran que abandonar Microsoft 120 personas, la empresa correría el riesgo de caer en bancarrota. Nathan Myrheold, director de tecnología en ella, dice que, en la nueva economía, la diferencia entre el promedio y lo bueno no es ya un factor de 1 a 2, sino de 1 a 100 o de 1 a 1.000. Los directivos de Nintendo, la empresa de videojuegos, afirman que una persona corriente no puede diseñar un juego realmente bueno, por mucho que lo intente.

No se engañe. Usted no puede contratar a estas personas. En el supuesto de que sea lo bastante atractivo, puede que sean ellas las que le contraten a usted —si tiene suerte—. Peor aún, estos competentes claves son a menudo mucho más que un poco raros. Generalmente nos referimos a ellos como emprendedores, una bella palabra para designar a un bicho raro. Estos individuos incordian constantemente, poniendo en cuestión los modos de gestión, las normas y las regulaciones. Son personas a las que odiaría si las tuviera como yernos o como nueras. Los emprendedores son personas que miran el mundo con los ojos completamente abiertos, con la mente y el espíritu de curiosidad de un recién nacido. Son inconformistas que encuentran placer en el hecho de afrontar riesgos personales. ¿Cuántos de tales individuos tiene en su empresa, en su consejo de administración, o en el despacho lindante con el suyo? ¿Cuál es el "factor anormal" en su empresa? ¿Es lo suficientemente grande? Lo dudamos.

La medianía nunca gana

Por desgracia, la herencia de la era industrial nos dice que la estandarización y la despersonalización de los individuos funcionan. Por eso, la mayoría de las firmas son tan endogámicas, que a veces esperamos que la próxima persona se muestre con una cabeza enorme, el pelo rojo y rizado, y un ojo extra en medio de la frente. No deberíamos esperar que innove demasiado una empresa en la que el 95 por ciento de los empleados se parecen y piensan exactamente igual. Y cuando alguien quiere cambiar, lo único que hace es tratar de parecerse más incluso al jefe. En la empresa endogámica domina lo repetitivo a expensas de la renovación, y la explotación de lo existente excluye la creación de nada nuevo. La innovación, por el contrario, deriva de la variación y se apoya en individuos que rehusan participar en la competición por parecer y actuar de la misma forma. Podemos decir, ciertamente, multitud de cosas de gente como Richard Branson, Anita Roddick, Ross Perot, Luciano Benetton y Bill Gates, pero no podemos decir que sean normales. La gente normal hace cosas normales, con resultados normales. Y si hay algo seguro es que la minoría nunca gana, ni nunca ganará.

La diferencia principal en una sociedad del excedente es que se están sumando a las medianías 3.000 millones de personas en otras partes del mundo, un gran número de empresas de reciente creación y una plétora de ofertas nuevas para los clientes, y que todos quieren compartir la nueva riqueza. Y presumimos que muchas de estas personas ya no son solamente buenas en la producción de flores de plástico y juguetes baratos. Economías como las de Taiwan o Hong Kong, en las que más del 65 por ciento del producto interior bruto lo generan actividades relacionadas con los servicios, están basadas ya en el conocimiento. Algunas de las Universidades más prestigiosas de la costa oeste de los Estados Unidos, como las de Stanford, Berkeley y UCLA, han implantado un sistema de cuotas para limitar el número de estudiantes procedentes del sureste de Asia, pues, de lo contrario, podría ocurrir que muchos americanos no tuvieran oportunidad de graduarse si tuvieran que competir con ellos. Un país como Singapur, al que describió en una ocasión William Gibson como "Disneylandia con pena de muerte", invierte el 25 por ciento de su producto interior bruto en investigación, desarrollo y educación. No hace falta ser un genio para imaginarse a quién están sentenciando.

LA VENTAJA COMPETITIVA: DE LA LOCALIZACIÓN A LA EMOCIÓN Y A LA IMAGINACIÓN

¿De qué forma se pueden crear monopolios temporales en la era de la abundancia? Para responder a esta pregunta debemos considerar la evolución histórica de las bases de la ventaja competitiva. Al principio, la ventaja competitiva se derivó fundamentalmente de la localización geográfica. Fue el acceso a las materias primas lo que proporcionó las ventajas específicas necesarias para crear y explotar los monopolios temporales. La empresa que prosperó en el siglo XIX se benefició del acceso al petróleo, a los bosques, a las minas, etc. Familias como los Rockefellers se hicieron inmensamente ricas. Pero la economía capitalista no está sometida a reglas fijas. No pasó mucho tiempo antes de que la liberalización de los mercados de las materias primas hiciera cada vez más difícil aprovechar la localización como recurso único para conseguir ventaja competitiva.

Como consecuencia, los nuevos elementos diferenciadores fueron la tecnología y la innovación, junto con el acceso al capital. La clave de la competitividad consistió en crear más valor a partir del mismo producto de partida. Así, en el paso de un siglo a otro, el mundo de los negocios estaba dominado por un conjunto de conocidos capitalistas, unos cuantos emprendedores, y sus innovaciones —Thomas Alva Edison, Alfred Nobel, Otto Diesel, el automóvil y los cojinetes de bolas—. La ventaja competitiva se basaba en el ingenio. Pero, una vez más, el mercado devolvió el golpe. Se imitaron los productos y las patentes se vendieron o compraron. Cuando estas innovaciones se convirtieron en propiedad común, la ventaja competitiva no podía continuar sustentándose sobre un antiguo monopolio tecnológico.

Después, entramos en la era de la organización. En los Estados Unidos, pioneros como Alfred Sloan y Henry DuPont diseñaron la firma multidivisional, una arquitectura que pasó a dominar la estructura de las firmas más grandes y complejas.[3] La nueva organización permitía mejorar continuamente las ventajas tecnológicas previas. Progresivamente, y a todo lo largo del siglo XX, subsiguientes tipos de innovaciones organizativas han dado lugar a nuevos monopolios temporales. JIT, BPR, MBO, MBWA, Kanban, la gestión por matrices, *outsourcing, downsizing,* producción ajustada, etc. La lista podría prolongarse hasta el infinito.

Los días de la empresa burocrática que estudió Max Weber hace casi un siglo, pertenecen al pasado. Jack Welch, en General Electric, compara incluso a la empresa jerárquica con una organización que da la cara al consejero delegado y el culo al cliente. Hoy, si pertenece al montón, se supone que su organización se parece a un pastel de fresas, a una red de pesca, a un trébol, a gacelas o incluso a espaguetis cocidos. Las empresas más modernas siguen basando su competitividad en el desarrollo de soluciones organizativas que las capacitan para mantener un equilibrio fructífero entre la explotación de lo antiguo y la creación de novedades. Sin embargo, y tal como lo vemos, hay una razón para creer que esta fuente de ventaja competitiva va a verse superada pronto también.

En estos momentos, las empresas consultoras internacionales difunden soluciones de organización idénticas por todo el mundo. McKinsey & Company, Andersen Consulting, Boston Consulting Group y Cap Gemini, por citar solo a una cuantas, contribuyen a la actual homogeneización global de las soluciones organizativas. Estudiantes de *masters* en administración de empresas de todos los continentes leen los mismos libros, aprenden las mismas recetas y van a trabajar a empresas que compiten entre sí. Estas personas contribuyen a que la imitación sea más rápida y a que las soluciones sean similares. Además, la introducción de las tecnologías de la comunicación para facilitar la *customización,* la coordinación, la comunicación, etc., proporcionará, desde luego, una cierta ventaja competitiva inicial a algunas empresas. Sin embargo, a medida que todas la firmas se hagan virtuales y estén interconectadas, prevemos que la tecnología de la información actuará como una fuerza homogeneizadora que hará más similares aún las estructuras empresariales.

Naturalmente, es probable que algunas diferencias no desaparezcan nunca, dadas las variaciones en los valores y en las situaciones institucionales en diferentes partes del mundo. Pero, aun así, merece la pena reparar en que incluso algo tan aceptado como el empleo de por vida en Japón parece ser que está dando paso a acuerdos que implican más flexibilidad. Actualmente, nada menos que el 25 por ciento de la masa laboral japonesa está constituida por trabajadores a tiempo parcial y temporales. Sin embargo, y como consecuencia de la creciente homogeneización organizativa, predecimos que será cada vez más difícil basar los monopolios temporales en meras innovaciones organizativas.

De manera que, ¿qué hacemos si la competitividad no se puede basar ya ni en la localización geográfica, ni en la innovación tecnológica, ni en la estructura de nuestra organización? En nuestra opinión, es el momento de comenzar a explotar el último tabú: construir la competitividad sobre algo que todos sabemos que existe, pero que raras veces se debate en el mundo de la empresa. Debemos empezar a basar nuestros monopolios temporales en las emociones y en la imaginación. Explotar el último tabú significa abandonar la tradición de que hay que tratar al personal como si fuera un factor de producción más, un recurso humano. Nuestra experiencia, y suponemos que también la suya, es que son pocas las personas que disfrutan cuando se las trata como recursos humanos: desean que se las vea como individuos.

ECONOMÍAS DEL ALMA

¿Por qué se desaprueban en muchas empresas el amor, la lujuria, la alegría, la fiereza, y un toque de lo estrafalario? Sin embargo, sabemos que las cosas mejores (y las peores) de la vida van asociadas a los grandes sentimientos. La empresa que aspire a ser competitiva en el futuro no puede privarse de las fortalezas asociadas con lo que nos gustaría denominar "economías del alma". Continuarán siendo importantes aún las economías de escala y las basadas en las capacitaciones. Pero, como señala el profesor del INSEAD Manfred Kets, cuando no se utilizan bien los recursos que hacen a las personas locas, tristes y alegres, no se usa el conocimiento, sino que se abusa de él. Ésta es una de las razones por las que tantos ejecutivos admiten que solo se utiliza adecuadamente entre un 10 y un 15 por ciento del capital intelectual de sus empresas. La mayoría parecen un tanto consternados al confesarlo, pero se trata de algo a lo que se ha habituado el directivo medio, que ha aceptado que esto es así y que así es como debe ser. Creemos que, para sobrevivir en una sociedad de excedentes, es vital escapar a una situación en la que empleo significa realmente "castración de la competencia". Se dice que Ford exclamó en una ocasión: "¿Por qué me agencio siempre una persona completa, cuando lo que realmente necesito es un par de manos?" Hoy necesitamos personas completas: corazón y cabeza, cuerpo y alma. Los sentimientos y la fantasía caminan de la mano. Sin alma, las capacidades no pueden por menos que estar limitadas.

En relación con nuestros clientes, la nueva tendencia supone centrarse en la amplia experiencia, tratando de mirar y de pensar más allá de los componentes actuales. Como señaló una vez un ejecutivo de Hewlett-Packard, el *sushi* es pescado frío, muerto, pero no es así como hay que presentarlo al mercado. De manera que, ¿por qué, entonces, tantas empresas persisten en vender pescado muerto y frío a consumidores que están mucho más interesados en el *sushi*? Piense en la última vez que compró un ordenador. ¿Cuáles fueron los argumentos de venta —precio, rendimiento o potencia—? Suponemos que en una economía del exceso verdadera, se dan todos estos elementos. Desde un punto de vista basado estrictamente en el precio/rendimiento, no importará la lavadora, el televisor, el vídeo o el microondas que compremos. Todos son más o menos iguales de buenos. Al obtener ese material correcto, sólo compra un boleto para tomar parte en el juego. En el futuro, su empresa ganará apelando a los sentimientos y fantasías de los clientes. De otro modo, tendrá que luchar con un cliente exigente sobre una base económica pura, lo que se traducirá inevitablemente en cero beneficios cuando compita globalmente con un número infinito de otras empresas similares. En la edad de la afectuosidad, no se puede crear beneficio real más que atrayendo al cliente o colega emocional en lugar de al puramente racional.

La mayor parte de la gente, tanto consumidores como colegas, están ya, o al menos podrían estar, motivados por una razón fundamental que va mucho más allá de lo puramente económico. Alberto Alessi, consejero delegado de la empresa del mismo nombre, dice que la industria no ha entendido aún que la gente tiene una necesidad enorme de arte y poesía. El puede cobrar unos 80 dólares por un cepillo y estar haciendo algo correcto. No pagamos solamente esta absurda cantidad de dinero porque el cepillo de Alessi sea superior funcionalmente —pagamos algo más: una prolongada experiencia—. Para crear esa aprolongada experiencia hay que aprovechar tesoros ocultos de la organización y de sus miembros.

EL LIDERAZGO SENSACIONAL

¿Cómo liberamos el potencial de la competitividad emocional y la imaginación corporativa? En Occidente, al menos, el enfoque preferido a la hora de enfrentarse a la creciente complejidad organizativa o a las nuevas dimensiones organizativas, consiste en añadir otra cajita más al organigrama de la organización. De manera que creemos un departamento para las emociones y las imaginaciones, y seleccionemos, para que lo lleve, a un director que sea varón y tenga 46 años. Aunque este procedimiento pueda parecer ridículo, se parece mucho al modo en que nos hemos estado enfrentando a cuestiones como la calidad y el conocimiento durante los últimos 20 años. Y esto significa no comprender las cosas en absoluto.

¿Por qué? No hace mucho tiempo, hicimos un trabajo de consultoría para unos grandes almacenes de venta al por menor, en Suecia. La empresa habían tenido tremendos problemas de hurtos y la dirección decidió actuar. Contrataron a un jefe de seguridad para que se ocupara del problema. El resultado fue que desaparecieron más cosas. La razón fue que, al hacer que este tema fuera algo tan importante para unos cuantos seleccionados, los demás personas dejaron de preocuparse por él. Las auténticas fuentes de ventaja competitiva tales como conocimiento, calidad y recursos humanos se deben convertir en algo pequeño para la mayoría de las personas de la organización. "Emoción e imaginación" no es un departamento, es un estado de ánimo.

Es hora de que los directivos dejen de modificar constantemente las cajitas y las flechas y centren sus esfuerzos en otras tareas, si quieren practicar el liderazgo sensacional. Cuando decimos sensacional queremos decir algo suficientemente espectacular como para captar la atención de aquellos sobre los que se desea influir. Pero liderazgo sensacional significa también un liderazgo que apela a los cinco sentidos. ¿Puede el personal verle, oírle, olerle, saborearle y sentirle? Todas estas cosas empiezan a poderse hacer realidad cuando se está disponible: es hora de empezar a vivir el liderazgo. El liderazgo sensacional requiere un cambio en lo que los directivos hacen y en el modo en que lo hacen. El liderazgo sensacional trata de incentivar la imaginación y la emoción.

De generadores de orden a creadores de caos

El primer reto nace del hecho de que la mayor parte de los directivos se han acostumbrado a cambiar sólo como reacción a fuerzas externas. A la hora de definir o de solucionar problemas se actúa siempre de manera reactiva. Muchos directivos, y muchos grandes pensadores académicos también, creen aún que el liderazgo se centra verdaderamente en la solución de problemas. Sentimos diferir. Para nosotros, el liderazgo triunfador tendrá que ver mas con la generación del problema (producción de incertidumbre) que con su reducción.

La explotación de los existente tiende a excluir la creación de novedad, en todo tipo de organizaciones. En el primer caso, el aprendizaje es menos ambiguo y es mucho más fácil ver los resultados de nuestros esfuerzos.[4] Por tanto, el papel de un verdadero líder no consiste en asegurar que la firma es eficiente a la hora de explotar lo dado; todas nuestras innovaciones organizativas lo aseguran perfectamente. En lugar de ello, el liderazgo debe de ocuparse de incentivar y proteger la imaginación y la experimentación. La tarea del directivo es plantear retos a la organización y no controlar. Un ejemplo muy conocido es la instrucción que Sony dio a los empleados, cuando desarrolló el *walkman*: "Hacerlo del tamaño de una agenda de bolsillo". La utilización de metas difíciles sirve también a un propósito similar. La instrucción de Toshiba, "hacerlo con la mitad de las piezas, en la mitad del tiempo y a la mitad del coste", cuando desarrolló un nuevo video, puede ser un ejemplo muy ilustrativo también. Cuando genera problemas, reta a las personas a que rindan al máximo, pero no les ofrece soluciones ya existente ni les dice qué es lo que tienen que hacer. El problema es que el ejecutivo típico está muy bien pagado para parecer y actuar como un cubo de basura andante, casando problemas y soluciones, como han señalado estudiosos de la organización como Johan Olsen y James March.[5]

Gran parte del pensamiento actual sobre el *management* se construye sobre la suposición de que la ausencia de liderazgo produce caos. Por tanto, el papel del líder será poner orden en el caos. Nos gustaría llevar la contraria a quienes piensan así, sugiriendo que la ausencia de liderazgo lo que se convierte principalmente es en repetición y reproducción. La organización se hace estática y estreñida. Desde este punto de vista, la tarea de los líderes, en cualquier momento y en cualquier lugar, será infundir caos en el orden a la vez que retar a los demás para que se aparten de las pautas del pasado y destruir creativamente las cosas que producen beneficio en la actualidad, creando otras nuevas. Para nuestra mentalidad, el liderazgo sensacional se centra en agitar la olla en lugar de en ponerle la tapadera. Los líderes del futuro son creadores de caos, por lo menos tanto como generadores de orden.

Las empresas que quieran sobrevivir deben aprender a aprovechar la capacidad intelectual y emocional de los competentes claves y de los equipos que trabajan al borde del caos. Sin embargo, la mayor parte de los esfuerzos para incentivar la constitución de equipos y la formación colectiva parecen fracasar. Un problema que gira en torno al impacto de las modas en la dirección de empresas durante los años ochenta, tales como la del liderazgo visionario. Al introducir conceptos como visiones, cultura corporativa y gestión del significado, el centro de atención cambia desde el nivel de acción de la innovación a todos los escalones del *management*, un cambio que incluye aún otro instrumento poderoso para estereotipar el liderazgo y las actividades del liderazgo.

Nos encontramos ante una paradoja peligrosa. Aunque se argumenta incluso que la organización futura debe de estar basada en los principios de la descentralización y el *empowerment*, el equipo directivo debe de desarrollar todos los instrumentos necesarios para que la firma alcance todo su potencial. En lugar de incentivar un clima de imaginación y creatividad, la diversidad se ha reemplazado a menudo por una visión singularizada e imágenes ideales que representan las metas y los sueños de los altos directivos. Con mucha frecuencia, lo único que se crea es una gran cantidad de panfletos coloreados que no inspiran a nadie, excepto quizás al comité directivo.

Podríamos argumentar que el liderazgo sensacional se ocupa de desarrollar la capacidad para la experimentación colectiva y de abrir la puerta a la acción caótica. El papel del líder es cultivar la autonomía, la oportunidad individual y la competencia. Pero también la cooperación y la compartición de ideas: proporcionar cubos de basura globales, es decir, que actúen como plataformas para la creación y transferencia de conocimientos, en lugar de actuar como cubos de la basura en sí mismos. El caos se puede promover creando una organización mucho más diversa, mezclando hombres y mujeres, y a los viejos con los jóvenes. Pero no queremos decir que las empresas deberían pasar de la jerarquía a la anarquía. El liderazgo sensacional se ocupa de articular y comunicar estos principios que mantienen unida a la organización. Como puso de manifiesto Joohn Kao, el gurú de la creatividad, para improvisar necesitamos que nos den un tono.[6] Podemos permitirnos variar todas las otras dimensiones con un pequeño denominador común que pueden ser actitudes, propiedad compartida o cualquier otra cosa. La organización moderna no es homogénea o heterogénea, sino ambas cosas a la vez. En esencia, el liderar consiste en mantener este delicado equilibrio, tanto referido al tiempo, como al lugar o a las personas. Pero al decir mantener un equilibrio, tratamos de ir a los extremos y no de alcanzar el promedio.

Las ideas creativas casi nunca nos vienen en forma acabada. Son más como una corazonada, ideas con consecuencias desconocidas. La falta de creatividad no ha sido nunca un auténtico problema. El principal problema reside en deshacerse de lo viejo y hacer sitio a lo nuevo. Las estructuras mentales viejas y los arreglos organizativos caducados dificultan efectivamente y bloquean modos nuevos de pensar y de hacer cosas. Las creatividad requiere que reconfiguremos nuestros modelos mentales y reestructuremos todas las suposiciones que hay detrás de estos modelos. Y recuerde que ninguno tiene el monopolio de la creatividad, ni siquiera un monopolio temporal. Ni siquiera Microsoft.

De razonar con el personal a ayudarle

Sin embargo, si nos limitamos a razonar con el personal, no conseguiremos transformar esta nueva mentalidad en acción organizativa. Tenemos que ponernos a comenzar a ayudar. ¿Qué queremos decir con esto? Hay cuatro maneras diferentes de poderse comunicar con el personal: podemos apelar a su afecto, a su intuición, a su deseo o a su razón. La mayor parte de los directivos son maestros en la última de estas categorías. Es en ella donde la mayor parte de ellos obtienen su formación y su experiencia y por esto es por lo que se recompensa generalmente al ejecutivo medio. Pero, al final, la parte analítica del cerebro se hace tan dominante que algunos ejecutivos encuentran difícil dejar de seguir avanzando en círculos.

El reto se relaciona con el hecho de que, en la edad del afecto, el éxito dependerá cada vez menos de nuestras capacidades de razonamiento. Hay, ahí fuera, millones de otras personas super inteligentes. En cambio, en la nueva economía, la tarea de los líderes en una organización consistirá en conducir a la gente en un viaje hacia un futuro incierto y caótico: todos los días, semana tras semana, año tras año. Y, como ha señalado el profesor Noel M. Tichy, de la Universidad de Michigan[7]: "La mejor manera de conseguir que la gente se aventure en un terreno desconocido es hacerlo deseable, apelando a su imaginación". Triunfar en esto significa explotar las oportunidades comerciales con la A, la I y la D* —afecto, intuición y deseo— y no confiando simplemente en seguir razonando.

Tenemos que pasar de la cabeza al corazón y buscar el afecto, la intuición y el deseo de la gente. El equipo de Apple que desarrolló el primer Mac creía que su ordenador no solamente cambiaría a la Informática, sino a todo el mundo. Ellos tenían un propósito. El equipo tenía un alma. Los miembros del equipo se sentían impulsados por el deseo de marcar una diferencia. Por ello, no debe de sorprendernos que cuando Steven Jobs estaba tratando de reclutar a John Sculley, de Pepsi, solamente le preguntara si deseaba emplear el resto de su vida vendiendo agua azucarada o aceptar una oportunidad de cambiar el mundo.

Ken Alvares, director de recursos humanos a nivel mundial de Sun Microsystems, dice que el objetivo es "mantener tan ocupada a la gente haciendo todo el día cosas que les guste, que ni siquiera escuchen el canto de los cazadores de cerebros". El liderazgo sensacional no se ocupa de personas en paz y armonía, sino de organizaciones en paz y armonía. Todos creemos que la gente feliz trabajar mejor. Y, sin embargo, ¿cuántas empresas tienen entre sus afirmaciones de visión y de misión palabras tales como alegría y felicidad? Nuestra experiencia nos dice que lo que mejor predice el rendimiento es el número medio de risotadas por empleado y día. Las empresas deberían utilizar esta relación en su beneficio.

Por supuesto que, cada vez que nos comunicamos con alguien, nuestro mensaje es una mezcla de afecto, intuición y deseo. Si puede pararse durante cinco minutos, eche una ojeada al último eslogan creado por su organización: una nueva afirmación de la misión o un anuncio, y clasifíquelo de acuerdo con estos parámetros. Haga que su esposa o un amigo escuchen el último discurso que haya pronunciado y hagan lo mismo con él. En la edad de la abundancia y de la sobrecarga de información, donde el tiempo es un recurso escaso, ¿lo está haciendo verdaderamente bien? ¿Falta algo? Si no cambia, ¿cree que va a poder tener una oportunidad en esta era del afecto? Sospechamos que la mayoría de los directivos podrían cargar sus mensajes con muchas más palabras que apelan a los sentimientos. Los líderes sensacionales ya lo hacen. Herb Kelleher, de Southwest Airlines, dice: "No tenemos que tener miedo de expresar emociones a nuestro personal. No tenemos que temer decirles 'os queremos', porque es cierto".

---

* El autor crea un juego de palabras con AID, que significa ayuda, en inglés. (N del T)

CONCLUSIÓN

Los años próximos nos depararán la transición a una sociedad del excedente, en la que todas las empresas tendrán que enfrentarse a una competencia global tremenda y a clientes cada vez más exigentes. En esta hora de la abundancia, resulta imperiosa la necesidad de ser únicos y de crear continuamente nuevos monopolios temporales. Consecuentemente, los líderes y las organizaciones se verán obligados a poner en práctica modos innovadores de incrementar el ritmo de la destrucción creativa. Los monopolios temporales ya no se podrán basar simplemente en la localización, la innovación o la organización. La nueva era obligará a explotar el último tabú: liberar las emociones y las imaginaciones de la organización y de sus clientes.

En nuestra opinión, el liderazgo sensacional es un requisito previo para competir con éxito, valiéndose de los sentimientos y de la fantasía. El liderazgo sensacional no se ocupa sólo de desarrollar un modo hiper moderno de reordenar los puestos de trabajo. Se ocupa de instaurar una mentalidad diferente. El nuevo paradigma exige reconocer que el *management* moderno se ocupa de infundir el caos más que de introducir el orden; de proporcionar plataformas para la experimentación colectiva en lugar de planificar individualmente todas las acciones organizativas. Y de ayudar a la gente, en lugar de limitarse a razonar con ella. En la empresa emocional, el dueño tradicional se convierte en un sirviente. Un sirviente del futuro de la empresa, no de su propio interés. En la edad del afecto, la gente sensacional demandará un liderazgo sensacional.

CAPÍTULO 4

EL LIDERAZGO COMO EXPRESIÓN DEL GENIO COLECTIVO

LINDA A. HILL

¿Cómo serán las empresas de rango mundial en el siglo XXI? Se comportarán, parecerán y se considerarán como las iniciativas empresariales de más éxito. Las corporaciones tendrán que comportarse con la agilidad y la creatividad que caracteriza a las agresivas y pequeñas empresas nuevas, con independencia del tamaño y de la historia que tengan. Serán colectivos, en evolución permanente, de individuos de talento, apasionados y diversos. ¿Cómo serán los líderes de estas compañías de rango mundial? Los líderes serán arquitectos de estos colectivos. Los presidirán, desde el centro de los mismos, para moldear lo que es, en esencia, el genio colectivo.

El entorno competitivo ha cambiado de forma muy importante a medida que ha aumentado el número de empresas que han accedido a la misma tecnología, a los mismos mercados, métodos de producción y canales de distribución. A medida que se han reducido las diferencias entre ellas, el *management* estratégico del talento se ha convertido en la clave de la ventaja competitiva.

En este capítulo perfilaremos una selección de líderes para el futuro, de individuos que aprecian plenamente que la frontera final del apalancamiento de la organización es la motivación y el talento del empleado[1]. Para estos individuos, el genio colectivo no es un *oxymoron**, sino la realidad que se esfuerzan por crear en sus organizaciones. Este será un relato no simplemente de lo que hacen y de como lo hacen, sino quizás, y más importante, de quiénes son y de cómo piensan. La mayor parte de estos individuos no nos será familiares. Muchos son nuevos directores máximos de *young ventu-*

---

* Según el escritor argentino Jorge Luis Borges, *oxímoron* era para los agnósticos una luz oscura y, para los alquimistas, un sol negro (N. del T.).

res. Son modestos y han rehusado los ornatos del poder. Tal como los vemos, representan algunos de los secretos mejor guardados en el mundo de los negocios. Sospecho que, antes de que no pase mucho tiempo, estaremos leyendo sobre ellos y sobre sus empresas excitantes en las páginas de las revistas y periódicos de *management*.[2]

¿DÓNDE ESTÁ EL GENIO?

Cuando pensamos en el genio, pensamos generalmente en personas extraordinarias. Nos las imaginamos haciendo prodigios, a menudo aisladas. Pero la realidad es muy diferente del mito. La creatividad es un proceso interactivo y creador de desarrollo, incluso para la persona más dotada. Howard Gardner, en su libro sobre el genio de individuos tales como Freud, Einstein y Picasso, hizo la siguiente confesión: "Como persona interesada en el creador *individual*, me sorprendí al descubrir las intensas fuerzas afectivas y sociales que rodean a los hitos creativos".[3]

Aunque los prodigios *nacen,* luego *se hacen* a través de la interacción social. Los saltos creativos significativos suponen años de actividad continua con los demás. Los individuos creativos necesitan tanto la independencia como el compromiso para realizar sus mejores obras. Por una parte, ansían espacio y soledad intelectual y emocional. Dominar un campo requiere una disciplina y una atención que a menudo es agotadora. Por otra parte, el proceso creativo se desarrolla sobre la tensión que surge cuando luchan entre sí individuos con capacidades o puntos de vista muy diferentes, aunque complementarios. Con esta tensión vienen la vulnerabilidad y la ansiedad, y así los individuos necesitan apoyo social para soportarla a través de lo que puede ser una experiencia altamente agotadora y desafiante.

La mayor parte de las veces que pensamos en el genio y en la creatividad, pensamos en artistas y científicos. Pero el genio y la creatividad se pueden encontrar, por supuesto, en muchos campos de la vida. En el mundo de los negocios, pensamos en los emprendedores, especialmente en las "industrias de la nueva tecnología". Las nuevas empresas que triunfan son verdaderamente colaboraciones creativas de personas con talento, comprometidas en vencer a fuerzas superiores.

¿POR QUÉ COLECTIVOS?

Se ha escrito mucho sobre la nueva organización y el aspecto que tendrá. Las empresas están derribando las fronteras tradicionales para crear organizaciones ajustadas, adaptables y globales. Las redes horizontales y los equipos interfuncionales que atraviesan las fronteras nacionales están ocupando sus puestos junto a las estructuras organizativas jerárquicas y funcionales y, en ocasiones, reemplazándolas. Las empresas están constituyendo alianzas estratégicas para posicionarse adecuadamente cara a los proveedores, a los clientes e incluso a los competidores. Las empresas pequeñas buscan los recursos financieros y las extensas, redes de distribución que pueden ofrecer los grandes socios. Las empresas grandes establecen alianzas estratégicas y adquieren empresas pequeñas para acceder a su investigación innovadora y a su energía emprendedora. Las fronteras de las organizaciones deben de ser permeables y flexibles si quieren competir en un entorno económico global, exigente y turbulento. Las organizaciones tendrán que revitalizarse y reconfigurarse de acuerdo con sus cambiantes necesidades.

A la hora de aprehender estas realidades, prefiero la metáfora de las empresas como colectivos a la más popular de las empresas como redes. La noción del colectivo encierra en sí la dualidad inherente al proceso creativo. Un colectivo se puede tratar como singular cuando se concibe como un todo, y como plural cuando se piensa que los miembros individuales actúan por separado. El proceso creativo implica las luchas de las personas de talento y del colectivo como un todo para establecer una identidad significativa que es parte integral del conjunto. La gestión de esta paradoja se está convirtiendo rápidamente en *el* dilema fundamental del liderazgo. Los líderes que la quieran afrontar tienen tres responsabilidades principales:

- Determinar por qué existe el colectivo.
- Determinar quién tendría que formar parte del colectivo.
- Liberar y aprovechar inmediatamente la genialidad del colectivo.

Determinar por qué existe el colectivo

Todas las concepciones del liderazgo comienzan, virtualmente, por asumir que uno de los papeles críticos del líder es definir una dirección: concebir y comunicar una misión o visión. Tradicionalmente, hemos considerado que el papel de la visión consiste en ayudar al personal a comprender el sentido de la organización y el modo en que dicho personal puede contribuir. Pero la visión tiene una misión mucho más elemental. En primer lugar, define que es lo que mantiene unidos a los individuos. No podemos hablar de un colectivo de personas sin referirnos a lo que hace de ellas un colectivo, o al por qué de su existencia.

El liderazgo trata de la provisión de la moral y de la visión estratégica que definen la *identidad* colectiva. Como demostrarán los perfiles de liderazgo que presentamos a continuación, la visión aprovecha la aspiración humana de formar parte de algo mayor que el ser individual y de encontrar significado en el trabajo —el lado del compromiso de la dualidad independencia/compromiso en el proceso creativo—. La gente, especialmente las personas dotadas, desean formar parte de algo que sea verdaderamente visionario y perdurable —para identificar y ser parte del futuro antes de que se produzca—. La visión necesita utilizar el orgullo profesional de la gente, el motor de la motivación y el compromiso extraordinario que exige la creatividad.

La noción de lo que hace que la gente se una para actuar como un cuerpo, se hace más crítica a medida que las organizaciones se hacen más diversas y sus fronteras más flexibles y amorfas. Para responder a las preguntas de quiénes deberían estar "dentro" y quiénes "fuera" cuando las empresas toman las decisiones sobre alianzas estratégicas, *outsourcings* y adquisiciones, es especialmente importante ser claros en lo que respecta a la visión. Alimentar todo el espíritu de colaboración que se requiere para hacer un trabajo colectivo con personas diferentes, lleva tiempo y consume energía. No es fácil integrar a miembros nuevos en un colectivo y seguir conservando la integridad del colectivo.

Determinar quién tendría que formar parte del colectivo

El genio colectivo sólo se puede dar cuando están en el colectivo los miembros adecuados, es decir, cuando se cuenta con la múltiple y diversa genialidad que se requiere para vivir la visión. Las empresas de rango mundial necesitan personas de categoría mundial. En esta sección, consideraremos ejemplos de líderes que han sido capaces de descubrir el genio en todas sus formas, dondequiera que pudiera encontrarse.

Quizás las experiencias que mejor ilustran la dedicación sin descanso para construir sobre una amplia base de talento y perspectivas sean las de Felix Racca y Emilio López, cofundadores de la empresa argentina de software InterSoft. Racca y López dieron el nombre de InterSoft a su empresa porque, como explican ellos mismos, no querían ser solamente multinacionales, sino interplanetarios. "Queríamos ser el sueño argentino –demostrando a la Argentina y al mundo que podíamos triunfar conservando nuestra identidad. Queríamos ser revolucionarios haciendo lo que hicieron los grandes, pero por la décima parte del coste". Ser pioneros se ha convertido en la marca de InterSoft. Ya son multinacionales, aunque todavía les queda llegar a ser interplanetarios. InterSoft se ha convertido en una empresa virtual constituida por programadores argentinos y por algunos de los principales talentos del software en Rusia.

A principios de los noventa, InterSoft tuvo dificultades para encontrar en el país a los programadores de talento que necesitaba. La empresa formó un cuadro de programadores de primera en Latinoamérica, con los que no solía establecer acuerdos formales o contratos, que sustituyó por una relación basada en la confianza mutua. En 1992, Racca y López viajaron a Moscú. Consideraron que ir a Rusia entonces era como haber ido a Japón o a Alemania después de la segunda Guerra mundial para buscar una oportunidad de hacer negocios. Se reunieron con más de 50 programadores de software antes de descubrir a Orgland, cuyos programadores eran licenciados del Instituto de Física y Tecnología de Moscú. López explicaba:

"En cuanto me reuní con la gente de Orgland sentí buenas sensaciones hacia ellos. Me quedé impresionado especialmente por su experiencia en las interfaces de usuario gráficas, algo en lo que estaba empezando a trabajar InterSoft. Su espíritu y actitud hacia el trabajo me recordaron la InterSoft de cuando empezábamos. Invertimos tiempo en conocerlos, hablando sobre religión e historia. Descubrimos que los argentinos y los rusos teníamos mucho en común. En cuanto católicos romanos, compartíamos algunas creencias de los rusos ortodoxos sobre la familia y ciertos principios morales. Ambas culturas tienen tendencias románticas y socialistas. Ellos tienen las estepas y nosotros la Pampa. Ambas culturas aprecian un buen trago. Pensamos que como su empresa tenía tanta gente joven, se compenetrarían bien con nosotros."

A pesar de las barreras potenciales de la distancia y del idioma (generalmente se comunicarían en inglés), InterSoft decidió adquirir Orgland, tras un proyecto conjunto de prueba. Las inevitables complejidades de la colaboración quedarían más que solventadas a través del correo electrónico.

A pesar de esta adquisición, InterSoft seguía necesitando incorporar talento. Comenzaron a desarrollarlo de forma proactiva ofreciendo cursos de programación avanzada a los más capacitados de entre los que se licenciaban en la universidad. Y algo que empezó de manera informal se acabó convirtiendo en un programa prestigioso y extenso. Por emplear una frase de Morgan McCall, su estrategia no consistía simplemente en seleccionar a los más adecuados sino, sobre todo, en *desarrollarlos*.[4]

Como acabaron por descubrir Racca y López, el liderazgo entraña la mayor parte de las veces la reorganización del genio potencial y, después, su cultivo. De acuerdo con Randy Haykin, fundador de Interactive Mind, una empresa "catalizadora de riesgo" de Silicon Valley, su ventaja competitiva procede de su capacidad para adivinar el talento antes que sus competidores. Muchos de los individuos con los que trabajan en el campo del software interactivo, apenas si tienen *currículum,* cuando los tienen. Hay que encontrar personas que tengan grandes ideas y proporcionarles los recursos que necesitan para alimentar estas ideas, de manera que se transformen en un negocio de éxito.

Haykin fundó Interactive Minds en enero de 1995, como empresa consultora. Con el tiempo, ha evolucionado para convertirse en lo que el describe como una organización catalizadora de riesgo, con la misión siguiente:

"Interactive Minds proporciona las tres cosas que han estado buscando siempre los emprendedores: asistencia estratégica ya contrastada, personas y dinero. Proporcionamos apoyo estratégico para evaluar, definir y planificar un negocio de éxito. Además, adoptamos funciones directivas para ayudar a los clientes a realizar su *marketing,* a vender, a hacer desarrollos de negocios, y en cuestiones cooperativas. Interactive Minds ayuda a los clientes a evaluar y definir sus necesidades de gestión y luego emprende investigaciones sistemáticas para encontrar, seleccionar y atraer talento directivo. Finalmente, la empresa proporciona capital riesgo seminal para crear empresas de alto potencial."

La primera oportunidad que tuvo Haykin de trabajar en la creación de una empresa, con Interactive Minds, fue Greenhouse Networks, una nueva división de América Online. Para realizar su función, Haykin estudió cientos de planes de negocio, lo que le permitió desarrollar el sentido de saber lo que iba a funcionar y lo que no, al mismo tiempo que entablar relaciones con personas con las que volvería a encontrarse en el futuro. Después, rotó por muchos otros puestos de manera interina, incluyendo el de vicepresidente de ventas y de *marketing* del equipo fundador de Yahoo! Haykin considera que su papel consiste en ayudar a otros a tener ideas y a crear algo extraordinario: "Quiero crear *múltiples* empresas de billones de dólares. Quiero haber formado parte de *varias* Yahoo! a lo largo de mi vida, ya sea desde el puesto de consejero delegado o de vicepresidente de ventas y de marketing, o simplemente como la persona que pone dinero en ellas".

Al igual que Haykin, Franco Bernabé, antiguo consejero delegado de una de las 500 empresas de Fortune Global, entiende mejor que la mayoría en que consiste el poder de reconocer y sacar a la luz el talento oculto. Bernabé, ex consejero delegado de ENI, el grupo industrial en el campo de la energía más grande de Italia, dirigió a la empresa a través de un cambio que tuvo un éxito enorme, y de la privatización, luchando contra tremendos inconvenientes.[5]

* * *

Cuando llegó al poder en Italia un nuevo gobierno en 1992 y nombró a Bernabé consejero delegado de ENI (que en ese momento era la empresa número 21 por ingresos de Fortune Global 500), muchos se sintieron sorprendidos. Hasta entonces, su carrera en la empresa, en la que ya llevaba nueve años, se había desarrollado en la sombra, en puestos de planificación y control financiero. Desde estos supuestos, había desarrollado planes estratégicos que no fueron particularmente populares entre la alta dirección de la empresa. De hecho, su incansable proposición de cambio había obligado al consejo de directores a expulsarle una vez y a degradarle dos veces. Pero Bernabé no se dejó intimidar, y cuando le nombraron consejero delegado hizo del cambio su principal objetivo. Estaba decidido a "crear una empresa de emprendedores, en la que el personal se sintiera como si fueran accionistas de una empresa de servicios profesionales —una empresa global tan alejada de la burocracia que no quedaran en ella más que personas que crearan valor." Bernabé trabajó sin descanso para "liberar al grupo de la arena pública", porque creía que la privatización interesaba tanto a la empresa como al país. Sus fuentes de poder más importantes fueron, seguramente, su idealismo y su patriotismo.

Con este empeño, Bernabé consiguió transformar a la empresa, haciéndola pasar desde una situación en la que estaba acosada por las deudas, en propiedad del gobierno y controlada políticamente, a ser una sociedad anónima competitiva y rentable centrada en la producción de energía. Varios meses después de que llegase Bernabé al poder, la mayor parte de los altos directivos de ENI fueron arrestados y encarcelados, acusados de corrupción. Bernabé terminó vendiendo 200 empresas, hizo dimitir a cientos de directivos, e instauró sistemas y procedimientos radicalmente nuevos. Bernabé explica lo que le animó a seguir adelante durante todo ese tiempo: "Mi motivación básica era de tipo moral; el 85% del personal estaba pagando por los pecados cometidos por el 15% que eran responsables de la corrupción y del mal uso de la política. Les estaban robando su imagen de personas buenas, honestas y trabajadoras. Yo tenía que corregir esa desigualdad."

* * *

Muchos de los cambios que realizó no se diferencian mucho de los típicos en estos casos, pero hubo uno significativamente distinto: a la hora de sustituir a los directivos de que se había prescindido, creyó que el talento que necesitaba para poner en marcha de nuevo la empresa estaba dentro. Como él mismo explica:

> "Estudié detenidamente cientos de *currícula vitae* de personas que trabajaban en la empresa, con el director de recursos humanos. Muchas personas, consultores y banqueros, me dijeron que buscarse fuera de la misma. Pero yo creía que dentro había muchas personas de talento, que no necesitaban más que se las formara y se les proporcionaran las herramientas necesarias para triunfar. Elegiríamos a las personas de acuerdo a su experiencia y su rendimiento. Yo deseaba que fueran sólidas desde el punto de vista profesional, como es lógico, pero ésta era la parte más fácil. La más difícil era encontrar personas que me dieran garantías de integridad y que mostraran signos de independencia. Una de las personas que elegí, por ejemplo, había abandonado ENI porque la consideraba demasiado burocratizada y lenta. Le pedí que aceptara el puesto de director financiero".

El mismo Bernabé había sido un "talento oculto". Al principio de su carrera, siendo economista jefe en la Fiat, empezó a sentir que su trabajo se estaba volviendo "peligrosamente rutinario y especializado". Recuerda: "En aquellos tiempos existía la opinión de que inventar una estrategia y dirigir una empresa eran tareas completamente opuestas. Se me dijo que allí no había ninguna posibilidad de que mi carrera pudiera evolucionar tomando responsabilidades en la dirección de operaciones". Ante esta situación, le convencieron para que entrase en ENI. Irónicamente, en noviembre de 1998, Telecom Italia, la segunda empresa italiana, le ofreció el puesto de consejero delegado. La oferta procedía significativamente de la familia Agnelli, influyentes accionistas en los consejos de Fiat y de Telecom Italia. Bernabé constituye un ejemplo de cómo ampliar las experiencias de liderazgo puede sacar a la luz el talento.

Como estos líderes saben, hay una enorme desigualdad entre los que consiguen grandes resultados y los que se quedan en resultados medios, en lo que se refiere a creatividad y productividad[6]. Una empresa sólo puede ser tan fuerte como el más débil de sus miembros. Cuando las personas y sus relaciones son claves en la marcha de los negocios, los errores a la hora de reclutar personal y de seleccionar a los socios y a los inversores pueden ser ruinosos. Las personas con talento y ambiciosas solo desean asociarse con quienes tengan talento y ambición. Las personas que estén en el colectivo son las que van a decidir, en gran parte, sobre quienes quieren que se les unan en el futuro. Deben sopesarse cuidadosamente las contrapartidas entre calidad, coste y oportunidad.

La toma de decisiones sobre quienes deberían ser los que pertenezcan al colectivo no requiere simplemente evaluar el talento de cada miembro potencial. Quiérase o no, el todo es más que la suma de sus partes. Para ser creativos, los individuos necesitan interactuar con todos los que les puedan apoyar y con todos los que les puedan proporcionar "erosión creativa", por utilizar un término acuñado por Dorothy Leonard[7]. En otras palabras, el colectivo debe incluir una diversidad contrastadora de talentos, personas con diferentes experiencias, capacitaciones y perspectivas. Pero con la diversidad vienen los retos. Puede ser difícil entablar relaciones con personas que son diferentes en muchas cosas (como experiencia, carrera profesional, nacionalidad).

Una parte significativa del tiempo de los líderes se dedicará a localizar, evaluar, atraer y, cuando sea necesario, desarrollar el talento que se necesita. Tendrán que pensar holísticamente sus decisiones: ¿A quién se necesita implicar para insuflar talento individual en el genio colectivo? ¿Qué química tiene que haber entre personas que tienen que mantener las intensas y duraderas relaciones que requiere el esfuerzo creativo? Los líderes deben averiguar no solo la capacitación técnica, sino también las cualidades personales y la "adecuación cultural".

El tema de que los líderes buscan personas que muestren potencial para ser líderes a su vez, es recurrente. Estos líderes están ávidos por rodearse de personas que tengan más talento que ellos. Buscan personas que sepan aprender por sí mismas, que sepan descubrir, también por sí mismas, los problemas y resolverlos, que les guste fajarse con asuntos de considerable envergadura. Desean personas que tomen iniciativas, personas a las que se les mande a pescar una platija y vuelvan con una ballena; personas que estén dispuestas a hacer grandes cosas.

Estos líderes han aprendido a vérselas con el estrés que produce la ambigüedad, el conflicto, la sobrecarga de trabajo y el riesgo, e incluso se han visto fortalecidos por ellos. Hirschhorn sugiere que, a menudo, se ha asociado con el nuevo modelo de las corporaciones ajustadas y chatas, en las que se han erradicado las fronteras jerárquicas, funcionales y geográficas, la promesa de que estas compañías se convertirán en "una gran familia feliz".[8] Esta noción no solo no es realista, sino que tampoco es deseable. El que los roles en el trabajo no se definan ya por la estructura organizativa formal, no significa que desaparezcan las diferencias en lo que se refiere a autoridad, capacitación, talento y perspectivas. En la organización sin fronteras surgen nuevos retos: "¿Quién está a cargo de que? ¿Quién hace que? ¿Quién está en eso por nosotros? ¿Quién es y quién no es de los nuestros?". El conflicto entre las diferentes circunscripciones de una organización puede ser saludable y productivo; de hecho, la diversidad y el conflicto son ingredientes esenciales de la creatividad y la innovación.

Nadie puede prosperar en tales entornos. Las personas que pueden prosperar en estas organizaciones de genio colectivo han aprendido a mantener su independencia, al mismo tiempo que han aprendido a colaborar. Son personas que tienen talento de solistas, pero con el temperamento de miembros de una orquesta —un caso raro, en opinión de muchos—.[9] Finalmente, deben ser constructivas, personas que puedan comprometerse y perseverar, que no descansen hasta no ver satisfecha la visión, y que sean capaces de hacerse la milla extra inesperada.

Liberación y aprovechamiento del genio colectivo

Una vez que los líderes saben qué es lo que quieren construir (que han clarificado la visión), una vez que han adquirido los materiales adecuados (que han recopilado el talento), tienen que hacer realmente el edificio (ejecutar la visión). Es un proceso fundamentalmente de moldear el colectivo o la parte inmaterial de una empresa: la cultura y los procesos, y la estructura.

El modelado de la cultura y de los procesos: el proceso creativo como paradoja directiva

La liberación y el aprovechamiento del genio del colectivo es una tarea dura porque es un proceso de gestión de la paradoja. Hay que entender, aceptar y, en lo posible, equilibrar las cuatro tensiones (o paradojas) que están en el núcleo del proceso del genio colectivo:

(i) compaginar las diferencias individuales *y* la identidad y las metas colectivas (las delineadas previamente al debatir el proceso creativo);

(ii) incentivar el apoyo *y* la confrontación entre los miembros del colectivo;

(iii) centrarse en el rendimiento *y* en el aprendizaje y el desarrollo;

(iv) equilibrar la autoridad del líder *y* la discrecionalidad y la autonomía de los miembros del colectivo.[10]

i) compaginar las diferencias individuales y la identidad y las metas colectivas

La primera paradoja se deriva de la necesidad de compaginar las diferencias, al tiempo que se trabaja por conseguir la identidad y las metas colectivas. Como hemos visto antes, el proceso creativo requiere la mezcla de individuos diversos. Para que el colectivo se beneficie de esta diversidad, recurriendo al talento de cada uno de los individuos, se necesita que el proceso permita la variedad de perspectivas, prioridades y estilos. Para que estas voces se puedan expresar y hacerse oír, es obligado tratar a la gente con delicadeza, lo que significa tratarla de manera diferente. Será inevitable que se produzcan conflictos y que surja la competencia entre los miembros del equipo antes de que estas voces se puedan expresar libremente, y de que se consigan todas las adaptaciones necesarias. Demasiado conflicto y competencia pueden originar una mentalidad de "ganar/perder", en vez de un enfoque de colaboración y de solución de problemas, a la hora de enfrentarse a los temas. De manera que la tarea del líder es integrar las diferencias individuales y movilizarlas para perseguir la visión común. Los colectivos creativos permiten diferencia y libertades individuales, pero establecen metas super ordenadas con las que se han comprometido todos los miembros.

ii) incentivar el apoyo y la confrontación entre los miembros del colectivo

El colectivo que quiera reconocer la diversidad de los miembros e incentivar las diferencias de opiniones, debe de desarrollar una cultura de confianza, en la que sus miembros deseen apoyarse mutuamente. En una cultura tal, los miembros son cohesivos. Están interesados genuinamente en lo que piensan los demás; están dispuestos a escuchar y a poner en claro lo que se dice. Están abiertos a aceptar el liderazgo y la influencia de aquellos cuya preparación, información o experiencia sean relevantes para las decisiones que haya que tomar o para la realización de las tareas que se tengan entre manos. Los miembros acusan a los demás tanto como los defienden, adoptando un método más socrático de apoyo mutuo y de aprendizaje.

Pero cuando los miembros se apoyan demasiado entre sí, puede perderse la confrontación. En los grupos muy cohesionados, las normas severas para preservar las relaciones armoniosas y amistosas pueden evolucionar y se puede producir un "pensamiento de grupo" en cuanto opuesto a pensamiento crítico. Los miembros dejarán de opinar sobre las decisiones y acciones de los otros, ocultando sus pensamientos y sentimientos, a veces a un considerable coste personal. Terminarán por tomar decisiones con las que algunos individuos no estarán de acuerdo en privado, porque ninguno quiere ser responsable de crear un conflicto. Cuando los grupos se instalan en un enfoque de "promedio compensado", no puede haber creatividad.

Cuando persiste un comportamiento como éste, el colectivo demandará una conformidad más cerrada cada vez a sus miembros, lo cual inhibirá el libre intercambio de ideas y la capacidad de adaptación del equipo. Y cuando se produzca abiertamente una disputa, es probable que los miembros se polaricen en torno a la cuestión particular; como consecuencia de su frustración reprimida, desearán sólo "salirse con la suya", en lugar de afrontar el asunto de forma constructiva. Los colectivos creativos encontrarán el modo de permitir que se ponga de manifiesto el conflicto, sin que sea demasiado perjudicial.

iii) centrarse en el rendimiento y en el aprendizaje y el desarrollo

La tercera paradoja se centra simultáneamente en el rendimiento actual y en el aprendizaje. Producir resultados hoy, al tiempo que se incentiva la innovación con vistas al mañana, no es fácil, dadas las presiones del entorno competitivo. Las empresas que empiezan son demasiado conscientes de las necesidad de utilizar sus recursos de una manera frugal, al tiempo que compaginan las medidas financieras a corto plazo con las inversiones a largo plazo.

La compaginación es especialmente difícil con la inversión más importante, las personas. Los líderes deben de elegir frecuentemente entre la solución a corto plazo de ocupar un puesto con alguien que conoce como hacer una tarea, frente a la solución a largo plazo de poner a alguien a quien se deba dar la oportunidad de aprender. Cuando se quiere incentivar la toma de riesgos y, por tanto, el desarrollo y la innovación, los errores se deben de tratar como fuente de aprendizaje más que como razones de castigo. El juego se llama "autonomía incentivadora". Los individuos tienen que ser responsables de conseguir grandes resultados, pero cuando se produce el inevitable paso en falso hay que adoptar un enfoque de solución conjunta de problemas. Además, las personas se ven animadas a encargarse de su propio desarrollo y se convierten en "protegidos perfectos" a los que los demás desearán aconsejar.[11]

iv) *equilibrar la autoridad del líder y la discreción y la autonomía de los miembros del colectivo.*[12]

Las cuatro paradojas implican alcanzar un delicado equilibrio entre la autoridad del líder y la discreción y autonomía de los demás miembros del colectivo. Los líderes no pueden delegar la responsabilidad final del rendimiento del equipo, y tampoco el hecho de que delegue significa que abandone el control. Cuanto más autonomía tengan los miembros, más importante resulta que se sientan comprometidos con una visión común. Los colectivos más creativos tenderán a ser flexibles, equilibrando la autoridad entre el líder y los demás miembros de las maneras que mejor se ajusten a la cuestión que se tenga entre manos. Algunas decisiones se toman por consenso. Otras se toman mediante negociaciones entre el líder y aquellos que se sientan afectados más directamente de entre los demás. Otras se toman de modo consultivo, el líder obtiene informaciones de los miembros y discute con ellos las alternativas, al tiempo que se reserva el papel de ser quien tome la decisión final. Y, finalmente, algunas decisiones las toma el líder sin consultar con los miembros.

Es crucial que el líder tenga la credibilidad suficiente como para que los demás se sientan cómodos con cualquier proceso que se elija. De hecho, en los colectivos que funcionan bien y en los que hay un alto grado de confianza mutua, se da a los líderes más margen para decidir cosas sin tener que explicar o justificar sus acciones. Por contra, en los colectivos en que hay poca confianza, los miembros pondrán en cuestión incluso las sugerencias más inocentes o inocuas que hagan los líderes.

El modelado de la estructura: una acción-orientación

Otra parte del colectivo que hay que modelar, junto a la cultura y a los procesos, es la estructura. Históricamente, la estructura no se ha considerado entre las partes "blandas" de una organización. Pero los líderes implicados en la arquitectura del genio colectivo la ven de ese modo. Tienen una acción-orientación a la estructura. Parafraseando a Nitin Nohria, que ha escrito mucho sobre la estructura de las organizaciones globales y de la gestión del conocimiento, se ha pasado de la estructura a la estructuración[13]. Los líderes adaptan continuamente la forma y el tamaño del colectivo, de acuerdo a dos cuestiones:

- ¿Qué decisiones vitales se deben tomar o que actividades emprender para hacer que florezca la empresa?
- ¿Dónde reside la necesaria experiencia?

Las organizaciones forman grupos semi permanentes con los individuos apropiados, de acuerdo a las respuestas a estas dos preguntas.

Muchas empresas están empezando a adoptar un modelo algo similar al de las productoras de películas independientes. Sus estructuras son camaleónicas, puesto que las adaptan a las necesidades de los siempre cambiantes elencos formados por personas pertenecientes a la compañía y externos a ella (artistas y técnicos independientes), implicados en una producción particular. Los puestos cruzan a menudo las fronteras tradicionales. Las asignaciones de tareas se hacen de acuerdo al proyecto, son flexibles, e implican múltiple tareas parciales (cualidades que, como ponen de relieve los estudios, hacen que el puesto de trabajo sea intrínsecamente motivador). A menudo reflejan responsabilidades compartidas porque la escala o el ámbito de las tareas superan a una persona.

Suzanne de Passe, la consejera delegada de Passe Entertainment and Creative Partners, muy respetada tanto por su visión creativa como por sus perspicacia para los negocios, quería crear una "empresa de artistas". A diferencia de la mayor parte de las empresas productoras, los directivos de su organización tenían responsabilidades tanto de desarrollo como de producción. De Passe sabía que esta práctica ralentizaba a veces el trabajo, pero los cuellos de botella les obligaban a dedicar el tiempo necesario a ocuparse de cuestiones relevantes para la calidad artística. Como explicó De Passe: "Éramos como un plato de *spaghettis*. Dada nuestra pequeña dimensión, cada uno nos teníamos que apoyar en las distintas fortalezas de los otros". De Passe quería que su organización operase más como un "equipo de dobles en tenis" o como una "orquesta de jazz que improvisa", por utilizar la analogía de Peter Drucker para los equipos de trabajo auto gestionados.[14] El que realiza es sólo el equipo, los miembros individuales no hacen más que contribuir. Los miembros del equipo cumplen con sus cometidos, ajustándose en lo que sea necesario a los talentos y debilidades de sus compañeros y a las cambiantes demandas de la tarea, una característica común de las empresas de nueva creación en la que los recursos de todo tipo son limitados. Como De Passe y sus colegas pueden atestiguar, los requerimientos de los equipos de dobles de tenis son muy estrictos, y exigen un compromiso intenso, expectativas mutuas, confianza mutua e influencia mutua.

Hasta las grandes empresas multinacionales están adoptando cada vez más estructuras organizativas y diseños de puestos de trabajo análogos a los que encontramos en la empresa de De Passe. En empresas como Intel, Monsanto y Nickelodeon Latin America, se coloca a las personas en disposiciones de "dos en una caja" —dos personas con cualidades complementarias (por ejemplo, un especialista de *marketing* y uno de producción; un futurista y un pragmático centrado en los detalles) comparten las responsabilidades de un puesto—. Esta disposición se utiliza a todos los niveles, entre otras cosas para empezar a realizar un nuevo producto o servicio que requiere el concurso de una amplia gama de capacitaciones y de estilos, o para suavizar cambios de directivos y preparar a los sucesores. De hecho, siempre hemos estado viendo ejemplos de compartición del puesto de consejero delegado, como es el caso de John Reed y Sandy Weil, en Citigroup.

James Kralik y Hamilton Tang, de Lark International Entertaiment Ltd., son ejemplos ideales de líderes que han estructurado su organización de manera que se pueda explotar el genio colectivo. Lark lleva 18 salas de cines multiplex en Hong Kong, Taiwan, Singapur, Malasia y la República Popular de China. Además de regir salas de cine, Lark se dedica también a la televenta de entradas para espectáculos, a la producción y distribución de películas en chino y a centros de diversión familiares. La empresa, que tiene unos ingresos de más de cincuenta millones de dólares, ha generado para sus accionistas un beneficio de más del 30% anual desde la llegada de Kralik a Lark en 1993. Tang, licenciado de la Harvard Business School, que había trabajado en Morgan Stanley en Hong Kong, se incorporó a la empresa en 1996.

Kralik imaginó lo siguiente cuando pensaba en crear un equipo ejecutivo que permitiera a Lark expandirse por Asia:

"Yo quería formar un equipo corporativo muy tupido que pudiera funcionar eficazmente en una amplia variedad de roles. Reunir a personas competentes, capaces de actuar sin necesidad de prestarles gran apoyo, constituye un reto. La química tenía que ser perfecta. Siempre he estado convencido de que sólo grupos de personas podían realizar grandes cosas. Uno puede romper un bastón, pero no un ramillete de ellos atados. Yo quería crear un entorno que compensase a todos, al tiempo que les asignaba responsabilidades que pudieran facilitar su desarrollo a largo plazo. Esto significa encontrar a las mejores personas que sean capaces de obtener lo mejor de cada uno de los otros y que se lo pasen bien trabajando juntos. Cuando me reunía con cada uno de los candidatos a estos puestos, les explicaba que, hiciéramos lo que hiciéramos, lo haríamos bien. Deseaba que la empresa se convirtiera en líder —en una organización modelo—. No nos íbamos a conformar con la mediocridad."

Kralik sabía que Tang era único, aunque le costaría tres años convencerle de que se incorporase oficialmente a su aventura empresarial. Kralik deseaba contar con un socio en el más amplio sentido de la palabra; Tang tendría la misma participación en la empresa que el. Durante años, mantuvo a Tang al corriente, de sus actividades, las buenas y las malas, e incluso rechazó la idea de ponerle un despacho. Sentía que Tang se adecuaría a su empresa y que estaban en la misma onda, aunque sus conocimientos fueran distintos.

En la primera semana que trabajaron juntos, Krilek contrató a una persona para que derribara la pared que había entre su despacho y el de Tang y la sustituyera por cristal. Además, pidió que entre su mesa de trabajo y la de Tang se instalase una ventana corredera de cristal. El explicaba así sus razones:

"Es importante no trabajar en un entorno cerrado. Somos como dos trenes a toda máquina con un lazo muy tenue entre nosotros. Una pared entre nosotros no funciona. La ventana de cristal corredera nos ayuda a estar seguros de que no caminamos en direcciones diferentes... La ventana permanece abierta casi siempre, y tratamos de que funcione. Nos cedemos terreno mutuamente, pero somos también codependientes, pues hacemos que las cosas circulen entre ambos. Esa dinámica funciona muy bien, y tratamos de conseguir que la adopte el resto del equipo. Pero aunque los demás no hagan esto tan a menudo porque tienden a centrarse en un proyecto durante períodos destiempo más largos, necesitan trabajar de una manera organizada y sin fisuras."

Como de ellos mismo reconocen, su asociación no está a salvo de que se produzcan a veces roces, como ocurre en los matrimonios bien avenidos. Algunos de los matrimonios que mejor se llevan están formados por "la extraña pareja de egos iguales", en las que las cualidades y estilos de sus componentes son complementarios y están lo suficiente seguros como para aceptar como necesarias sus debilidades y permitir a sus socios que las compensen cuando llegue el caso.

La creación de la cultura corporativa de sus sueños ha sido un proceso complicado, puesto que la empresa opera en varios países. Algunos empleados no se han sentido cómodos con el nivel de libertad y ambigüedad y han preferido dejar la empresa. Otros, como las secretaria de Kralik, se han sentido atraídos a Lark precisamente por estas razones, y han encontrado en ella una lugar maravilloso en el que trabajar.

"En la mayor parte de las empresas chinas, existen una cantidad interminable de normas y de techos que me impedían asumir responsabilidades nuevas. Pero eso no existe aquí. Kralik quería que yo tomara iniciativas. Era amable y, cuando discutimos algo o cuando me equívoco, charlamos como amigos. Desde el punto de vista chino, esto era muy extraño porque ignoraba las estrictas normas que debían regir las relaciones entre colegas. Los subordinados que hablan al jefe de manera excesivamente directa pueden ser despedidos. Pero con Jim no hay fronteras. Espera que comparta todas mis opiniones libre y francamente para que las cosas salgan adelante. El trabajar aquí no es solo una cuestión de dinero, sino también de pasarlo bien y de sentir apoyo espiritual."

UN EJEMPLO MAGNÍFICO DE PUESTA EN PRÁCTICA DEL GENIO COLECTIVO

Las creación del genio colectivo es una tarea tan formidable que no es extraño que fracasen en ella la mayor parte de las empresas nuevas. Sus líderes no están dispuestos a aceptar el reto. He tenido la buena suerte de encontrar a algunos de estos líderes que están dispuestos a ponerse a la altura de las circunstancias. He visto genio colectivo en empresas de software, inversiones, petróleo y ocio. Consideremos el caso de Mark Levin, consejero delegado de Millennium Pharmaceuticals, que es el líder que se me viene primero a la mente como persona que ha puesto en práctica el genio colectivo. ¿Qué empresa mejor que una de biotecnología para representar el resultado del genio colectivo en nuestra historia reciente y en cuanto industria que continuará desarrollándose en el siglo XXI? La biotecnología es una industria nueva que está consiguiendo logros muy importantes, pero que tiene también unos riesgos y recompensas que son ya legendarios.[15] De las 1300 empresas de biotecnología que hay en la actualidad, 350 son privadas y aproximadamente diez han sido capaces de sacar productos al mercado.

Aunque Levin y sus colegas no están entre ese grupo selecto, muchos expertos creen que están en una posición sin paralelo para explotar comercialmente sus grandes ideas científicas en un futuro próximo. Y esto es así porque, como explica Levin, Millenium es una combinación mágica de "un gran lugar, con personas grandes que hacen grandes cosas". Levin señala, sin vacilar, las materias a las que dedica su atención y a las que debe el éxito de la empresa: "nuestra visión, el talento de nuestro personal y nuestro entorno creativo". Esto se corresponde exactamente con las tres responsabilidades del liderazgo que hemos estado explorando a lo largo de todo este capítulo. Ocupémonos con más detalle de Levin y Millenium, a fin de ilustrar la dificultad que encierra el liderazgo como genio colectivo. Debemos considerar no solamente lo que están haciendo, sino también la manera en que lo están haciendo; esto es, moldeando la parte "blanda" de la empresa para liberar y aprovechar el genio colectivo.

MARK LEVIN Y MILLENIUM PHARMACEUTICALS

Millenium se constituyó formalmente en 1993, sobre la premisa de que las tecnologías desarrolladas para desvelar el genoma humano podían aplicarse, al mismo tiempo, al descubrimiento de genes desconocidos, y de sus correspondientes proteínas, que podrían convertirse en objetivo de terapias contra enfermedades nuevas. Levin y los científicos que le asesoraban en la constitución de la empresa comenzaron a desarrollar la visión de Millenium y su particular ventaja competitiva. Como dijo Levin:

"Nuestra visión consiste en ir más allá de la genómica. La genómica ha dado lugar a una transformación de las ciencias biológicas, que implica revoluciones paralelas en las ciencias de la información, de la micro miniaturización y de la automatización. Esta poderosa combinación de tecnologías está permitiendo a los científicos comprender la vida y los procesos patológicos a nivel molecular de una manera que antes era imposible. Millenium va a ser líder en esta revolución, con un alto rendimiento, al integrar la ciencia y la plataforma tecnológica que podrían transformar los descubrimiento sobre las ciencias de la vida y la capacitarían para realizar su visión última de superar los límites de la medicina."

Ejecución: un atolladero para el management

Para poner en práctica esta visión, Millenium se ha convertido en una "pequeña empresa compleja", como la mayor parte de las organizaciones diseñadas para enfrentarse a las cuatro paradojas del genio colectivo. Levin describía la empresa y su estructura mediante una serie de organigramas que reproducimos en la figura 4.1. La "estructura de la visión" pretende reflejar el modelo de negocios de Millenium para apalancar su plataforma tecnológica gen-a-paciente, con el fin de generar un conjunto diverso de productos terapéuticos y de diagnosis, a un coste mínimo para los accionistas.

No es fácil definir el "colectivo" en Millenium. La estructura organizativa de Millenium, con abundancia de socios y de proyectos en vías de desarrollo, es lógicamente compleja y está en continua evolución. A fines de 1999, la empresa contaba con 900 empleados y estaba dispuesta como una "familia de empresas innovadoras" centrada en diferentes aspectos de la cadena de valor farmacéutica. Tal como se pone de relieve en la figura 4.1, la plataforma y Pharma constituyen las divisiones básicas de Millenium, mientras que Mbio y MPMx son filiales, con sus propios presidentes y accionariado, independientes de la empresa madre. Cereon es una filial propiedad plenamente de Monsanto, y situada dentro de Millenium. Para complicar aún más el conocimiento de quien está "en" el colectivo, Millenium tiene una serie de alianzas estratégicas que, en una industria caracterizada por largos ciclos de desarrollo y por altos índices de fracasos, constituyen un medio importante de adquirir capacidades y el tan necesario capital. Estas alianzas "en la cumbre" con compromisos de financiación que superan con mucho a los rivales más cercanos de Millenium, ponen de manifiesto el modo en que se perciben la calidad y la solidez de la plataforma tecnológica de Millenium.

La empresa depende del conocimiento y de la transferencia de tecnología entre especialistas muy notables y está, por tanto, muy orientada al equipo/matriz con el fin de canalizar muchas capacitaciones individuales y colectivas para dirigirlas donde sea necesario. Millenium ha evolucionado hacia una estrategia altamente personalizada de gestión del conocimiento, como consecuencia de la naturaleza de su trabajo.[16] Los directivos se basan fundamentalmente en las interacciones cara a cara y trabajan intensamente para crear foros adecuados para facilitar el diálogo y el debate, intercambiar conocimiento tanto explícito como tácito y conseguir que afloren las ideas creativas más profundas que surgen en la interacción de colegas inteligentes que luchan con un

4 • EL LIDERAZGO COMO EXPRESIÓN DEL GENIO COLECTIVO   65

Cadena de valor farmacéutico

Genes → Objetivos → Estudios Alta Tecnología → Iniciativas → Estudios con animales → Clínica → Productos → Pacientes

Estructura de la visión

División plataforma
- Pharma (100%) deiv
- Mbio (82%) Filial
- MPMx (100%) Filial
- Cereon (filial de Monsanto)

Estructura organizativa

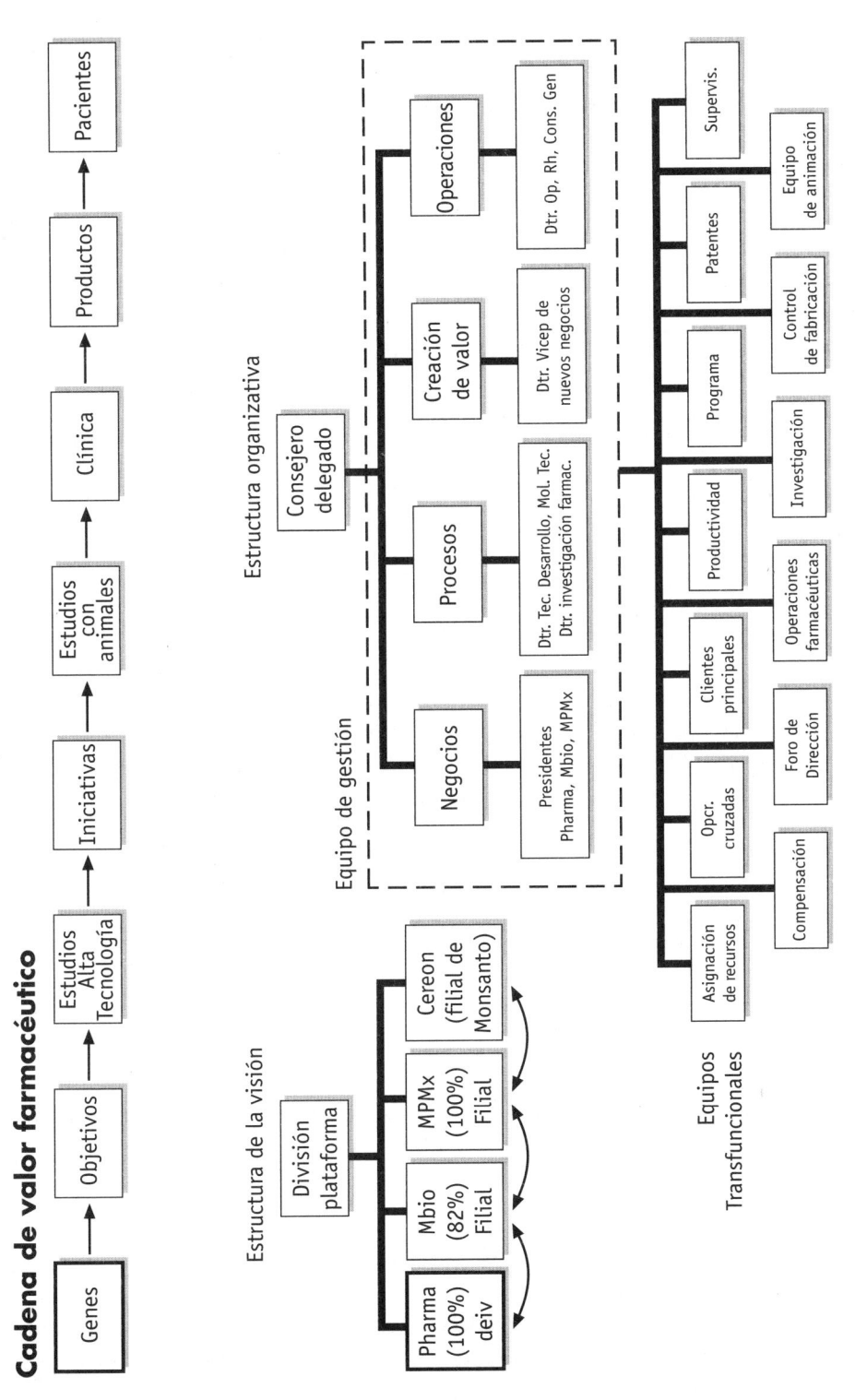

Consejero delegado

Equipo de gestión
- Negocios — Presidentes Pharma, Mbio, MPMx
- Procesos — Dtr. Tec. Desarrollo, Mol. Tec. Dtr. investigación farmac.
- Creación de valor — Dtr. Vicep de nuevos negocios
- Operaciones — Dtr. Op, Rh, Cons. Gen

Equipos Transfuncionales
- Asignación de recursos — Compensación
- Opcr. cruzadas — Foro de Dirección
- Clientes principales — Operaciones farmacéuticas
- Productividad — Investigación
- Programa — Control de fabricación
- Patentes — Equipo de animación
- Supervis.

Fig. 4.1 Esquemas de Levin para describir las tareas, visión y organización de Millenium.

problema. Sus mejores reuniones son las que tienen lugar en el curso de un seminario de laboratorio en el cual lo que importa es la sustancia y no el estilo, y los más antiguos y los más nuevos ofrecen ideas, plantean cuestiones fundamentales y se comprometen con críticas severas, aunque constructivas. La "estructura organizativa" pone de relieve los equipos transfuncionales que informan al equipo directivo con regularidad. Estos equipos, cada uno con sus propios objetivos y metas, son fundamentales para la comunicación a lo largo de la organización, para la colaboración y la delegación. Los equipos son grandes frecuentemente; más de 30 personas de toda la empresa pueden estar trabajando en una alianza en un momento dado. Para animar a la gente a pensar en que es lo mejor para la compañía y no sólo en sus proyectos inmediatos, se les anima a "ponerse múltiples sombreros". Como dice Levin:

> "Permitimos participar a la gente en equipos trans funcionales de toda la empresa en una organización matricial integrada y muy, muy complicada. Todos los científicos, los clínicos, las personas del negocio están en una variedad de equipos diferentes que son responsables de desarrollar productos, desarrollar tecnología, o gestionar asociaciones. De manera tal que con esto adquieren un tremendo caudal de experiencia de forma muy rápida y diariamente, comprendiendo como funciona la empresa. Interactuamos interna y activamente con las divisiones y las filiales."

Levin anima a crear un entorno inclusivo de aprendizaje en el que muy pocas cosas son confidenciales (excepto en lo que se refiere a la información propietaria, que no se puede compartir con los socios corporativos). Las flechas de la figura 4.1 indican las fronteras permeables que aseguran que todo el conocimiento especializado que tienen[16] los individuos se comparte y se pone al servicio de una visión colectiva. Algunos de sus socios (que son también competidores), cuentan con personas que trabajan y viven dentro del recinto de Millenium. Levin no se refiere nunca a personas "de dentro" y "de fuera" de la empresa en los debates entre la compañía y sus muchos socios. Pero no es ningún ingenuo; entiende perfectamente que su enfoque es arriesgado, que estos individuos representan a sus empresas y que están examinando e informando sobre lo que hace Millenium, y de la forma en que lo hace. Pero también sabe que tiene que aceptar esta contrapartida, puesto que la compartición de la información y la gestión del conocimiento a lo largo de la compañía son fundamentales para el éxito de Millenium. Este enfoque hará que Millenium esté siempre en el filo de la espada, consciente de las tecnologías perjudiciales,[17] y ello la hará mejor, más rápida y más barata que sus competidores en la carrera por el desarrollo de medicamentos.

Ventajas e inconvenientes de invertir en personal

Hay que dedicar mucho tiempo y energía a encontrar y capacitar personas con las que se pueda llevar a término una visión tan audaz con una estructura tan compleja. Por ello no debe de sorprendernos que Levin emplee el 40 por ciento de su tiempo en lo que denomina "desarrollo organizativo": selección, desarrollo y *empowerment* del personal.

Al igual que vimos en los casos de Haykin, Bernabé y los socios de InterSoft y de Lark, Levin descubre el talento y forma su colectivo cuidadosa y deliberadamente. Levin ha reconocido la importancia de contar con personas sólidas desde el principio y de formar la empresa en torno a un núcleo de cuatro científicos de primera línea que el conocía, que no solo le proporcionaron el conocimiento científico para la empresa, sino que le ayudarían a atraer a otras personas de talento. Levin y sus colegas se comprometieron activamente a atraer talento en torno a este núcleo. Entre el personal de Millenium están representados más de 30 países y tres de las empresas socios no son de los Estados Unidos. Levin está tratando de construir un mosaico, no un crisol; tanto el todo como las piezas se evalúan enseguida. Todos, desde el investigador asociado junior al director general de una división, pasan por un riguroso proceso de selección en el que Levin trata de participar. El talento técnico no es suficiente; los elegidos tienen que "casar bien con la cultura". Aunque Millenium busca gente con experiencias y perspectivas distintas, no está abierta a personas con valores esenciales diferentes. Como explica Levin, "permitimos a la gente ser lo que realmente es, de manera que tenemos que asegurarnos de quienes son los que se adecuan realmente a la misión". Por tanto, Millenium comprueba concienzudamente las referencias para evaluar las cualidades de liderazgo de las personas, la manera en que interactúan con los demás, el modo en que han trabajado con otras personas y las han motivado en el pasado. "Buscamos personas que hayan creado entornos que hayan permitido a los demás destacar y hacer grandes cosas".

De nuevo, como en el caso de que los líderes que han triunfado y que hemos visto anteriormente, Levin entiende que los líderes y creadores nacen y que luego se hacen. El está preparado para invertir en su desarrollo. Tiene dificultad para encontrar "personas que estén dispuestas a comprometer una parte significativa de su tiempo en la creación de una gran empresa", en cuanto actividad opuesta al trabajo científico, entre los clínicos y los científicos que entrevista. Además, como la mayor parte de las empresas de las nuevas tecnologías, Millenium sufre particularmente la escasez de personas que tengan la perspicacia para los negocios y las cualidades operativas que se adquieren generalmente con la experiencia en las grandes empresas. Pero muchos individuos procedentes de empresas grandes encuentran difícil prosperar en la cultura empresarial de Millenium. Como consecuencia de ello, Millenium cuenta con un cuadro de expertos en desarrollo organizativo que enseñan, entrenan y traen expertos del exterior, constituyendo lo que puede considerarse una mini universidad. Ellos diseñan programas y procesos tales como reuniones en la ciudad y frecuentes visitas al exterior para incentivar la comunicación y el diálogo abiertos sobre la visión de la empresa, y sobre lo que sucede en las grandes empresas y en el entorno científico.

Finalmente, y lo que es quizás más importante, el personal tiene poder y autonomía. Levin aprendió la importancia de delegar cuando trabajó en grandes empresas. Aunque algunos le pudieran considerar intervencionista, el comparte con mucho gusto el potencial para influir con todos los miembros del colectivo de Millenium. La gente de talento está siempre empujando hacia el próximo reto y la próxima oportunidad, con el fin de desarrollarse. Levin entiende que cuanto más talento tiene la gente, más quiere contribuir y más desea que se le den oportunidades de liderazgo personal. El desarrollo de la carrera se ha convertido en una prioridad corporativa, con el fin de asegurar que la gente se desarrollará y se superará continuamente.

Todos los jóvenes tienen oportunidad de comprometerse y de tomar algunas decisiones significativas para la empresa. Sus aspiraciones de hacer carrera y su desarrollo tienen que equilibrarse cuidadosamente con la consecución de objetivos a corto plazo. El personal de recursos humanos asegura que las evaluaciones de rendimiento se hacen para ayudar a la gente a desarrollar expectativas de carreras adecuadas y a tener las experiencias que necesitan para desarrollarse. No hay que decir que las personas de talento no siempre asumen con agrado que se les haga comprender sus límites personales y que no están totalmente preparadas para ese próximo gran encargo.

No se puede dar poder e iniciativa a la gente sin establecer controles. En Millenium se tiene claro que a los derechos y privilegios del poder vienen ligados deberes y obligaciones. La gente se mantiene responsable, y la integridad científica es clave. Los socios de Millenium esperan que se rinda, y que se rinda mucho. Los controles de Millenium se comunican principalmente a través de las materias "blandas", tales como visión y cultura (aunque se esfuerzan por asegurar que las materias "duras", tales como la compensación y la tecnología de la información, estén situados adecuadamente). La gente sabe cuáles son sus prioridades. Gracias a la rigurosa selección, al desarrollo y al conocimiento de los procesos de gestión, las personas consiguen rendimientos personales muy altos y la información y la experiencia que necesitan. Sin embargo, el rápido crecimiento y la constante entrada de nuevos proyectos están haciendo cada vez más difícil conseguir que el personal mantenga la responsabilidad de sus promesas.

Millenium es un lugar incitante, aunque no necesariamente cómodo, para trabajar. La biotecnología es una industria competitiva muy implacable. La gestión de un rápido crecimiento interno y de un complejo conjunto de alianzas multinacionales, con todo lo que conlleva, pueden dar al traste con todo. Y, como he escrito antes, el proceso creativo está inherentemente cargado de emoción, con picos y valles. La vida en Millenium puede ser muy agobiante. Se hacen encuestas regularmente en toda la empresa para tratar de ver cual es el compromiso con los valores esenciales, cómo se percibe la cultura y que opinión se tiene sobre el desarrollo de la carrera. Es imperativo que Millenium reconozca y se ocupe de los estados de ansiedad que produce trabajar en un escenario empresarial creativo como el descrito y se asegure de que se buscan los adecuados equilibrios con respecto a las cuatro paradojas de la creatividad. El "equipo de entretenimiento" está siempre atareado, planeando cacerías de animales carroñeros y fiestas de empresa mensuales, entre otros acontecimientos. La empresa atrae a los mejores en un mercado laboral muy competitivo, no sólo porque se dedica a la alta ciencia, sino también porque tiene la reputación de ser un gran sitio para trabajar. La visión, la estructura y el entorno de la empresa se combinan para liderar el poder empresarial de creatividad. El reto que se plantean Levin y la empresa será saber cuándo y de qué modo reconstruir y reconfigurar toda la estructura de la empresa para conseguir que el genio colectivo siga siendo el núcleo de su ventaja competitiva.

¿DÓNDE ESTÁN LOS LÍDERES DEL FUTURO?

John Kotter dijo que muchas empresas estuvieron sobre dirigidas e infra lideradas en la segunda mitad del siglo XX. El *management* se ocupa de la complejidad, mientras que el liderazgo se ocupa del cambio.[18] Las competitividad global ha elevado el listón, y el liderazgo y el *management* se han hecho cada vez más cruciales y difíciles. Los líderes deben ser capaces de sintetizar ideas diversas y comparar su visión y sus valores con otros distintos a lo largo de todo el mundo. Una gran visión y estrategia sin una gran ejecución, matan a la empresa. Hasta las empresas jóvenes y pequeñas tienen que afrontar retos significativos de gestión, dadas sus complejas arquitecturas flexibles.

El mayor obstáculo para poner en marcha una empresa de éxito ya no reside en atraer el capital financiero, sino en atraer el capital intelectual. Ann Winbland, una influyente emprendedora y líder en actividades de capital riesgo en el campo de la tecnología, busca tres cosas a la hora de decidir si va a invertir en una empresa, o no: oportunidad de mercado, capacidad de entregar el producto y capacidad del empresario para mantener la excelencia y desarrollar nuevos líderes.[19] Es muy difícil encontrar líderes capaces de gestionar el talento y desarrollar una empresa. Ella y sus socios ven que su trabajo consiste simultáneamente en hacer líderes y en levantar empresas en torno a oportunidades de mercado significativas.

Les he presentado, en este capítulo, a algunos de estos líderes en potencia. Todos están traduciendo sus valores personales en acciones calculadas y sostenidas, construyendo genio colectivo. Ninguno pretende tener toda la razón, pero están decididos a hacerlo bien. ¿Qué cualidades tienen en común, que les dan la fuerza suficiente como para transformar en realidad sus sueños?

Son, como hemos visto, visionarios. Pueden asumir las oportunidades y retos asociados con un mundo global desde el punto de vista social, económico y político. Son pensadores de 360 grados que pueden ocuparse de la complejidad cognitiva y desenmarañar totalmente cuestiones complejas. Seguramente no es accidental que Levin, al que ha considerado *The Economist* el líder práctico de la biotecnología, no sea realmente un biotecnólogo, ni siquiera un científico de referencia. Era ingeniero químico y trabajó en control de procesos para empresas tan distintas como Miller Brewing, Eli Lilly y Genentech, una de las primeras y mejores empresas de biotecnología. Antes de fundar Millenium, se pasó siete años en Mayfield Fund, una empresa de capital riesgo. Con base en su experiencia generalista y en una red de relaciones inter disciplinares, pudo imaginar y comunicar una nueva dirección basada en una combinación única de innovaciones científicas y tecnológicas. Es interesante que, después de haber trabajado muchas veces como consejero delegado interino de otras empresas que empezaban, se sintiera seducido por las oportunidades que presentaba Millenium. Como explicaba el mismo, fue la "amplitud de la visión, centrada, en último término, en el genoma para encontrar las rutas causales de muchas enfermedades humanas -¿que otra cosa podía ser más excitante desde el punto de vista científico".

Estos líderes pueden enfrentarse a las dualidades de dirigir el genio colectivo porque ven el mundo de acuerdo con una gama de grises, y no en blanco y negro, y por eso pueden decidir y asumir grandes riesgos. Su confianza en sus valores personales —a la que se refería Bernabé como a su "brújula interior"— les permite navegar y hacer las operaciones necesarias, asociadas al genio colectivo. Son constructores e inversores porque se sienten comprometidos con los valores que defienden. No están interesados en "enriquecerse rápidamente", sino en la durabilidad, por lo que se toman el tiempo necesario para asentar sólidamente sus empresas. Kralik anotó sus metas personales mientras viajaba en un tren por China y tenía poco más de 20 años. Tales metas incluían un pacto sustancial con la cooperación internacional y marcar una diferencia positiva en las vidas diarias de aquellos con los que entraba en contacto. Conserva una lista de estas metas, que repasa cada semana, en su despacho de Lark.

En mis encuentros con los líderes que he presentado aquí, me sentí sorprendido por su espíritu interrogador, por la vivacidad de su imaginación y por su naturaleza reflexiva. La mayor parte de ellos son lectores voraces (desde historia y filosofía, a la prensa popular) y viajeros que están siempre examinando el mundo para descubrir grandes ideas y aprovechar oportunidades de observar y relacionarse con personas de talento. Bernabé contó la historia de cómo uno de sus colegas le preguntó por qué estaba siempre pensando en las capacidades de su ordenador portátil. ¿No deberías dejar eso a tu director tecnológico? Bernabé le dijo que entender el modo en que funcionaba su ordenador formaba parte de su trabajo de crear la cultura de ENI. "¿Cómo deberían conectarse entre sí las personas de nuestra organización? ¿Qué podía haber más importante que encontrar la respuesta a esta pregunta?"

Si estos líderes tienen algún rasgo en común, es que son insaciables a la hora de aprender. Todos son humildes, porque se sienten privilegiados por el hecho de poder dirigir. Como dijo De Passe: "Estoy aquí para servir y ahorrar impedimentos". Bernabé va con frecuencia al trabajo andando o en bicicleta, y la gente comentaba frecuentemente que era más bien tímido. Levin tiene uno de los despachos más pequeños de su empresa, va a trabajar en pantalones vaqueros la mayor parte de los días y se relaciona con entera libertad con personas de todos los niveles de su empresa.

Pero, fundamentalmente, todos se sienten cómodos compartiendo el poder. A pesar de todo lo que se habla del *empowerment*, muchas personas tienen demasiado miedo a la renuncia al control que implica. Estos líderes están seguros de sí mismos, conocen sus debilidades y sus fortalezas. Saben que ellos no tienen por qué tener respuesta para todo. Se rodean de buenos profesionales que les pueden ayudar cuando es necesario. Están comprometidos a trabajar en ellos mismos y mejorar sus aptitudes. Tienen la madurez psicológica y emocional necesaria para capear los temporales empresariales. A menudo, conservan la calma cuando otros se sienten agobiados.[20]

Estos líderes se sienten impulsados a relacionarse porque creen verdaderamente en las personas. El liderazgo es, para ellos, una cuestión de humanidad, de conseguir lo mejor de la gente para progresar. Ven lo extraordinario en personas a los que la mayoría consideran solamente ordinarias. Déjenme citar a un último líder, el legendario presidente de la República Surafricana Nelson Mandela, que ha dedicado su vida a liberar el genio colectivo de la diversa población de su país. Ha sido un líder del siglo XX, cuya sabiduría y humanidad continuarán siendo importantes en el próximo milenio:

"Un líder... es como un pastor. Camina detrás del rebaño, dejando que el ejemplar más ágil vaya delante y que todos los demás le sigan, sin reparar en que todos están siendo dirigidos desde atrás."

CAPÍTULO 5

EL LÍDER DUALÍSTICO: DESARROLLANDO LA PARADOJA

PAUL A. L. EVANS

Hace diez años, me encontraba, a altas horas de la noche, luchando con las palabras para concluir una conferencia sobre las tendencias en la gestión de recursos humanos en las empresas multinacionales. Mientras que garabateaba los temas del debate sobre una hoja de papel, consté, de repente, una constante. Por cada líder empresarial que habla de la necesidad de visión, hay otro que resalta, con lógica igual de poderosa, la necesidad de ser pragmáticos en el mundo de los negocios. Había empresas que estaban descentralizando, alegando la necesidad de ser emprendedoras y orientadas al cliente. Pero estas empresas se veían confrontadas con otras tantas que defendían el control centralizado para aprovechar las economías de escala. Los argumentos sobre la necesidad de responsabilidad eran atractivos, pero una firma podía recordar lo que sucede cuando la responsabilidad desplaza al trabajo en equipo —cuando los altos ejecutivos contemplaron cómo se iba por el túnel uno de sus principales negocios se lamentaban: "¡Qué pena que lo estropeara Joe... pero él es el responsable!".

El Tao oriental había reconocido esto muchos siglos antes, Hegel y Jung habían luchado contra las repercusiones y Toynbee había visto esto en el declive y caída de los imperios a lo largo de la historia. Pero así fue como reconocí que nos habíamos instalado en un mundo en el que el reto del liderazgo es navegar entre opuestos.

Robert Quinn, de la Universidad de Michigan, tuvo una experiencia similar cuando trató de encontrar sentido a los datos sobre la eficacia organizativa, un campo que había dejado perplejo a los estudiosos. La constante surgió ante él, una vez más. La eficacia es difícil de entender porque es inherentemente paradójica. La organización que pretende ser eficaz debe estar en posesión de atributos que son contradictorios, o incluso mutuamente excluyentes. Llamó a estos atributos valores en competencia —el control y la flexibilidad, la atención centrada en lo interno y en lo externo, la orientación a los medios y a los fines—.[1] Hoy han quedado institucionalizados en forma de tanteadores equilibrados para medir el rendimiento y anuncian la forma que tomará el *management* del siglo XXI.

La mayor parte de los altos ejecutivos actuales reconocen estas dualidades, como yo las llamo, cuando hablan de la dificultad de equilibrar las actividades con sus roles. Charles Hampden-Turner les llama dilemas y son tales dilemas los que crean las paradojas que ha descrito también Charles Handy.[2] Hemos descubierto en nuestros propios estudios que la mayor parte de los problemas y frustraciones que experimenta la gente son consecuencias de tales dualidades. El nuevo siglo será una era en la que aprenderemos a aprovechar las tensiones que estas crean, en lugar de permanecer sujetos a ellas.

CONDUCIENDO ENTRE LOS MOVIMIENTOS PENDULARES

Las fuerzas opuestas crean paradojas, afirmaciones aparentemente contradictorias que son más o menos verdad. No podemos hacer que desaparezcan las paradojas, no podemos resolverlas o solucionarlas, no se van.

En el pasado, se han expresado como oscilaciones pausadas del péndulo, ciclos de evolución y revolución que los académicos llamaron "equilibrio interrumpido". Se podían gobernar esas oscilaciones, al modo del inversor que intuye la baja del mercado bajista y vende a corto, y algunos líderes han desarrollado sus carreras basándose en esta capacidad. La organización que descentraliza libera un torrente de energía emprendedora. La gracia del juego consiste en reconocer los males que puede acarrear —no inventado aquí, lento ajuste a grandes cambios estratégicos— y abogar por lo opuesto, re-centralización. Cuando el péndulo comienza a oscilar, usted será reconocido como un héroe previsor y promovido como el salvador. Pero se necesita un agudo sentido del tiempo –abogue demasiado pronto por el opuesto y será expulsado como un perturbador pesado; abogue demasiado tarde, y habrá perdido la canoa.

Recientemente, asistí a un debate con un Premio Nobel de Economía que estaba ilustrándonos a los mortales académicos sobre el modo de investigar. En la época de la postguerra, en la que gobierno intervenía en todas las actividades, sus datos le llevaron a creer en el poder de las fuerzas del mercado no sujetas a regulación. ¿Con qué resultado? Con el de que se mofase de él el *establishment*, se le expulsara de las universidades establecidas, pero siguió clavando... y un día, el péndulo se balanceó y se le reconoció como un genio de la previsión.

Sin embargo, los que alaban las virtudes del capitalismo desenfrenado deberían tener cuidado, puesto que los excesos parece que están empujando el péndulo hacia el lado opuesto. Una de las leyes de la dualidad es la de que si llevamos algo a un extremo, creamos una patología. Es la trampa del héroe que ha llevado a muchos al declive.

En las últimas décadas, hemos visto oleadas de soluciones empresariales que hacían balancearse al péndulo desde el blando "beneficio a través de las personas", a la dura reingeniería, desde la reestructuración desde abajo, a "compitiendo por el futuro". Hoy, el balanceo de estos péndulos es tan rápido, que nos pueden golpear en el rebote mientras seguimos en el mismo puesto. Nos exasperamos con el líder preocupado claramente por su carrera a corto plazo, con la persona que pone en marcha una estrategia nueva, empieza a conseguir resultados visibles a corto plazo, y luego se va a recoger los aplausos a otro sitio, dejando a un sucesor para que lleve a la firma en otra dirección. También nos exasperamos con las promesas de esos líderes con visiones grandiosas, pero vacías, porque no pueden gestionar el hoy, que es tan diferente de su atractivo mañana. Los líderes que admiramos son Jack Welch (GE) y Percy Barnevik (ABB), que parecen ser capaces de trabajar constructivamente en el largo plazo, vía el corto plazo.

Las carreras de yates podrían ser un buen campo de entrenamiento para los líderes. El oficio del buen timonel consiste en gobernar una tensión constante, pero flexible, entre la necesidad de mantener un rumbo definido y los vientos y las corrientes cambiantes.[3] Cuando es una persona capacitada la que gobierna el timón, la singladura del barco hacia su destino es una serie de curvas controladas para ajustarse a los vientos y a las corrientes. El timonel inexperto lucha por mantener un rumbo, corrige en demasía cuando el barco se sale de su ruta, y no es capaz de anticipar las tormentas y los períodos de calma. El rumbo resultante consiste en una serie de zigzags que ralentizan el ritmo de la progresión hacia el punto de destino.

La función y la capacidad del liderazgo consisten en navegar entre los imperativos a corto plazo y las metas a largo plazo, entre la excelencia funcional y la coordinación interfuncional, entre el bajo coste y la alta calidad. Por ejemplo, los líderes alinean a la firma en torno al desarrollo de la excelencia funcional, llevándola al éxito inicial. Pero cuando ese éxito se ve amenazado por presiones opuestas (toma lenta de decisiones debido a la falta de coordinación), los líderes responden reforzando lo que les permitió conseguir el éxito al principio (alta presión en pos de la excelencia funcional). Esto conduce a un círculo vicioso de amenazas, esfuerzos redoblados y más amenazas, que culminan en crisis. Se recluta a un salvador cuya estrategia consiste en el trabajo en equipo... y el ciclo puede empezar a tomar la dirección opuesta.

Los líderes de otras empresas pueden anticipar el cambio necesario, por contraste, dirigiendo suavemente las funciones especializadas hacia un mayor trabajo en equipo, antes de que se presenten los problemas de la lentitud en la toma de decisiones. Gobiernan con el fin de conseguir su propósito de obtener mayores beneficios y un mejor retorno de la inversión, alternando entre un rumbo y otro, en una espiral virtuosa de crecientes capacidades, tanto en excelencia funcional como en equipo integrado.[4]

La pauta de fijación polarizada caracteriza al siglo XX. Danny Miller la llama el "fenómeno Icaro", otros la denominan "el fracaso del éxito".[5] El análisis que hace Miller del auge y la caída de corporaciones tales como ITT, IBM y A&P le lleva a anticipar que empresas sobresalientes perfeccionarán lo que las lleva a tener éxito hasta que alcanzan extremos peligrosos, lo que las acaba metiendo en trayectorias de declive. Miller considera al artífice centrado en un foco, con una orientación unilateral sobre el liderazgo basada en el coste (TI) o en la calidad (Digital), o al pionero inventivo (IBM, P&G). Cada una de estas corporaciones pusieron en práctica brillantemente una estrategia adecuada, desarrollando una competencia peculiar que las condujo al éxito inicial. Pero cuando los vientos empezaron a cambiar y el éxito empezó a verse amenazado, sus líderes intensificaron la presión sobre la capacidad en lugar de virar para desarrollar fortalezas complementarias. El liderazgo basado en el coste se convierte en obsesión mezquina que aleja al talento del *marketing* o el diseño. Los pioneros se convierten en escapistas que se retiran a su propio juego, y la imagen reemplaza a la sustancia en los vendedores. A medida que se acelera la entrada en el círculo vicioso, el amor propio se hace obsesivo y se acaba actuando como una máquina, suprimiéndose todo disentimiento; la estrategia se convierte en receta (la polarización que presagia la crisis inminente).

No se pueden reconciliar de una vez por todas las fuerzas opuestas, tales como la diferenciación y la integración, la orientación interna y la externa, la jerarquía y la red, el corto y el largo plazo, el cambio y la continuidad. Estas fuerzas opuestas crean tensión. Como comenta, con razón, Richard Pascale, en las organizaciones hay muchas tensiones que nunca se deberían resolver: la tensión entre el control de costes y la calidad, o entre la eficacia en la fabricación y el servicio al cliente, o la orientación local y la global.[6] Me disgustan los términos "equilibrio", "resolución", o "reconciliación de los opuestos" que se emplean a menudo; son demasiado estáticos, en el equilibrio no hay energía y es de lo más incómodo tratar de colocarse en el punto de apoyo.

Como el futuro está siempre en el presente, podemos ver en algunos de los ejemplos de hoy el rumbo por recorrer. Contemplemos el modo en que algunos líderes tratan de aprovechar las tensiones de estos opuestos.

UN PASEO POR EL MUNDO DE LA PARADOJA

L'Oreal es una empresa que reconoce la importancia de la dualidad y la tensión. Se trata de la primera firma mundial en la supercompetitiva industria de la cosmética y la corporación francesa más sólida de acuerdo a sus beneficios. La cultura de L'Oreal se basa en los valores anticipatorios de la familia que la fundó en el siglo pasado. "*Etre Poéte et paysant en même temps*", ser, a un tiempo, el creativo poeta y el conservador campesino que atesora los céntimos. La creencia de que el crecimiento y el beneficio vendrán si podemos combinar la creatividad con una sólida gestión financiera, se manifiesta en las prácticas de gestión de la tensión. L'Oreal utiliza las "salas de confrontación", una reminiscencia de la Mesa Redonda del Rey Arturo, puesto que todas las partes implicadas en el lanzamiento de un nuevo producto, por ejemplo, se pueden reunir en torno a una mesa para discutir libremente las decisiones a tomar.

L'Oréal reconoce que una de las tensiones más importantes es la que procede de la dualidad entre la fabricación a corto plazo y el desarrollo, a largo plazo. No es fácil. A la hora de tomar las decisiones, hay una tendencia natural a privilegiar el corto plazo, puesto que es inmediato y concreto. Una de las áreas en la que esto perjudica a muchas empresas es la del desarrollo del personal. Enfrentadas a la presión del beneficio inmediato, cierran la válvula del presupuesto para el reclutamiento, la formación y el desarrollo del equipo. Consecuentemente, cuando se produce el *boom* de las ventas, siete años más tarde, no cuentan con personas capacitadas para explotar sus oportunidades. De manera similar, resulta tentador para los directivos de las unidades de negocio aferrarse a sus mejores individuos en vez de dejar que se marchen a otras unidades, aún al precio de que estas personas se aburran por la falta de oportunidades y abandonen la corporación para buscarlas en cualquier otra parte.

No existen políticas mágicas que resuelvan tales dilemas. Como, generalmente, el corto plazo condiciona el largo plazo, el papel de la función de recursos humanos en L'Oréal es el de guardián de la perspectiva estratégica a largo plazo, especialmente en los que se refiere a las decisiones sobre el reclutamiento, la promoción y la formación del personal. Pero esto no da a recursos humanos el derecho de vetar decisiones. A lo que le da derecho es a detener la música, a decir: "¡Basta de cánticos! Busquemos argumentos de largo plazo antes de tomar una decisión". Unas veces, la decisión puede favorecer el corto plazo, otras veces el largo, y a veces se puede encontrar una solución creativa que favorezca a ambos.

La práctica de L'Oréal resulta ilustrativa sobre algo que es crítico para aprovechar la tensión entre opuestos, a saber, la capacidad para entablar el debate constructivo. Es quizás la cualidad más característica de Jack Welch, de GE:

> "Los métodos de toma decisiones de Welch no han cambiado mucho desde los días en que estaba en (GE) Plastics. Abordaba a todos los que supieran algo relevante sobre el tema que tuviese entre manos —ya fueran químicos, ingenieros de producción o de finanzas—, y les interrogaba a conciencia. Quería que se le dieran respuestas comprometidas, no informes escritos formales. Después, se sentaría con sus subordinados para debatir la decisión a tomar. Welch llama a esto 'conflicto constructivo'. Tiene la teoría de que si una idea no puede sobrevivir a una discusión animada, el mercado la matará seguramente."[7]

Kathy Eisendhart, de Stanford, ha estudiado empresas en entornos hiper competitivos tales como el de los micro ordenadores, en los que las ventanas estratégicas se abren y se cierran rápidamente y en los que una mala decisión estratégica se paga con la muerte. Ella misma ha resumido muy bien sus conclusiones en el título de un reciente artículo.[8]

Esto contrasta con la realidad actual. Andrew Kakabadse, de la Cranfield Business School, ha encuestado a cientos de equipos directivos europeos, descubriendo que casi el 40% de ellos tienen bajo cuerda diferencias de puntos de vista serias e indiscutidas sobre la estrategia y la visión. No se trata ya del hecho de que haya diferencias —éstas son la fuente potencial de la toma decisiones creativa—, sino de que no se profundiza en ellas. El debate constructivo es un artículo sorprendentemente raro en las estériles reuniones de dirección de los lunes por la mañana.

Pero no basta con tener capacidad para entablar debates constructivos. Ken Olsen, el fundador de Digital Equipment, creía también en el conflicto constructivo. Tenía la teoría de que levantar una organización era como crear una familia, en la cual el debate y la resolución de los conflictos eran las formas primeras de decidir que es lo que había que hacer, algo que también asegura el compromiso para poner en práctica esas decisiones. Pero esto depende de las relaciones entre las personas y de la confianza de unos y otros. El éxito le llevó a crecer a un ritmo tal, que pronto muchas personas no se conocían entre sí y, por tanto, tampoco había confianza. El saludable debate degeneró en toma de decisiones lenta y politizada que llevó a Digital a perder ventanas de mercado y a tomar decisiones pobres.[9]

Una dualidad conduce a otra. Digital podría haber evitado su crisis si Olsen hubiera estructurado la firma en unidades de negocio más pequeñas, afrontando otra dualidad fundamental de la organización que adopta formas diferentes –centralización/descentralización, diferenciación/integración, global/local. Aquí es donde los estudiosos contemplaron a ABB, una gran empresa de 210.000 empleados, formada hace 12 años por Percy Barnevik, a partir de la fusión de competidores suizos y suecos.

Barnevik cree en que la descentralización es vital para la orientación al cliente y para aprovechar toda la iniciativa empresarial local. Él contrasta sus experiencias formativas en su empresa familiar dedicada a la impresión, en la que cada cual sabía lo importante que era conseguir sacar adelante el pedido, con los puestos que ocupó posteriormente en grandes corporaciones, en las que la burocracia de la sede central llevaba las riendas sin haber visto nunca a un cliente. Esa creencia en la descentralización la llevó a sus últimas consecuencias en ABB, estructurada en no menos de cinco mil unidades de negocio que tenían responsabilidades sobre pérdidas y ganancias. Sin embargo, Barnevik está igual de convencido de la necesidad de explotar las ventajas de la gran empresa, que comparte estudios de mercado y clientes comunes, explota las economías de escala en la fabricación y en los canales de distribución, transfiere conocimiento y personal, y explota la influencia financiera y la visibilidad en países emergentes. Como en el mismo dice: "Queremos ser globales y locales, grandes y pequeños, radicalmente descentralizados, con información y control central. Si podemos resolver estas contradicciones, podemos crear una ventaja organizativa real".[10]

Los directivos de las unidades de negocios descentralizadas son responsables de los resultados de dichas unidades, pero también se espera que colaboren si quieren tener futuro en ABB. El "cemento" corporativo, como lo he llamado,[11] procede del modo en que se mida el rendimiento y de prestar rigurosa atención al desarrollo del liderazgo.

Resulta vital que, a medida que se acelera la globalización, los líderes de las organizaciones globales tengan experiencia internacional. La matriz no es una estructura, sino un estado de ánimo[12] incentivado por diversos retos formativos y, sin esto, los directivos tomarán inevitablemente decisiones que sólo tengan en cuenta una parte de la cuestión. Dan Karp, número dos de Kodak, dio un buen ejemplo. Kodak se había estructurado por países hasta mediados de los sesenta, algo que tenía sentido cuando lo fundamental era incrementar las cuotas del mercado de películas en todo el mundo. Pero la película fotográfica se estaba convirtiendo en la más compleja industria de la imagen, con diferentes segmentos (la industria del cine, la industria de la imagen médica, los mercados profesionales), y surgían las nuevas tecnologías de tratamiento electrónico de la imagen. Con el fin de afrontar este cambio, Kodak decidió reorganizarse a nivel mundial de acuerdo a mercados de productos. "Y lo llevamos adelante", dijo Karp. La empresa puso a sus líderes más capaces al frente de estas nuevas divisiones por productos. Pero ninguno de ellos había trabajado nunca fuera de los Estados Unidos, con una sola excepción, y algunos no habían salido nunca de las sedes centrales que Rochester, Nueva York. Estos nuevos directivos hicieron oscilar el péndulo con las mejores intenciones y llenos de entusiasmo. "Efectivamente, castramos a los directivos de los países y acabamos con toda la experiencia local que nos había costado 50 años alimentar, en todo el mundo", dijo Karp. Cuanto más capaz era el personal del país, más probable era que se sintieran frustrados por las insensibles decisiones que llegaban de Rochester.

Más adelante, Karp se encontró, como jefe regional de Europa, con la tarea de reequilibrar el péndulo. Dijo que su principal reto consistió en preparar a su sucesor. "Nunca ha estado un europeo al frente de Europa y mis predecesores nunca pasaron más de dos o tres años allí. Tuve que encontrar a un europeo. Pero para que pudiese desempeñar bien su cometido, ese europeo tenía que haberse probado como directivo de producto en Rochester, de manera que tendrían que pasar cuatro años antes de que yo me pudiera trasladar". No ponga nunca a un directivo local al frente de un país puntero, a menos que se haya probado a sí mismo en una unidad de producto o de negocio. Y nunca ponga a una persona en un puesto en la sede central, a menos que haya dirigido con éxito una filial local. Así es como se fija en la mente la tensión de la matriz.

La movilidad es el vehículo para desarrollar la perspectiva necesaria para liderar eficazmente en este mundo de paradojas. Pero nos encontramos, de nuevo, ante una espada de doble filo, puesto que una dualidad lleva a otra. Una generación de líderes fue mal dirigida bajo una perversión de esta lógica llevada al extremo, y esto, a su vez, hizo que gestionaran mal sus propias firmas. En los años setenta y ochenta, muchas empresas líderes creyeron que los máximos dirigentes del futuro tenían que tener experiencia en la empresa madre y en la operaciones internacionales, en diferentes funciones estratégicas, en puestos de *staff* y de línea. Uno se lo podía programar matemáticamente, como oí decir que lo estaban haciendo los directores de desarrollo de directivos de IBM y de Exxon. "Si uno acepta que una persona ascenderá a director general en torno a los 40 años, tiene que identificar temprano a esos directivos potenciales y cambiarlos cada dos años". ¿Con qué resultado? Líderes que son soberbios en su campo de estrategia, pero que nunca han puesto en práctica nada. Líderes que destacan brillantemente en el arte de la socialización superficial, pero que son poco profundos en la gestión de recursos humanos, puesto que nunca han estado el tiempo suficiente en un puesto como para que hayan repercutido en ellos las consecuencias de sus actuaciones con los empleados.

En los momentos actuales, estamos obsesionados con el cambio. Si tomamos nota de lo que tarda en producirse un cambio que signifique una transformación profunda, deberíamos equilibrarlo con una preocupación igual por la continuidad. En 1991 oí a Jack Welch comentar a su personal de GE: "Empezamos esto en 1982, hace nueve años. Y he aquí el 30 por ciento. Hemos hecho el 30 por ciento fácil". Cada vez que trasladamos a una persona a un nuevo puesto de liderazgo, esta trata de poner en marcha un cambio, porque continuar lo que ha puesto en marcha el predecesor no se premia.

El reto de hoy en día no es el cambio, sino la continuidad o, más bien, la continuidad en el cambio. Se trata de un problema viejo. Sigue siendo cierto lo que aprendió en AD 66 Gaius Petronius: "Entrenamos duro… cada vez que comenzábamos a formar equipos nos reorganizaban. La vida me enseñó más tarde que tendemos a resolver las situaciones reorganizando… y puede que sea un método maravilloso para crear la ilusión de que se progresa, al tiempo que se está generando ineficacia y desmoralización".

Una de las características de las empresa que admiro es la tensión constructiva que se encuentra en sus sistemas de valores. Desde luego, es necesario contar con un sistema de valores común si se quiere dotar a una organización compleja del cemento necesario. Pero, con demasiada frecuencia, estos sistemas de valores son clichés trillados que no dan energía a nadie.

Contrastemos esas cuestiones con el credo de L'Oréal, en el que el sistema de valores consiste en tratar de combinar las cualidades del poeta con la prudencia del campesino, el acento en la innovación a largo plazo con el acento en los beneficios, a corto. Contemplemos el sistema de valores de Welch que surgió de sus años en GE Plastics:

- Actúe con pleno sentido de la oportunidad.

- Sumérjase en la información hasta que encuentre la solución sencilla.

- Compruebe sus ideas mediante el conflicto constructivo.

- Trate a todos los subordinados como iguales, pero recompense a cada uno de acuerdo estrictamente a sus méritos[13].

AP Moller es una empresa de propiedad familiar, la más grande, admirada y rentable, con mucho, de Dinamarca. Empresa que está dentro del primer centenar de Fortune, por tamaño, está centrada en torno a la empresa naval de contenedores mayor del mundo, pero cuenta también con empresas boyantes en los campos de la construcción naval, de los supermercados y de los productos industriales. Maersk McKinney Moller, que cuenta con 86 años de edad y es una figura legendaria en Dinamarca, está pasando las riendas del negocio a su sucesor. El aglutinante corporativo de AP Moller es un código de valores no escrito que es producto de la experiencia del señor Moller y de su padre, el fundador, y que se inculca a todo aspirante a directivo que entra a trabajar en la empresa. La mayor parte de estos valores expresan las tensiones de las dualidades. Moller cree firmemente en la contratación y la formación de personas pensando en el largo plazo, en lugar de atender a los condicionantes presupuestarios del corto plazo. Pero esto supone prestar una atención meticulosa a las prácticas de contratación y de desarrollo, y el las sigue vigilando personalmente —de otra forma, esa práctica de reclutamiento conduciría a un círculo vicioso—. Él cree firmemente en que la palabra ata, en que la promesa se debe cumplir siempre. Los directivos aprenden las consecuencias —antes de comprometerse, hay que someter cuidadosamente a debate y a crítica las decisiones—. Los directivos son, obviamente, responsables de sus propios negocios, pero no a expensas del todo. Se espera de ellos que mantengan la herencia del grupo y sus raíces danesas, pero también que creen organizaciones independientes sólidas en Asia y en otras partes. El poder jerárquico del liderazgo no debería ser nunca excesivo; es vital tratar con respeto a los que se encuentran debajo de nosotros, mostrarse accesible a ellos y no matar nunca la disensión.

James C. Collins y Jerry I. Porras encontraron estos valores duales en su estudio de las corporaciones "fundadas para durar".[14] Estudiaron empresas como Citibank, 3M, Sony y Hewlett-Packard, que tienen más de 50 años de vida y han sobrevivido a cambios de las tecnologías de los productos y de sus altos directivos; empresas de medalla de oro con reputaciones de primera, que han sobrepasado a competidores sólidos, pero que son de medalla de bronce. Las cualidades distintivas de estas firmas eran sus culturas duales y sus sistemas de valores. Tenían algún propósito más allá que el del mero beneficio, pero perseguían sus metas de obtener beneficio de manera pragmática. La clara visión y el sentido de la dirección se daban la mano con la experimentación constante y la soberbia ejecución del trabajo diario.

¿CÓMO PROSPERAR EN UN MUNDO DE PARADOJAS?

¿Qué consejo se le podría dar al líder actual o a los que aspiran a serlo, en el tema de cómo sobrevivir, o incluso prosperar, en un mundo de tensión y paradojas?

Sus activos son sus capacidades potenciales

Hay que ganarse el respeto de los demás. Un historial de cumplir con éxito (junto con las capacidad de aprender de los fracasos) proporciona la credibilidad que anima a los seguidores. Esto, a su vez, refuerza la confianza en uno mismo, que es el sello del liderazgo. Si uno no confía plenamente en las propias visiones, ¿Cómo puede esperar que crean que en ellas los demás?

Y aquí es donde está la trampa. Esa auténtica confianza en uno mismo, cuando se combina con la autoridad del liderazgo, puede originar una oscilación del péndulo hacia el fracaso. Manfred Kets de Vries y Danny Miller han denominado a esto el lado oscuro o neurótico del liderazgo.[15] La confianza puede convertirse muy fácilmente en arrogancia. Cuando se reta al éxito, se acentúan las cualidades que conducen al éxito y la tensión inclina el comportamiento hacía la obsesión. La capacidad para efectuar análisis independientes de un François Miterrand se convierte en aislamiento, la habilidad de un Clinton para zafarse de situaciones difíciles se convierte en el fundamento de una potencial recusación.

El liderazgo requiere la persecución de una meta a expensas de otras, de forma dedicada y con un solo propósito. El acto paradójico del liderazgo es creer en uno mismo... y seguir manteniendo ese elemento de duda que permite no perder el contacto con la realidad. Significa sintonizar con lo que Carl Jung llamó el ego oscuro. El éxito puede incentivar el lado dominante masculino, despiadado, pero el desarrollo del verdadero liderazgo significa reconocer y permitir que se exprese también el lado sensible, cariñoso y femenino. Cualquiera de las cualidades humanas se convierte en una patología cuando se lleva al extremo. La capacidad de decisión es una virtud. Pero si no se equilibra con la reflexión, lleva a una impulsividad que puede desencadenar un desastre. Esto es lo que resumen las once paradojas del liderazgo que cuelgan en la pared del despacho de todos los directivos de Lego (véase la tabla 5.1).

Manfred Kets de Vries pidió a Percy Barnavik, de ABB, que le hablase de sus fortalezas y de sus debilidades. La mayor parte de las personas podrían distinguir su mente analítica y su pensamiento rápido, combinados con su estupenda visión de ABB y con los detalles de sus operaciones. Pero el considera esto como su mayor debilidad. El problema de pensar rápidamente y reaccionar con rapidez, combinado con la autoridad que va implícita en su puesto, es que la gente se siente intimidada y no expresa sus pensamientos. A menudo, la gente dice algo que el sabe claramente que es estúpido. Y tiene que disciplinarse, sonreír y mover la cabeza para no matar la expresión de los hechos y el disentimiento, que es vital para una toma de decisión sólida.

Tabla 5.1 Las 11 paradojas del liderazgo que cuelgan en las paredes de los despachos de todos los directivos de Lego

- Ser capaz de entablar una relación estrecha con el personal a cargo de uno... *y mantener una distancia adecuada.*
- Ser capaz de liderar... *y mantenerse en la retaguardia.*
- Confiar en el propio personal... *y mantener los ojos abiertos para ver lo que ocurre.*
- Ser tolerante... *y saber como queremos que funcionen las cosas.*
- Mantener en la mente las metas del departamento... *y ser leal, al mismo tiempo, a toda la empresa.*
- Planificar bien el tiempo propio... *y ser flexible con la agenda.*
- Expresar libremente nuestro punto de vista... *y ser diplomático.*
- Ser visionario... *y mantener los pies en el suelo.*
- Tratar de conseguir el consenso... *y ser capaz de tirar por la calle de en medio.*
- Ser dinámico... *y ser eficaz.*
- Estar seguro de uno mismo... *y ser humilde.*

No tema contradecirse

Los estudios sobre los líderes ponen de manifiesto que manejan bien sus propias contradicciones, o incluso que las desarrollan. Aprenden a lo largo de la vida a expresar y desarrollar la parte oscura de sus personalidades. A menudo, esto se expresa de manera singular —las visiones prácticas de Bill Gates, el rudo encanto y el planificado oportunismo de Jack Welch, la rápida cautela de Percy Barnevik.

Las cualidades de visionario de Bill Gates son legendarias, al igual que su capacidad para ver con anticipación hacia donde va la tecnología y efectuar los cambios de rumbo necesarios cuando se equivoca, como cuando reconoció que no se había dado cuenta de la importancia de Internet. Pero los ejecutivos y técnicos que trabajan en Microsoft resaltan también su dominio de los detalles financieros y técnicos. Quienes conocen a Jack Welch se asombran de las mismas cualidades paradójicas:

"Su personalidad integra muchas contradicciones aparentes. Welch tiene convicciones firmes sobre todo, pero le gusta escuchar y modifica rápidamente sus ideas. Es punzantemente analítico e intuitivo... Imperturbable emocionalmente, puede comprometerse enormemente en persona, y aunque es un tipo cálido y simpático, ha tomado decisiones que han hecho mucho daño. Durante sus años de consejero delegado, ha evolucionado, ha pasado de ser un jefe exigente a un entrenador solícito, de ser un hombre que parece duro, a otro que deja mostrarse a su lado amable. Esto forma parte de lo que le permitió ganarse a los alienados empleados de GE, mucho después de haber puesto en orden GE."

Hace unos cuantos años, me reuní con el fundador de Garantía, un grupo brasileño diversificado, construido en torno a un banco de inversión, que fue una de las empresas de más rápido crecimiento de Latino América antes del *crash* de la bolsa. Nos dijo que había aprendido a edad muy temprana los que otros no aprenden nunca o aprenden demasiado tarde. "Tengo un buen olfato para las oportunidades —dijo— y cuando ves una oportunidad ¿que deseas hacer? "Deseas lanzarte de cabeza a ella y explotarla. Aprendí pronto a resistir esa tentación, aunque tuve que luchar contra mi mismo." Nos dijo que había aprendido a tratar de encontrar a la persona mas adecuada para que sacase ventaja de esa oportunidad, de manera que el se pudiera liberar para buscar la oportunidad próxima. Pero, le preguntamos, ¿qué pasa con sus frustraciones, cómo conserva su olfato para las oportunidades cuando está permitiendo que las exploten otros? Se trata simplemente de que sea uno de los emprendedores que he contratado, nos dijo. Tienen que ser confiados y aun así, confrontar sus dudas. De manera que su papel ha consistido en actuar como *sparring* para sus emprendedores, sin tomar decisiones nunca por ellos pero ayudándoles a elaborar sus decisiones, y por tanto manteniendo un control sutil, aunque profundo, sobre sus crecientes operaciones. Esto es, convirtiendo la contradicción en progreso.

Forme equipo con otros que sean distintos a usted

Pero no saque una conclusión equivocada. El precio de tratar de resolver y canalizar todos las contradicciones internas de uno mismo podría ser probablemente la pérdida de la personalidad. Como dijo en una ocasión Anthony Jay, nadie es perfecto... pero un equipo sí puede serlo.

El liderazgo está siendo cada vez menos cuestión de una persona heroica y cada vez más una cuestión de equipo, a medida que nos adentramos en el siglo XXI. Me he visto sorprendido por el número de organizaciones en las que el liderazgo no lo ejerce sólo una persona, sino un dúo, trío o un equipo. ¿Existiría hoy, por ejemplo, Hewlett Packard sin las cualidades de liderazgo complementarias de dos personas muy distintas, el ingeniero de los ingenieros y el directivo de los directivos? Tenemos también al señor Honda, loco. Quienes conocen la historia de Honda saben que fue su sociedad con el pragmático cabeza dura de Fujisawa lo que explica que pudiese luchar con éxito contra el poder del *establishment* japonés. Sir David Scholey, antiguo presidente de Warburg, reconoce abiertamente que la magia de los días en que Warburg revolucionó el *establishment* bancario europeo fue el resultado de las cualidades complementarias de liderazgo de Warburg y Grünelef. Accord es la mayor empresa hotelera del mundo y hasta el año pasado estuvo regida por dos personas, los fundadores Dubrule y Pélisson. El primero de ellos es un experto en *marketing* y estrategia, mientras que el segundo procede del campo de la administración y las finanzas. Pero los temperamentos de ambos se complementan. Como comentó Pélisson:

> "La combinación funciona porque Dubrule y yo no vemos todo al través del mismo cristal. Cuando estamos de acuerdo en algo, creo que tenemos nueve oportunidades sobre diez de llevar razón. Cuando estamos en desacuerdo, sabemos que tenemos que proceder con cuidado y tomarnos tiempo... De manera que trabajar en sociedad proporciona un cierto equilibrio. Cuando es sólo una persona la que detenta todo el poder, se siente tentada a utilizarlo."[16]

Cuando rasco bajo la superficie de algunos éxitos heroicos dentro de una corporación, no encuentro a un héroe o a una de heroína, sino a una relación de sociedad entre personas muy diferentes. Dirigida por el trío Intel, esta empresa institucionalizó esto en un principio denominado "dos en la misma casilla (del organigrama)", haciendo que las posiciones del liderazgo claves se cubrieran, dentro de los posible, con un dúo complementario. La empresa ha abandonado esta práctica formal porque, aunque pueda funcionar muy bien cuando funciona, a veces no se da la química necesaria. Y el hecho de que en una estructura de liderazgo compartido pueda darse una abierta hostilidad o de producirse un vacío, puede ser desastroso.

Adáptese a esas dualidades

Sospecho que la mayor parte de los problemas y de los retos en el *management* y en la organización son expresión de la dualidad. Con el fin de comprobarlo, he desarrollado una metodología llamada "análisis de la tensión". Hemos emprendido dos de tales evaluaciones: una, en una empresa europea de biotecnología y la otra en una división de una gran corporación escandinava.

Identificamos, con ayuda de la alta dirección, un pequeño conjunto diagonal de 20 personas en cada una de las empresas. Las entrevistamos, haciéndoles una sola pregunta: "Háblenos de todos los problemas, dificultades y frustraciones que encuentra en su trabajo". A partir de estas entrevistas pudimos provocar más de 30 puntos de tensión, con base en las dualidades. Algunos, como la frustración causada por la lentitud en la toma de decisiones en una cultura orientada al consenso, fueron muy fáciles de identificar. Otros exigieron una posterior exploración. Por ejemplo, un directivo podía quejarse de la frustración que suponía trabajar con un jefe poco razonable cuya sola preocupación consistía en conseguir resultados mensurables. En una posterior investigación, reforzada por otras entrevistas, emergió una dualidad subyacente relacionada con la evaluación del rendimiento —el énfasis en los resultados cuantitativos *versus* el modo cualitativo en que se alcanzaban dichos resultados.

Estas dualidades se expresaron en un cuestionario enviado a todos los directivos de la empresa. Un punto típico de tensión era: "¿Qué debería primar en el desarrollo de un nuevo producto, las necesidades del mercado o la investigación biológica?" O, "¿Quién debería gestionar la calidad, el *management* de línea o la función de gestión de calidad?" Los índices de respuestas sobrepasaron el 90%, lo que confirma nuestra creencia de que estamos ante un modo efectivo de identificar los retos que experimenta el personal. Un 85%, aproximadamente de los que respondieron dijeron que estas dualidades ponían de relieve de manera precisa la mayor parte de los problemas y frustraciones que encuentran en su trabajo.

Estudiamos los resultados junto con equipos de directivos. Por ejemplo, el desarrollo de un producto nuevo se vio en la empresa de biotecnología como una capacidad organizativa que debía cuidarse, como un activo intangible difícil de imitar. La gente había comprendido que para que el producto se pudiera desarrollar con éxito, era necesaria la colaboración entre los de marketing y los de investigación, decidiendo unas veces a favor del mercado y otras a favor del laboratorio. Por otra parte, la función de gestión de calidad era un punto de tensión que requería se le prestase atención. Mientras que una mayoría pensaba que la función del *staff* tendría que ser responsable de la calidad, una significativa minoría creía que esto acabaría por crear más burocracia de *staff* y que la calidad tendría que ser responsabilidad de cada uno de los directivos. Las tensión se acabó por resolver de una manera constructiva, continuando con el *staff* de gestión de calidad, pero dándoles una instrucción auto destructiva: "Su tarea durante cinco años consistirá en asegurarse de que todos los directivos son tan competentes en la consecución de la calidad que su función ya no seguirá siendo necesaria".[17]

Con esto no queremos decir que si se quieren descubrir los puntos de tensión organizativa, constructiva y no constructiva, haya que emprender ciertas investigaciones. No se requiere más que escuchar a la gente teniendo en mente la dualidad. Así es como se adquiere la cualidad del timonel de gestionar la paradoja sin caer involuntariamente en las trampas del péndulo.

Organiza de una forma, gestiona de otra

No se pueden evitar los movimientos pendulares, pero la clave reside en evitar que el péndulo oscile con excesiva rapidez. Al implantar una estructura descentralizada, el líder tiene que tener en cuenta lo opuesto: ¿Cómo puedo evitar las duplicidades, reinventar la rueda, y todas las pérdidas de las economías de escala y de competencias a que puede conducir la descentralización? En otras palabras, organice de una forma, pero dirija de otra. Lo que se tiene que gestionar cuando se organiza una empresa en torno a las líneas de producto son las relaciones que se requieren en países o regiones particulares.

El reto más profundo a la hora de implantar el cambio es cómo asegurar la continuidad que requerirá este cambio. Tuve noticias de un agente del cambio francés que lo abordó bien. Era necesario introducir en su empresa un profundo, aunque controvertido, cambio cultural, y él tendría que jubilarse obligatoriamente como consejero delegado cuatro años después de iniciar el cambio —un período que no era lo suficientemente largo como para que echara raíces—. El agente en cuestión reclutó a una vanguardia de 20 lugartenientes a diferentes niveles de responsabilidad, los adoctrinó personalmente y les encomendó tareas con las que pudieran probar su credibilidad en la firma. Cinco años después de que el dejara la empresa, 15 de estas personas estaban continuando, desde puestos claves de la corporación, lo que el había iniciado.

Alimente la tensión constructiva

En la práctica, todos los líderes que admiro son personas que alimentan la tensión constructiva, la cualidad de socio complementario que está en el fondo de los dúos en el liderazgo. Prestan gran atención a la tarea de orquestar esto en sus organizaciones, y crean una plataforma de debate a través de la estructura de líneas de información, de consejos y comités internos. Esta capacidad para provocar el debate constructivo es una cualidad que poseen Jack Welch, Bill Clinton, Tony Blair, Nelson Mandela, Percy Barnevik y millones de líderes eficaces a diferentes niveles de responsabilidad en todo el globo.

Después vienen los líderes que admiro menos. No cabe duda de que triunfan (de momento), pero no son admirados por sus seguidores, suprimen el diálogo y el debate e incentivan en torno a ellos, quizás inintencionadamente, una cultura de "sí señor". Este liderazgo se construye sobre bases débiles.

En el fondo del liderazgo reside la capacidad para establecer metas y direcciones. Si hay una cosa clara después de un siglo de estudios sobre el liderazgo, es esta: los líderes tienen un sentido claro, y a veces obsesivo, de lo que quieren lograr. Y, sin embargo, es extraordinariamente difícil crear una visión y establecer metas sencillas para una organización compleja en un entorno cambiante y turbulento, y conseguir que surja un sentido único de dirección de toda esa complejidad. El sentido de la dirección de Jack Welch para GE no se creó en un día; evolucionó a lo largo de muchos años. ¿Cómo lo hacen estos líderes? El análisis juega un papel importante, pero exagerado. Hay una evidencia creciente de que el núcleo del proceso es el debate constructivo.

Un estudio emprendido por la petrolera Exxon hace más de diez años ilustra bien esto. Exxon estaba suprimiendo su centralizada burocracia, de manera que la responsabilidad fuera recayendo en las unidades de negocio, y la alta dirección sabía que esto requería elevar la capacidad de liderazgo en la parte media de la organización, no en la cumbre de la misma. Un equipo interno de investigación identificó a un grupo de ex-

5 • EL LÍDER DUALÍSTICO: DESARROLLANDO LA PARADOJA

celentes líderes por su reputación, historial en la obtención de resultados y capacidad para la gestión de personal. Los pusieron bajo el microscopio, a fin de encontrar el común denominador a todos ellos. Después de realizar baterías de tests psicológicos y entrevistas de 360 grados con personas que habían trabajado con ellos, no encontraron nada en común. El responsable del estudio, me dijo: "Buscábamos un estilo de liderazgo común. ¡Pero por cada consultor, encontramos a alguien para el que el nombre de Atila, el huno, hubiera descrito con demasiada amabilidad su estilo de liderazgo!".

Buscaron más en profundidad y al final solo pudieron encontrar una pauta común y distinguible: el proceso de establecimiento de metas que ponían en práctica estas personas cuando ocupaban un puesto nuevo. Los primeros "100 días" en el nuevo puesto constaban de tres etapas. La primera consistía en ir hablando con los subordinados, los clientes, los proveedores, los superiores, los funcionarios —"Póngame al corriente y dígame cómo ve el problema y los retos"—. El comportamiento dominante de los nuevos líderes era la escucha activa. Estaban entablando relaciones y evaluando al personal, al tiempo que recopilaban información y empezaban a analizarla. Hacia el fin de esta etapa, empezaban a formarse una idea de cuáles eran los retos y de cuales deberían ser las metas.

Mientras que muchas personas empiezan a desarrollar el plan de acción inmediatamente, estos líderes emprendían una segunda etapa caracterizada por el debate activo y el análisis. El tono dominante era la discusión constructiva (constructiva en el sentido de que estaba guiada por los hechos), exponiendo el análisis a crítica y debate. Esta es la etapa crítica que practican tan bien líderes muy conocidos, como Welch. Buscan la crítica y discuten una y otra vez. Lo que sucede es que el análisis se trabaja, se adapta y se cambia. Se trata de un proceso de simulación: se simulan, mediante el debate, las probables implicaciones y efectos en un momento en que aún se puede modificar el plan —una vez que se pasa a la puesta en práctica, el líder ya no puede permitirse escuchar, y la comunicación queda reducida a un solo sentido, necesariamente—. El resultado típico es la simplificación, pues se extrae lo esencial y se buscan imágenes que lo transmitan a los demás.

Ocurre que, en paralelo, se está forjando el necesario compromiso. Muchas personas confunden conocimiento, comprensión y compromiso. Existe una gran diferencia entre conocimiento ("He escuchado las palabras, he visto las cifras, pero no entiendo su significado"), comprensión ("Sí, al final he empezado a entender, aunque no tengo por qué estar de acuerdo, necesariamente") y compromiso ("Sí, he comenzado a pensar que esta es ciertamente la dirección adecuada"). La única manera de que el conocimiento se convierta rápidamente en comprensión y después en compromiso es establecer un diálogo bidireccional, para que la gente pueda opinar.

Un ejemplo interesante de lo que venimos diciendo lo constituye un caso que apareció en la prensa sobre una reorganización efectuada en Shell Malaysia, en la que el consejero delegado reunió a todos los miembros claves de la empresa en un seminario final, antes de ponerla en práctica. Al final del mismo, un alto ejecutivo expresó su disentimiento. Al día siguiente le echaron de la empresa. Cuando se cuestionó la justicia de la decisión, el consejero delegado explicó que el problema no consistía en que el personal expresara su disentimiento, antes al contrario. Pero esa persona había expresado su disentimiento por primera vez en los momentos finales, y eso no se podía tolerar. El personal aceptó perfectamente este argumento. De hecho, la persona que no desempeña papel alguno en un equipo directivo del siglo XXI, es la que va por libre, la que nunca expresa sus puntos de vista, la que cambia con la marea. Y que luego un buen día, cuando surgen problemas durante la puesta en práctica de las decisiones, dice en un momento de franqueza: "Nunca estuve seguro de que se tratara de una buena idea..." El equipo directivo aparece dividido y el proyecto pasa por situaciones de apuro.

El debate tiene que concluir un día, y esta era la tercera etapa de esos directivos de Exxon. Esta etapa consiste en el anuncio de los objetivos y los planes de actuación para que entren en acción las fanfarrias de la comunicación. Sin embargo, la información no contiene nada nuevo para la mayor parte de la gente. El mensaje que está detrás de la fanfarria es que se ha terminado el tiempo para la discusión, el debate y la disensión y que lo único que cuenta en adelante es la acción y el cumplimiento de esos objetivos. El consenso es raro en todas las organizaciones, si es que se da en alguna, pero el líder cree que hay suficiente compromiso para pasar a la acción. "¡A callar y a seguir trabajando!" Este era el mensaje transmitido contundentemente, y con éxito, por el consejero delegado de la Shell Malaysia.

LA ÚLTIMA PARADOJA

El liderazgo implica aprovechar la tensión de los opuestos a tres niveles: de uno mismo, del grupo y de la estructura de la organización. Y los tres al mismo tiempo. El fracaso en dominar la parte oscura de uno mismo bloqueará el liderazgo. La ausencia de debate constructivo en el equipo bloqueará el liderazgo. Y el debate hay que estructurarlo adecuadamente en toda organización compleja.

Pero déjenme despedirme con una paradoja final. No hay duda de que el liderazgo significa que se está dedicado a un puesto y que se tiene pasión por él y por lo que se quiere hacer. Pero, ¿qué es lo que sucede cuando esa pasión ciega al individuo y le impide ver otros aspectos más personales de la vida?

Estudiamos esto mediante un estudio sobre las relaciones entre las vidas personales y profesionales de 14.600 ejecutivos.[18] Nos encontramos con que el 46 por ciento de estos ejecutivos estaban insatisfechos, al pensar que la vida que llevaban estaba desequilibrada. Al estudiarlo con más detenimiento, encontramos dos explicaciones principales, La primera fue la persona errónea en el puesto erróneo. La gente no hace bien su trabajo, no disfruta con él y/o no se siente orgullosa de lo que hace. Las tensiones se trasladan a la vida privada, comprometiendo la disponibilidad psicológica y la calidad del tiempo de ocio y del pasado con la familia. Muchas empresas no gestionan bien los recursos humanos en el sentido de situar a la persona adecuada en el puesto adecuado. Todo el mundo se resiente por ello.

Si no hubiéramos comprendido la dualidad, nos hubiéramos visto tentados a sacar la conclusión de que el hecho de disfrutar con el trabajo garantizaría un buen funcionamiento de la vida privada. Pero no es así. Las otras personas que se mostraban insatisfechas fueron las llamadas "prisioneras de su éxito" (personas que desempeñaban sus funciones soberbiamente bien, que las amaban y que eran queridas por sus empresas). Absorbidas por el trabajo, sentían que su dilema real estaba en la arena de la vida privada. No me cabe duda de que los lectores de este libro caerán dentro de esta categoría.

Es necesario navegar entre estos dos extremos. Pero algunos individuos siguen conduciendo cercanos a la orilla profesional. A los 60 años de edad, se siguen sintiendo absorbidos apasionadamente por su trabajo y queridos por sus organizaciones, y por su tercera pareja matrimonial. El hogar no es más que un cielo para recargar las pilas. ¿Y qué ocurre luego?

Empezamos recopilando estadísticas sobre las pensiones en empresas renombradas por la calidad de su *management*, especialmente en lo que se refiere a los recursos humanos. Todo esto empezó por las estadísticas de una empresa de alta tecnología que debe de estar entre las que se citan con más frecuencia a la hora de hablar de la excelencia. No se llega muy lejos en ella, a menos que se sea extremadamente bueno y que se demuestre una dedicación excepcional. El índice de divorcios entre el personal de esta empresa era mayor que la media nacional, especialmente en los niveles superiores. Un día se jubilan... y la estadística de las pensiones pone de manifiesto que ¡la esperanza de vida es menor de un año entre los altos ejecutivos! Desgraciadamente, hemos descubierto que esta es una pauta típica de las empresas excepcionales. En el vacío que produce la jubilación, surge la depresión y se manifiesta el punto flaco del cuerpo. El desarrollo de carreras post jubilación lleva más tiempo de lo que mucha gente cree —al menos diez años, estimamos nosotros.

Por otra parte, muchos conocemos a personas de más de 80 años que son más dinámicas que otras de 25.

Recordemos. Cualquier cosa positiva puede ser arriesgada, cuando no realmente peligrosa, si la llevamos al extremo. No nos convirtamos en prisioneros del éxito.

CAPÍTULO 6

EL EDU-LÍDER BASADO EN EL VALOR

STUART R. LEVINE

Está a punto de comenzar un nuevo siglo. Los líderes tendrán la gran oportunidad y la gran responsabilidad de guiar a sus organizaciones y a sus asociados a través de una era de transición sin paralelo con lo anterior. ¿Qué significará ser un gran líder en el año 2000? Las tecnologías y el acceso a la información han alterado para siempre la naturaleza de nuestros procesos laborales, de nuestros mercados y del modo en que gestionamos nuestras vidas. Los seres humanos, a diferencia de las computadoras que se pueden reprogramar, no están cableados para el cambio. Nos vemos obligados a establecer prioridades, a digerir y a destilar información, a crear niveles sin precedentes de tensión y de caos. Las comunicación eficaz crea productos, servicios y energía humana totalmente nuevos.

A medida que continuamos adentrándonos en el nuevo milenio, debemos reconocer las nuevas realidades que moldearán el futuro. La tecnología es una gran herramienta, pero hasta el mismo Michael Dell, consejero delegado de Dell Computer, reconoce que la tecnología es un medio y no un fin. Su "negativa a quedarse atascado en la tecnología por la tecnología en sí misma" es lo que mantiene a su empresa al frente de la manada.[1] Los líderes responden a un conjunto nuevo de dinámicas que vigorizarán el espíritu humano.

El mundo y el entorno del trabajo han cambiado, y se están definiendo las capacitaciones que se requerirán y admirarán en el nuevo milenio. Los individuos más admirados se definirán como "edu-líderes", personas motivadas por valores esenciales que establecen relaciones de confianza a través de la comunicación eficaz. Que se centran en impulsar a las personas y a las organizaciones hacia delante, enseñando e incrementando las competencias de sus empleados. Los siete principios siguientes definirán los elementos de las transición con éxito desde el siglo XX al siglo XXI.

DE ORIENTADOS A LA CARRERA A ORIENTADOS A LOS VALORES ESENCIALES

La civilización ha visto pasar a líderes que han sido respetados, fundidos, sometidos a grandes esfuerzos, incompetentes y expulsados. ¿Cómo se las arreglarán los líderes competentes con la carga de trabajo, con la tensión y con la intensa presión competitiva?

Son personas que trabajan "24 horas cada uno de los 7 días de la semana", a las que se les pide que hagan más por menos. La tecnología ha cambiado nuestras vidas para siempre. Los dirigentes máximos de las organizaciones están invirtiendo en nuevo hardware y en los constantes adelantos del software, lo que implica un compromiso significativo de capital. Están luchando para conseguir retorno de las inversiones. La comunicación y el aprendizaje son continuos y constantes. Esta presión continua requerirá respuestas sanas desde el punto de vista del comportamiento y nuevas capacidades de liderazgo.

Cuando preguntamos a Bob Haas, presidente y consejero delegado de Levi Strauss, cuales son las verdades del *management* que aplica, dice: "Hay dos cosas esenciales. La primera es el valor del personal, y la segunda es la importancia de los valores."[2]

Los grandes líderes tendrán el valor de ser consecuentes con sus propios valores esenciales e inspirarán a otros con sus acciones. El presidente y consejero delegado de Case Corp., Jean-Pierre Russo, explica que "para actuar globalmente, los valores, el liderazgo y la comunicación se convierten en imperativos estratégicos". Él cree que las que triunfarán globalmente serán las compañías que tienen sólidas culturas —un conjunto de valores esenciales que son sacrosantos y no negociables.[3]

Los valores esenciales son el fundamento del ser del individuo. Definen quiénes somos. Al identificar estos componentes importantes, reforzamos la confianza en nosotros mismos y conseguimos la capacidad de triunfar en la vida. Los fundamentos de la ética, la espiritualidad, la familia y la curiosidad intelectual son ejemplos de tales valores sólidos y de la fuerza de carácter. El individuo se refuerza al identificar sus creencias y ponerlas en práctica. Esta perspectiva permitirá a las personas darse cuenta de sus habilidades intuitivas naturales, y ello les ayudará a reconocer las oportunidades.

Los líderes se conocerán a sí mismos. En el pasado, las personas podían confiar en que las organizaciones les dirigirían sus carreras. Pero las personas que quieran seguir adelante tendrán que asumir la responsabilidad de su desarrollo personal. Peter Drucker explica la importancia de aprender a desarrollarnos por nosotros mismos, descubriendo dónde podemos hacer la mayor aportación en las organizaciones y en las comunidades. Es necesario permanecer alerta durante una vida laboral de cincuenta años, sabiendo cómo y cuándo cambiar de trabajo. De acuerdo con Drucker, pocas personas saben cómo sacar ventaja de sus fortalezas personales. Drucker urge a las personas a concentrarse en la mejora de sus capacidades y en dedicarse a lo que se ajusta a su modo de hacer individual. Cuando comprendan cuáles son sus ventajas específicas y sus valores esenciales, podrán reconocer por sí mismos las oportunidades que se les presenten.[4]

Edward Travaglianti, presidente y consejero delegado del European American Bank, filial del grupo holandés ABN AMOR, se hizo cargo de la empresa en 1990. El negocio era de 1,25 mil millones de dólares, con beneficios de 15 millones. En 1998, los beneficios se incrementaron hasta los 133 millones. Travaglianti atribuye el éxito de su organización a la alineación de sus valores con los de la corporación matriz.

> " Nuestra visión se impregna de la convicción de que el recurso más importante que tenemos es el personal. Los holandeses tienen una cultura y una historia basada en fundamentos y en la paciencia. Fue fácil alinearnos con su mentalidad. En uno de los primeros viajes que hice a Amsterdam, se me pidió que expusiera mi visión y mi estrategia para EAB. Cuando lo hice, tuve todo el apoyo y el ánimo, y puedo afirmar que eso fue muy importante para mí. ABN AMRO es una organización basada en la creencia en valores esenciales. Aquí nos miramos en esos valores esenciales como en un espejo. La buena estrategia empresarial está anclada en valores esenciales. Una de las mejores maneras de dirigir una empresa con éxito consiste en respetar al personal y hacer que se sienta apreciado. Hágalo con inteligencia y con todas las combinaciones adecuadas de la tecnología y del poder cognitivo. Eso se traslada al cliente y a la última línea de la empresa -de una manera muy grata también.
>
> "Rodéese de personas que tengan una mentalidad parecida, confíe en la gente y lidere, anime a otros a fomentar la visión. Cuando tenía 17 años, mi hermano Carlos, que era 14 meses mayor que yo, murió en un accidente de automóvil. Fue algo muy trágico. Me hizo ver con toda claridad las cosas importantes de la vida. Fue una situación familiar en la que todos nos centramos en trabajar unidos, desde el día siguiente. Fue un componente fundamental para mi concepto de la vida, junto con la filosofía de ser capaz de trabajar con otros y de confiar en ellos.
>
> "Yo mantengo a todo el mundo centrado en el hecho de que la tecnología es una herramienta que ayuda a las personas a trabajar de una manera más productiva, eficaz e inteligente. La gente se inspira por el conocimiento de que, en definitiva, nos ocupamos de asuntos que conciernen a las personas. El cliente va a sentir las actitudes palpables y reales del Banco sólo a través de su personal, no a través del balance de situación y de la declaración de la renta."[5]

Para una empresa global de contratación, como Korn Ferry International, una empresa de 360 millones de dólares con negocios en 42 países y con 3.500 empleados, es importante que todos compartan valores similares. Sus intereses son los mismos, aunque sus culturas o historias étnicas sean distintas. Están orientados a servir a sus clientes, y disponen de un hilo conductor que recorre toda la red, ya sea en Asia, en Latinoamérica o en Europa.

Michael A. Wellman, presidente de prácticas especiales globales de Korn Ferry International, recurre a menudo a su esposa para desarrollar un sistema de equilibrio auto regulador. "El hecho de contar con un compañero puede ayudar bastante. Si hemos estado ocupados en temas familiares o en otras cosas, nos miramos y decimos: necesitamos reorganizarnos o reequilibrar la vida personal y la profesional. Pienso que dos personas que están en sincronía tienen una forma de gobernar estos asuntos y pueden mantener un ojo en la vigilancia del otro. Uno puede ser demasiado obsesivo o demasiado compulsivo. La gente no hace más que perjudicarse a sí misma a largo plazo. Trato de mantenerme organizado estableciendo prioridades. Me organizo el día para aprovecharlo al máximo. Sé cuándo tengo que tomarme un descanso para no quemarme o hacer algo que acabe afectando a mi rendimiento, puede que no en ese momento, pero sí un día más tarde o una semana después.[6]

Carly Fiorina, antiguo presidente de Global Service Provider, de Lucent, y actualmente consejero delegado de Hewlett-Packard, habla también de prioridades y de tener algo en lo que centrarse. "Mi consejo es que se centre al 100 por cien en hacer su propio trabajo mejor que ninguna otra persona. He visto caer a muchas personas que volaban muy alto porque estaban tan centradas en el trabajo siguiente que no consiguieron hacer el que tenían entre manos".[7]

DE ORIENTADOS AL CAOS A ORIENTADOS AL PROCESO

La rapidez y la calidad son las nuevas realidades, a medida que nos adentramos en el nuevo milenio. Los productos y servicios están pasando de ser vendidos a ser comprados. Los líderes responsables tienen que animar al personal a mantenerse en un estado de creatividad y flexibilidad, y capacitarles para que tomen las decisiones exactas. La capacidad individual de aprender continuamente, adaptarse a los cambios y responder de modo positivo es clave para el éxito.

Pero las empresas cambian tan rápidamente que descuidan sus entornos internos. Al final, explotarán hacia fuera como consecuencia de la creatividad o hacia dentro a causa del caos, de la falta de una eficaz comunicación interna, de desconexiones emocionales y de frustraciones. Cuando una empresa alcanza una masa crítica, es esencial que se comprometa a revisar constantemente todos los procesos. Cuando se permanece en el negocio en medio de la competencia y se alcanza un desarrollo significativo, la planificación y el liderazgo de las relaciones productivas toman con el tiempo una forma diferente. Si queremos conseguir resultados, hemos de establecer estándares profesionales mediante las expectativas y un sistema de responsabilidad.

A medida que continúa la evolución, las distracciones obstaculizarán la puesta en marcha de los procesos. La continua falta de dedicación a una dirección produce desequilibrio mental. Esto tiene un impacto grande en el proceso de toma de decisiones, pues agota la energía positiva y debilita la confianza en sí mismo de quien toma las decisiones. "No hay por qué ocuparse de todos los mensajes que llegan por el correo electrónico. No todo el mundo tiene derecho a darnos trabajo enviándonos un correo electrónico o una carta. Es correcto olvidarse de toda esa basura. Es una presión que no merece la pena", dice Max DePree, presidente honorario de Herman Miller.[8]

La adopción de una secuencia adecuada definirá la eficacia personal y organizativa. Cuando Dan Hanson llegó a la presidencia de la división láctea de Land O'Lakes, comenzó a preguntarse por qué la gente no encontraba significado al trabajo. Se estaba perdiendo energía. Comenzó a ocuparse de los problemas organizativos y personales que afectaban al puesto de trabajo. "Cuando una organización crece a expensas de no tratar a sus empleados como personas, la gente empieza a sentirse alienada inevitablemente".[9] Procuró convocar a los grupos con el fin de descubrir los procesos que funcionaban, los que eran erróneos y lo que pasaba en el campo de las relaciones. El proceso procuró oportunidades de inclusión, tranquilidad psicológica y resultados.

DE ORIENTADO A LA TECNOLOGÍA A ORIENTADO A LAS RELACIONES

Las instituciones están invirtiendo cantidades significativas de dinero en hardware y en software. Estas iniciativas están creando expectativas que puede ser que no se cumplan. Pensemos en un consejero delegado mirando a la pantalla de su ordenador para reunir datos a la hora de preparar una importante toma de decisiones. La calidad de la decisión que se tome se relacionará directamente con la integridad de los datos. ¿Quiénes generaron esos datos? ¿Entienden la misión de la empresa y creen en ella? Cuando invertimos en la mejora de la tecnología debemos enfocar con el mismo sentido de urgencia la inversión en las personas. Los individuos entienden a los líderes que se comprometen con su desarrollo como personas y constituyen relaciones más sólidas con ellos. El nuevo mundo en el que vivimos requiere que se incremente la comunicación entre todos los componentes de las operaciones comerciales. Las que consideramos en la última década cualidades "blandas" —la comunicación, el trabajo con otros, el desarrollo de relaciones— se han convertido en cualidades vitales para conseguir triunfar en el futuro.

Joe Corella, director de ingeniería de sistemas en Microsoft Corporación, preparaba una reunión con un cliente potencial. En las discusiones previas, se comprometió a aprender más sobre las necesidades del director y de su empresa. Se dio cuenta de que otros competidores habían perdido una oportunidad recurriendo a la "charlatanería del vendedor". Su objetivo era establecer una relación con el nuevo cliente, cara a cara, y animó a los miembros de su equipo a que se ocuparan inmediatamente de las cuestiones y preocupaciones que expresara. Alcanzó su objetivo centrando a su equipo en soluciones basadas en la relación, más que en las ventas técnicas.[10]

La confianza se establece cuando la gente es capaz de escucharse entre ella. "La falta del 'momento' humano, puede provocar estragos a escala de la organización. Los compañeros pierden lenta pero seguramente el sentido de la cohesión. Empieza una persona, pero la falta de confianza, la falta de respeto y la insatisfacción con el trabajo son contagiosos". "La cultura de la organización se torna inamistosa e incapaz del perdón. Los mejores se van. Los que se quedan no son felices".[11] Los investigadores de la Carneglie Melon University descubrieron notables niveles de depresión y soledad en personas que pasan sólo unas cuantas horas cada semana en Internet.[12] Los correos electrónicos y los correos de voz son eficientes, pero el contacto cara a cara sigue siendo esencial para que la comunicación sea verdadera. Las hormonas positivas que genera el contacto humano promueven la confianza y los lazos de amistad.

La verdad genera confianza. La comunicación honrada en un entorno respetuoso establece un tono de profesionalismo que eleva a todo el equipo. Mike Wellman, de Korn Ferry International, trata de ser "exquisitamente cuidadoso con lo que digo y con el modo en que lo digo. Trato de ser consciente del modo en que se da el mensaje".[13]

Los líderes eficaces aprovecharán la tecnología de la información y la utilizarán como vehículo para incrementar la cantidad de datos que comparten con su personal. Reforzarán las relaciones con los elementos claves de la empresa y con los empleados, expresándoles confianza y respeto mediante la provisión de información significativa y a tiempo. La disciplina que se requiere para entablar una comunicación efectiva se traduce en un ritmo predecible y fácil de absorber por parte de los individuos.

Con el fin de decidir cómo debería asignar el dinero concedido para investigación y desarrollo a la unidad proveedora de servicio global de Lucent, el entonces presidente Carly Flórina se reunía regularmente con Arun Netravali, vicepresidente ejecutivo de investigación de Bell Labs, una división de Lucent. "Durante estos diálogos, él me ilustraba a mí sobre la tecnología y yo le ilustraba a él sobre la aplicación real de esta tecnología, que es lo que importa desde el punto de vista del negocio", decía Carly.[14]

La implantación de un ritmo regular y coherente de comunicación proporcionará al personal datos que le ayudarán a realizar las tareas de manera más eficaz. El proceso de comunicación empieza escuchando a los líderes, y preguntándoles a continuación. Es esencial tener en cuenta todas las expectativas, para que el personal constate, en su momento, que se han cumplido los compromisos. Cuando la gente pregunta cosas abiertamente y escucha con atención, es que tiene ganas de reforzar las relaciones.

DE LA RECOPILACIÓN DE INFORMACIÓN A LA PRODUCCIÓN Y LA COMPARTICIÓN DE INFORMACIÓN

Se solía decir que la información es poder. En el siglo XXI, el proceso de producir y compartir información se va a convertir en el activo definible. La información, cuando se comparte, se convierte en parte de la base del conocimiento de la empresa, y se puede utilizar para crear mejores productos, servicios y organizaciones. En el mundo actual, en el que las capacitaciones y el conocimiento son completamente portátiles, una organización solo es valiosa para un empleado en la medida en que este pueda comunicar y compartir sus ideas, aprender y sentirse apreciado por sus contribuciones.

Bernard F. Reynolds, presidente y consejero delegado de ASI Solutions Incorporated, lo manifiesta claramente, cuando dice:

> "Estamos en medio de una batalla de datos, y la próxima ola será dividirlos en porciones que se puedan manejar. La clave de la comunicación es producir muchos datos que el consumidor pueda digerir rápidamente. El conjunto de acciones más importantes que las empresas están emprendiendo ahora y que puedan emprender en el futuro, es probablemente la recopilación de datos, la comprensión de sus implicaciones en sentido económico para, después, actuar para cambiar lo que, de otro modo, resultaría inevitable."[15]

En uno de los proyectos de ASI, recopilaban, para un cliente, datos que tuvieran implicaciones en el proceso de negocio. El estudio puso de manifiesto que cuando un cliente preguntaba por la dirección para enviar una factura, dicha dirección era bastante larga y farragosa. El encargado del servicio al cliente tardaba demasiado tiempo en transmitir la dirección y el cliente volvía a perder también tiempo al anotarla. Se sugirió simplificar la dirección, creando un apartado de correo. Parece un cambio pequeño, pero cuando resulta que los clientes están al teléfono durante todo ese tiempo, y se empiezan a contrastar los datos con el número de llamadas y el número de respuestas, la cantidad resultante es notablemente perjudicial en términos de coste. De manera que se puede conseguir una pequeña mejora en el proceso comercial analizando los datos cuidadosamente y comprometiéndose a actuar en consecuencia.

El siguiente nivel de disciplina exigirá que el personal aprenda a analizar y a priorizar los datos. Cuanto mayor sea la información de que se disponga, más dudas plantearán su relevancia y su capacidad de mejorar los procesos. La gente quiere saber cómo le afectan las cosas y qué va a pasar con ella. Los líderes tienen que implantar una disciplina para que los mensajes que se den —tanto a los clientes externos como a los internos— sobre la empresa, sus productos y su visión del futuro, sean coherentes. Un mensaje uniforme puede incrementar los beneficios, pero se precisa hacer un delicado trabajo de artesanía para asegurar que se entienda perfectamente y que sea atractivo. Son elementos críticos que el mensaje sea fácil de transmitir, que sea fiable y que sea vendible. La organización se fortalece significativamente, se centra y se concentra en una misma dirección para producir los beneficios y resultados deseados cuando todos sus miembros transmiten la misma información.

Mike Wellman observa que el mundo en torno nuestro entiende si nos sentimos seguros o no por el flujo de información que les llega. Los seres humanos detectan rápidamente los sutiles elementos de la comunicación. Pueden decir perfectamente si la información es veraz o no. El liderazgo real implica saber como impartir información, de manera tal que sea clara y se la considere veraz.

DEL MÍ AL NOSOTROS

El éxito de los individuos de las nuevas generaciones ya no se definirá tanto por el desarrollo de sus capacitaciones tecnológicas, como por la capacidad de motivar a otros miembros de sus equipos. El mercado del siglo XXI estará constituido por nuevos canales electrónicos con plataformas. La satisfacción de las expectativas de los clientes dependerá de que se pongan los medios adecuados y del compromiso de las personas para funcionar eficazmente en equipo.

La asignación de puestos y tareas en la organización se deriva generalmente del entendimiento claro de la misión y de los objetivos de la misma. El precio de trabajar sin un objetivo claro puede ser la pérdida de una carrera o de una empresa. El establecimiento de una misión marca, por definición, qué es lo que se quiere ser y ayuda a evaluar la forma de emplear adecuadamente las energías y los recursos. La adecuada correspondencia entre la misión y los valores esenciales, proporciona una plantilla para todos los negocios, decisiones y acciones subsiguientes.

Bob Galvin, presidente del comité ejecutivo de Motorola, y Max De Pree, creen en la humildad. De Pree explica: "Tenemos que aprender a ponernos en manos de las personas que pueden hacer cosas que nosotros no podemos hacer. Eso requiere humildad y es expuesto".[16] Y es clave "aprender a entablar relaciones y a cultivarlas". Galvin cree que las personas humildes no es que se crean menos, sino que creen más a los demás.[17]

Edwin S. Marks, presidente de Carl Marks & Co. Inc., una empresa de inversiones de Nueva York, que proporciona inversión en acciones de empresas privadas, gestión monetaria y asesoría, dice que aprendió a liderar y a dar ejemplo cuando se educó en West Point.* Un viejo dicho afirma que no se puede empujar un trozo de cuerda. Por tanto, el individuo necesita sustancia, fundada en valores, para desarrollarse como miembro contributivo del equipo. En sus primeros tiempos en Karl Marks, su padre le colocó en puestos inferiores, donde observó que se infrautilizaba a los empleados y que se producían vacíos en la comunicación. Estas observaciones le ayudaron a prepararse para dirigir la empresa.[18]

No se puede triunfar con la arrogancia intelectual. Los nuevos criterios para evaluar la fortaleza de una organización se basarán en comprobar si se consiguen resultados de calidad mediante el adecuado empleo del personal. El Dr. James M. Shuart explica, después de 23 años como presidente de la Hofstra University, que un colegio mayor es "como un grupo. Puedes considerar a los alumnos como pandillas o como equipos. Triunfarás como líder si eres capaz de proporcionarles lo que les anime a cooperar y a mejorar la organización. Me siento enamorado de este tipo de organización, de esta clase de personas. Encontré placer en mi trabajo. Otros se hubieran vuelto locos. Los

---

* Academia militar de los Estados Unidos. (N. del T.)

hubieras tenido que mantener en la planta baja para que no se lesionasen cuando abrieran la ventana".[19]

La tarea del líder consiste en luchar constantemente contra la burocracia que ahoga el entusiasmo individual y el deseo de contribuir a la marcha de una organización. Los líderes del nuevo milenio crearán un entorno que incentive el desarrollo de las capacidades, el aprendizaje y la franqueza, de modo que las personas de su equipo puedan participar en el despliegue de los recursos financieros y humanos.

El cambio organizativo y cultural plantea un reto difícil. Mantener el curso requiere respeto, intensidad y compromiso con él. Unos días pueden ser más duros que otros, debidos a los errores y a los fallos humanos. Los grandes líderes no dejarán la tarea a otros; tendrán el coraje de echar a andar y de implantar las reglas. Su meta consistirá en alcanzar un nivel más alto y sus acciones habrán de ser constantes modelos a imitar, por su coherencia y estabilidad. Los líderes sabios saben ser pacientes cuando tienen que tomar decisiones duras. Es importante establecer un sentido de la urgencia y ser capaz, a la vez, de dedicar tiempo a aquellos a los que se quiere impulsar hacia adelante y con los que se quiere compartir la visión por el futuro. No comprobarán la temperatura emocional del entorno diariamente, pues se trata de un largo recorrido.

El concepto operativo es la creación de cultura. El factor más significativo consiste en reconocer que hay que ir poniendo los ladrillos uno a uno. Sería erróneo verlo como un gran acontecimiento; se trata, más bien, de muchos acontecimientos pequeños a lo largo del tiempo que reflejen un entorno de sinceridad y decencia. Estas vibraciones positivas acercan a las personas y crean una atmósfera saludable. Hay que recordar que todo empieza en la cumbre.

> Mike Wellman dice: "Cuando comenzamos a crecer y a sumar talento, nos hubiera gustado primar a las personas cuyas características reflejaban nuestra cultura. Pero algunos tuvieron que adaptarse, y han aprendido que era realmente mejor adaptarse que continuar con las formas tradicionales. Se trata más de una evolución que de una revolución. Y aún estamos evolucionando.
>
> "Hay que reforzar los sistemas con los comportamientos. La alta dirección tiene que empezar a vivir los mismos comportamientos. No se puede tener un conjunto de reglas para el equipo directivo y otro para tu equipo y mantener a la gente en el mismo espacio. De manera que empezamos por poner a personas diferentes, que creían en el trabajo en equipo, en la colaboración, en diferentes puestos de liderazgo. La sinergia funciona mejor con esta clase de individuos.
>
> "Trato de ayudar a la gente a mantenerse equilibrada y a conservar la perspectiva de lo que está haciendo. Parte de mi trabajo consiste en tomar el pulso a los equipos de alto rendimiento y ser ocasionalmente una espita para ellos. A veces, se trata solo de saber escuchar y de darles la oportunidad de desahogarse. Ocasionalmente, les aconsejo, diciendo: 'Eso no merece la pena', 'no pegues demasiado fuerte', 'tómese un respiro', 'tomaros un día antes de volver sobre ello', o 'mirarlo en perspectiva'"[20]

Cuando Bob Haas se convirtió en consejero delegado de Levi Strauss, en 1984, la empresa estaba en pésimas condiciones. Reconoce que estaba asustado y no tenía seguro que iba a hacer. Su solución consistió en reunir a los miembros de su equipo y decirles: "Todos estamos embarcados en esto. No tengo las respuestas. No soy el líder heroico. Hemos conseguido entender esto. Denme sus propias percepciones". Sabían las respuestas, por muy penosas que fueran, y la organización volvió por sus fueros.[21]

DE CENTRADO EN EL PRODUCTO A CENTRADO EN LAS PERSONAS

La competencia se ha incrementado, y ya no se da solo en el marco de los productos y servicios que ofrece la empresa, sino en el más amplio de atraer y retener al mejor talento disponible en el mercado. Las compañías que triunfarán en el mercado del mañana serán las que más éxito tengan a la hora de atraer al mejor talento global. La capacidad de una compañía para construir y añadir valor a las relaciones profesionales dependerá de su posibilidad de acceder a empleados de alta capacitación y de desarrollar una fuerza de trabajo integrada y motivada. Además de afrontar la necesidad de un continuo ciclo de nuevos productos y avances tecnológicos, hay que afrontar también las crecientes demandas, en todo el mundo, de profesionales capacitados desde el punto de vista tecnológico. Las tasas de rotación en los puestos tecnológicos en todo el mundo continúan incrementándose.

El nuevo paradigma de la competencia ya no consistirá en vender los productos en un mercado, sino en competir para encontrar y retener empleados cualificados. La rotación de los empleados es un índice de evaluación de un equipo directivo.

Edwin S. Marks cree en ideas básicas, pasadas de moda, pero que el espera que serán más valiosas a medida que nos adentremos en el siglo próximo. El continúa la herencia de su organización, que nació en 1925, aconsejando inversiones en organizaciones que cuentan con un *management* sólido —lo que incluye experiencia, trabajo duro, un claro sentido de la dirección, capacidad para rechazar lo que suponga distracciones, gestión adecuada del tiempo, y análisis meticuloso—. Se enorgullece de que su organización sea una "empresa con corazón".[22] Una de las claves de su éxito ha sido la continua búsqueda de personas que sean mejores que él.

Decidió unirse a la Young Presidents Organization, desempeñando voluntariamente todos los trabajos "sucios", y acabó siendo el jefe de formación del grupo. Visitó la Universidad de Harvard 16 veces, siempre aprendiendo y reuniéndose con personas competentes. Sus actividades le pusieron en contacto con otras personas en el mundo de los negocios y le aseguraron que nunca vería el mundo desde una torre de marfil. Estas iniciativas desarrollaron en el dos hitos fundamentales para su éxito: el deseo de rodearse de personas que pudieran trabajar mejor que él, y la determinación para llevar adelante las ideas.

Bernard Reynolds, de ASI Solutions, reconoce la importancia de determinar las características de una cultura.

> "Tienes que establecer un sistema que permita a la gente desarrollarse. Tienes que tener también un componente humano muy fuerte en el *management* del negocio. Tienes que hacer concesiones, porque la gente tiene una vida, además del trabajo. Quieres que la gente se comprometa al cien por cien con el trabajo, pero creo que eso tiene dos vertientes. Tienes que tener un compromiso con las personas que trabajan en la organización. Tendrán problemas familiares que les obliguen a llegar tarde, de vez en cuando, o a tomarse algún tiempo libre. Tienes que consentirlo de alguna manera, reconociendo que no se trata de una mala práctica. Es algo natural y humano. Si consigues humanizar el trabajo, conseguirás incrementar los niveles de productividad y de lealtad."[23]

DE LÍDER A EDU-LÍDER

Los líderes del nuevo milenio serán profesores y "desarrolladores" de trabajadores del conocimiento. Tendrán la capacidad de ver oportunidades nuevas y de alcanzar un nivel más alto de concienciación, al tiempo que mantienen la perspectiva conseguida mediante el aprendizaje. Cuando se conoce mejor el mundo, se tiene la responsabilidad de compartir ese conocimiento. Los edu-líderes se diferenciarán de los directivos lineales por la identificación de los obstáculos y del modo de superarlos, el establecimiento de nuevas pautas, el conocimiento de nuevos sistemas y el desarrollo de nuevas estrategias.

Entre los líderes que se han dado a conocer por sus enseñanzas se incluyen Larry Bossidy, de AlliedSignal, Roger Enrico, de PepsiCo, Andy Grovew, de Intel y Roberto Goizueta, de Coca-Cola. Larry Bossidy transformó a AlliesSignal en la mejor empresa, por rendimientos, a los cinco años de su llegada, en 1991, principalmente por el hecho de haberse convertido en un profesor dedicado. Él no sustituyó a los antiguos directivos. Evaluó la empresa y decidió enseñar estrategia a los líderes antiguos. Bossidy llegó a enseñar personalmente a 15.000 empleados.[24]

Los entornos que desarrollen la curiosidad intelectual producirán un valor adicional para sus accionistas. Quienes aspiren a liderar deben entender que su eficacia comienza con su propio desarrollo y capacidad para compartir conocimiento, en forma asimilable. En una fuerza de trabajo volátil, la enseñanza adquiere una importancia particular. La construcción de lazos entre las personas y las organizaciones para las que trabajan, reduce la costosa rotación y, adicionalmente, ayuda a los líderes a mantener su activo más valioso: su personal. En un mundo en el que el conocimiento y las capacitaciones son totalmente portátiles, las personas se sienten atraídas por las organizaciones que les ofrecen mayores oportunidades de perfeccionarse, de mejorar su nivel profesional y que les proporcionan una ocupación que tiene significado.

Cuando preguntamos a Bernie Reynolds que hace para retener a sus 550 empleados, nos explicó: "Tenemos claro que la gente siempre quiere mejorar e incrementar sus capacitaciones. Esto es bueno tanto para nuestro negocio como para las personas. Puede que no tengamos las oportunidades "verticales" necesarias para la supervisión, pero sí tenemos oportunidades para formar "horizontalmente" y conseguir más capacitaciones dentro de la empresa. Cuando se forma a las personas "horizontalmente" se incrementan sus índices de compensación, según las capacitaciones que hayan adquirido. Eso nos da flexibilidad para ponerlas en cualquier puesto".

Los líderes se dedicarán a enseñar al personal, compartiendo sus experiencias. Su éxito en el campo empresarial inspirará a los demás y producirá resultados financieros. Los líderes observarán constantemente la forma de aprender de las diferentes experiencias, la forma de hacer mejor las cosas, y el modo de comunicar este conocimiento a los demás en términos que les puedan entender.

Helene Fortunoff, vice tesorera de Fortunoff Fine Jewelry, es una edu-líder comprometida con la tarea de mejorar su conocimiento y compartirlo con sus socios y colegas.

"Soy, básicamente, una cochina y humilde persona con sentido común. Contesto con honradez. Cuando no puedo dar la respuesta correcta, me callo. Digo la verdad. Soy una obsesa de la lectura, y eso marca una gran diferencia. Puedo citar de dónde vienen las cosas. Tuve una experiencia temprana y memorable cuando participé en una reunión en la que yo era la única mujer de la sala. Me había leído de cabo a rabo la South African Diamond News y estaba al corriente de todo lo que pasaba. Ahora muy, muy poca gente en los Estados Unidos se suscribe a esa revista. Yo me suscribo a muchísimas revistas de todo el mundo. Hago que me las envíen de casi todos los países.

"Antony Oppenheimer exponía su punto de vista, cuando me di cuenta de que lo que decía no casaba con lo que ponía la revista. A los 20 minutos de empezar la reunión, dijeron '¿Alguna pregunta?' Y yo levanté la mano tímidamente porque tenía que comentarle esto. Él me contestó y no quedé convencida, de manera que repetí la pregunta. Y el hombre que estaba junto a mí dijo, muy tranquilo: 'Por favor, deje de preguntar eso', y yo, por supuesto, lo hice. Cuando volvimos de comer, se habían intercambiado el sitio, de manera que Anthony Oppenheimer se sentó junto a mí. Me dijeron, básicamente, puedes hacer las preguntas que quieras, pero se discreta acerca de esto. De manera que se sentó junto a mí durante el resto de la reunión, y esto constituyó una divertida experiencia de aprendizaje. Quizás este loca, pero no tengo miedo de hablar a la gente. No me da miedo hacer preguntas. No me da miedo ensayar y aprender. Esto supone una gran diferencia".[25]

El gobierno italiano honró a Helen por su contribución a la industria de la joyería, que ha supuesto 30 años de marcar estándares mediante la educación. Su compromiso de aprender continuamente la capacita para compartir información y desarrollar trabajadores del conocimiento en su organización.

CONCLUSIÓN

Hemos debatido las siete características que hacen al "edu-líder". Estas aptitudes basadas en el valor ayudarán a los líderes a aprender, a adaptarse y a responder positivamente en el nuevo milenio. Quien quiera triunfar en el futuro tendrá que seguir un conjunto de comportamientos para poder navegar en un entorno laboral cambiante. Las vidas de los individuos que sepan identificar cuáles son sus valores esenciales, serán más productivas, satisfactorias y creativas. Las características del líder del siglo XXI serán: estar orientado al proceso, a las relaciones, ser capaz de compartir y destilar información, y entender y apreciar el valor de trabajar conjuntamente, bajo una clara misión. Y también tratar a la gente con respeto y permitir su desarrollo.

En el despacho de Edwin Mark hay una nota que resume su filosofía: ¿Qué es el genio?, pregunta. El genio es simplemente tener poder para hacer un esfuerzo continuo. La línea entre el fracaso y el éxito es tan delgada que apenas podemos darnos cuenta de cuando la sobrepasamos. Tan fina, que a menudo nos encontramos sobre la misma línea y no lo sabemos. El único fracaso consiste en no continuar tratando de hacer las cosas.

Si es paciente, aunque apasionado, exigente aunque incentivador, honrado y empatético, el futuro será suyo.

CAPÍTULO 7

MAESTRÍA: LA VENTAJA CRÍTICA

CAELA FARREN

En el nuevo milenio, el trabajo y la vida privada continuarán proyectándose en torno a las 12 necesidades humanas sobre las que han estado girando desde el comienzo de la historia. Las profesiones y las actividades comerciales han estado evolucionando para satisfacer estas necesidades —familia, salud y bienestar, trabajo/vida profesional, economía, aprendizaje, hogar/abrigo, relaciones sociales, espiritualidad, comunidad, ocio, movilidad y entorno/seguridad—. La parte central, el primer plano de la excelencia en el mundo empresarial en el siglo XXI, será la maestría —es decir, el hecho de ser un experto reconocido en un área específica.

Joan Emelyn Ames dice: "La consecución de la maestría es un proceso sin fin... Todos los que consiguen ser maestros dominan totalmente las posibilidades, e incluso el arte de sus disciplinas, pero nunca dejan de aparecérseles aspectos nuevos y cada vez más refinados de su trabajo. Los maestros auténticos incentivan la formación y el desarrollo permanentes; están comprometidos con el mismo proceso".[1]

Los directivos del futuro tienen que ser maestros o expertos en sus oficios o profesiones. Tendrán que tener tanta experiencia sobre lo que funciona, lo que no, y lo que puede ir mal, que raramente se verán sorprendidos o desconcertados por lo imprevisto. Sabrán instintivamente qué hacer, a quién llamar, a dónde mirar, cómo enfrentarse a cualquier crisis u oportunidad. Podrán identificar muy pronto los problemas, debido a su profundo conocimiento de los asuntos, y dirigir a sus equipos para evaluar y resolver retos nuevos y difíciles.

Los directivos/líderes continuarán cambiando las condiciones en que se trabaja (organizaciones, proyectos, puestos, e incluso industrias), con el fin de incorporar la maestría a sus profesiones, y experimentarán tantos aspectos diferentes de una profesión (por ejemplo, informática, mercadeo, ventas, finanzas, biología molecular, física, producción de programas de televisión, etc.) que sus capacidades instintivas se perfeccionarán al máximo. Sus trabajadores desarrollarán también un sentido tan agudo en esta dirección, que su empleabilidad y capacidad de verse contratados en el mercado en el futuro se basarán en su nivel de maestría en una profesión u oficio.

Al igual que ocurría en el pasado, las personas empezarán a ejercer su profesión u oficio a una edad temprana, mediante el trabajo/estudio de aprendiz. La escuela (el aprendizaje) y el trabajo volverán a estar estrechamente relacionados, determinando conjuntamente cuales serán los requisitos y los logros de cada uno de ellos. Las relaciones mentor/aprendiz serán el modo primario de establecer credenciales de trabajo y desarrollar competencias de liderazgo, como en los gremios de antaño. La elección de una profesión o de un oficio se convertirá en una de las decisiones más importantes de la trayectoria profesional de los futuros trabajadores. La selección de los propios valores, intereses y "amores", será el telón de fondo fundamental a la hora de elegir y desarrollar la maestría en una profesión u oficio. Una vez que una persona la haya dominado, tendrá el nivel de experiencia y la autoridad suficientes para adiestrar y dirigir con garantías. El *management* se ocupará del entrenamiento y el desarrollo de otros, de manera que puedan triunfar en proyectos cada vez mas complejos. El dominio de una profesión u oficio se convertirá en un requisito indispensable para ser directivo.

¿POR QUÉ LA MAESTRÍA SERÁ TAN IMPORTANTE PARA LOS DIRECTIVOS?

Reconocimiento de pautas

La complejidad seguirá incrementándose, en el siglo XXI, a todos los niveles sociales —financiero, tecnológico, político, cultural, generacional y educativo—. La gente tendrá más posibilidades de elegir, más información y más acceso a varias oportunidades de trabajo que nunca antes. Los adelantos en las ciencias, en la tecnología, en la comunicación y en la educación pondrán literalmente al mundo en la punta de nuestros dedos. La gente necesitará disponer de las estructuras mentales, los marcos conceptuales, las distinciones sutiles y los puntos de referencia históricos que solo da la maestría, si quiere que este rico mundo se presente ante ella pautado y predecible en lugar de totalmente caótico o confuso. Sin tales marcos, los directivos se quedarán paralizados, acobardados, se sentirán perdidos y confusos o, simplemente, darán coces contra el aguijón de la estimulación. Los directivos que no tengan la profundidad y la amplitud que da el dominio de una profesión u oficio, carecerán de la finura intelectual y de la confianza que acompaña a la maestría; los líderes se sentirán superados, estresados e incapaces de encontrar sentido en el aparente caos.

Los que hayan alcanzado la maestría en una profesión, oficio o arte, captarán las distinciones sutiles, las pautas, las ligeras fluctuaciones en condiciones que a otros que tengan un conocimiento general o superficial les será imposible captar. Michael Moschen, el malabarista más famoso de nuestro tiempo, se ha pasado dos décadas desarrollando y perfeccionando su habilidad. Opina que todo el mundo puede hacer juegos malabares si desgrana las complejas pautas y maniobras en tareas sencillas. "El caos se da —dice— cuando no podemos percibir una pauta y, por tanto, no podemos agarrarnos a nada". Según él, los juegos malabares no consisten más que en lanzar los objetos y poner las manos debajo. Pero le ha costado 20 años desentrañar su arte. Es, consecuentemente, capaz de hacer maniobras que ningún otro malabarista puede intentar. Puede ver pautas, en lugar de caos, en el hecho de mantener diez bolas en el aire, al mismo tiempo.

El reconocimiento de las pautas es el corazón de la maestría. Los agentes de Wall Street, los ejecutivos de publicidad, los planificadores financieros, los locutores deportivos, los fotógrafos, los investigadores de mercado, los ingenieros o los que desarrollan software, ven y responden a distintas pautas en sus oficios, industrias, clientes y competidores. Los años que se pasan nadando en la profesión, oficio o industria, les proporcionan gran cantidad de experiencias prácticas a partir de las cuales desarrollan sus instintos, criterios de evaluación, iniciativas e innovaciones. El número y variedad de las experiencias, los resultados, los éxitos y los fracasos, todos figuran en la ecuación de la maestría. Sin estas profundas experiencias, los directivos y los líderes no están, sencillamente, equipados para dirigir en entornos complejos.

Los instintos de un maestro

A medida que se acelere el índice de cambio en el siglo XXI, el que quiera tener éxito en los negocios tendrá que desarrollar el oído y el ojo de un maestro. Los que tengan un conocimiento superficial o general de un campo u oficio raramente detectarán cosas tales como el sonido que anuncia que una máquina empieza a funcionar mal; los números de una hoja de cálculo o de un modelo matemático que no parezcan estar totalmente bien; el aspecto de la cara de un director de proyecto que sugiere confusión o incomodidad; o la leve fluctuación del mercado que sugerirá la conveniencia de introducir cambios en una cartera financiera. Estos llamados instintos no son más que la habilidad de reconocer pautas complejas que desarrolla el maestro. Solo se darán después de años de práctica. E incluso, aunque una persona que no tenga la autoridad y la confianza que genera una carrera de maestro pueda detectar tales sutiles cambios, será probablemente incapaz de tomar las medidas necesarias y de dar confianza y seguridad a otros. Solo cuando se tiene esta base de experiencia se puede entrenar a los demás para que vean y oigan lo que el maestro experimenta.

La sabiduría está inserta en el maestro, forma "un cuerpo" con él. Las prácticas repetidas desarrollan el hábito de actuar y responder de forma casi automática. Cuando preguntamos "¿Por qué dice esto?, ¿Cómo ve eso?", el maestro puede volver hacia atrás y describir exactamente qué es lo que vio, oyó o sintió. La mayor parte de las veces, estos reconocimientos habitan en el área de la competencia inconsciente. Han hecho tantas veces esto –oído el murmullo, vistas las caras, o leído miles de hojas de cálculo— que pueden ver rápidamente las pautas que sugieren el éxito o las necesarias modificaciones. Emprenden acciones inmediatamente, a veces de manera tan rápida y con tanta confianza, que el no experimentado no llega a darse cuenta de los problemas.

La confianza

La maestría da confianza y competencia. De hecho, la confianza es el aspecto más importante de la maestría. Los trabajadores con experiencia pueden captar cómo afectan a la forma y no a la función los cambios en las condiciones de trabajo, las rupturas, las fusiones de empresas, los *downsizing*, el *outsourcing*, las rotaciones, las centralizaciones, los procesos de reducción o de fusiones por las que se forman conglomerados gigantes. Los que han conseguido dominar un nicho, un territorio, una disciplina, continúan el camino de la maestría, mientras que los que no han conseguido estos dominios se agrupan en torno a ellos. "Cuanto más cambian las cosas, más permanecen iguales", es más que un antiguo dicho. Las personas que son grandes en sus profesiones u oficios están aprendiendo, preguntando, enredando y actuando siempre a un nuevo nivel. Estas personas no tienen que preocuparse de si son empleables o no. Las organizaciones e industrias las necesitan desesperadamente para satisfacer sus siempre cambiante necesidades. Se convierten en directores naturales y en entrenadores de los que tienen alrededor, tanto formal como informalmente

ENTRENADOR Y CONSEJERO

La maestría requiere tiempo y práctica en el campo en que se ejerza. Las personas que son competentes en una profesión u oficio se han pasado de 10 a 17 años desarrollando su competencia. Esto lo estamos viendo siempre en el terreno deportivo. Nadie espera que los deportistas profesionales consigan el oro hasta que no hayan practicado durante años. Los nadadores, los jugadores de golf, los futbolistas o los tenistas de élite practican su deporte durante años, y escalan posiciones en las competiciones para pasar de principiantes a maestros.

Esperamos de las figuras deportivas que practiquen el deporte. Sería ridículo esperar que una persona que sólo tiene conocimientos de tenis o de fútbol por haber leído un libro, juegue al nivel de maestro. No reiríamos en el concierto del pianista que no hubiese practicado nunca aunque hubiese dado clases de teoría musical. Y, sin embargo, no nos reímos cuando una persona de similar edad y experiencia estudia ingeniería, finanzas, mercadeo o recursos humanos y espera rendir a nivel de maestro uno o dos años después de haberse licenciado. En el campo empresarial, hemos separado el aprendizaje de la acción, el conocimiento de la práctica.

¿Cuántos anuncios tiene que escribir un experto en publicidad antes de dar con uno perfecto para el cliente? Cientos, quizás miles. ¿Cuántos sitios web debe diseñar y experimentar una webmaster antes de adquirir la capacidad de ver y plasmar la gama perfecta de disposiciones y colores, de sonidos e imágenes conceptuales que hacen que el mensaje se manifieste casi de manera instantánea? No lo va a conseguir en el primer intento, sino mediante años de prueba y terror. Un sitio web magnífico puede servir de aprendizaje y experiencia que acelerará la creación del siguiente, y del siguiente y del siguiente. En el aprendizaje continuo se combinan la repetición, la exploración y las rupturas creativas. La precisión y la confianza del jugador de baloncesto se incrementan después de haber efectuado diez mil lanzamientos desde la línea de los tres puntos. Cientos de sutiles movimientos físicos y psicológicos se combinan para hacer cada vez más precisos los lanzamientos. Cuando se quiere alcanzar la excelencia en toda profesión u oficio, hay que experimentar este proceso de practicar, corregir, afinar y observar.

Nadie puede sustituir la práctica de la profesión de *marketing* por la lectura de libros sobre mercadeo, el estudio o debate de muchos casos o la revisión de infinidad de propuestas. De hecho, en algunos casos, tener conocimiento intelectual sin experiencia práctica puede ser extremadamente discordante para un joven. Muchos han conseguido licenciarse sin haber hecho las prácticas necesarias para convertirse en maestros. No es extraño que nos encontremos con que se trata de ocultar la confusión con la arrogancia y que se sustituyen las prácticas básicas por actuaciones superficiales. A estos principiantes les falta ese ojo y ese oído entrenados que permiten la creatividad, la innovación y la gracia del maestro. No han afinado sus instintos ni han sometido su conocimiento al examen del tiempo. No es de extrañar que quienes carecen de experiencia se derrumben a menudo, o cambien de puestos o de profesiones cuando se ven frente a estrategias difíciles, complejas y conflictivas. ¿Qué otra cosa pueden hacer?

Lo ideal es practicar con un mentor

Las opciones para aprender continuarán aumentando a medida que el siglo XXI se haga más y más complejo. El hecho de trabajar con un mentor permite superar los inconvenientes que sufre el que aprende en solitario. Los mentores educarán a sus aprendices en el manejo de las herramientas de la empresa. Solamente el maestro puede convertir las miles de capacidades en las pocas prácticas críticas que se han de dominar. Es cierto y obvio que se pueden aprender muchas de estas mediante la atenta lectura, la investigación y el estudio de los grandes maestros del propio oficio. Pero las técnicas de la profesión o del oficio continúa evolucionando. El directivo maestro podrá ayudar al aprendiz a convertir las experiencias necesarias en un camino de aprendizaje.

El hallazgo de un mentor es fundamental tanto para acelerar el aprendizaje como para descubrir los dones únicos que uno pueda tener como vendedor, contable, directivo, ingeniero, diseñador de software, experto de *marketing*, etc. Los directivos/mentores ayudarán a los demás a dominar su profesión u oficio en un tiempo récord. Los directivos/mentores mantendrán a los aprendices motivados y entusiasmados por el progreso y por la distancia que aún les queda por recorrer.

Trabajando con múltiples mentores

El camino de la maestría necesita de múltiples mentores. Los directivos que se consideren maestros deben de ser capaces de ayudar a evaluar los niveles de maestría de sus protegidos en cada una de las áreas siguientes:

- *Los mentores técnicos* son expertos en la profesión u oficio en que queremos destacar, por ejemplo, *marketing*, finanzas, derecho fiscal, gestión de materiales, diseño de sistemas informáticos, producción de programas de televisión, administración, gráficos por ordenador, etc.

- *Los mentores de aprendizaje*, ayudarán a descubrir estilos de aprendizaje primarios; a buscar los trucos para que el aprendizaje y las experiencias en el trabajo ayuden a conseguir el grado máximo de maestría. En el futuro, tendrán que hacer entrevistas para debatir sus estilos y requerimientos de aprendizaje.

- *Los mentores industriales*, trabajan en las fronteras, especulan y aconsejan sobre las tendencias y los principales problemas de la industria; a menudo, son los líderes reconocidos en la industria.

- *Los mentores de organización* sabrán que es lo que cuenta en la organización; quien cuenta; los que hacen y los que no hacen; los proyectos claves y los secundarios; y las reglas de juego para triunfar.

- *Los defensores de los clientes* saben qué es lo importante de cada cliente -los problemas, las oportunidades, o las rupturas; a quién hay que conocer; la historia del cliente; las expectativas del cliente; y la historia de la relación de nuestros competidores con el cliente.

- *Los facilitadores de proyectos* ayudan a despachar el trabajo en el sistema; enseñan los atajos y dicen a que personas hay que conocer; enseñan a superar la cinta roja; y a discutir las diferencias entre las políticas públicas y las prácticas privadas.

- *Los mentores en línea* pueden pertenecer a cualquier organización; podrían ser líderes reconocidos en la profesión que acceden a entrenar, a resolver problemas y a charlar en línea con sus protegidos.

- *Los compañeros mentores* tendrán un valor incalculable, enseñarán sobre sistemas informáticos, protocolos presupuestarios y prácticas de reuniones, así como sobre productos, servicios y prácticas interdisciplinares.

- *Los mentores culturales* tienen conocimientos de otras culturas, idiomas o prácticas que hay que conocer o respetar cuando se trabaja con extranjeros.

- *Los proveedores de recursos* aligerarán, por ejemplo, una búsqueda de información.

Los aspirantes a la maestría deben rodearse de personas capaces, que les ayuden a atravesar el largo camino de su profesión u oficio. La maestría empresarial requerirá, en el futuro, una red de apoyo cada vez más fuerte y amplia.

Los triunfadores en los campos científico y deportivo han sabido, de siempre, la importancia de las relaciones mentor/aprendiz. Los mentores trabajan muchas horas con ellos, entrenándoles en los ejercicios básicos para trabajar las carencias o las cualidades específicas y recomendándoles que introduzcan cambios en los entrenamientos rutinarios, en las competiciones e incluso en la vida, si quieren llegar a ser campeones. También nos encontramos con esta misma guía y disciplina en la mayoría de las artes: la danza, la música, la pintura.

El perfeccionamiento de las experiencias y proyectos de aprendizaje

Las aulas y los cursos comenzarán a desaparecer en cuanto plataformas centrales de aprendizaje para los que emprendan el viaje de la maestría. En su lugar, los directivos mentores y sus aprendices perfeccionarán los proyectos, las experiencias o las prácticas de aprendizaje que incrementarán la competencia y la confianza de los protegidos. El trabajo se organizará cada vez más en torno a los cambios de proyectos o de clientes. Los puestos de trabajo, tal como los hemos conocido, continuarán siendo cada vez más raros. La empleabilidad dependerá de la "adecuación" de las necesidades a largo y a corto plazo de una organización a ciertos niveles de maestría en distintas profesiones. Las profesiones esenciales (aquellas que son fundamentales para la misión y la estrategia de la organización) se cubrirán desde dentro, mientras que las profesiones secundarias (servicios de apoyo) se contratarán o se darán en *outsourcing*. Los directivos y los líderes se interesarán mucho más por atraer y retener a los profesionales claves y empezarán a mejorar los contratos de trabajo de los noveles, con el fin de quedarse con los mejores.

Las personas de más talento que se marchaban de las empresas a finales de los noventa, lo hacían porque no se encontraban motivadas o felices. Decían que estaban perdiendo sus cualidades, que no trabajaban en proyectos que les motivaran o no se estaban aprovechando sus capacitaciones, o bien que les dedicaban a supervisar a otros, en lugar de a perfeccionarse. Muchos decían que se les obligaba a trabajar más horas, sin que se les pagara más ni vieran promesas de futuro. No iban a seguir aprendiendo o incrementando su nivel de capacitación. Estaban infrautilizados. Muchos abandonaron sus empresas para poner en marcha empresas del nuevo milenio.

Los sellos de la maestría

¿Ha visto alguna vez a un gran profesor que no esté buscando otras maneras mejores de implicar a sus estudiantes? ¿Ha visto alguna vez a un vendedor excepcional que no esté investigando otros modos de servir a sus clientes, de aportar nuevas ideas a I+D o de hacer sugerencias al servicio de atención al cliente? Los maestros son como los barredores del radar, y buscan siempre aquello que les haga más eficaces, lo que haga más fuerte a su empresa o más eficaz su trabajo, desde el punto de vista del coste/beneficio.

TRABAJE SÓLO EN ORGANIZACIONES VITALES

No todas las organizaciones son iguales. No todas proporcionarán una incubadora poderosa para conseguir alcanzar la maestría o desarrollar el potencial directivo. He expuesto en mi reciente libro[2] los indicadores de una organización que la proporciona. Estúdielos cuidadosamente y busque que organizaciones podría elegir para aprender y desarrollarse como directivo. Cuando se haya convertido en un directivo y en un líder, cree una organización con las mismas características. Entonces podrá atraer y retener a las personas que aspiren a la maestría. Las seis cosas vitales para una organización son:

1. Sentido del propósito
2. Líderes que provengan de profesiones claves en la industria
3. Cultura de investigación y desarrollo
4. Énfasis en la incentivación del aprendizaje
5. Compartición de la riqueza
6. Mentalidad emprendedora

Sentido del propósito

Este es, probablemente, el factor singular más importante a la hora de crear o de elegir una organización en la que trabajar. Tiene que estar seguro de que su misión, sus valores y sus intereses personales sintonizan con los de la organización. Si no es así, sus cualidades se verán desaprovechadas y sentirá que se debilitan sus poderes de creación. Usted desea crear o formar parte de un equipo dedicado totalmente a hacer algo nuevo, a resolver un problema o a crear algo distinto en su profesión u oficio. El aprendizaje es algo muy difícil incluso cuando se cuenta con grandes profesores y mentores. Elija sabiamente.

Este sentido de contar con una causa común es lo que separa a las grandes organizaciones de las que son simplemente buenas. Las personas pueden hacerse insignificantes, ir solo a lo suyo, aburridas, perezosas o simplemente desmoralizadas porque no hay nada que les de energía o les inspire. Deje que su orgullo y su pasión ejerzan de árbitro. ¿Se siente motivado por el propósito y la misión de la organización?

Líderes que provengan de profesiones claves en la industria

El hecho de pertenecer a una organización que los competidores, los clientes y los trabajadores consideran la mejor, ayuda a profundizar y a ampliar la profesión u oficio. Asegúrese de que los líderes de la organización tengan más de diez años de experiencia en sus industrias o en sus profesiones claves. Investigue si las personas que no pertenezcan a la organización hablan de ellos como de líderes de la industria. Hemos visto muchos ejemplos de empresas destruidas por ejecutivos que no estaban familiarizados, o que estaban muy poco familiarizados, con su industria ó con sus profesiones claves.

No empiece allí donde su talento no sea esencial para la misión de la organización. Y rodéese de personas que sean mucho mejor que usted y que le puedan proporcionar una realimentación positiva.

Cultura de investigación y desarrollo

Los líderes eficaces equilibran los resultados a corto plazo con el desarrollo a largo. Cuando se cede con demasiada facilidad a las presiones para conseguir beneficios rápidamente, se puede perjudicar el futuro de cualquier empresa. Los líderes que quieren asegurar que su organización dure bastante tiempo, comprometen dinero y recursos en investigación y desarrollo.

Busque o cree una organización que comparta y discuta sus planes de negocio y sus estrategias con sus empleados. El hecho de conocer los planes de investigación de la empresa ayuda a mantenerse en contacto con las tendencias de la industria, con las nuevas tecnologías, las oportunidades de desarrollo y los cambios necesarios en la competencia y en la capacitación. Puede adivinar si se necesitan sus servicios en otras partes de la organización y prepararse para competir por puestos valiosos. El hecho de hacer que esta información esté disponible pone de manifiesto que la organización está comprometida no sólo con su propio crecimiento, sino también con el desarrollo de su personal.

Evalúe el compromiso de la organización con las actividades de investigación y desarrollo. ¿Esperan los líderes que se produzcan innovaciones en productos o servicios? ¿Cómo anima y recompensa la organización el carácter emprendedor? ¿Cuántas patentes, licencias, productos o servicios nuevos tiene en marcha? ¿Cuánto tiempo dedica a buscar información, a debatir, a sesiones de *chatting* y de "que ocurre si", y a escuchar a los clientes? Si no puede conseguir respuestas a estas preguntas, busque otras organizaciones.

Énfasis en la incentivación del aprendizaje

El sello del aprendizaje no es el número de cursos que se hacen o el de títulos que se obtienen; el aprendizaje se demuestra en los resultados —aportar clientes de otras culturas, ver una manera de utilizar un proceso técnico de otra empresa o industria, reconocer pautas financieras que sugieren la necesidad de hacer un nuevo plan de precios o de pagos—. El aprendizaje es un proceso altamente individualizado. Cada uno tenemos nuestras formas particulares de aprender —solos, con otros, mediante experimentos, leyendo, preparando conferencias, investigando, enredando, siguiendo el rastro de lo mejor, buscando en Internet y haciendo cursos.

Las profesiones y los oficios evolucionan y cambian, se desarrollan y se enriquecen a partir de disciplinas relacionadas o no relacionadas. Recientemente, un dentista especializado en cirugía utilizó una película fotográfica especifica que empleaban los ortodoncistas para detectar una infección a un colega mío. El dentista de mi colega le había sacado seis o siete dientes en menos de cinco meses, pero no le resolvió el problema. En cambio, el cirujano dental hizo una serie de preguntas relevantes, usó la herramienta fotográfica procedente de otra disciplina para descubrir la infección y pudo salvarle tres dientes que estaban en mal estado. ¿Quién fue el maestro?

Las organizaciones que incentivan el aprendizaje no tienen por qué proporcionar formación necesariamente. Recompensan los adelantos en el pensamiento, en la solución de problemas, y las ideas para nuevos productos o servicios o la expansión de líneas de servicio ya existentes. Reconocen y recompensan el aprendizaje que sirve a la misión y a las estrategias de la organización y aplauden los inventos de sus expertos. Esperan que la gente continúe aprendiendo y añada valor a la organización, pero no quieren que sus profesionales técnicos de primera línea se conviertan en directivos y cambien de profesión.

En el futuro, los debates sobre el rendimiento se centrarán más en ver cómo vaya a contribuir el personal que en lo que haya conseguido ya. ¿Qué harán por los clientes el año próximo? ¿Cómo ayudará eso a las estrategias de la organización? Estas son las clases de preguntas que se esperan en una organización que incentiva el aprendizaje. Y si esa organización es su empresa, tiene que formularse las mismas preguntas.

Comparte la riqueza

El éxito y la rentabilidad de la empresa requiere el compromiso a largo plazo de los empleados claves. Usted, en cuanto directivo, deseará entablar una relación de asociación financiera con ellos. Pero los buenos salarios ya no son suficientes para retener la lealtad y la energía emocional de estos maestros. Ellos esperan compartir los beneficios que la organización ha conseguido con su trabajo experto. Esto puede significar que se preste atención al cuidado de sus hijos, se les conceda flexibilidad de horario, planes de pensiones y de compartición de beneficios, membresías en asociaciones profesionales, opciones sobre acciones y descuentos en los productos. Las organizaciones deberían estudiar que es lo que motiva a los empleados y ver la manera de compartir los beneficios debidos a los incrementos de productividad y a los éxitos financieros. Los trabajadores, por su parte, deberían buscar empresas que se ocupen de su bienestar.

Mentalidad emprendedora

Las mejores organizaciones se concentrarán en los productos y servicios que necesitarán muchos clientes en el futuro. Se posicionarán para proporcionar productos o servicios que satisfagan una o más de las 12 necesidades básicas que hemos expuesto con anterioridad. Tienen mentalidad de captadores de tendencias. Su personal "lee" por anticipado lo que va a ocurrir en el hogar, en la alimentación, en la salud, en el ocio, en la seguridad financiera y en el transporte. Trabajan el doble de tiempo, cumpliendo los compromisos actuales, al tiempo que anticipan necesidades futuras. Los directivos de mañana crearán roles y estructuras que aseguren que su personal busca siempre oportunidades nuevas. Estos roles incluirán:

- Convertidores: los que toman la tecnología actual y la convierten en necesidades del mañana.

- Escudriñadores: personas encargadas de encontrar nuevos nichos y clientes.

- Conseguidores: los que ayudan a los demás a sobrepasar la línea roja y a superar las regulaciones burocráticas.

- Buscadores: empleados que escudriñan las industrias, tecnologías y profesiones relacionadas en busca de ideas para su organización.

- 105 conectadores: los que persuaden a los individuos y a las empresas relacionadas para entablar asociaciones a corto plazo.

- Conservadores de energía: personas que tratan de taponar las fugas de energía emocional, física o intelectual como consecuencia de la actuación de directivos ineficaces o de entornos de trabajo deficientes.

- Exploradores de talento: los que buscan personas con posibilidades de llegar a convertirse en maestros.

CONCLUSIONES

- Los directivos que quieran triunfar tendrán que ser, inevitablemente, maestros en su profesión u oficio. No cambie a cada momento, póngase al tanto, trabaje desde abajo y aprenda la historia de su oficio o profesión. Piense en décadas, no en años.

- Busque varios mentores que le entrenen. Las empresas necesitan un consejo de directores para que las dirijan. Usted también.

- Es tan importante de quien se aprende como lo que se aprende.

- Los directivos que han permanecido en una profesión u oficio que ha evolucionado tendrán más posibilidades de encontrar trabajo en el mercado que los que han saltado de un trabajo a otro.

- Los mejores directivos tendrán muchos seguidores debido a sus cualificaciones, no a la autoridad que hayan detentado.

- Los directivos se dedicarán mucho más a atraer y retener expertos y se especializarán en la redacción de contratos que lo consigan.

- Los directivos "leerán" el futuro y ayudarán a sus protegidos a prepararse para el.

- En el siglo XXI serán frecuentes los debates dedicados a establecer que será lo que se necesitará para permitir el desarrollo tanto de la organización como del individuo.

CAPÍTULO 8

LAS MENTALIDADES PARA SER MANAGERS

PAUL DAINTY Y MOREEN ANDERSON

La tecnología de la información es una fuerza clave que está marcando el ritmo del cambio en el trabajo. La tecnología está cambiando las herramientas que utiliza la gente y los problemas que tiene que resolver. Como consecuencia, el trabajo de los directivos se está haciendo más complejo, abstracto y sujeto a cambio continuo.

En este capítulo argumentamos que, a medida que la tecnología avanza, debe hacerlo nuestro entendimiento de dónde puede facilitar y dónde entorpecer los esfuerzos de los directivos por estar más informados y conseguir ser más productivos. Necesitamos conocer de qué forma nuestro enfoque mental influye en el modo de formular, analizar e interpretar los problemas. O, lo que es más importante, necesitamos entender nuestro enfoque mental global, o "mentalidad", cuando nos enfrentamos a los cambios que puede aportar la tecnología —sea en forma de diferentes problemas a resolver, de distintas personas con las que relacionarnos o de prácticas laborales distintas a adoptar—. De hecho, predecimos que, en muchas empresas, las batallas corporativas del milenio se centrarán más en el cambio de las mentalidades que en seguir el ritmo del avance tecnológico.

EL MARCO FACTUAL

Para la mayoría, el trabajo exige cada vez más capacitaciones y habilidades. McKinsey and Company estiman que, para el año 2.000, el 70 % de los puestos de trabajo en Europa y el 80 % en los Estados Unidos requerirán fundamentalmente aptitudes cerebrales más que manuales. De acuerdo con el filósofo del *management* Charles Handy, "la nueva fuente de la riqueza es la capacidad para adquirir y aplicar conocimiento y saber hacer".[1] Cree que, en el futuro, el último escalón de la seguridad de las personas no estará en la tierra ni en los edificios, sino en sus cerebros.

Muchos otros opinan también que la sociedad está experimentando otra gran transformación, que promete crear un mundo muy diferente al que conocemos hoy. La aparición de la competencia global y la difusión de la tecnología de la información están cambiando sustancialmente la naturaleza del trabajo, quién hace el trabajo y qué supone trabajar.[2] La tecnología no ha transformado solo la velocidad a la que se puede procesar y distribuir la información, sino que ha forzado a la organización a racionalizar y mejorar sus procesos y sistemas de trabajo. Hasta la fecha, se ha aplicado principalmente a hacer de manera más eficaz las operaciones empresariales. Pero cada vez más reta a los líderes de la industria a repensar los fundamentos estratégicos en los que se basan sus negocios.[3]

A medida que crece la demanda de líderes que puedan afrontar los retos y redefinir el status quo, se someten a examen las capacitaciones asociadas con el rendimiento eficaz, particularmente a los niveles más altos.[4] Aunque los conocimientos profesionales y el conocimiento funcional seguirán teniendo una importancia capital, los ejecutivos necesitan ampliar la gama de sus capacitaciones si quieren triunfar en entornos altamente competitivos y cambiantes. En Microsoft, por ejemplo, Bill Gates concede una importancia enorme a contratar a las personas "adecuadas" para su organización. Sólo contrata a dos de las 10.000 personas que envían sus *curriculo vitae* cada mes. Pero, como él dice, eso no significa que se busquen capacitaciones técnicas. "El candidato ideal para Microsoft tiene conocimientos técnicos, pero también la aptitud de adquirir rápidamente nuevas capacitaciones que le permitan seguir el ritmo de la cambiante tecnología. Los empleados inteligentes son creativos y tienen conocimientos sobre el mercado, espíritu emprendedor, capacidad de solucionar problemas y de trabajar sin necesidad de reglas y procedimientos detallados y constrictivos".

De manera que, aunque los conocimientos técnicos o profesionales sean importantes, no parecen proporcionar en sí mismos una base lo suficientemente amplia para un empleo sostenible. De hecho, las organizaciones que tienen éxito buscan capacitaciones que vayan más allá de las específicas del puesto de trabajo (que se adquieren fácilmente) y destaquen en lo que se refiere a actitudes, valores y mentalidad. Un indicio significativo del rendimiento y de la rotación lo constituye el grado de coincidencia de los valores y actitudes individuales con la cultura de la organización.[5] Otros miran más el "cómo aprender" que el "cómo saber", opinando que la organización desea personas que puedan aceptar el reto de las tecnologías emergentes, que puedan adaptar, como resultado, las pautas del trabajo.[6] Creemos que, para hacer esto, los directivos tienen que tomar más conciencia de sus propias pautas de pensamiento y comportamiento y de cómo influyen en su actuación diaria.

LA UTILIZACIÓN INTELIGENTE DE LA TECNOLOGÍA

De continuar las tendencias actuales, en el puesto de trabajo del nuevo milenio se manejarán mayores cantidades de datos, distribuidos con más amplitud que nunca con anterioridad. La rápida adopción del correo electrónico y del correo de voz, los teléfonos móviles y los *pagers*, por no mencionar la utilización de Internet, ponen de manifiesto que estamos ávidos de aprovecharnos de productos que nos mantengan en contacto e informados.

Pero la organización sigue necesitando la experiencia y la inteligencia de los seres humanos para convertir la información en conocimiento útil y acertar en la toma de decisiones.[7] Cuando contemplamos con más detenimiento los problemas generados por la "infraestructura de la información invasiva y persuasiva"[8] y el impacto que la tecnología está teniendo en las vidas laborales de las personas, parece que nos queda un largo camino por recorrer antes de que seamos capaces de utilizarla eficazmente. Por ejemplo, en una encuesta que examinaba el impacto de las tecnologías de la información sobre las vidas de 350 ejecutivos que integraban la muestra, un 58 % dijeron que "la tecnología no ha hecho sus vidas mejores, sino más ocupadas".[9] Más del 55 % de los encuestados consideraron que la capacidad que tenían las tecnologías de la información para añadir valor estaba "ampliamente sobreestimada", y un porcentaje similar opinaba que las tecnologías de la información "hacen perder tanto tiempo como ahorran". La mitad de los que respondieron dijeron que las tecnologías de la información suponen "para mí, una seria redundancia y sobrecarga de información".

Los directivos que quieran evitar estos problemas tendrán que diseñar y utilizar los sistemas de información de forma más inteligente. También necesitan saber algo sobre sus propias aptitudes mentales para desenvolverse ante los problemas, analizar la información y tomar decisiones. Necesitan saber dónde puede servirles de ayuda la tecnología y dónde puede obstaculizar, de hecho, sus intentos de ser más productivos y estar mejor informados.

Estamos convencidos de que los empleados de muchas firmas quedarán desfasados por la desconexión que existe entre, por una parte, el avance acelerado de la tecnología y, por otra, la capacidad más limitada del individuo para enfrentarse y adaptarse a los nuevos retos. Además, esta desconexión no se podrá superar, por mucho que se exhorte a la gente a que sea más capaz de aprender y de adaptarse. Por el contrario, triunfarán las organizaciones que entiendan las sutilezas y limitaciones de las capacidades humanas, y el modo en que se pueden desarrollar y gestionar estas en relación con las nuevas tecnologías. Las organizaciones que crean que la sola comunicación de mensajes les resolverá el problema o que la gente se adaptará "de un modo u otro", fracasarán.

Para entender este argumento, es necesario explorar brevemente algunas de las fortalezas y limitaciones mentales de los individuos. En las secciones siguientes, contemplamos el modo en que las conformaciones psicológicas de los individuos y el enfoque mental global influye en las percepciones y en el modo en que se analizan y se afrontan los problemas. Al hacerlo así, esperamos mostrar por qué la rápida provisión de más cantidad de información no es, en sí misma y necesariamente, beneficiosa para los ejecutivos en el nuevo milenio.

LA MENTALIDAD AFECTA A LO QUE HACEMOS

Las personas utilizan una gama de procesos mentales para manejar y analizar la información. El enfoque mental o las mentalidades que adoptemos ayudarán a configurar el modo en que nos enfrentamos a los problemas diarios, a que será lo que escuchemos e ignoremos y a las conclusiones a que lleguemos. Las mentalidades son modos de ver el mundo en torno nuestro, y son producto de nuestras experiencias, suposiciones, valores, y creencias. Forman parte del proceso de filtrado perceptual que nos capacita a todos para enfrentarnos a la complejidad de nuestro entorno. Filtramos información de manera totalmente instintiva, y esto afecta tanto a lo que reconocemos como al modo en que lo interpretamos.

Algunos se refieren a estas interpretaciones como "primeros planos" y "telón de fondo". Los primeros planos tienden a situarse al frente de nuestro pensamiento y pueden hacer que los individuos resalten o ignoren importantes acontecimientos que están en un plano posterior. Así, tenemos propensión a ver lo que queremos ver. A la hora de interpretar la información, nuestros marcos perceptuales categorizan y ocultan datos, asignan probabilidades y rellenan también enlaces ocultos. A menudo, este proceso nos es útil. Pero, en otras ocasiones, nos puede hacer vulnerables. Por ejemplo, los directivos desarrollan clasificaciones que les ayudan a pensar en sus entornos competitivos, pero al actuar así, tienen tendencia a centrarse en los competidores que ya existen y son conocidos, y, como resultado, pueden ignorar a los nuevos entrante en el mercado. Esta puede ser muy bien la razón por la cual los directivos de la Enciclopedia Británica introdujeron las enciclopedias basadas en el cederron al ver, a principios de los años noventa, que sus ventas descendían.[10] Aparentemente, al principio pensaron que este soporte del cederrón era de inferior calidad intelectual y supusieron, equivocadamente, que los padres seguirían siendo fieles a su producto original. Pero, en realidad, los padres estaban interesados en que sus hijos tuvieran una computadora y pudieran adquirir conocimiento a través de él, en lugar de contar con una enciclopedia voluminosa y lujosamente encuadernada.

Otros factores, incluso el éxito, pueden afectar a aquello en lo que reparamos. El éxito proporciona confianza, lo que puede llevar a la creación de un paragolpe que nos aísle de una serie de acontecimientos y excluya de nuestra consideración estímulos de fondo. Por ejemplo, el éxito de la NASA a la hora de superar problemas tecnológicos que parecían insuperables, le proporcionó confianza. Pero también le dio complacencia, que fue una de las causas que contribuyeron al desastre de la lanzadera espacial Challenge.

Tales limitaciones perceptuales serán tan evidentes en el próximo milenio como lo son hoy. Forman parte de nuestro carácter e influyen profundamente en el modo en que vemos el mundo y los acontecimientos en torno nuestro. Necesitamos observar estos procesos en el trabajo dentro de nosotros mismos y comprender sus limitaciones y sus fortalezas. Necesitamos trabajar, donde sea posible, ensanchando nuestras percepciones, con el fin de afrontar de manera más eficaz los cambios que se presentan. Las organizaciones que sean capaces de crear una cultura que suprima los procesos perceptuales inútiles (que se derivan, por ejemplo, de la ignorancia, el prejuicio o la arrogancia) serán, desde nuestro punto de vista, más capaces de asimilar la nueva información y de responder inteligentemente al cambio.

Percepción, valores y creencias

Sin embargo, ensanchar nuestra mentalidad es mucho más fácil de decir que de hacer. Merece la pena que contemplemos las influencias en nuestros procesos perceptuales si queremos entenderlo. En el nivel más fundamental están nuestros valores y creencias. Estos influyen también en lo que vemos y en el modo en que interpretamos los acontecimientos. Dado esto, es importante que reflexionemos en el modo en que nuestros valores influyen en las decisiones que tomamos.

Los valores son las guías maestras de la persona a la hora de elegir. La verdad, la honradez, la integridad y la creación de riqueza son valores que influyen sobre nuestra visión del mundo y del lugar que ocupamos en él. Las experiencias de la infancia y la educación forman estas creencias que pueden guiar nuestras acciones a los largo de nuestra vida adulta. En las organizaciones, las creencias básicas afectan a las decisiones, a la forma en que las interpreta el personal y a la clase de prácticas de trabajos que se persiguen y desarrollan. Forman el cemento que une la cultura de la organización. Esa cultura puede trabajar a favor de la organización o contra ella, con resultados que pueden afectar seriamente al conjunto.[11]

La creación y la comprensión de los valores insertos en una organización será tan importante en el siglo XXI como lo es hoy. De hecho, muchos personas creen que las organizaciones y el personal deberían regresar a los valores más fundamentales en lugar de apartarse de ellos. Las organizaciones emplean más tiempo cada vez en elaborar y ponerse de acuerdo sobre los valores por los que desean que se rija su organización. Y a partir de ellos, tienen que desarrollar principios guías que decidan cómo se tiene que realizar el trabajo y que necesidades hay que satisfacer.[12] Este énfasis en el *cómo* más que en el *qué* reta a la gente a pensar en sus creencias, en la manera en que se relacionan con los demás, en ver si valoran la confianza y el trato agradable, y bajo qué circunstancias. En el mundo del trabajo directivo, los valores forman tanta parte de la infraestructura cultural como el microchip de los sistemas de información. La organización inteligente tratará de asegurar que se progrese en ambos frentes.

Personalidad y creatividad

La personalidad global del individuo influirá, además de sus valores y creencias, en el modo en que se recopile, interprete y utilice la información. El test de personalidad de Myers Briggs es una categorización popular en el campo del *management*. Se ocupa de varios aspectos de la personalidad, incluyendo las preferencias de las personas a la hora de recopilar información y el modo en que se toman las decisiones. El test resalta la forma en que el individuo puede recopilar datos a través de sus sentidos de una manera factual, orientada a datos, o mediante procesos intuitivos. Pone de manifiesto, también, hasta qué punto tomamos decisiones mediante procesos lógicos, racionales, o basados en los sentimientos y en los principios.

Un entendimiento como este de las categorizaciones puede ayudar a la hora de crear en las organizaciones líderes que puedan afrontar mejor los retos futuros. La Royal/Dutch Shell, dentro de un ejercicio diseñado para crear una organización más flexible y con capacidad de adaptación, hizo que se sometieran a este test sus 100 máximos directivos.[13] Los resultados fueron particularmente reveladores, y pusieron de manifiesto que el 86% de sus máximos directivos eran "pensadores", es decir, personas que toman decisiones con base en la lógica y en el análisis objetivo. Pero en la cúpula de la organización, dentro del comité directivo de los seis, el 60% se manifestaron de forma opuesta, es decir, eran "sentidores", personas que tenían predisposición a tomar decisiones con base en los valores y en la evaluación subjetiva. Estos tests no son una panacea, pero nos ayudan a predecir que los individuos que intentan comprender mejor las diferencias en las pautas de pensamiento de las personas y el modo en que esto pueda afectar a su manera de solucionar problemas y a sus estilos de tomar decisiones, serán más capaces de utilizar positivamente los adelantos del futuro.

Esto es particularmente cierto a la hora de tratar de la creatividad. Un aspecto del estilo cognitivo que está incorporado implícitamente en el test de la personalidad, es la división entre la parte derecha y la izquierda del cerebro. Esta clasificación se ha utilizado durante años para distinguir entre dos tipos diferentes de actividad cognitiva. En pocas palabras, se establece una división entre la capacidad analítica y la capacidad intuitiva. El lado izquierdo del cerebro se ocupa de los procesos analíticos y se especializa en las funciones verbales y matemáticas. El lado derecho intuye la información a partir de una variedad de entradas y se ocupa de la imagen visual, de la síntesis creativa, de la intuición, de la fantasía, y de los procesos asociados con ellas.

Las personas difieren en el modo en que procesan la información, según sea el hemisferio cerebral dominante en ellas. Históricamente, se ha animado a los directivos a utilizar los procesos racionales o de la parte izquierda del cerebro. A menudo, se piensa que el enfoque lógico y analítico es el correcto a la hora de solucionar problemas. Hoy se está prestando cada vez más atención a las actividades residentes en la parte derecha del cerebro, pues se considera que es la parte que se necesita aplicar en los procesos mentales, particularmente a nivel de los altos ejecutivos. Henry Mintzberg ha sido uno de los que han propuesto hace más tiempo y con más influencia esta idea, y defiende que las actividades basadas en el hemisferio derecho se deberían de utilizar para pensar en los problemas de gestión estratégica.[14]

De hecho, la creatividad se debería ver como una de las cualidades indispensables del milenio. Las empresas que tienen más éxito se han tomado cada vez más en serio la innovación y la creatividad, lo que parece que contribuye a los resultados de sus negocios de manera muy significativa. Prácticamente todas las empresas que aparecían en la lista de las más admiradas de América, de *Fortune,* en 1997, consideraban que la innovación había producido un impacto significativo en su industria y en sus procesos, y que había originado incrementos impresionantes en sus ganancias y en su capitalización en el mercado de valores.[15]

El profesor Gary Hamel, de la London Business School, concede mucha importancia a la creatividad, a la imaginación y a otros procesos del lado derecho del cerebro que ayudan a los directivos a evadirse de la atmósfera diaria a la hora de pensar, y a romper las reglas. Opina que la norma en muchas industrias es la intensa competencia y que la mejor forma de competir es, cada vez más, replantearse totalmente las fronteras de la industria tradicional y los juegos de planes estratégicos. Se está exhortando a las organizaciones a que compitan sobre la base de sus competencias fundamentales, lo que, en opinión de Hamel, es una tarea esencialmente creativa. En su opinión, ello implica "desentrañar la verdadera esencia de lo que somos y de lo que somos capaces de hacer". Los que quieran competir en el futuro deberán de darse cuenta de que "este está modelado no por los profetas, sino por los herejes, que ven el pasado de manera no convencional".[16]

Pero ¿se caracterizará realmente el futuro por el flujo de tales juicios creativos a lo largo de las organizaciones? No estamos convencidos de ello. Las personas levantan muros de muchas clases que pueden impedir a ellas y a las demás seguir el rastro de sus procesos mentales. En el mundo de la dirección empresarial, el ego, el deseo de que no se vea que nos equivocamos, la creencia de que los directivos deben de estar al tanto de todo lo que está pasando, son factores que limitan potencialmente el pensamiento e impiden que se actúe incluso en el caso de que la evidencia del cambio sea abrumadora.

Las organizaciones que están en lo más alto de la creatividad (es decir, Coca-Cola, Merck y Microsoft) entienden estas limitaciones y cultivan activamente culturas organizativas que animan a la gente a asumir riesgos, e incluso a fallar, con el fin de generar nuevas ideas. No tratan de limitar la creatividad al departamento de I+D. Al contrario, defienden que la creatividad se tiene que demostrar en toda la organización y en el modo en que todos trabajan. Entienden también que no todo consiste en generar ideas, sino en asegurarse de que se llevan a la práctica. Las organizaciones que prosperarán en el futuro pueden ser las que sean capaces de gestionar bien las diferencias individuales y de crear climas en que se puedan explotar plenamente las fortalezas intelectuales.

La inteligencia emocional

A la hora de ver la manera en que la gente puede reaccionar y hacer frente a una información y a un futuro tecnológico diferentes, es importante también destacar que los procesos de pensamiento directivo se ven afectados no solo por el estilo cognitivo, los valores y el ego, sino también por la conformación emotiva del individuo. El hecho de tener que dar respuesta a otras personas y a situaciones que son diferentes y presentan problemas (y que pueden llevar consigo un cierto grado de conflicto, tensión y contratiempo) ha tenido siempre, y siempre las tendrá, consecuencias emotivas. Sin embargo, hasta hace muy poco no se han puesto en candelero la emoción y el efecto que puede tener en el proceso de toma de decisiones de los directivos.

El desarrollo de lo que Goleman denomina "inteligencia emocional" ha de ser fundamental si se quieren afrontar las presiones del futuro".[17] Goleman utiliza este término para describir la gama de cualidades que utilizan las personas para "gestionar" sus yos emotivos y sacar el máximo partido a sus relaciones con los otros. Identifica una gama de competencias emocionales, como la capacidad de enfatizar, de resolver los conflictos, y de utilizar incluso la rabia que uno pueda sentir, de manera adecuada. Según él, la inteligencia emocional no solo puede ayudarnos a ser más eficaces en el trabajo, sino que puede contribuir también al propio bienestar físico y a la estabilidad emocional. Cree que "una nueva realidad competitiva está poniendo en primer plano en el puesto de trabajo a la inteligencia emocional". Predecimos que, en el futuro, las organizaciones que no sepan reconocer el impacto de esta realidad, y la necesidad de desarrollar la inteligencia emocional, conseguirán que su fuerza laboral solo esté equipada de forma parcial para enfrentarse a la nueva economía y a las realidades tecnológicas. Creemos también que este fracaso en reconocer las consecuencias emocionales continuarán siendo la norma, más que la excepción.

LA TECNOLOGÍA Y LA NECESIDAD DE INTERACTUAR

Cuando se contempla el futuro, está claro que no se puede contemplar de manera aislada el impacto de los flujos de información y de la tecnología sobre el individuo. Las personas trabajan en un contexto social. En el nuevo milenio, es probable que este contexto sea uno en el que el trabajo esté sometido a cambio continuo, que sea más interconectado y está basado más en el equipo.[18] Aunque la tecnología puede proporcionar modos diferentes y más rápidos de mantener el contacto entre las personas, estas seguirán necesitando trabajar duro y viendo el modo de interactuar y comunicarse, particularmente a nivel interpersonal. En la encuesta que citamos anteriormente (la que estudiaba el impacto de la tecnología en la vida laboral de 350 ejecutivos), el 54 por ciento de ellos decían que "las tecnologías de la información han ocasionado más equivocaciones a la hora de entenderse que las conversaciones humanas". Más del 50 por ciento de los que respondieron afirmaron que "las tecnologías de la información han deteriorado las relaciones laborales".

La tecnología no sustituye a la necesidad de interacción humana y creemos que muchas empresas olvidarán esto en el futuro, en detrimento suyo. Podrían muy bien centrarse en las ventajas de la comunicación basadas en la tecnología y prestar menos atención a la ineludible necesidad de los seres humanos de seguir interactuando más allá del mero flujo de información. Al principio de los años setenta, Mintzberg subrayó los procesos de interacción de los directivos, observando que buena parte de la información a la que están expuestos se produce como consecuencia de procesos sociales y de contactos interpersonales. Todo hace pensar que esto continuará siendo así, porque los papeles directivos al menos se continuarán caracterizando por interacciones efímeras y contactos breves, con una serie de personas distintas durante la jornada laboral.

A pesar de los avances que se produzcan en las tecnologías, la calidad de la información que reciben los directivos continuará variando enormemente, por un cierto número de razones. Muy a menudo, la información procede de las personas a las que los directivos tienen fácil acceso y con las que se llevan bien. La facilidad de adquisición de la información es a veces más importante que su calidad. Como consecuencia, quienes toman las decisiones pueden utilizar fuentes que proporcionan una información de menor calidad, pero a las que les resulta fácil acceder.

Ocurre también que, en general, suele producirse un sesgo hacia la información positiva en contra de la negativa. Es más probable que quienes toman las decisiones utilicen la información cuando avala resultados ya producidos, cuando evita conflictos y cuando no se puede rebatir.[19] Muchos de los que trabajan en las empresas cuentan a sus directivos lo que éstos quieren oír, ocultando una opinión personal contradictoria u olvidándose de informar de todos los hechos desfavorables. A menudo, los directivos tomarán la realimentación positiva por su valor nominal, sin considerar que puede que la información no sea completamente válida.

También los procesos políticos pueden afectar a la credibilidad de la información. No es probable que en la organización del futuro esté ausente la política. El tratamiento de la toma decisiones como un proceso de salir del paso, con organizaciones creadas y sostenidas por una coalición dominante de accionistas poderosos, será una característica del lugar de trabajo en el nuevo milenio, al igual que lo es hoy. Los que detenten el poder seguirán estando dispuestos a pagar precios elevados, y jugar a juegos difíciles, con tal de conseguir la información o las ideas que marquen una diferencia.

Una consecuencia de todo esto es que las organizaciones tendrán que continuar desarrollando la capacidad de su personal de gestionar eficazmente sus tareas y sus situaciones laborales. Sin embargo, es más probable que se vean seducidas por las grandiosas aspiraciones que permite la tecnología y por el constante bombardeo de que la única capacidad "blanda" de la organización por la que hay que preocuparse es por el liderazgo. Creemos que muchas olvidarán la necesidad fundamental de continuar desarrollando las cualidades de gestión eficaz del tiempo y los recursos. Si no hemos aprendido a priorizar, ¿cómo vamos a utilizar la última agenda electrónica de bolsillo? Necesitamos recordarnos a nosotros mismos que la tecnología no puede suplantar lo básico. Seguiremos necesitando pensar en esto sí queremos seguir controlando nuestros propios destinos.

DESARROLLO DE LA AMPLITUD Y LA CONCRECIÓN

A medida que se aproxima el nuevo milenio, los directivos se enfrentan con un peligro muy real, el de ser *menos* eficaces como resultado del gran volumen de información que tienen a su disposición. Hasta la fecha, las computadoras no proporcionan la información con la variedad, la actualidad y relevancia que necesitan los directivos.[20] Al contrario, la información está generalmente anticuada, centrada en los asuntos internos de la organización, y en mucha mayor cantidad de lo que la gente quiere. De hecho, opinamos, es probable que sigamos sufriendo este inconveniente hasta que no se deje de poner el acento en la tecnología y se ponga en la creación de información y conocimiento de valor para el usuario final.

Los directivos que quieran utilizar las crecientes fuentes de información tendrán que cultivar la capacidad intelectual de combinar la amplitud del cuadro con la concentración en las cuestiones críticas.[21] Aunque estas dos cualidades de amplitud y de concreción puedan parecer contradictorias, son varios los escritores que han resaltado la necesidad de una combinación similar. Senge ha hablado de la necesidad de tener tanto amplitud de miras como capacidad para centrar la atención.[22] Otros han comentado que, además de pensar en procesos más amplios, los altos directivos piensan también en el modo de enfrentarse con una o dos preocupaciones principales, o con metas muy generales.[23]

Los directivos deben ser capaces de expansionar sus mentes para tratar de abarcar todos los datos pertinentes a un problema de que puedan disponer. Puede ayudar a esto la conciencia del proceso de filtrado de que nos hemos ocupado con anterioridad. Sin embargo, la amplitud no se refiere a la cantidad de datos que podemos absorber. Se refiere también a las aptitudes constructivas: principalmente las aptitudes de integración, de abstracción, de independencia de pensamiento y la utilización de marcos de referencia amplios y complejos.

Además, los directivos y los que toman decisiones críticas necesitan centrarse en el problema al que se enfrentan. En último término, deben ser capaces de reducir las situaciones complejas a sus puntos esenciales, identificando oportunidades y proponiendo planes de acción bien fundamentados. Se debate si la tecnología puede ayudar a este respecto. Paul Saffo, director del Institute for the Future, en California, cree que los ejecutivos tendrán que evitar que les seduzcan las nuevas herramientas que se ponen a su disposición. Por el contrario, necesitan convertirse en una "máquina sabia", es decir, necesitan saber cuándo y cómo utilizar estas nuevas herramientas, pero también cuándo tienen que apagar sus computadoras y aconsejarse a sí mismos[24].

La amplitud es fundamental cuando se está tratando de entender el entorno, de identificar problemas, de buscar alternativas y de encontrar soluciones. Es necesaria cuando se necesita pensar más allá del paradigma actual de uno mismo, de ver nuevas posibilidades y de identificar relaciones. Aunque los avances en la tecnología pueden ayudarnos a hacer mejor esto, al final es el directivo el que tiene que efectuar estas correlaciones. De manera similar, es importante la concreción cuando se trata de seleccionar alternativas, de elegir soluciones y de ponerlas en práctica. Pero, al igual que antes, aunque la tecnología informática puede ser muy capaz de ocuparse de las actividades rutinarias, al final, la capacidad de priorizar y de llevar a la práctica dependerá de directivo y de su capacidad para tomar decisiones.

MENTALIDAD DIRECTIVA

En este capítulo hemos defendido que necesitamos comprender tanto los procesos cognitivos que utilizamos, como nuestra capacidad emotiva y nuestro temperamento. Ambos influyen en nuestra capacidad para utilizar nuestra mentalidad directiva. Los que puedan combinar y aprovechar sus aptitudes intelectuales y emocionales de unas determinadas formas, tendrán más éxito a la hora de reducir la desconexión originada por el cambio tecnológico. Ilustramos esto con un cuadro desarrollado por nosotros (véase la figura 8.1) que combina dos aspectos:

- La capacidad individual para tener tanto amplitud como concreción.
- La disposición emocional del directivo, en particular si tiende a adoptar puntos de vista positivos o negativos. Estas dimensiones se combinan para producir diferentes mentalidades.

```
                    Actitud mental positiva
                             |
           DECIDIDA    |    FLEXIBLE
Concreción ————————————+———————————— Amplitud
           PESIMISTA   |    CONSERVADORA
                             |
                    Actitud mental negativa
```

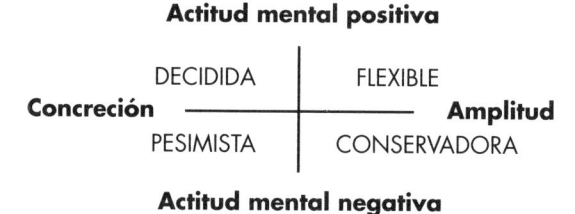

Figura 8.1 Mentalidad directiva

Estas mentalidades no son estados permanentes, y los individuos pueden cambiar de mentalidad. El enfoque óptimo es la mentalidad flexible —la que habrá de pedirse cada vez más que adopten los trabajadores que tengan éxito en el nuevo milenio—. (Sin embargo, iríamos más allá y diríamos que los individuos que no son capaces de cambiar las mentalidades pesimistas o conservadoras pueden encontrarse en desventaja). Las características de cada una de las mentalidades son las siguientes:

- La mentalidad pesimista es aquella en la que el individuo tiene una actitud negativa y una perspectiva estrecha. La actitud que adoptan quienes tienen esta mentalidad tiende a ser casi siempre una variación sobre el mismo tema: "así son las cosas", o "no podemos hacer mucho". En el futuro, ninguna organización se podrá permitir tener entre su personal a quienes tengan una mentalidad predominantemente pesimista y estrechez de miras.

- La mentalidad conservadora es aquella en la que el individuo puede tener una perspectiva amplia, ver las interrelaciones y ser capaz de enfrentarse con una amplia gama de información, pero su respuesta emocional y su actitud es la de enfatizar el porqué no se pueden hacer las cosas, poniendo el acento en los obstáculos del camino. Esta persona es típicamente enemiga de asumir riesgos. Esta mentalidad tiene como ejemplo al crítico más que al creador. Su respuesta preferidas de que no se puede hacer en lugar de que se puede hacer les limita no sólo a ellos mismos, sino también a su capacidad para juzgar lo que otros son capaces de hacer. El problema principal no es la falta de análisis, sino la falta de confianza. Si el próximo milenio va a ser, de hecho, tan dinámico como muchos predicen, los individuos que tengan mentalidad conservadora puede que tarden demasiado en actuar y en darse cuenta de que los acontecimientos les superan, sencillamente.

- La mentalidad decidida infunde confianza y una actitud mental positiva, pero su amplitud de miras es escasa. Esta mentalidad va mejor allí donde existe una dirección clara y el directivo no necesita ocuparse en analizar o cuestionarse el camino emprendido. De hecho, en algunas circunstancias, particularmente en los tiempos extremadamente difíciles en que hay que enfrentarse al cambio, puede que sea imposible triunfar si no se dispone de una tal mentalidad. Está mentalidad puede convertirse también en un pasivo. El hecho de tener confianza pero miras demasiado estrechas en los malos tiempos o en el estadio erróneo del proceso de toma de decisiones, puede llevar a la complacencia o a la arrogancia. En una encuesta efectuada a ejecutivos de alto nivel, los obstáculos que se citaron como segundos en importancia a la hora de conseguir efectuar un cambio estratégico fueron la complacencia y un escaso sentido de la urgencia. Estos directivos describieron la complacencia como una especie de resistencia pasiva que se produce cuando las cosas van demasiado bien.

- La mentalidad flexible es la que combina la amplitud de miras con la actitud mental positiva, lo que es, a menudo, un activo crítico en los momentos de cambio. Con esta mentalidad, uno es positivo, pero también está dispuesto a aceptar información, posibilidades o interrelaciones nuevas. Sobre todo, se pone el énfasis en la búsqueda de modos alternativos de hacer las cosas, con la suposición subyacente de que hay una solución en alguna parte. Los que quieran tener éxito en la organización del mañana tendrían que considerar este tipo de mentalidad. Quienes lo hagan encontrarán que tienen una mentalidad más elástica, más flexible, y respuestas más creativas. De hecho, decimos que este tipo de mentalidad será clave para tomar rumbos nuevos en muchas organizaciones.

CONCLUSIÓN

En este capítulo, hemos expuesto que la complejidad y el cambio constante caracterizarán los entornos de trabajo de las personas, y que los individuos que quieran triunfar necesitan pensar de una manera más amplia en las capacitaciones y las mentalidades que aportarán a sus puestos. La emergencia del conocimiento como recurso económico clave y la importancia de la tecnología y de los sistemas de información son unas fuerzas que han llegado para quedarse. Sin embargo, cada vez se demandarán más personas que tengan la capacidad intelectual y generalista para adaptarse y cambiar a esta nueva realidad. Se premiará en todos los niveles de la organización a los que sean capaces de pensar de manera más amplia, pero también a los que sean capaces de concretar lo que hacen.

Las cuestiones que hemos expuesto resaltan la probabilidad de que más bien pocas que muchas personas serán capaces de aprovechar plenamente las tecnologías del futuro y enfrentarse con éxito a los rápidos cambios que se avecinan. Como hemos dicho al principio, predecimos que, para muchas empresas, las batallas corporativas del milenio estarán más en el cambio de las mentalidades que en el cambio de la tecnología.

PARTE II

SIGLO XXI

LOS PROCESOS

Ha llegado la hora de hacer un llamamiento a los directivos para que adopten colectivamente una nueva filosofía de la gestión, que les permita desempeñar un rol positivo que libere el vasto potencial que permanece atrapado en el viejo modelo. Sumantra Ghoshal y Peter Moran, de la London Business School, y Cristopher A. Barlett, de la Harvard Business School, abren la segunda parte del libro, con un vigoroso texto. Tras efectuar un atento y detallado recorrido por las corporaciones de los Estados Unidos, Europa y Asia, sugieren intrépidamente que: "Hay que prescindir del viejo paradigma y empezar a experimentar posibilidades nuevas y más fértiles. Si no es así, continuará incrementándose la fatal diferencia entre el poder económico de las empresas y su legitimación social, lo que atrofiará el crecimiento potencial de los individuos, de las empresas y de la sociedad como un todo".

El renombrado estratega C.K. Prahalad cree firmemente que tenemos que volver a plantearnos los conceptos y herramientas que han dominado nuestro pensamiento sobre el *management* —poder, estructura, jerarquía, control, coordinación, propiedad e incentivos— y que surgirán conceptos y herramientas nuevas. Expone la naturaleza cambiante del panorama competitivo y el modo en que estas fuerzas desafiarán a las nociones de la gestión empresarial. Asimismo, examina la naturaleza emergente del trabajo directivo y sugiere que su transformación exigirá innovaciones organizativas básicas. El cambiante papel del directivo sugiere que deberíamos prestar atención especial al papel de los altos directivos y a los seis elementos críticos sobre los que deben de concentrarse en el siglo XXI.

Los procesos de gestión en el nuevo milenio estarán mucho más relacionados con el comportamiento, y se centrarán en las cuestiones claves concernientes a los recursos humanos: aprendizaje, visiones basadas en el equipo, procesos de gestión de recursos humanos, incentivos para mejorar el crecimiento, presupuesto integral y controles proactivos. Peter Lorange, presidente del International Institute of Management Development, expone todos estos procesos vitales y predice que la clave para configurar los procesos de gestión del siglo próximo será el "crecimiento ultrarrápido".

El *management* tiene una importancia fundamental en la sociedad moderna. Los programas de formación para directivos incentivan la competencia social y la capacidad para el análisis intelectual, y deberían ser flexibles, para que los directivos sean más eficaces en un mundo cambiante y complejo. J. Wil Foppen, decano de la Rotterdam School of Management, contempla el liderazgo del conocimiento y la formación del gestor. Cree firmemente que ambas cosas están contribuyendo considerablemente a los fines estratégicos de la empresa de salvaguardar la flexibilidad, la adaptabilidad y la creatividad de las organizaciones.

Business Week estima que las empresas gastan 15.000 millones de dólares anuales en formación de ejecutivos y en el desarrollo del liderazgo. ¿Cómo seleccionan las organizaciones a sus líderes? ¿Cuáles son los procesos que transforman a los directivos en líderes prestos a emprender acciones estratégicas? Robert M. Fulmer y Marshall Goldsmith nos muestran cuales son las tendencias y los retos claves en el desarrollo del liderazgo del siglo XXI. Exponen también sus experiencias con algunos de los mejores exponentes del desarrollo del liderazgo —Arthur Andersen, General Electric, Hewlett-Packard, Johnson & Johnson, Shell International y el Banco Mundial.

¿Cómo podemos entender y alimentar mejor las comunidades de liderazgo, personas en distintos puestos que ayudan colectivamente a los miembros de una empresa a moldear su futuro? El eminente pensador Peter M. Senge y la investigadora de la Sloan Katrin H. Käufer dicen que, en lugar de restar importancia a los ejecutivos, el entendimiento de las comunidades de liderazgo resalta los roles irreemplazables de los líderes ejecutivos, al igual que los roles de otros tipos de líderes, todos los cuales dependerán finalmente de cada uno de los demás, para crear empresas que tengan éxito en el siglo XXI. En el capítulo final de la parte II, Senge y Käufer presentan, en un estilo único, los principios de una teoría y sugieren que el paso de esta teoría a la práctica requiere el desarrollo de la capacidad de pensar sistemáticamente de las personas comprometidas en los procesos reales de cambio.

CAPÍTULO 9

LA CREACIÓN DEL VALOR: MANIFIESTO DEL MANAGEMENT DEL NUEVO MILENIO

SUMANTRA GHOSHAL, CHRISTOPHER A. BARTLETT Y PETER MORAN

En los círculos empresariales, se cuenta a menudo el chiste de los dos excursionistas que se despiertan una noche al escuchar a un tigre rondar su tienda. Uno de los excursionistas se calza enseguida las botas. "No puedes dejar atrás a un tigre", le recuerda su compañero. "Ya lo sé", responde, "pero me basta con dejarte a ti".

Un buen chiste, quizás, pero una mala estrategia. Si piensa detenidamente en el chiste, se dará cuenta de que las perspectivas del excursionista superviviente son pobres, a largo plazo. Con esta estrategia, serán los tigres los que sobrevivirán en un mundo de tigres y excursionistas. Porque en el caso de que un excursionista sobreviva al primer encuentro, al dejar atrás a su compañero, sucumbirá en un encuentro subsiguiente, bien porque dé con un compañero más rápido, o bien porque tenga que correr sin compañero alguno, cuando vaya solo. El origen de esta derrota final estaría precisamente en la misma estrategia que le permitió ganar la primera vez: eligió hacer el juego al tigre, emprendiendo la carrera, en lugar de hacer algo que el tigre no pudiera hacer, como encender fuego o subirse a un árbol.

Los directivos de la mayor parte de las empresas consideran a las demás como competidoras y, de hecho, lo son. Pero, en cierto sentido, todas ellas son como nuestros excursionistas; y el tigre de todas estas compañías es el mercado. Las empresas tratan de conseguir grandes beneficios. El mercado desata las fuerzas que hacen caer los precios hasta el nivel de los costes variables. Las empresas tratan de crecer, de diversificarse, de globalizarse —de hacerse grandes y poderosas—. Las fuerzas del mercado trabajan para romperlas, para hacerlas más insignificantes y despojarlas de todo poder. El competidor último de toda empresa, grande o pequeña, no es otra empresa, sino el mercado.

Una empresa no sobrevive o prospera más que cuando puede batir al mercado, y pierde su derecho a existir cuando no es este el caso.

Si todo esto le parece demasiado abstracto o teórico, recuerde todos los consejos que ha recibido recientemente: dar a sus directivos notables incentivos basados en el rendimiento, dar en *outsourcing* todo lo que pueda, implantar en la empresa precios de transferencia basados en el mercado, etc. Se trata, en todos estos casos, de esfuerzos por trasladar a su organización las reglas del mercado, para hacer que se parezca más al mercado —el equivalente funcional de correr para librarse del tigre—. Por supuesto que debe hacer algunas de estas cosas si quiere adoptar hábitos saludables. Pero haga de ellas su filosofía del *management* y cometerá el mismo error que cometió nuestro excursionista. Puede que, al hacer que su empresa se parezca lo más posible al mercado, tenga éxito a corto plazo, pero a largo plazo se verá devorado por el. Reducirá su catálogo, dará actividades en *outsourcing* y lo volverá a reducir hasta que no haya nada que reducir.

Si imitar el mercado es tan malo, ¿por qué se aconseja hacerlo tan insistentemente? ¿Por qué están tan centradas las empresas en sus competidores? ¿Qué alternativas hay? Creemos que las respuestas a estas preguntas están en suposiciones sobre individuos e instituciones que han provocado que muchos mantengan esta visión del *management*. Es hora de sustituir estas suposiciones negativas por aquellas otras que pretenden que los directivos adopten colectivamente una filosofía de la gestión muy distinta. Esta filosofía, basada en un conjunto alternativo de suposiciones tanto sobre los individuos como sobre las instituciones, nos aporta creencias muy diferentes sobre el papel de la empresa en la sociedad, sobre las relaciones entre los empleadores y los empleados y sobre las funciones del *management* y de sus exigencias como profesión. Sobre todo, postula un contrato moral muy diferente entre el individuo, la empresa y la sociedad.

CREANDO VALOR PARA LA SOCIEDAD

Lleva mucha razón el dicho de que todo practicante vivo es prisionero de las ideas de un teórico muerto. Los directivos corporativos, inmunizados por su confrontación diaria con el "mundo real", suelen exhibir una sana desconfianza hacia la teoría que les ha servido bien, en general. A pesar de esta circunspección inculcada, muchos directivos se han convertido en víctimas de ideas que han perdido su poder aclaratorio.

Buena parte de las prácticas de gestión modernas se derivan de teorías enraizadas en la era que va desde las primeras décadas del siglo XX, en las que se abandonó la confianza, al período inmediatamente posterior a la guerra del Vietnam, de profundo pesimismo sobre las personas y las instituciones en general. Las teorías del comportamiento corporativo que surgen de este período de desconfianza de las empresas han contribuido a una filosofía amoral de la gestión, asentada en relaciones altamente instrumentales entre la empresa y la sociedad, por una parte, y entre la empresa y sus empleados, por otra. Por ejemplo, fue la desconfianza de los economistas en la motivaciones y acciones de las corporaciones las que llevaron al movimiento de nacionalización en Europa y al entorno regulatorio en los Estados Unidos. Economistas de ambas orillas del Atlántico han apoyado estos amplios movimientos con teorías muy elaboradas del modo en que las empresas desvirtúan la belleza de los mercados abiertos y de la pura competencia, erigiendo barreras y obstruyendo el libre fluir de los recursos. Pronto se manifestaron claramente las líneas de la batalla entre las empresas y los mercados.

Las empresas como entes que se apropian de los valores

No pasó mucho tiempo antes de que los economistas de la organización industrial y los estrategas empresariales que les siguieron vieran la oportunidad de aprovecharse de estos hallazgos. Si se puede servir al bienestar social defendiendo a las industrias y a las empresas individuales de la competencia perturbadora y obstaculizadora, está claro que una de las formas en que las empresas pueden mejorar su posición es manteniendo o, aún mejor, elevando los obstáculos a la competencia.

En ninguna parte se articuló mejor el poder y la influencia de esta visión que en la teoría de la estrategia competitiva de Michael Porter.[1] Porter considera que las empresas se encuentran en mitad de un conjunto de fuerzas de competencia que arrojan a cada una de ellas contra todas las demás. Así, una empresa es vista en competencia no solo con sus competidores directos, sino también con sus proveedores, con sus clientes y con cualquier otro competidor potencial que amenace con sobrepasar las barreras que le impiden entrar en los negocios de la empresa, o con encontrar sustitutivos de los productos o servicios de la empresa. Porter nos lleva a concluir que el reto fundamental del *management* es incentivar el poder de la empresa sobre sus proveedores y clientes y encontrar modos de mantener acorralados a los competidores actuales y futuros, con el fin de proteger las ventajas estratégicas de la empresa y de obtener el máximo provecho de ellas.

La esencia de esta teoría es sencilla: una empresa prospera más cuanto más capaz es de capturar el valor inserto en sus productos y servicios. Su objetivo, entonces, es centrarse en el mejor modo de apresar todo valor existente en su medio. El problema es que otros —clientes, proveedores y competidores— quieren hacer lo mismo. Como dicen los economistas, si hay competencia genuina, libre, las empresas no pueden obtener beneficios por encima del valor de mercado de sus recursos. El propósito de la estrategia es, por tanto, impedir tal competencia abierta y libre: aspirar al trozo más grande de la tarta, al tiempo que se impide a los demás hacer lo mismo.

La dificultad de este punto de vista reside en que los intereses de la compañía son incompatibles con los de la sociedad. Para la sociedad, cuanto más competencia haya entre las empresas, mejor. Pero, dado que la competencia es una batalla por la apropiación, la lección para la empresa individual es clara: restringir la competencia para conservar el máximo valor para uno mismo. Para cumplir con sus cometidos (de incrementar los beneficios corporativos) los directivos deben impedir la libre competencia al coste del bienestar social. De manera que la destrucción del bienestar social no es consecuencia de la estrategia de la firma, sino el objetivo fundamental de las empresas que buscan la obtención de beneficios.

Pero esta visión de la empresa no cuadra con la realidad de las sociedades modernas. En los últimos 100 años se ha producido una mejora ininterrumpida y sin precedentes de la calidad de la vida humana, debida, en gran parte, a la capacidad de las empresas para mejorar continuamente su productividad y a su talento para crear productos y servicios nuevos. Como dijo el Nobel de Economía Herbert Simon, el nombre de "economía de mercado" con que denominamos a la sociedad moderna no es acertado; se trata, principalmente, de una "economía de la organización", en la que la mayor parte del valor económico se crea, no mediante el ideal de los economistas de la competencia pura y altamente fragmentada en un mercado totalmente libre, sino en el seno de organizaciones eficaces y que funcionan muy bien, que implican a una gran cantidad de personas que trabajan colectivamente, coordinadas por el propósito más amplio de la organización total.[2]

La mayor parte de las empresas no usurpan mercados para apropiarse del valor al coste del bienestar social. Mas bien, en las economías sanas, muchas corporaciones que tienen éxito y prosperan coexisten con mercados intensamente competitivos en un estado de tensión vigorosa y creativa con las demás, contribuyendo cada una de ellas al progreso económico, pero de maneras distintas. Las empresas crean valor nuevo para la sociedad sacando continuamente productos y servicios innovadores y encontrando modos mejores de hacer y de ofertar los existentes; por otra parte, los mercados fuerzan incesantemente a las mismas empresas a entregar, con el tiempo, la mayor parte de su valor a otras. En esta coexistencia simbiótica, las empresas y los mercados actúan *conjuntamente* para propulsar el proceso de destrucción creativa que el economista austríaco Joseph Schumpeter demostró que era el motor que da energía al progreso económico en las sociedades capitalistas.[3]

El problema de la conceptualización de Porter, que ha conformado el pensamiento de toda una generación de directivos, no reside tanto en su énfasis poco afortunado en la apropiación de valor; este fue, de hecho, un paso hacia adelante significativo, particularmente en la disección de Porter de la "cadena de valor" y su articulación del modo en que la estructura de la industria influye en la conducta de la empresa, al tiempo que en su rendimiento. El fallo del análisis empieza, más bien, cuando la cadena de valor se toma como dada. Después de todo, cuando no existe una teoría que nos guíe en el modo de hacer crecer la tarta económica, cualquier consideración del tipo "¿quién consigue qué?" debe convertirse necesariamente en un juego de suma cero; todo lo que queda por decidir es el modo en que se divide la tarta. Cuando la fuente de valor se considera garantizada y, consecuentemente, se la ignora, los beneficios no se pueden producir más que a un coste para alguien —y este coste lo soporta, con demasiada frecuencia, la sociedad—. En agudo contraste, está la visión tan distinta de Schumpeter de las empresas centradas en la dinámica de hacer crecer la tarta en un juego de suma positiva, en el que hay más para compartir por todos. Desde este punto de vista, las empresas actúan como el principal motor de avance de la sociedad, en lugar de como meros entes que se apropian de valor; progresan creando continuamente nuevo valor de su existente dotación de recursos.

Las empresas como creadoras de valor

El contraste entre estas dos visiones de la empresa se pone clarísimamente de manifiesto si comparamos los enfoques en torno a la gestión de Norton y de 3M, con los de Westinghouse y ABB. Como hemos puesto de manifiesto en algún lugar,[4] los directivos de Norton y de Westinghouse vivían en el mundo de suma cero, de perro-come-perro, de la teoría estratégica tradicional. Cuando encontraban una empresa que creaba un producto o una línea de negocio atractivos, la compraban. Cuando se encontraban con que el mercado de un producto determinado era demasiado competitivo para que ellos pudieran dictar las condiciones a sus compradores y proveedores, vendían esos negocios. Su forma de gestionar se centraba fundamentalmente en la apropiación de valor, no solo frente a sus clientes y proveedores, sino frente a sus propios empleados.

En 3M y ABB, por el contrario, regía una filosofía diferente de la gestión. Mientras que Norton trataba de desarrollar modelos de asignación de recursos estratégicos cada vez más sofisticados, toda la estrategia de 3M se basaba en la lógica de crear valor mediante la innovación continua. El mismo negocio de suministro de equipos que abandonaba Westinghouse por considerarlo poco atractivo (es decir, que no ofrecía la suficiente oportunidad de apropiación de valor), lo rejuvenecía ABB, en parte por sus inversiones en productividad y en nuevas tecnologías para mejorar la funcionalidad de sus productos o su adecuación a nuevos mercados.

Cuando estas empresas creaban productos o mercados, la sociedad las recompensaba con altos márgenes, en forma de cuota del nuevo valor que creaban. Pero estos márgenes se veían erosionados con el tiempo. Cuando los competidores las alcanzaban, lo que las empresas perdían en beneficios, sus clientes, específicamente, y la sociedad, más en general, lo recibían en forma de valor adicional. En lugar de concentrar sus esfuerzos en impedir o retardar las fuerzas que actuaban para hacer llegar este valor a un círculo más amplio de beneficiarios (lo que, generalmente, impide expandirse al valor mismo), estas empresas se dedicaban a encontrar cada vez mas fuentes de valor nuevo. Con el tiempo, la mayor parte del alto margen de beneficio inicial de cualquier innovación se había pasado a la sociedad a través de las presiones de mercado, y las empresas habían descubierto oportunidades nuevas en forma de nuevos productos y aplicaciones para empezar de nuevo el proceso.

La diferencia entre estas empresas no consiste solo en que 3M y ABB se centrasen en la innovación y en la mejora, al tiempo que Norton y Westinghouse no, sino en que esta diferencia de objetivos procedía de creencias muy distintas sobre la empresa. Los directivos de Norton y de Westinghouse pensaban en sus empresas en términos de mercado: compraban y vendían negocios, creaban mercados internos allí donde podían, y trataban a las personas de acuerdo a las reglas del mercado. Conseguían lo que querían mediante incentivos conformados por el mercado. Las personas empezaron a comportarse como si estuvieran en un mercado —actuando en solitario, como agentes independientes, y preocupándose solo del propio interés.

Al pensar en sus empresas en términos de mercado, Norton y Westinghouse se convirtieron en las víctimas de una lógica del mercado en la que todo lo que podían hacer era esforzarse por conseguir más eficacia en todo. Su estrategia se centraba totalmente en la mejora de la productividad y en la reducción de costes. Sus estructuras para controlar el comportamiento recompensaban la autonomía, al tiempo que perfeccionaba sus elaborados sistemas para monitorizar el rendimiento, con el fin de eliminar los menores focos de desperdicio. Pero eso no podía producir innovaciones; y no porque no quisieran que fuera así explícitamente, sino sencillamente porque la lógica del mercado que adoptaron internamente no sirve más que para mejorar la eficacia de las actividades existentes.[5] Con las incertidumbres inherentes a cualquier esfuerzo innovador, tanto en términos de volumen de los beneficios finales como de la distribución de esos beneficios, el aguzado sentido del propio interés que insuflaron estas empresas en las personas que trabajaban en ellas las hizo incapaces de cooperar entre sí y de aunar sus recursos y capacitaciones para crear las combinaciones nuevas —particularmente, las combinaciones nuevas de conocimiento y experiencia— que requieren las mayor parte de las innovaciones.

A la empresa que quiera crear innovación y nuevo valor, se le pide generalmente que produzca un cierto nivel de "aminoración" —que sacrifique algunas eficacias— con el fin de asignar recursos a actividades que no producen los mayores beneficios inmediatos. Y esto es así porque hay un cierto conflicto enquistado entre el hecho de tratar de extraer la mayor productividad posible de las actividades existentes y la voluntad de realizar sacrificios de la eficacia, a corto plazo, con el fin de invertir en innovaciones. Incluso las innovaciones que abren un camino nuevo comienzan sus vidas a menudo con desventaja sobre las alternativas existentes, y solo alcanzan su potencial pasado un cierto tiempo. Como dijo Schumpeter:

"Un sistema —cualquier sistema, económico o de otro tipo— que, en todo momento, utiliza todas sus posibilidades para conseguir la mayor ventaja puede, sin embargo, a largo plazo, ser inferior a otro sistema que utiliza tales posibilidades en un momento determinado, porque el fracaso en conseguir tales ventajas puede condicionar el nivel o la velocidad del rendimiento, a largo plazo."[6]

Al pensar en sus empresas en términos de mercado, Norton y Westinghouse se convirtieron en víctimas de la camisa de fuerza del mercado, que las incapacitó para crear las condiciones necesarias para mejorar el "nivel o la velocidad del rendimiento a largo plazo", como consecuencia de haberse centrado totalmente en utilizar todos sus recursos y relaciones para conseguir todo tipo de ventaja que pudiera parecer la mejor, a dictados del mercado.

Quizás lo que mejor ponga de manifiesto el grado al que se llegó en Westinghouse bajo la filosofía del "fundamentalismo del mercado" sea la afirmación del consejero delegado Robert Kirby de que echaría a su propia madre si no le fuera rentable.

El problema es que, cuando la gente actúa sola, y solo en su propio interés, la empresa pierde su auténtica esencia como institución de la sociedad moderna —la esencia de lo que la distingue del mercado y le da la capacidad de crear valor de una forma que el mercado no puede—. En un mercado en el que se ponen relativamente menos trabas al comportamiento, se anima a la gente a llevar a cabo solo y todos los intercambios económicos en los que ven claramente ganancias individuales.[7] Como los mercados no tienen propósito ni visión por sí mismos, pueden suprimir implacablemente las ineficacias asignando recursos entre una amplia gama de alternativas y ajustándolos y reasignándolos continuamente a nuevas alternativas, a medida que emergen. De hecho, esta es la esencia de la fuerza del mercado. Pero, al operar en el mercado, la gente tiende a evitar aquellas transacciones cuyo éxito depende de la acción de otros, particularmente si esos otros tienen alternativas más atractivas y se ven animados a perseguirlas. Esto es verdad, paradójicamente, incluso en el caso de que todo hubiera sido mejor si no se hubieran seguido esas alternativas.

Por esta razón, la disciplina "correctora" de las fuerzas del mercado es propensa a los que se denominan comúnmente "fallos en la coordinación" y también, como demostró Schumpeter, estos fallos están sesgados sistemáticamente para impedir las innovaciones que requieran en conjunto nuevas combinaciones de recursos.[8] Por esto es por lo que los mercados solos no son muy buenos para promover innovaciones y por lo que se necesitan las organizaciones. Sugiere también las clases de organización que se necesitan, es decir, no las que tienen la capacidad para amplificar o enfocar las fuerzas del mercado, sino las que pueden hacer precisamente lo contrario -amortiguar y difuminar las fuerzas del mercado. La "ventaja organizacional" de las empresas sobre los mercados no es la de incentivar la eficacia en la asignación de recursos, aunque algunas organizaciones hacen claramente esto. La ventaja organizacional de una empresa procede, más bien, directamente, de sus propias fuerzas de inercia que la capacitan para institucionalizar la razón de algún objetivo a más largo plazo. Esta capacidad para institucionalizar nuevos comportamientos (mucho antes de que ningún mercado reconozca su valor) da a las empresas el apalancamiento necesario para escapar a la camisa de fuerza de la productividad actual en la que nos engrana el mercado.[9]

Las visiones como el propósito de ABB "de hacer del crecimiento económico y de la mejora de los niveles de vida una realidad para todas las naciones del mundo"; valores como los que se encierran en la creencia expuesta por la Kao Corporation de que "somos una institución educativa, antes que nada"; y normas como la aceptación por parte de 3M de que "los productos pertenecen a las divisiones, pero las tecnologías pertenecen a la empresa", resaltan la naturaleza de la empresa frente al mercado, y anima a la gente a trabajar colectivamente para compartir metas y valores, en lugar de actuar mas restrictivamente, encorsetada en la estrechez de los propios intereses. Las personas pueden compartir recursos, incluido el conocimiento, sin tener que estar seguras del modo preciso en que se beneficiará cada una personalmente —pues creen que la empresa se beneficiará como un todo, para bien del colectivo—.[10] Es, finalmente, esta distinción filosófica en sus creencias sobre lo que es una empresa, lo que permite a estas organizaciones crear innovación a través de un espíritu de colaboración entre las personas que los mercados, y las empresas que piensan en si mismas como mercados, no pueden.

De hecho, las empresas como 3M, Kao y ABB ofrecen a su personal una suspensión temporal de las fuerzas del mercado, amortiguando actualmente los incentivos del mercado y creando otros que ayudan mas a colaborar y a compartir y, consecuentemente, un entorno (temporalmente) protegido en el que los individuos pueden unirse para retar a las fuerzas del mercado a generar nuevas combinaciones de recursos que creen valor nuevo para la sociedad. Los mercados asignan eficazmente los recursos existentes; estas empresas hacen posible (temporalmente) la ineficacia, lo que, a su vez, produce rendimientos nuevos que se convierten en recursos para que los asigne el mercado a un nivel diferente. Esto es precisamente lo que hace 3M al permitir que la gente "se quede" con el 15 % de su tiempo para sus propios proyectos. Aunque algunos de tales esfuerzos conducen inevitablemente a la ineficacia y al despilfarro, es finalmente esta capacidad y voluntad de las empresas para retar a los mercados *existentes* lo que ha dado lugar a la mayoría de las importantes innovaciones que han cambiado las vidas humanas y creado mercados *futuros*. En otras palabras, la capacidad de una empresa para crear nuevo valor para la sociedad es producto de una filosofía del *management* que ve a la empresa no solo como entidad económica –sustitutiva del mercado-, sino también como una institución social que permite a los individuos comportarse de manera diferente a como lo harían en un mercado.

Las empresas y la sociedad

Durante el siglo XX, las corporaciones han ganado una cantidad enorme de legitimación social, que ha sido tanto causa como consecuencia de su éxito colectivo. En medio de un declive general de otras instituciones —partidos políticos, iglesias, la comunidad, incluso la unidad familiar—, las corporaciones empresariales han aparecido como las instituciones quizás más influyentes de la sociedad moderna, no solo por el hecho de crear y distribuir una gran parte de su riqueza, sino también por haber proporcionado un contexto social a la mayoría de las personas y haber actuado, por tanto, como fuente de satisfacción individual y de auxilio social.

Pero, en las últimas décadas del siglo, las corporaciones y sus directivos adolecen de una profunda ambivalencia social. Este hecho se manifiesta en todas partes: en la conferencia del Presidente Clinton en la Casa Blanca sobre la responsabilidad de la corporación en un clima creciente de *downsizing* en los Estados Unidos; en las críticas del primer ministro Tony Blair al papel de la corporación en el Reino Unido; en la profunda sospecha que recae sobre grandes empresas en Francia, en Corea e incluso en Alemania; y en el clamor del público por los salarios de los ejecutivos en países donde la astronómica riqueza de artistas, emprendedores, deportistas o incluso profesionales independientes hace fruncir el ceño relativamente a pocos. De hecho, los directivos corporativos se han visto derribados del pedestal en la mayoría de los países; se están convirtiendo rápidamente en los elementos en los que menos se confía de toda la sociedad.

Esta percepción es injusta, si tenemos en cuenta el papel altamente positivo e importantísimo que han jugado las empresas en la sociedad. Pero persiste, y unas cuantas fechorías visibles de algunas empresas e individuos, en beneficio propio, sirven para legitimizar esta percepción y para convertirla en uno de los mayores riesgos potenciales a los que se enfrentan actualmente las corporaciones. La historia ofrece una clara lección: las instituciones decaen cuando pierden su legitimación social. Esto es lo que sucedió a la monarquía, a la religión organizada y al estado. Esto es lo que ocurrirá a las empresas, a no ser que los directivos decidan dar la misma prioridad a la tarea colectiva de reconstruir la credibilidad y la legitimidad de sus instituciones que a la tarea individual de mejorar el rendimiento económico de sus empresas.

La mayoría de los directivos que hemos encontrado creen que su principal papel consiste en crear valor, y están muy lejos de pensar que sus empresas son agentes de destrucción del bienestar social. Su culpa reside en su falta de voluntad para afrontar explícitamente el papel que sus empresas juegan en la sociedad, o para articular una filosofía moral para su propia profesión. Y, mediante este acto de omisión, han dejado que sean otros —economistas, científicos, políticos, periodistas, etc.— los que definan el orden normativo que conforma las opiniones públicas sobre ellos mismos y sobre sus instituciones. Estas percepciones, a su vez, han seducido a muchos directivos a pensar en sus empresas en términos muy estrechos y, en el proceso, las han convertido en víctimas inconscientes de la lógica apropiación de valor y han debilitado su capacidad para crear nuevo valor para la sociedad.

Por esto es por lo que creemos que personas como Percy Barnevik, presidente de ABB, Jack Welch, consejero delegado de General Electric, y Yoshio Maruta, presidente de Kao Corporation, se ganarán un puesto en la historia —no como consecuencia de los resultados económicos de sus firmas durante el tiempo que llevaron sus riendas, porque cientos de directivos los consiguen de forma rutinaria, sino porque han rescatado la iniciativa para definir una nueva filosofía corporativa que articula explícitamente una visión de las empresas como instituciones sociales que crean valor—. Ellos no han reinventado el viejo y manido debate de la responsabilidad social de las actividades mercantiles, sino que han convertido en su objetivo fundamental la creación de valor para todos los que dependen de ellos. Y después han remodelado la organización y los procesos de gestión de sus empresas en torno a esta nueva filosofía, para dar nacimiento a una nueva forma corporativa que hemos denominado, en alguna parte, la "corporación individualizada".[11]

Este nuevo contrato moral de crear valor para la sociedad no solo es más satisfactorio para los directivos, sino también una base más eficaz para proteger y expansionar sus empresas. El problema de la estrategia de apropiación de valor es que, al final, es una postura de auto derrota. Es como una estrategia de mantenerse detrás de la marea; y, al igual que la marea, la capacidad de otros para superar las defensas de una empresa no se puede mantener a raya siempre. Con tal estrategia, la empresa se encuentra cada vez más arrinconada, pues que la apropiación de valor exige más esfuerzo cada vez, hasta que, al final, no queda valor alguno del que apropiarse. Tales empresas, al pensar en sí mismas como en un mercado, acaban por sucumbir al mercado (como ocurrió con la adquisición de Norton por St Gobain y con el desmembramiento de Westinghouse bajo la presidencia de Michael Jordan). Hansen Trust siguió una estrategia clásica de apropiación de valor, al igual que ITT al mando del Harold Geneen. Pero, al actuar así, todas estas empresas aceleraron el proceso de destrucción creativa, pues habían elegido un juego que el mercado juega siempre mejor. Cuando las fuerzas del mercado hicieron su labor, se detrayeron sistemáticamente recursos de cada una de estas empresas y se reasignaron a aquellas otras omnipresentes que inevitablemente se habían hecho incluso más eficaces. Al final, todas estas empresas fueron víctimas de la misma lógica del mercado que habían adoptado tan entusiásticamente dentro de sí mismas. En el proceso, se destruyó valor para todos los que tenían participación en ellas, incluidos los clientes, los accionistas y los empleados.

En cambio, 3M y Kao continúan creciendo, engendrando nuevos productos y negocios, produciendo satisfacción al cliente, contento para los empleados y riqueza para los accionistas, y ABB continúa expandiendo y reforzando su posición de liderazgo en su rama de actividad, en ocasiones mediante la adquisición de porciones de una empresa agotada, como Westinghouse, y rejuveneciéndolas con el poder de su filosofía, radicalmente distinta.

CREAR VALOR PARA LAS PERSONAS

Las relaciones con sus empleados de las empresas que se rigen por el concepto de ser entidades económicas que se apropian de valor se fundan también en normas de apropiación. El personal se convierte en recurso del que la empresa puede extraer valor para alcanzar sus objetivos económicos, como cualesquiera otros de los que participan en ella. Y esta filosofía de la apropiación, llevada a sus peores consecuencias, conduce a la explotación injusta de los trabajadores. Pero en los países que cuentan con una infraestructura legal en el campo del empleo y, al menos, con alguna forma externa de mercado de trabajo, generalmente esto se traduce en algo más benigno —una relación laboral basada en la seguridad en el empleo—. Con este contrato, la empresa garantiza a sus empleados el puesto de trabajo, a cambio de la disposición de estos a realizar diligentemente las tareas asignadas y a atenerse a las estrategias, las reglas y las normas establecidas por la dirección.

El contrato de trabajo tradicional

Pensar en la oferta de seguridad en el empleo como explotadora de la gente, va en contra del sentido común, porque no es así como surgió este acuerdo, ni como la mayoría de los empleados y los empleadores piensan de esta relación. Pero, aunque pueda parecer generosa, esta relación de cambiar seguridad por lealtad ha permitido históricamente a las empresas extraer el mayor valor posible de sus empleados.

No se puede hacer objeto de propiedad a las personas, como a las máquinas. Pero, al igual que ocurre con las máquinas, las personas alcanzan su máximo valor para la empresa cuando se especializan en sus asuntos y actividades. Cuanto más específicos sean los conocimientos y capacitaciones del empleado para el conjunto singular de clientes, tecnologías, equipos, etc., de la empresa, más productiva y eficaz será la empresa en todo lo que haga. Cuando no hay seguridad en el empleo, los empleados dudan en invertir su tiempo y energía en adquirir los conocimientos y capacitaciones especializados que pueden ser muy útiles para la empresa, pero que pueden tener un valor muy limitado fuera de ella. Cuando no existe la seguridad de la asociación a largo plazo, las empresas carecen de incentivos para comprometer recursos en ayudar a los empleados a especializarse en los conocimientos específicos que le interesan a ella. La seguridad en el empleo proporciona una base viable para que tanto los unos como la otra hagan tales inversiones.[12]

La empresa se beneficia directamente de dicha especialización, en términos de eficacia y productividad, pero también indirectamente, porque cuanto más se especialice el empleado en las actividades singulares de la empresa, menos atractivo tendrá para otro empleador potencial. Esto no solo hace que los empleados tengan menos movilidad, sino que reduce también su valor de mercado y permite a la empresa pagarle menos y exigirle lealtad.

Pero sea explotador o no, este contrato define una relación viable. Los empleados desarrollan el conocimiento y las capacidades especiales que precisa el negocio del empleador, con lo que incrementan la eficacia de la empresa, pero también reducen sus capacitaciones y movilidad. Mientras que la empresa asume el riesgo de garantizar el empleo de por vida, los empleados prometen lealtad y obediencia, lo que permite a los directivos crear estrategias y ponerlas en práctica eficientemente y hace que los empleados sean tan controlables y dignos de confianza como otros activos de la empresa.

Este contrato moral se ha roto en las últimas décadas. Una empresa tras otra —no sólo en los Estados Unidos y Europa, sino también en Brasil, la India, Japón y Corea— han buscado la rentabilidad mediante estrategias del *downsizing* y del *outsourcing*, han abandonado toda política establecida de proporcionar seguridad en el empleo. Utilizadas inicialmente por algunas empresas como medidas para detener el flujo de tinta roja de la cuenta de resultados, se han venido a convertir en un procedimiento estandarizado que se utiliza repetidamente, incluso por las empresas más saneadas.[13] La amenaza crónica de que los supervivientes de un programa de *outsourcing* saquen la cabeza para verse pillados en la resaca de la oleada siguiente de recortes, ha hecho que este contrato tradicional no solo no sea viable, sino tampoco creíble para empleadores y empleados.

Gran parte de la culpa de la ruptura de este contrato psicológico tradicional se ha situado en el umbral del *management* avaro. Es cierto que el proceso de *downsizing* se ha llevado demasiado lejos en algunas empresas; a veces, se ha ejecutado de forma inhumana y con demasiada frecuencia se ha basado en consideraciones extremadamente de corto plazo. Pero, en definitiva, el que ha hecho inviable el contrato tradicional ha sido el mercado, no el *management*. El contrato antiguo podía funcionar en un mundo estable. Como demostraron empresas como IBM, Carterpillar, Kodak y Xerox, una vez alcanzada, la ventaja competitiva se podía mantener durante largos períodos. En un mundo como ése, los altos directivos podían determinar la estrategia de la empresa, especificar lo que tenían que hacer los empleados y definir las competencias necesarias para ello. Los empleados, por su parte, podían desarrollar estas competencias de forma gradual mediante formación y aprendizaje y utilizarlas productivamente en servicio de la estrategia corporativa, a menudo a lo largo de todas sus trayectorias profesionales.

Pero, en un mundo dinámico, una fuente de ventaja competitiva en un período determinado puede convertirse fácilmente no solo en irrelevante, sino en fuente de desventaja competitiva en otro período futuro. Las competencias claves se convierten en rigideces claves.[14] El conocimiento y las capacitaciones válidos se quedan anticuados rápidamente, a menudo a un ritmo mayor que la capacidad de aprender de las personas. Sometidas al impulso de las fuerzas del mercado, las industrias cambian, la tecnología cambia, los precios se erosionan y los competidores convierten en obsoletos rápidamente, no solo a los productos que fueron en tiempo rentables, sino a todos los sistemas del negocio. Este es el tipo de entorno al que se enfrentan cada vez más empresas. Y, en tales condiciones, no solo es inviable el contrato tradicional, sino que todos los esfuerzos por pretender que sea viable resultan inmorales.

Consideremos el caso de ABB. Históricamente, Norteamérica y Europa liquidaron una gran mayoría de la nueva demanda de plantas de producción de energía. Esta situación ha cambiado actualmente y hacia el año 2000, a pesar de la crisis asiática, la demanda de China excederá a la de los Estados Unidos o a la de toda Europa. Mientras que los recursos de las empresas están todos en el norte y en el oeste —los mercados de ayer— todas las oportunidades están en el sur y en el este. Las empresas que quieran gestionar el rendimiento y crearse un futuro viable, tienen que reducir empleo en Norteamérica y en el occidente europeo, en unos 54.000 puestos de trabajo, al tiempo que organizan la creación de 46.000 puestos en la región de Asia-Pacífico, casi de la nada. Son muchas las empresas que tienen que afrontar cada vez más desajustes como este y, ante la velocidad con que evolucionan los mercados, garantizar empleo supone cometer suicidio competitivo.

Además, en un entorno de intensificación de la competencia y rápido cambio, está en bancarrota el modelo de la alta dirección en cuanto compuesta por grandes estrategas que aseguran la competitividad de la empresa. El recurso estratégico clave es ahora el conocimiento, no el capital y, a diferencia de lo que ocurre con el capital, el conocimiento no se puede acumular en lo más alto de la organización para que los directivos lo distribuyan de acuerdo a una gran estrategia. Al contrario, son los empleados más cercanos a las operaciones diarias los que deben afrontar la responsabilidad del rendimiento competitivo de la empresa. Como resultado, si los altos directivos no pueden asegurar ya la competitividad de la empresa, tampoco pueden garantizar la seguridad en el empleo. De hecho, en los lugares en que sigue existiendo el histórico compromiso, se trata de ficciones: de contratos inmorales que la empresa y sus directivos no podrán cumplir, a largo plazo.

La relación tradicional entre la empresa y el empleado tiene otro problema relacionado más estrechamente con el impacto en la motivación y el comportamiento del empleado. Los contratos que cambian "obediencia por empleo" producen lo que Jack Welch ha descrito como "una lealtad funcional, feudal, borrosa". Crean un clima de dependencia que es antitético de la asignación distribuida de responsabilidad por el rendimiento, que demanda el nuevo entorno competitivo. Asimismo, la ley de señores y siervos que está implícita en el viejo contrato psicológico no la aceptan ya muchas personas, especialmente los jóvenes, en un contexto social cambiante. Los jóvenes no están dispuestos a olvidar su creatividad, su iniciativa y su autonomía a cambio del derecho a vivir en una jaula dorada.

Por desgracia, la alternativa de un mercado libre, de un régimen de contratar-y-despedir no es una alternativa viable al contrato de trabajo tradicional, como han tenido que reconocer muchas grandes empresas. Las mismas fuerzas de competencia global y cambio turbulento que hacen inviable garantizar el empleo, incrementan también la necesidad de contar con ciertos niveles de confianza y de trabajo en equipo que no puede darse en un entorno de oportunismo recíproco y de goteo continuo de la contratación, totalmente desprovisto de connotaciones afectivas. De manera similar, incluso los que se sienten estrellas y cambian con frecuencia de trabajo acaban por reconocer con frecuencia, y después del quinto cambio de empresa en unos años, que el puesto de trabajo no es un ruedo en el que se juega al intercambio económico, sino también una fuente de compromiso social. Aunque puedan maximizar sus retornos económicos alquilándose continuamente como mercenarios comerciales, la mayor parte de las personas anhelan también el sentido de compensación que se deriva del hecho de pertenecer a una familia organizativa.

El nuevo contrato moral

La nueva filosofía del *management* tiene que fundamentarse en un contrato moral diferente con el personal, si quiere resolver esta tensión. En este contrato, cada uno de los empleados asume la responsabilidad por rendir "como el mejor de la clase" para la empresa a la que pertenece, y se compromete a someterse a un proceso continuo de aprendizaje que es necesario para poder mantener ese rendimiento en medio del cambio continuo. Como contrapartida, la empresa se compromete a asegurar, no la dependencia de la seguridad en el empleo, sino la libertad de cada individuo para emplearse como estime más conveniente.[15] Para cumplir con esta nueva filosofía, las empresas dan a sus empleados la oportunidad de mantenerse profesionalmente al día, a fin de proteger e incentivar tanto su flexibilidad para cambiar de puesto de trabajo dentro de la empresa como las oportunidades de irse a otra empresa. Al mismo tiempo, crean un entorno de trabajo incentivador y motivador que no solo capacita al empleado para utilizar sus capacidades profesionales en favor del rendimiento competitivo de la empresa, sino que les motiva para permanecer en ella, aunque puedan tener la opción de irse a otra.

Jack Welch articuló este contrato al describir la nueva relación laboral en GE:

> "El nuevo contrato psicológico... consiste en que lo mejor en el mundo para las personas que quieren realizarse es trabajar en GE. Contamos con los mejores recursos de formación y desarrollo y con un entorno comprometido a dar oportunidades de desarrollo personal y profesional."

Este nuevo contrato moral (véase la figura 9.1) es más que un giro sobre las antiguas políticas de recursos humanos de las empresas para justificar despidos; representa un cambio fundamental en la filosofía del *management*, que pasa de ver al personal como activo corporativo de cuyo valor se puede apropiar, a considerarle como una responsabilidad y un recurso al que añadir valor. Su adopción implica rechazar el paternalismo e incluso la arrogancia que subyace en los contratos laborales de por vida, al reconocer que solo el mercado puede garantizar el empleo y que el rendimiento del mercado fluye no de la omnipotente sabiduría de la alta dirección, sino de la iniciativa, la creatividad y las capacidades de los empleados. Sin embargo, y al mismo tiempo, reconoce que las empresas tienen una responsabilidad moral para con la seguridad a largo plazo y el bienestar de las personas que emplea, y que tienen que ayudarles a convertirse en los mejores en lo que elijan hacer.

Este nuevo contrato moral exige también mucho a los empleados. Les pide que tengan el valor y la confianza necesarios para abandonar la estabilidad que proporciona el empleo de por vida y asuman el esfuerzo del aprendizaje continuo y del desarrollo personal. Deben de aceptar que la seguridad que proporciona el rendimiento en el mercado es, en última instancia, más duradera y más satisfactoria que le seguridad que proporciona la gestión paternalista.

La responsabilidad de rendir trae aparejadas demandas aún más incómodas. Los que trabajan al final de la línea no pueden esperar ya que sea la alta dirección la que tome decisiones desagradables, pero necesarias. Son ellos los que tienen que tomar la iniciativa cuando hay que reducir activos; que recortar los gastos cuando se disparan; y que tomar la decisión de incrementar la productividad o de reducir efectivos cuando vean que se puede hacer el mismo trabajo con menos personas. La racionalización no puede seguir siendo una eliminación de puestos de trabajo cada diez años, decidida por

Figura 9.1 El nuevo contrato moral – inversión de la asignación de responsabilidad.

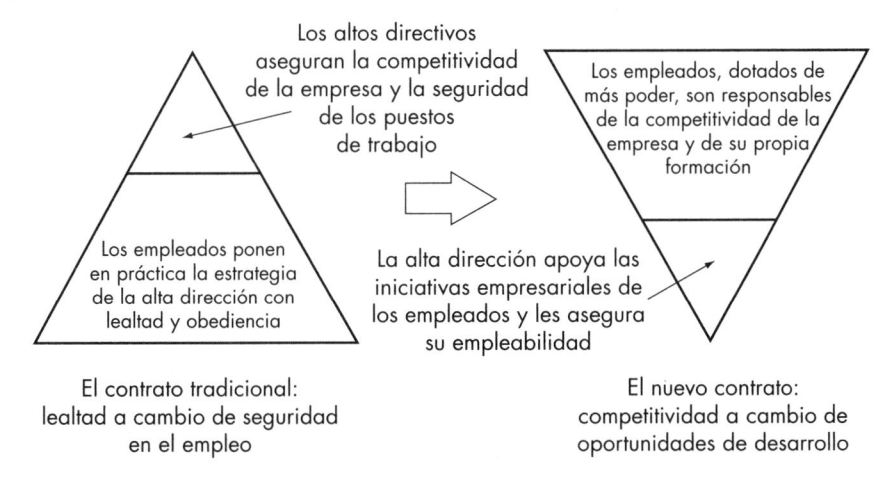

El contrato tradicional:
lealtad a cambio de seguridad en el empleo

- Los altos directivos aseguran la competitividad de la empresa y la seguridad de los puestos de trabajo
- Los empleados ponen en práctica la estrategia de la alta dirección con lealtad y obediencia

El nuevo contrato:
competitividad a cambio de oportunidades de desarrollo

- Los empleados, dotados de más poder, son responsables de la competitividad de la empresa y de su propia formación
- La alta dirección apoya las iniciativas empresariales de los empleados y les asegura su empleabilidad

un programa de la alta dirección para toda la empresa, sino una actividad corriente, como parte del continuo proceso de mejora, y llevada a cabo por empleados que están al final de la línea.

Nadie ha resaltado esta parte dura del nuevo contrato con más agudeza que Andy Grove, de Intel:

> "Ustedes no son empleados, trabajen donde trabajen. Ustedes están en un negocio con un empleador –ustedes mismos; que está en competencia con millones de negocios similares en todo el mundo... No les deben una trayectoria profesional a nadie –ustedes son los únicos propietarios de ella–. Y la clave de la supervivencia reside en aprender a añadirle más valor cada día."

Al mismo tiempo, las empresas tienen que esforzarse por asumir que el hecho de aceptar estas duras expectativas es totalmente distinto de mimetizar el mercado. Estas acciones se tienen que contrapesar con un compromiso recíproco de añadir valor al personal, si se quiere que se legitimen e institucionalicen. La necesidad de invertir significativamente en formación y desarrollo es solo una parte de este compromiso. Estas inversiones tienen que estar encaminadas a proteger y mejorar la empleabilidad de los individuos tanto como a incrementar la productividad y la eficacia de la empresa; a apoyar su formación general y más amplia, y no solo a mejorar sus capacitaciones para el puesto de trabajo específico. Como dice Anita Roddick, de Body Shop: "Se pueden entrenar perros; nosotros formamos personas".

* * *

Pocas empresas se toman tan en serio su compromiso con los empleados como Motorola. En un contexto de radical descentralización de recursos y de decisiones a nivel de divisiones, Motorola gestiona a nivel corporativo la formación de los empleados, mediante una Universidad Motorola, grande y bien dotada de medios, con sucursales en todo el mundo. Todos los empleados, incluido el consejero delegado, tiene que hacer un curso de 40 horas al año, como mínimo. Estos cursos abarcan una amplia gama de temas, desde el estado del arte de las nuevas tecnologías, a temas y cuestiones amplios y generales, con el fin de permitir a todos los empleados de Motorola en todo el mundo actualizar sus conocimientos y capacitaciones en las áreas de su elección. Este compromiso de añadir valor a su personal fue el que permitió a Motorola lanzar y experimentar su iniciativa "Six Sigma" de calidad total. Al mismo tiempo, la reputación de la Universidad Motorola se ha convertido en un recurso clave de la ventaja competitiva de la empresa a la hora de reclutar y retener a los mejores licenciados universitarios de las principales universidades de todos los países en que opera.

En fechas más recientes, Motorola ha incrementado la apuesta sobre su compromiso de empleabilidad, poniendo en marcha su programa IDE (Individual Dignity Entitlement), que obliga a todos los directivos a debatir, trimestralmente, seis cuestiones con todas las personas a su cargo:

1. ¿Tiene usted un puesto de trabajo sustancial y significativo para el éxito de Motorola?

2. ¿Conoce los requisitos del puesto y tiene el conocimiento básico para desempeñarlo con acierto?
3. ¿Se ha identificado el tipo de formación que necesita y se han puesto los medios necesario para su continuo perfeccionamiento?
4. ¿Tiene un plan de carrera personal incentivador, alcanzable y actualizado?
5. ¿Recibe una retroalimentación sincera, positiva o negativa, al menos cada 30 días, que le ayude a mejorar o realizar su plan de carrera?
6. ¿Percibe que se atienden con la sensibilidad adecuada sus circunstancias personales, de género y/o culturales, de manera que no interfieran en su éxito?

Cada respuesta negativa de algún empleado a cualquiera de estas cuestiones se trata como un fracaso de calidad, que se ha de solucionar de acuerdo con los principios de gestión de la calidad total. Pero hasta en una empresa como Motorola, que ha invertido en su personal más que la mayor parte de las empresas y que lleva mucho tiempo poniendo en práctica la filosofía de la empleabilidad, algunas unidades informaron que tenían un 70 por ciento de fallos la primera vez que se aplicó el programa IDE.

En 1995, la empresa empezó a enfrentarse de manera sistemática con las negativas, identificando y eliminando después sus raíces. Esta es la parte dura del nuevo contrato moral por lo que respecta al management —el compromiso de ayudar a su personal a conseguir ser lo mejor posible— lo que contrapesa las nuevas exigencias que crea el contrato de "empleabilidad para la competitividad".

* * *

¿Qué es lo que no es el nuevo contrato?

Una vez descrito, con cierta amplitud, lo que es el contrato moral basado en la empleabilidad, es importante señalar lo que no es. En primer lugar, no es un eslogan pegadizo para liberar a los directivos del sentido de la responsabilidad en la protección del puesto de trabajo de los que están a su cargo. Andy Grove, de Intel, pudo exigir como exigió a su personal porque sus propias actuaciones pasadas habían puesto de manifiesto, más allá de toda duda, hasta que punto estaba dispuesto a proteger el interés de sus empleados. En el transcurso de la histórica escabechina de los productos de memorias informáticas de principios de los ochenta, cuando todas las demás empresas fabricantes de semiconductores de los Estados Unidos empezaron a despedir a gran cantidad de gente, Grove adoptó la regla del 90 %, consistente en que todos, desde el presidente al último de la empresa, aceptaran una reducción salarial del 10 por ciento para evitar despidos. Grove vendió el 20 por ciento de la empresa a IBM, por 250 millones de dólares al contado, para hacer frente al período de vacas flacas sin tener que desprenderse de personas que había estado cultivando durante años. Después puso en práctica la regla del 125 por ciento, pidiendo a todos que trabajasen diez horas extras a la semana sin incremento de sueldo, de nuevo para evitar reducciones de personal. Y no recurrió a poner en marcha ninguna operación que supusiera pérdida de puestos de trabajo hasta que no se demostró que estos esfuerzos eran insuficientes. Esta clase de probado compromiso con el personal es la que da credibilidad al contrato basado en la empleabilidad y la que hace que la gente acepte su dureza.

En segundo lugar, el contrato para ayudar al personal a formarse y desarrollarse a costa de la empresa no es altruista, porque el personal puede encontrar mejores puestos de trabajo en cualquier otra parte. De hecho, esta nueva relación favorece realmente las oportunidades de la empresa de retener a los mejores. Con el contrato basado en la estabilidad laboral, los que perdían su capacidad de colocarse por haberse quedado obsoletas sus especialidades o capacitaciones permanecían en la empresa porque no tenían otra alternativa, al menos en parte. Pero la gente auténticamente buena se iba, a menudo frustrada por los inconvenientes y controles que formaban la otra cara de la moneda. Por el contrario, la promesa de empleabilidad es, en sí misma, un excelente motivo para que las personas permanezcan en la empresa porque saben que incluso si en una empresa que no tiene el mismo compromiso de añadir valor a su personal pueden considerar su empleabilidad actual como una ventaja, corren el riesgo de caer víctimas de la próxima ronda de obsolescencia de capacitaciones. Además, las mismas capacitaciones amplias y avanzadas que hacen a la gente empleable fuera de la empresa, la hace más adaptable a diferentes puestos y necesidades dentro de la empresa, lo que facilita a esta utilizar su competencia de modo más flexible y en puestos de más valor añadido.

En tercer lugar, el contrato basado en la empleabilidad no es un programa que se pueda instalar. Se trata de una filosofía muy distinta que exige a los directivos trabajar duramente para crear un entorno de trabajo incitante y estimulante y un contexto de orgullo y satisfacción enormes, susceptible de unir al personal con su empresa con mucha más fuerza que con cualquier lazo de dependencia que pudiera crear la seguridad en el empleo. La combinación del contrato moral basado en la empleabilidad con el compromiso de la dirección de dar poder a los empleados lleva a establecer, como consecuencia, una relación durable y mutuamente satisfactoria entre el individuo y la organización que abandonó el contrato laboral tradicional. Al forjar la nueva relación entre la empresa y el empleado sobre una plataforma de valor añadido mutuo y de elección continua, en lugar de sobre una aceptación auto degradante de la dependencia en un solo sentido, el nuevo contrato no es solo funcional, sino también moral.

Si lo analizamos detenidamente, las empresas —y, de hecho, todas las demás formas de organización— existen y progresan porque hacen posible lo que, de otro modo, sería imposible. Y para poder realizar lo posible, es necesario que los empleados tengan una cierta fe en que todos se van a beneficiar de la prosperidad de la empresa. Y, a su vez, esta fe permite a los individuos dejar de buscar el beneficio personal inmediato en todo lo que hacen en la empresa y cooperar con los demás —compartir ideas, intercambiar recursos, combinar conocimiento— de una forma que no podrían conseguir si actuaran en el mercado como agentes individuales. Y de tal confianza y cooperación surgen innovaciones y mejoras que el mercado no puede crear, y que llevan no solo al éxito de la empresa, sino también al progreso de la sociedad.

El mercado se rige por transacciones puntuales, pero la empresa se rige por relaciones duraderas. El mercado no tiene finalidad ni dirección por sí mismo; solo es el resultado colectivo de la persecución continua del provecho individual. La empresa prospera cuando crea un propósito más amplio que permite a los individuos alinear sus intereses y comprometerse en una acción colectiva. Al estar en relación directa con el interés de cada uno de los individuos, los mercados son una fuerza poderosa para eliminar lo superfluo y mejorar la productividad. Pero, por ese mismo motivo, son también una fuente de atomización. Y aunque las empresas deben de ajustarse a las disciplina de las fuerzas del mercado, la gestión de una empresa de acuerdo a las reglas del mercado constituye un error fatal. Una empresa no es una cartera de productos y negocios. Tampoco de recursos y competencias. Es un contexto social compartido que modela los comportamientos de las personas, estimula la iniciativa, la confianza, la abnegación, la lealtad y el sacrificio y las hace comportarse dentro de la organización de manera distinta a como se comportan fuera de ella.

IMPLANTAR RELACIONES PARA COMPARTIR DESTINO

¿Es el concepto de la corporación moderna centrada en la creación de valor, tanto externa como internamente, una fantasía de blandengues sensibleros que no saben lo duro que es realmente el implacable mundo de los negocios; o, peor, de académicas torres de marfil que predican lo que no pueden cumplir?

El mundo de los negocios está lleno de ejemplos de empresas que obtienen saneados beneficios año tras año concentrándose continuamente en la tarea de crear valor para la sociedad en lugar de expropiarle todo el valor que pueden. Canon provocó la obsolescencia de su propia tecnología, con la que tanto éxito había conseguido, inventando y promoviendo agresivamente la técnica de burbuja sobre la base de que su relación coste/funcionalidad beneficiaba al cliente. Intel propició la revolución de la información siguiendo sin descanso la "ley de More", al crear la nueva generación de chips que permitía a sus clientes hacer cosas nuevas, al tiempo que destruía sus productos de la generación anterior; y Kao decidió entrar en la industria de los cosméticos y utilizar su avanzada tecnología para crear la gama Sofina de productos funcionales, con el fin de competir con los caros y mediocres productos vendidos en costosos envases. La creación de valor fue, en todas estas empresas, tanto el objetivo establecido como el resultado probado.

McKinsey y Andersen Consulting no estarían en el negocio sin un contrato moral basado en añadir valor a su personal. El factor número uno del éxito en consultoría es la contratación de los mejores talentos. Y aún así, estas empresas solo dan la graduación de socio a una de cada siete personas que contratan. El resto debe de dejar la empresa. La única razón por la que recién licenciados de todo el mundo siguen queriendo pertenecer a estas compañías es la promesa de empleabilidad y la demostrada capacidad para cumplir con ella.

Pero se trata de ejemplos de empresas que han practicado durante mucho tiempo, a menudo desde su creación, la filosofía de crear valor. ¿Pueden adoptar esta filosofía otras, impregnadas del enfoque más tradicional? Sí.

* * *

Unipart, una pujante empresa de fabricación de componentes automovilísticos, constituye un buen ejemplo de empresa que se transformó al conjuro de esta poderosa filosofía del *management*. Nacida como consecuencia de la desmembración, en 1987, de la empresa gubernamental y enferma crónica British Leyland, Unipart soportaba un handicap de dos a uno frente a las empresas de componentes automovilísticos japonesas, en términos de costes, y un sorprendente desfase de 100 a 1 en calidad, según un estudio del Ministerio inglés de Comercio e Industria. Heredó un clima laboral de extrema confrontación, producto de una plantilla fuertemente influida por los sindicatos, combinado con un concepto tradicional y autocrático del management. Además, la adversa relación de la empresa se extendía a sus proveedores y clientes, entre los que se encontraba, principalmente, la Rover, la empresa automovilística británica que había sido su hermana dentro de la British Leyland.

La situación había cambiado por completo diez años después. El volumen de negocios había subido a un millón de libras (1,6 mil millones de dólares), los beneficios se habían cuadriplicado hasta alcanzar los 32 millones de libras y el estudio del Ministerio de Comercio e Industria había puesto de manifiesto que Unipart era la única empresa con base en el Reino Unido, dentro de su ramo de actividad, que había conseguido estándares de calidad de nivel mundial.

Tras la transformación de la empresa había un hombre, el consejero delegado John Neill, y su absoluto compromiso con lo que él llamaba "la relación para compartir destino". Su filosofía no era una filosofía de racionalización del éxito ex post, pues la instauró clara y firmemente Neill en 1987 como principio de funcionamiento fundamental de la compañía.

> "Hemos echado a perder nuestra industria. Nos ha fallado la relación basada en el poder a corto plazo. Muchas empresas occidentales siguen creyendo que es la mejor manera de asegurar la ventaja competitiva. Pienso que están absolutamente equivocadas... Debemos crear relaciones para compartir destino con todos los que participan en nuestro negocio: clientes, empleados, proveedores, gobiernos y comunidades en que operamos. No estamos hablando de altruismo, sino de interés comercial."

Aunque reconocía la interdependencia que existe entre una empresa y todos los que tienen intereses fundamentales en ella, la noción de Neill de establecer relaciones para compartir destino es muy distinta de la de "ser y hacer buenos a todos" con que se describe a menudo la relación con los que participan en el negocio de la empresa. Su programa de "diez a cero"* con los proveedores resaltaba la necesidad de trabajar conjuntamente para mejorar radicalmente el rendimiento, de acuerdo con diez criterios que van desde los costes de transacción y los tiempos de entrega hasta los índices de defectos y los errores en la entrega —que se trataban de reducir hasta un índice tan cercano a cero como fuera posible—. De igual forma, dentro de la organización, programas del tipo de "nuestras cuentas de contribución" ponían el acento sobre la difícil dependencia, en los dos sentidos, inherente en el concepto de destino compartido, y la necesidad de mejorar continuamente el rendimiento para hacer que ese destino fuera atractivo para todas las partes implicadas.

* * *

La visión de Unipart de John Neill no nació del modelo definido estrechamente por los economistas para alcanzar el beneficio a través del juego de suma cero de extraer valor de los demás, sino que se basaba en una perspectiva de creación de valor de suma positiva expansiva que encontramos mucho más típica de los directivos de éxito de las empresas que hemos estudiado. Estos ejecutivos tenían, como Neill, una fe enorme en lo que podían crear comprometiendo, energizando y dando poder a los que dependían de ellos para trabajar conjuntamente, en beneficio mutuo. El resultado de las acciones colectivas de estos ejecutivos es superior a lo que pensaban: la aparición de una filosofía más realista y afirmativa del papel de la corporación, tanto en cuanto entidad económica poderosa como en cuanto importante institución social, que utiliza sus recursos económicos para añadir valor a la sociedad, en general, y a las vidas de las personas individualmente. Estos ejecutivos son los que han de marcar el estandar para un nuevo manifiesto de las empresas y de los directivos como creadores de valor. Son modelos de roles que demuestran el espíritu, la pasión y el compromiso moral de que es capaz el *management,* y que la doctrina dominante no ha destruido, ni mucho menos.

Las ideas cuentan. En una disciplina práctica como la dirección de empresas, su influencia normativa la puede hacer benefactora única o únicamente peligrosa. Una mala teoría y un vacío filosófico han hecho que los directivos derogaran su propia práctica, quedándose atrapados en un círculo vicioso. Pero se puede elegir. Cuando la solución a un problema recurrente es siempre "Inténtelo de nuevo", hay generalmente algo erróneo en los términos, no en la ejecución. De manera que es hora de que tanto los directivos como las escuelas de dirección de empresas se deshagan del viejo paradigma y comiencen a experimentar posibilidades nuevas y más fértiles. De otro modo, continuará incrementándose la distancia que existe entre el poder económico de las empresas y su legitimación social, impidiendo que se desarrollen las posibilidades de las personas, de las empresas y de la sociedad como un todo.

---

* Los autores emplean una expresión muy gráfica, pero intraducible: *"ten(d) to zero"*, en la que la misma palabra *tend* (tender a) engloba al número *ten* (diez) que hace referencia a los diez criterios de que se habla más adelante. (N. del T.)

CAPÍTULO 10

LA LABOR EMERGENTE DE LOS DIRECTIVOS

C. K. PRAHALAD

Los métodos y cualidades necesarios para dirigir organizaciones, grandes o pequeñas, serán diferentes en el nuevo milenio de los que han sido necesarios para triunfar durante las tres últimas décadas. Esta transformación nos hará plantearnos la noción que tenemos del significado mismo de la gestión. Tendremos que volver a examinar los conceptos y las herramientas que han forjado nuestro pensamiento en torno a la gestión —poder, estructura, jerarquía, control, coordinación, propiedad e incentivos—. En este capítulo presentaré la naturaleza cambiante del panorama competitivo y el modo en que estas fuerzas van a cambiar nuestra noción de la gestión. Presentaré después la naturaleza convergente de la labor directiva. Finalmente, sugeriré que esta transformación de la labor directiva requerirá innovaciones organizativas básicas.

EL CAMBIO DEL PANORAMA COMPETITIVO

Los cambios discontinuos en el panorama competitivo son numerosos y es mi intención identificar sólo unos cuantos de ellos, que son críticos. La mayor parte de los observadores del *management* estará de acuerdo en que la desregulación de ciertas industrias (como, por ejemplo, la energía, las telecomunicaciones, la sanidad y el agua), la globalización y la creciente importancia de los mercados emergentes (China, India, Brasil...), tendrán un efecto significativo sobre el *management*. Además, el impacto actual de la convergencia de tecnologías (por ejemplo, fusión del conocimiento de las industrias de la alimentación y farmacéutica, la comunicación, la informática y la electrónica de consumo), y la difuminación de las fronteras industriales, como es el caso de los servicios de venta al por menor y financieros, alterarán drásticamente el panorama competitivo. Aún se debate calurosamente el papel de Internet en la configuración de las industrias, tanto antiguas como nuevas. Estas fuerzas afectarán a multinacionales grandes y establecidas (como IBM, Philips, ABB o Ford) y a empresas nuevas (Dell, Compaq, Yahoo!, AOL...). Sin embargo, el impacto sobre los dos grupos de empresas o sobre sus capacidades para adaptarse no va a ser el mismo. Las grandes firmas con una larga tradición a sus espaldas tienen que "olvidar" las viejas maneras de hacer negocio y aprender las "nuevas".

Durante la última década, directivos y profesores han discutido el impacto de estas discontinuidades, la mayor parte de las veces de manera particularizada a una sola discontinuidad. Pero lo que no se ha debatido ampliamente son las pautas que rigen la influencia que estas tendencias tendrán colectivamente sobre la labor del directivo. Propongo identificar cuatro temas claves que surgen de estas discontinuadas:

- La gestión de la diversidad cultural e intelectual
- La gestión de la volatilidad del mercado
- La gestión del impacto de Internet
- La gestión de segmentos de clientes nuevos y emergentes.

La gestión de la diversidad cultural e intelectual

Los directivos se verán obligados a ocuparse de la diversidad cultural e intelectual a una escala sin precedentes. Por ejemplo, podemos pensar que China y la India podrían suponer, colectivamente, entre el 30 y el 50% del mercado global de equipos de telecomunicaciones, aparatos de televisión y plantas de energía. Esto significa que las empresas deben reconfigurar sus recursos para ajustarlos a la realidad de estos mercados. Por ejemplo, la Boeing está incrementando la cantidad de componentes y piezas fabricados en Asia para aprovechar las oportunidades del mercado. La composición del equipo directivo de estas empresas tendrá que cambiar también. Hacia el año 2010 puede ocurrir muy bien que entre en el 30 y el 40% de los equipos de liderazgo de las grandes empresas multinacionales y occidentales sean asiáticos. Entender la diversidad cultural será un reto tanto para los directivos occidentales como para los asiáticos. Además, las convergencia de tecnologías como la química y la electrónica (por ejemplo, en la fotografía digital en Kodak) obligará a desarrollar la diversidad intelectual en el seno de las organizaciones.

La gestión de la volatilidad del mercado

Los directivos tendrán que luchar contra la volatilidad de los mercados en todo el mundo. Como consecuencia de los crecientes costes de investigación y desarrollo y del desarrollo del producto, y de los cada vez más reducidos ciclos vitales de los productos, los directivos se verán obligados a reducir los riesgos mediante la subcontratación, a depender de otros socios y a reconocer la necesidad de hacerse más grandes o más pequeños rápidamente.

La gestión del impacto de Internet

Internet cambiará cada vez más el papel del consumidor. El poder del fabricante y del distribuidor está pasando a manos del consumidor. Esto supone que los directivos tienen que ser sensibles a la personalización de los productos y servicios. El cambio desde la segmentación a la personalización tiene grandes implicaciones.

La gestión de segmentos de clientes nuevos y emergentes

Consideremos el mercado global como una pirámide de consumidores basada en la potencia económica. La oportunidad nueva y emergente en países como China, India y Brasil está en los segmentos más bajos de ingresos, los escalones #2, #3 y #4. El hecho de servir a estos mercados influirá enormemente en el proceso de gestión de las multinacionales.[1]

Tomaremos estos cuatro grandes temas y examinaremos sus consecuencias, una a una, antes de sintetizar las implicaciones que tendrán para la gestión, tal como la conocemos.

EL IMPACTO DE LA DIVERSIDAD

La aceptación y gestión de la diversidad es un reto para los directivos. Pero la mayor parte de las empresas están preocupadas por la diversidad en cuestiones de edad, de raza y de género. Las empresas de los Estados Unidos han sido activas en lo que se refiere a tener que enfrentarse a cuestiones de raza y de género durante más de una década. La diversidad cultural es una cuestión relativamente nueva. La sensibilidad por la cultura ha ido adquiriendo importancia a medida que las empresas multinacionales han incrementado sus inversiones en mercados emergentes. Por ejemplo, se promovieron al modo asiático las prácticas mercantiles y las realidades sociales que había tras los negocios en Asia. La infraestructura institucional, los sistemas políticos y la herencia intelectual de estos países son distintos también de los de Occidente. El papel de la familia extendida en los negocios, y la importancia concedida a la lealtad más que al mérito y al rendimiento, añaden una dimensión más a la diversidad de enfoques. Las empresas multinacionales implicadas en alianzas de capital riesgo y de colaboración de todo tipo tienen que aprender a comprender estas diferencias. Incluso cuando son las multinacionales las que rigen sus propias filiales, es fundamental que se ocupen de las diferencias en el modo de enfocar las cosas, a la hora de trazar lazos de unión entre directivos de todo el mundo.

Los directivos tienen que separar la *cultura* del país de las *prácticas mercantiles*. Hasta la crisis asiática, las prácticas mercantiles de ese continente se basaban en el nepotismo y en el capitalismo de amiguetes, que se consideraban como "el modo asiático" y eran diferentes de las prácticas mercantiles occidentales. Si las empresas estadounidenses se hubieran implicado en estas prácticas, hubieran violado la ley. El contraste de las culturas es más que obvio. ¿Qué debería hacer una multinacional occidental? Yo creo que los directivos de las empresas multinacionales tienen que centrarse en su cultura de gestión y en sus sistemas de valores, en cuanto distintos de las prácticas mercantiles que prevalecen en los mercados en que operan, y del país y de las culturas étnicas. Los directivos, aunque deben reconocer la diversidad cultural, deben separar los componentes de las prácticas mercantiles de las creencias del país y de la etnia. Al concatenar mercados alrededor del mundo en términos de flujos de productos, de tareas de desarrollo compartidas y de transferencia de conocimiento, los directivos deben centrarse cada vez más en una cultura de gestión compartida. La aplicación del sistema de valores de compartir, de trabajar en equipo, de respetar las diferencias y de identificarse con metas comunes, significa que está emergiendo una socialización de todos los asociados en una cultura de gestión común, en cuanto elemento fundamental de la capacidad competitiva de las grandes empresas. Los sistemas de valores, articulados claramente y aplicados rigurosamente, son un elemento de la gestión.

La convergencia de las tecnologías y de los mercados crea una forma nueva de diversidad, la diversidad intelectual. Consideremos, por ejemplo, el modo en que empresas de productos para el cuidado personal (como Revlon, L'Oreal, Unilever, Shishiedo y Procter & Gamble) se han movido dentro de la cadena de valor de sus negocios. Al producirse el envejecimiento de la población, las cremas para la piel tienen que incorporar un ingrediente anti envejecimiento (es decir, el retinol) y los champús deben incorporar una hormona para el crecimiento del cabello (rogaine). Los productos de cuidado personal tienen que adoptar, por supuesto, la sofisticación, la base de conocimiento y las necesidades de ensayos clínicos característicos de la industria farmacéutica. P&G anunció recientemente un "pañal anti sarpullido". Este objetivo clínico (primero en la industria de los pañales) no se puede alcanzar sin efectuar pruebas y obtener la aprobación del organismo que autoriza la fabricación y venta de medicamentos. De manera similar, las empresas alimenticias se están moviendo en su cadena de valor para incorporar elementos sanitarios, muchos de los cuales necesitan la aprobación del mismo organismo. Las empresas tradicionales de procesos de alimentos tienen que ser sensibles y conocer las nuevas semillas manipuladas genéticamente. Hoy es posible insertar ciertas características genéticas en la haba de soja, con el fin de incrementar su contenido en proteínas o hacer que produzca más aceite. Los requisitos del proceso de estas semillas son diferentes de los del proceso tradicional de la haba de soja.

Un problema similar se da cuando empresas de electrónica de consumo, como Sony o Philips, tienen que aprender a afrontar las demandas de la informática, el software y las comunicaciones. Empresas como Kodak y Fuji han tenido que integrar plenamente tecnologías químicas y electrónicas para crear Photo CD y, ahora, la cámara digital.

Por todas partes podemos encontrar ejemplos de esta convergencia. Pero, ¿qué significa esto en términos de gestión? ¿Cómo incorporaremos conocimiento y disciplinas de la industria farmacéutica a la industria de la moda? ¿Cómo podemos poner en consonancia el ritmo de tecnologías diferentes —una tecnología de proceso de productos muy conocida y propensa a pocos cambios—, con la compleja y rápidamente cambiante tecnología genética?

No se pueden fusionar múltiples herencias culturales si la alta dirección no tiene una clara visión de hacia donde se dirigen la industria y la organización. Es imperativo, por ejemplo, que todos los que están asociados en una empresa de manipulación de alimentos entiendan la grave necesidad de adquirir conocimientos de biotecnología. Todos los directivos deben de reconocer también que la adquisición de este conocimiento requiere contratar personas con conocimientos y experiencias distintos a los de la organización. Además, puede ser que la adquisición de conocimientos exija acuerdos de colaboración con empresas nuevas y más pequeñas. El aprendizaje requiere que los nuevos empleados aprendan sobre la empresa y sobre el proceso de alimentos y que la empresa aprenda biotecnología. El aprendizaje requiere el esfuerzo de ambas partes. No puede realizarse sin crear proyectos específicos que serán a modo de casi carreras para los que se incorporan nuevos. Esto resulta crítico a la hora de aprender a armonizar múltiples tecnologías. La gestión de la diversidad intelectual requiere una idea clara del lugar al que se dirigen la industria y la empresa, y también capacidad de crear proyectos específicos que proporcionen una plataforma para tal aprendizaje. La dirección estratégica y el despliegue estratégico (la división de la dirección estratégica en trozos pequeños para actuar sobre grupos pequeños) se convertirán en una parte integral de la gestión.

LA GESTIÓN DE LA VOLATILIDAD

Si durante la pasada década hemos aprendido una lección singular del *management,* es que la volatilidad lo impregna todo. Nadie predijo la profundidad de la crisis asiática. No hay garantías de éxito. Es común en el campo de la fabricación de productos electrónicos en grandes cantidades, tales como los aparatos portátiles, que dichos productos pueden alcanzar un éxito enorme en muy poco tiempo (la Playstation de Sony, por ejemplo). Esto exige crecer a los proveedores, a las empresas de logística, a los fabricantes y a los departamentos de marketing. Toda la cadena tiene que trabajar al unísono. Pero también es cierto lo contrario. Es fundamental también decrecer cuando la demanda de un producto cae rápidamente. El problema se complica aún más por la distribución geográfica de las distintas tareas. Por ejemplo, en el terreno de las computadoras portátiles es frecuente que el diseño se haga en los Estados Unidos, los componentes procedan de Japón, Corea del Sur y los Estados Unidos, y que el ensamblaje se realice en Taiwan, China o Malasia, y que se vendan en todo el mundo. El ciclo completo, desde el diseño hasta la entrega, puede ser de 12 a 18 meses. Todos los proveedores y participantes en la cadena pueden ser personas jurídicas independientes. Finalmente, la demanda puede ser estacional, centrada en torno a las Navidades.

La gestión de la logística global se convierte en una fuente crítica de diferenciación competitiva. Esta gestión requiere una infraestructura de la información -sistemas operativos, software de aplicación, bases de datos y análisis-, de muy alta calidad. Además, las empresas tienen que aprender a gestionar y a influir sobre los demás participantes en la cadena de suministro —de diseñadores a productores de componentes, a ensambladores y a distribuidores que añadan valor—, sin tener propiedad de los mismos. Influir sin tener la propiedad es una capacidad fundamental. Finalmente, cada lanzamiento, cada producto, tienen que gestionarse de acuerdo a calendarios exactos y a costes predeterminados. La capacidad de gestión de proyectos se convierte en crítica. La logística global, la flexibilidad operativa, la excelencia y la velocidad de reacción se convierten en las barreras reales contra la volatilidad.

EL PAPEL DE INTERNET

Internet está cambiando profundamente la manera de dirigir las empresas. El impacto de Internet como canal alternativo en la mejora de la funcionalidad es evidente en las empresas, sean de la industria que sean —juguetes, servicios financieros, aseguradoras, agencias de viajes, publicidad o periódicos—. Surgen tres temas. En primer lugar, el poder está pasando al consumidor por vez primera. Los consumidores tienen información y están dispuestos a utilizarla para negociar, electrónicamente, con las grandes empresas. El tamaño de la General Motors o de GE no asusta al consumidor individual de Dakota del Norte que tiene posibilidades de elegir y está dispuesto a ejercitarlas. En segundo lugar, los clientes quieren productos personalizados. Quieren implicarse efectivamente en el diseño de un producto o servicio que van a adquirir. No están dispuestos a aceptar productos fabricados en masa o indiferenciados. En tercer lugar, los consumidores están ávidos por extraer el valor creado reduciendo el papel de los intermediarios, tales como los distribuidores.

Esta discontinuidad obliga a los directivos, una vez más, a tomar conciencia de la importancia de la logística. Por ejemplo, la aceptación de un pedido de un libro por parte de Amazon.com es más fácil que su entrega en el plazo de dos días a un coste razonable. El papel de la infraestructura de información necesaria para dialogar con los clientes en tiempo real es obvio. Las bases de datos de productos, clientes y competidores son fundamentales a la hora de dar una respuesta rápida. La fijación de precios, por ejemplo, dependerá del número de consumidores que estén dispuestos a aceptar la venta cruzada de una gran empresa. ¿Aceptaría yo como consumidor un precio conjunto del CitiGroup para mis actividades bancarias normales, la hipoteca, el préstamo para comprar el coche, y el seguro, o trataría con varios vendedores? Los consumidores determinarán cuáles serán los niveles de precios aceptables. Las empresas no pueden responder a estas presiones sin una infraestructura muy sofisticada de información y de logística.

LOS MERCADOS EMERGENTES

Los grandes mercados emergentes, como China, India, y Brasil, proporcionan una oportunidad significativa a las corporaciones multinacionales. Hay entre 600 y 1.000 millones de consumidores potenciales. Pero su nivel de ingresos es bajo. El producto interior bruto per cápita, medido en términos paritarios del poder de compra, puede ser de unos 2.000 dólares. Los directivos de las firmas occidentales han ignorado tradicionalmente estos mercados y, por tanto, una gran oportunidad. Este mercado demanda un tipo de capacitación totalmente diferente. Las empresas tendrían que volver a plantearse la relación precio/rendimiento de sus productos y servicios. Por ejemplo, ¿cómo puedo vender un coche por menos de 5.000 dólares, una cuenta bancaria por menos de 25 dólares o una barra de helados por menos de cinco centavos? Los directivos occidentales deben plantearse crear esa capacidad. Además, la sostenibilidad del desarrollo requiere que entendamos que los productos y servicios occidentales que demandan la utilización masiva de, por ejemplo, agua, detergentes y envases, pueden ser imposibles en los mercados emergentes. Por eso, puede ser un elemento crítico pensar en la utilización de los recursos. Finalmente, la localización de los productos puede ser una gran ventaja. Hasta la Coca Cola, que se consideró en su día como el ejemplo más acabado de un producto universal, está cambiando y utilizando marcas locales en la India.

Los mercados emergentes proporcionan una gran oportunidad a las multinacionales, pero les plantean también un considerable reto. La penetración en estos mercados requiere una cuidadosa evaluación de los procesos de desarrollo de productos, de la estructura general, del desarrollo sostenible y de la rentabilidad del capital. En la tabla 10.1 resumimos las implicaciones de estas fuerzas.

Podemos añadir a la lista las discontinuidades y las demandas de gestión críticas que genera cada una de ellas. Pero aquí nos hemos propuesto no ser exhaustivos, e indicar el tipo de análisis que nos conducirá a pensar sobre la labor directiva en el futuro.

Tabla 10.1 Demandas emergentes en el campo de la gestión

Discontinuidades	Cuestiones críticas	Demandas en el campo de la gestión
Globalización	Diversidad cultural	Cultura, valores y comportamientos directivos
Convergencia Desregulación	Diversidad intelectual	Agenda competitiva compartida Despliegue de estrategia
	Volatilidad	Influencia sin propiedad Infraestructura de información Tiempo de respuesta/reacción
La Internet	Equilibrio de poder: cambio al consumidor	Educación, co-elección y competencia con los consumidores Infraestructura de información Nuevos modelos de negocios – innovación
Mercados emergentes Escalones # 2 y # 3	Nuevos niveles de localización Adaptación de los precios Nueva filosofía del producto	Agenda competitiva compartida Cultura directiva Despliegue de estrategia Innovación del negocio

LA LABOR DIRECTIVA

El cambio en la labor directiva es obvio. Todas las cuestiones de estructura formal y de jerarquía, de autoridad y de poder, de experiencia empresarial y de antigüedad, y de control y coordinación, están en entredicho. Examinemos unas cuantas de estas nociones tradicionales en el contexto de las nuevas demandas que se presentan a los directivos.

Las convergencia de las tecnologías y el cambio de las fronteras entre las distintas industrias desafían, por ejemplo, el valor de la experiencia empresarial. La experiencia empresarial tradicional en, por ejemplo, el proceso de alimentos tiene poco valor cuando se ve enfrentada al conocimiento nuevo como el que suponen la biotecnología o la terapia genética. La experiencia bancaria tradicional no vale apenas nada cuando se ve confrontada con Internet y con la realidad virtual. Los directivos tienen que reconocer que su experiencia se devaluará y que si quieren retener valor por su conocimiento tienen que reconocer la importancia de la diversidad intelectual. Desde el punto de vista operativo, esto significa que los altos directivos tienen que aprender de otros socios que son mucho más jóvenes y tienen experiencias diferentes a las suyas. El acceso a la contratación, la retención y la integración de este nuevo talento con el "cuerpo político" de la organización es fundamental. La antigüedad, la autoridad y el poder tienen que dejar paso a la gestión con talento. En esta situación, la autoridad administrativa tiene muy poco valor.

La diversidad cultural supone un gran inconveniente a la hora de confiar en la autoridad, el poder, la coordinación y el control para influir en el modo de gestionar los negocios de una empresa en todo el mundo. Los asociados tienen que aceptar compartir un conjunto de normas de comportamiento que les permita colaborar a través de las fronteras. El peso de la maquinaria administrativa no recae ya en la autoridad para influir en los demás, sino en valores y comportamientos reforzados y compartidos. Ningún conjunto de procedimientos por muy detallados que sean puede sustituir a las reacciones predecibles ante nuevas situaciones mercantiles emergentes alrededor del mundo. De hecho, una explosión de procedimientos para controlar el comportamiento y el juicio del directivo es un enfoque fútil. Es más probable que salgan triunfantes la socialización y el despliegue de valor.

La volatilidad nos obliga a examinar el significado de la propiedad y del control. Tradicionalmente, la influencia iba ligada a la propiedad. Pero en el mercado global, que se nutre de componentes y de cadenas de ensamblaje que son filiales de fabricantes especializados, socios de capital de riesgo y otros colaboradores, los directivos deberían aprender a influir sobre los comportamientos sin detentar la propiedad. El hecho de aprender a compartir una agenda competitiva común, a compartir información que en otro tiempo se consideraba confidencial, permitir hacer inversiones de buena fe y reducir los costes totales a través de implantar la eficacia en todo el sistema, requiere el compromiso de crear una poderosa infraestructura de información. Esto sugiere que los análisis de gestión deben de ser explícitos y transparentes. La información debe convertirse en un recurso corporativo y no seguir siendo una fuente de poder privado. Se hacen imperativos la sofisticación analítica de los directivos y, como consecuencia, la valoración del talento sobre la edad.

El tiempo de respuesta y de reacción es fundamental, tanto en la gestión de cadenas de suministro globales como en el desarrollo del producto o en dar respuesta a los consumidores en Internet. Las largas cadenas de mando internas y la dependencia de múltiples autorizaciones como formas de control ya no son funcionales. El control se tiene que ejercer solamente a través de la información y desde la concesión de poder asociada a todos los niveles dentro de la empresa y transmitiendo las decisiones a los niveles más inferiores. El control es función también de la infraestructura de información a la que tienen acceso los asociados.

Cuando se plantea el acercamiento a los mercados emergentes, resultan tan fundamentales las innovaciones locales como las globales. La noción de centro corporativo, o de cuarteles generales mundiales, como fuente de sabiduría y de conocimiento, está pasada de moda. Los roles corporativos se convierten en roles de facilitación de información y de intercambio de conocimientos, que imponen estándares de comportamiento y aseguran la liberación de recursos por toda la corporación. El control de la asignación de recursos debe dejar paso a la preocupación por acumular y liberar recursos.

EL CAMBIANTE ROSTRO DE LA GESTIÓN

El cambiante rol de la gestión sugiere que deberíamos prestar una atención especial al papel de los altos directivos. Creo que se tendrán que concentrar en seis elementos claves:

1. La importancia de contar con una *agenda competitiva compartida*. Los directivos deben incentivar dentro de la organización un sentido de la dirección y un enfoque de compartición del futuro. En una era de cambio discontinuo, dirigir una empresa sin una agenda compartida es lo mismo que lanzarse a navegar sin brújula;
2. Trazar un esquema claro de *valores y comportamientos* e imponerlos sin excepción. Los valores unen a la organización, promueven el trabajo en equipo y facilitan las transferencias de conocimiento;
3. Centrarse en la tarea de *influir sin detentar la propiedad*. Esto supone que tenemos que aceptar, en cuanto directivos, competir como una "familia de empresas". Solo es posible influir con una agenda compartida, con la confianza y con una sólida infraestructura de información. Es fundamental dirigir relaciones más que transacciones;
4. *Competir por el talento* y conseguir que la organización tenga esa mezcla de cualificaciones que es vital para retener fuentes de ventaja competitiva. La formación, la delegación de poder, el trabajo en equipo, la orientación al rendimiento, la transparencia y la responsabilidad son dimensiones críticas de una organización de futuro con alto rendimiento;
5. *Velocidad de reacción* de la organización, lo que requiere que se puedan tomar decisiones a los niveles más bajos. Que todos los participantes sean conscientes de la dirección global, del papel que representan en un cuadro más amplio, y de que pueden elegir porque disponen de la información adecuada. La jerarquía debe dejar paso a la velocidad. La autoridad debe dejar paso a la competencia;
6. *Liberación de recursos corporativos*, lo que requiere que se combinen y recombinen constantemente los recursos para aprovechar las oportunidades emergentes. Las fronteras administrativas rígidas son disfuncionales. Se necesita una combinación sin resquicios.

Las dimensiones emergentes de la labor directiva son claras. Son fundamentales las cuestiones "blandas", tales como valores y comportamientos, que a menudo se han despreciado por no considerarlas importantes. El liderazgo intelectual es tan importante como el liderazgo administrativo o el carismático. La infraestructura de información y la perfección analítica pueden ser fuente de gran vitalidad competitiva. Contratar talento, retenerlo y motivarlo puede ser tan importante como gestionar recursos financieros. Es imperativo ser sensible a la diversidad cultural en todo el mundo y, al mismo tiempo, comprometerse con una cultura directiva. Creo que el lenguaje, los conceptos y las herramientas de la gestión están experimentando un gran cambio. Podemos contemplar una carrera excitante.

CAPÍTULO 11

LOS PROCESOS ULTRARRÁPIDOS DE DIRECCIÓN DE EMPRESAS

PETER LORANGE

El crecimiento ultrarrápido será clave para concebir los procesos de gestión en el siglo próximo. Será el que presida el esfuerzo de creación de valor en las empresas de alto rendimiento. Una consecuencia muy importante de lo que acabamos de decir es que la búsqueda de nuevas oportunidades de negocios tendrá una importancia decisiva. También será clave ver el modo de acelerar la utilización de tales oportunidades y, no en último término, por el hecho de que los ciclos tradicionales de vida del producto se harán cada vez más cortos, lo que exigirá recuperar la inversión mucho antes. La situación clásica de las empresas que basan su estrategia en una cuota de mercado establecida, y en la consiguiente generación de fondos estables, será la excepción más que la regla. El problema no residirá ahí, sino en encontrar nuevas oportunidades y actuar de manera ultra rápida, a fin de aprovechar un período de tiempo generalmente corto, en el que uno es el único suministrador de un producto o servicio particular, y para todo el mundo. Cuando llega la competencia, hay que emprender rápidamente, mejor pronto que tarde, otros proyectos pioneros. "Atascarse" en posiciones de negocio más maduras, con el recurso estratégico más importante de la empresa, el conocimiento humano, ocupado en actividades usuales, será un pasivo. Se demostrará que este recurso clave está mejor empleado cuando se le encomiendan actividades de negocio nuevas, pioneras y en rápida expansión, y que los ejecutivos aprenden y la firma se recupera de forma más eficaz cuando se recurre al capital humano.

Expondremos brevemente, en primer lugar, lo que se podría considerar como un paradigma del proceso de planificación emergente para un crecimiento ultrarrápido. Después, examinaremos aspectos de los importantísimos procesos de aprendizaje, así como de los procesos de recursos humanos estratégicos que se han de reconfigurar dramáticamente, hasta el punto de que puede esperarse que los procesos de gestión de recursos humanos clásicos cambiarán por completo. Por otra parte, las funciones de presupuestación y control quizás no cambien demasiado, aunque tendrán, desde luego, una connotación muy distinta de la que es hoy común.

UN PARADIGMA DE PROCESO ESTRATÉGICO EMERGENTE

Hay que concentrarse en la búsqueda de oportunidades de negocio totalmente nuevas, y servir al cliente final y/o intermedio de manera radicalmente distinta. Para ello, será igualmente vital movilizar el recurso estratégico más importante de la empresa, su personal. Como quiera que la ventaja competitiva tiene generalmente una vida corta, resulta de la mayor importancia generar tantas ideas de negocios nuevos viables como sea posible; esto es lo que queremos decir cuando hablamos de *ser pioneros*. Estas ideas tienen que estudiarse muy rápidamente, para que se puedan desarrollar y poner en el mercado las más prometedoras. Estos esfuerzos de *expansión rápida* deben ponerse en marcha de manera ultraveloz, de forma que se pueda alcanzar cuanto antes una posición de monopolio global, fuerte y exclusiva, a fin de recuperar lo invertido, y más. Para conseguir una ventaja estratégica a través de la rápida expansión de negocios pioneros, será esencial formar equipos humanos dedicados.

Con esto, la estrategia ya no consiste en defender una posición de statu quo determinada para mantener una ventaja competitiva. Será, por el contrario, más importante cada vez utilizar una estrategia propia de recursos humanos para desarrollar estrategias *nuevas* que nos permitan conseguir nuevas posiciones exclusivas. Los puntos focales deben estar, por tanto, en la experimentación, en ser pioneros y en la expansión rápida, en lugar de en la defensa de cuotas de mercado existentes.

Como vemos, y no debe sorprendernos, el recurso estratégico clave será el *personal* de la organización, de manera más evidente incluso de lo que lo es hoy. Los procesos fundamentales de gestión serán, así, los que tengan que ver con el personal y los que tengan un gran impacto sobre su comportamiento. En particular, ¿cómo pueden los procesos de gestión diseñados adecuadamente ayudar al personal a ver nuevas oportunidades de negocio? Además, ¿cómo podemos estimular al personal para que busque tales oportunidades? Algunos de estos procesos de comportamiento serán más o menos nuevos. Otros implican una cuidadosa modificación de sus fines actuales, con el propósito de regirse más por la creatividad. Por ello, ganarán importancia varios procesos de gestión nuevos, mientras que otros cambiarán, como veremos.

PREDICCIONES DE PROCESOS DE DIRECCIÓN ESPECÍFICOS
Procesos de aprendizaje

Al considerar una oportunidad de negocio pionero nueva, será particularmente importante mantener un punto de vista global, con el fin de que podamos elegir rápidamente para juzgar mejor si tenemos una oportunidad de negocio que merezca la pena o no. Consideremos, por ejemplo, la rapidez con que un niño aprende un idioma nuevo. A lo mejor podremos inspirarnos en el proceso de asimilación de conocimiento del niño cuando tengamos que movernos de manera rápida en la curva de aprendizaje en los escenarios contextuales de los negocios. Como sabemos, el niño aprende formándose una imagen global de un fenómeno particular, y a medida que crecen su experiencia y su madurez, recompone esa imagen y le añade detalles más precisos. El niño o la niña repiten este proceso, generalmente a un ritmo relativamente rápido, hasta que llegan a entenderlo de manera razonable. Debemos a Piaget[1] gran parte de la comprensión del modo en que aprenden los niños.

Este enfoque holístico, de acumular conocimiento gradualmente mediante la reconfiguración de la imagen global, parece que funciona con más rapidez que el modo cartesiano típico de aprender, en el que se van comprendiendo las distintas partes del fenómeno y después se unen. Tradicionalmente, cuando algo no funciona, analizamos la parte o las partes afectadas, corregimos esa parte o partes y después adoptamos un enfoque agregado de revisión —así es como analizamos los desvíos del presupuesto y emprendemos las acciones correctoras[2]—. Sin embargo, la organización del siglo próximo no se preocupará de analizar las partes que no funcionan, sino que se centrará en la forma de desarrollar una clara imagen holística de una oportunidad de negocio viable particular.

En línea con esto, necesitamos también aprender a crecer más rápidamente. En este tema podemos aprovechar ideas importantes de Harold Lewitt, quien defiende que los fracasos en los intentos de implementación se deberían de interpretar como inspiración para continuar un camino levemente modificado.[3] Así, el crecimiento y la implementación rápida significan que se ha encontrado el camino más útil para ir por el bosque. Resulta fundamental, por tanto, aprender a destacar lo positivo y a no quedarnos atascados en los fracasos. Se puede ganar en rapidez si nos damos cuenta de que los retrocesos temporales son, de hecho, estímulos para buscar un camino ligeramente distinto.

Creemos que los procesos de aprendizaje rápido se convertirán en una parte importante de las prácticas directivas del futuro. Se basarán en los enfoques positivos y holísticos del aprendizaje que hemos expuesto más arriba.

Procesos de gestión de recursos humanos

Asistiremos a muchos cambios en lo que se refiere al comportamiento, dentro de los procesos de recursos humanos, contradiciendo el viejo dicho de que la gente se puede asignar a varios puestos de trabajo y de que la organización consiste en una estructura típicamente jerárquica de personas que tienen asignados puestos de trabajo específicos.

Lo que ocurrirá en adelante es que se permitirá generalmente a los ejecutivos organizarse en equipos, desde los cuales considerarán que podrán aportar más. Estos equipos estarán constituidos generalmente de forma tal, que contarán con las capacitaciones eclécticas necesarias para identificar nuevas oportunidades de negocio interesantes. La formación de equipos se centrará, por tanto, en resituar a las personas para que trabajen juntas en la búsqueda de oportunidades y aprendan a explotarlas. El proceso de recursos humanos estratégicos estará dirigido, pues, a orientar a las personas, de manera que encuentren los puestos en que serán productivas dentro de tales equipos.

Podría esperarse, por lo general, que estos equipos fueran de naturaleza virtual. Se podría tener por garantizado que la gente quiere vivir allí donde lo encuentre más estimulante y confortable, y que, consecuentemente, interactuará con los otros a través de redes virtuales. Como se ha puesto de manifiesto, los equipos virtuales deberán ser muy eclécticos y estar equilibrados en lo que respecta al género de sus componentes, si se quiere incentivar la creatividad. Los miembros de la organización necesitarán tener conciencia de *quién* sabe *qué* –en otras palabras, dónde se pueden encontrar, dentro de la organización, determinados tipos de talento y quién pertenece a qué equipo. Por ello, los procesos de recursos humanos estratégicos deberán plantearse de manera que apoyen este proceso de equipo virtual proactivo, autoorganizado en su mayor parte y orientado a las actividades pioneras.

El proceso de desarrollo ejecutivo

Estaría totalmente justificado que nos preguntásemos quién tendría que preparar a los miembros de la organización para que pudieran trabajar mejor en tales equipos. Debemos suponer que los miembros de la organización serán tanto lo suficientemente maduros como estarán lo suficientemente apartados de la política para hacerlo posible. Pero no es probable que ocurra de forma automática, y de aquí la necesidad de que alguien asuma la función clave del desarrollo ejecutivo.

El desarrollo ejecutivo adquiere creciente importancia en cuanto que es necesario para proporcionar a la organización procesos de desarrollo vitales, tanto para dotarla de una cultura madura, en general, como para asegurar que se dispone de recursos humanos con las competencias relevantes, especialmente en dos áreas. En primer lugar, serán cruciales los equipos transculturales. La organización debe recibir apoyo para hacer realidad el desarrollo de las capacidades de trabajo en equipo. Esto implica incentivar la comunicación y la escucha, capacitaciones ambas que implican desarrollar al individuo para que actúe de forma más madura. La capacitación del equipo para actuar transculturalmente debe llevar a comprender la forma de operar eficazmente como individuos en redes desprovistas de toda jerarquía, y generalmente virtuales. Esperamos que esto adquiera cada vez más importancia.

En segundo lugar, debe reforzarse la capacidad de ser visionarios. Como hemos visto, la mayoría de las organizaciones deben preocuparse seriamente de intentar ver oportunidades no obvias para todos los demás. Este proceso no se puede dejar en manos de unos cuantos emprendedores internos para que actúen como conductores. Por el contrario, es importante que las visiones emergentes estén basadas en las capacidades compuestas y amplias de los equipos. Esta visión para expandir el éxito de forma ultrarrápida y pionera debe ser concreta y expresarse en forma de historias específicas sobre lo que se quiere hacer. Las afirmaciones abstractas, o las listas de deseos, por lo general no se materializarán. Tampoco las extrapolaciones. Por ello es fundamental que los equipos sean conscientes del peligro de quedarse entrampados en el statu quo —el proceso de desarrollo ejecutivo del futuro debe de centrarse en esto, mediante la visión positiva.

Los incentivos

Es probable que el área de los procesos de incentivos sufra también un gran cambio. Deberíamos recordar que los incentivos tienden a producir un gran impacto sobre el comportamiento, y que esto continuará siendo así. Pero los tipos de incentivos cambiarán y se centrarán en nuevas direcciones del comportamiento. En primer lugar, y por lo que respecta al nivel de los negocios, la cuestión estará en proporcionar incentivos a los equipos que crean las oportunidades pioneras y las subsecuentes iniciativas ultrarrápidas. Por ello es probable que los incentivos se centren en el modo de procurar el crecimiento. Lo que está claro es que tendrá que incentivarse generosamente el hecho de dar con excelentes ideas de negocios y con buenas perspectivas pioneras. También se tendrán que aplicar a la puesta en práctica eficaz del crecimiento ultrarrápido. Es interesante concentrar la fuerza de los incentivos a nivel de negocios en la creación de oportunidades, más que en aumentar los beneficios de las actividades en marcha. Consiguientemente, será esencial establecer una serie de mojones que permitan medir el crecimiento. Las mediciones clásicas de los rendimientos de las actividades actuales no plantearán tantas exigencias. También es probable que los incentivos se basen principalmente en el trabajo en equipo y reconozcan la importancia esencial de los equipos eclécticos, a la hora de generar ideas de suficiente calidad para conseguir un crecimiento ultrarrápido y pionero. Esto está también en agudo contraste con los incentivos individuales típicos, que tienden a predominar en el presente.

También se espera un gran cambio en los incentivos a nivel ejecutivo corporativo. Si tenemos en cuenta que el recurso crítico de la empresa moderna es el capital humano, será particularmente importante que los incentivos de los altos directivos estén ligados directamente al mantenimiento y posterior desarrollo de la base de capital humano de la empresa. Estos incentivos tienden a chocar con los que solemos encontrar hoy, centrados principalmente en los resultados finales. Las recompensas específicas se darán, en primer lugar, en forma de opciones sobre acciones, con el fin de asegurar una perspectiva más amplia a los empleados de la firma. Se deberían evitar los pagos en efectivo de bonus generosos, puesto que tales fondos se necesitan para apoyar el crecimiento. El capital circulante debería mantenerse en la empresa para apoyar las actividades de creación de valor, encabezadas por las ideas buenas de los equipos.

Hemos expuesto, hasta aquí, el modo en que los procesos de gestión estarán dominados por los aspectos relativos al comportamiento en la gestión estratégica de los recursos humanos, prestando una atención especial a los incentivos y a la formación, con equipos transculturales y proactivos como fundamento. Nuestro mensaje es que el grueso de los procesos de gestión estarán centrados en el siglo próximo en el propio personal clave como recurso estratégico fundamental. Será importante ver el modo de hacer que se produzca el deseado impacto empresarial en su comportamiento. Sin embargo, ¿qué decir de los procesos de gestión más clásicos, tales como los de presupuestación y control? Creemos que estos últimos serán quizás tan importantes como antes, pero el foco de atención cambiará radicalmente. Consideremos la naturaleza de estos probables cambios.

El proceso de presupuestación

Dos aspectos del proceso de presupuestación clásico que cambiarán seguramente son el contenido del mismo y la dimensión interactiva e iterativa de arriba abajo/de abajo arriba, según el modo en que se implique a los miembros de la organización en el diálogo para confeccionar un presupuesto.

En relación al contenido, está claro que los presupuestos prestarán mucha más atención a los proyectos pioneros y de rápida expansión. Una de las preocupaciones principales de este proceso de presupuestación será ver si contamos con las personas adecuadas en el sitio adecuado. También será muy importante contar con hitos para alcanzar objetivos específicos de crecimiento. Finalmente, será importante ver si las personas claves pueden aprender adecuadamente sus asignaciones específicas en el proyecto, de manera que se pueda confiar en que el capital humano se pondrá al día. Puede ser que el presupuesto se tenga que modificar hasta que los directivos se sientan satisfechos de que tienen una respuesta afirmativa a las cuestiones que acabamos de exponer. Será también de la mayor importancia la cuestión de los fondos financieros, pero probablemente estará subordinada a la de si las personas adecuadas están en los sitios adecuados, aprendiendo las cosas necesarias y alcanzando los hitos adecuados. Cuando esto es así, puede esperarse que el rendimiento financiero se dé como consecuencia. Y así, los objetivos financieros y los resultados finales serán derivados segundos, y no los puntos de partida del proceso de presupuestación.

Ocupémonos ahora del diálogo interactivo e iterativo que se sigue en la organización para alcanzar realmente los acuerdos en torno al presupuesto. Aquí será más necesario que nunca entre los equipos de proyectos y los altos directivos. En primer lugar, ¿quiénes son esos altos directivos? Se debería resaltar que estos se habrán elegido principalmente por su larga experiencia en procesos de equipos y por sus ideas sobre iniciativas pioneras y desarrollo de la expansión ultrarrápida. No se les habrá elegido de acuerdo al criterio antiguo de gestión establecido, unidades de negocios maduras para triunfar a corto plazo. La alta dirección tiene así la experiencia para implicarse eficazmente en el diálogo con los equipos del proyecto en varias etapas de la formación de las direcciones estratégicas. Es importante resaltar que:

- En el proceso de presupuestación serán claves los embrionarios trabajos de equipo, para descubrir si tenemos una idea de negocio o no, y si tenemos una iniciativa pionera o no. Parte de este esfuerzo embrionario se centrará en la reestructuración de los equipos mismos, con el fin de asegurar que los miembros del equipo adaptan sus acciones a las directrices de los nuevos negocios emergentes.

- Se debe reflejar en el presupuesto el diálogo en torno a la comprobación del modelo de negocio, es decir, en torno a si tenemos una idea de negocio viable o no, y, si la tenemos, la animación catalizadora, procedente de la alta dirección, para seguir adelante a toda velocidad, a menudo con un equipo de proyecto algo distinto al previsto inicialmente.

- Debe formar parte del presupuesto el crecimiento en forma de expansión ultrarrápida, con uno de sus focos en la discusión de cómo encontrar el camino adelante adecuado.

Esto podría suponer, de nuevo, la composición de un equipo de recursos humanos diferente del previsto inicialmente.

El rol de la alta dirección en todo esto consiste en proporcionar un punto de vista basado en la experiencia, interactivo y catalizador, en el que la cuestión es prestar apoyo al proceso de iniciativa de negocio pionero/de rápida expansión. Este apoyo se dedica, en parte, a proporcionar un *input* relevante a las elecciones estratégicas que se tienen a mano, y, en parte, a proporcionar un *input* en lo que podría ser provisión de recursos humanos y composición de equipos en cada etapa opcional. No se trata, pues, de una tarea de mando y control en el sentido clásico.

El proceso de control

El proceso de control cambiará también drásticamente; quizás no siga existiendo la palabra "control", dadas las connotaciones disfuncionales, desde el punto de vista del comportamiento, que suelen acompañarle. Sin embargo, lo utilizaremos aún aquí como término de referencia conveniente, y recordaremos que el contenido al que alude será totalmente distinto.

De nuevo, al igual que hemos visto en el tema de la confección de los presupuestos, el control se producirá en el futuro a través del diálogo entre los altos directivos y los miembros de los equipos de negocios pioneros/de rápida expansión. Este control se basará principalmente en el compartimiento de experiencias relativas al modo de interpretar el progreso actual en relación al plan, particularmente cuando se llega a los hitos. Deben aplicarse juicios pragmáticos en relación a si se procede con un experimento pionero o no, y, en caso afirmativo, ver la manera en que se debería desarrollar . Esto nos conduce a dos cuestiones de proceso de control nuevas y críticas para la empresa en el nuevo siglo.

En primer lugar, tenemos la cuestión de un reto de control "ir/no ir" al re-evaluar las iniciativas de negocios pioneros.[4] ¿Tenemos verdaderamente un negocio o no? ¿Necesitamos continuar la experimentación para efectuar más comprobaciones, o estamos listos para ir a toda marcha? ¿Es esta idea de negocio demasiado inverosímil para merecer realmente que nos redimensionemos? El proceso de control se centrará así en alcanzar un nivel de actividad óptimo, ya sea para comprometer recursos humanos (energía y tiempo) o, a una mayor escala, para pensar en una rápida expansión, para continuar en el estado actual, o incluso para renunciar totalmente a la iniciativa.

En segundo lugar, el escenario de control de la expansión rápida puede plantear, generalmente, una cuestión particularmente importante en sí misma. ¿Se está desarrollando el negocio de la forma esperada en la fase crítica de rápida expansión? Por el contrario, ¿necesitamos efectuar correcciones, de forma que se pueda programar un camino de expansión rápido, ligeramente revisado? En un caso más extremo, ¿hay que cambiar todo el camino de la expansión, abandonando nuestro escenario de crecimiento y pasando a otro completamente nuevo? Es interesante resaltar que no estamos hablando aquí del control incremental en sentido clásico, centrándonos generalmente en desviaciones menores para solucionarlas y juntarlas después en presupuestos controlables ligeramente modificados. Estamos hablando, por el contrario, del control del escenario, o control de la contingencia, en donde la cuestión reside en ver hasta qué punto se mantienen, o no, los supuestos subyacentes críticos.

IMPLICACIONES PARA LOS LÍDERES DEL FUTURO

Los procesos de gestión del siglo próximo serán de una naturaleza mucho más cercana al comportamiento, como hemos puesto de relieve. Se centrarán en un número determinado de cuestiones relativas a los recursos humanos, las principales de las cuales hemos expuesto ya: aprendizaje, visiones basadas en el equipo, procesos de dirección de recursos humanos, incentivos para mejorar el rendimiento, presupuestación holística y controles proactivos. Nuestra predicción se puede resumir en tres grandes temas:

- En primer lugar, el reto de desarrollar procesos de gestión que incentiven la búsqueda agresiva y pionera de nuevos negocios, así como una ultrarrápida expansión de los más prometedores de ellos, de manera que se incentive el crecimiento ultrarrápido generado-internamente.

- En segundo lugar, reforzar la atención sobre las capacidades adecuadas de los recursos humanos para el crecimiento ultrarrápido, tanto en términos de contar con las personas adecuadas en los lugares adecuados para aprovechar las oportunidades de negocio, como en términos de continuar la movilización organizativa. Esto supone tener que regenerar los recursos humanos de acuerdo a las pautas de actividad de la empresa, de manera que el primer recurso estratégico, las competencias del propio personal, se mejoren, dando prioridad al aprendizaje relevante.

- En tercer lugar, las cuestiones de la preparación de los presupuestos y de los controles tendrán significaciones totalmente distintas, al ponerse el acento en dilucidar proactivamente si tenemos una idea de negocio o no, teniendo en cuenta nuestros recursos humanos y capacidades y, en caso afirmativo, en ver como podemos crecer basándonos en la implicación de las personas adecuadas. Esto implica mantener un punto de vista global y un diálogo cerrado y catalizador entre la alta dirección y cada uno de los equipos de proyectos.

ALGUNAS CUESTIONES RELATIVAS A LA IMPLEMENTACIÓN

¿Qué retos principales se presentan a la hora de poner en práctica las predicciones hechas en este capítulo? Se debería tener en cuenta que las predicciones se cumplirán, obviamente, a lo largo de un período de tiempo relativamente extenso. A la hora de trabajar en favor de una evolución rápida global se deberían tener en cuenta, sobre todo, cinco retos interrelacionados:

- Deberíamos empezar ahora a incentivar el pensamiento positivo de nuestro personal, animándole a que trabaje en equipos creativos.

- Deberíamos empezar a resaltar la importancia que tiene el hecho de que la persona adecuada trabaje en el lugar adecuado de la empresa, poniendo el acento en la autoorganización, y con las perspectivas de alcanzar un crecimiento rápido.

- Habrá que derribar los reinos organizativos, los niveles piramidales de la organización y la burocracia, para que emerja una organización más plana y orientada al trabajo en equipo. Esta tarea debería empezar ahora, con un acento particular en la modificación de los procesos de gestión existentes para que disminuya el apoyo a tales prácticas tradicionales.

- En línea con esto, deberíamos comenzar ahora a animar al personal a trabajar en organizaciones planas, a organizarse en equipos, a que se acostumbre a llevar múltiples sombreros, y a que se haga más sensible a las ambigüedades organizativas. Los miembros de la organización deben tomar conciencia de la máxima que dice que su responsabilidad real será mayor que su autoridad formal. Deben comenzar a asumir esta madurez lo antes posible.

- Y, último pero no menor, la organización debería comenzar ahora a practicar un pensamiento más holístico y un *management* proactivo. Cuando se llegue a las revisiones del presupuesto, por ejemplo, la cuestión será volver a pensar en entender los desvíos como síntomas de cambios más amplios que afectan a la organización, en lugar de verlos de manera aislada como cuestiones incrementales que hay que arreglar. De manera similar, los retrocesos se deben contemplar en un contexto más amplio, no como derrotas, sino como estímulos para continuar el esfuerzo, con el fin de descubrir nuevas opciones a las que aplicarse. Una actitud derrotista no impulsará a la organización hacia adelante.

Considerándolo en conjunto, hemos señalado qué procesos de cambios importantes se espera que se produzcan, con el fin de asegurar que la firma triunfadora del futuro actúa adecuadamente. Deberíamos tomar esta predicción en sentido más bien dramático. O quizás debamos dejar que sea el sentido común implícito en las prácticas del buen *management* el que conduzca la evolución, de manera que nuestra predicción no tenga que ser tan dramática, después de todo. El tiempo nos dirá.

CAPÍTULO 12

EL LIDERAZGO DEL CONOCIMIENTO

J. WILL FOPPEN

La relación entre la práctica del *management* y la formación para el *management* es cualquier cosa menos una relación de equivalencia. Las opiniones en torno al grado en que la formación para la dirección de empresas contribuye a formar directivos eficaces son muy distintas. Se han publicado muchos libros que presentan otras tantas técnicas para mejorar la formación de los directivos. Esta misma literatura insiste en que ha comenzado un nuevo período para el *management*, con demandas nuevas y diferentes.

Ante esto, se han producido dos reacciones radicalmente divergentes.[1] Muchos son de la opinión de que lo que más necesitan los directivos para hacer mejor su trabajo y favorecer sus carreras son nuevas técnicas y capacitaciones. Son ejemplos de esta postura los esfuerzos que se hacen por crear empresas flexibles con técnicas tales como gestión de la calidad total, sustitución de las estructuras burocráticas regidas por las normas por culturas empresariales orientadas al valor, creación de organizaciones virtuales, y utilización de las tecnologías de la información para someter a reingeniería los procesos de trabajo. Además de esto, los directivos tienen que pensar de formas distintas, que pueden ir desde el desarrollo de más creatividad directiva a prosperar con el caos. Puede que las tareas directivas se hayan hecho más difíciles, pero siempre hay muchos caminos nuevos y diferentes de abordarlas.

La segunda reacción, que no la comparten hasta el momento tantas personas, pero que se está haciendo cada vez más popular entre los implicados, es más general y sostiene el punto de vista de que el *management* no es viable ya, debido a las turbulencias incontrolables, a la irracionalidad y a la ambigüedad. Esta postura plantea, inevitablemente, la cuestión de si el *management* no ha sido siempre ilusorio.

El *management* tiene una importancia esencial para la sociedad moderna. Por ello, el pensamiento sobre el *management*, a nivel universal ciertamente, es (muy) relevante para la práctica del mismo. Y lo que cuenta, con independencia de que se plantee si la pretensión de que el *management* es indispensable es realmente válida o no, es el hecho de que prácticamente todo el mundo cree en él. Además, las profundas investigaciones realizadas por el hombre sobre la naturaleza y las diferentes formas de sociedad han planteado un gran número de problemas que, junto con el modo en que se han abordado, han originado, en sí mismos, una necesidad mucho mayor de *management*. Todo esto subraya, una vez más, la importancia social que ha adquirido el *management* y, por consiguiente, la formación para el *management*. Al mismo tiempo, esto refuerza la importancia de mantener un enfoque crítico sobre ambas reacciones.[2]

EL MANAGEMENT Y LA FORMACIÓN

Desde una perspectiva global, se presentan dos amplias visiones de la formación para el *management*. La primera de ellas sostiene que se tendrían que cambiar radicalmente los contenidos y los métodos, con el fin de ayudar a los directivos a ser más eficaces en un mundo complejo y sometido a un cambio rápido. La segunda mantiene que el *management* no tiene importancia y que, en consecuencia, deberíamos abandonar la idea de proporcionar a los directivos ningún tipo de especialización.

Para que un proceso de aprendizaje, o cualquier otra actividad, se denominen a sí mismos "formación" o se consideren formativos, tienen que reunir, al menos, una serie de condiciones. En primer lugar, y sobre todo, la formación implica la recepción de algo valioso, a lo que uno se ha comprometido. Se espera que uno aprenda algo de valor. La formación presupone aprendizaje —el aprendizaje de conocimiento válido—. En segundo lugar, la formación debería ser sobre conocimiento y entendimiento deseados, en combinación con una perspectiva de conocimiento suficiente. La formación no consiste solo en recopilar hechos o información en provecho propio. Tiene que ver, principalmente, con un plan conceptual cuyos principios podemos entender y explicar, con lo cual, la perspectiva del conocimiento indicará que se es capaz de inscribir el conocimiento adquirido, sea específico o especializado, en un marco más amplio.[3] En cualquier caso, la formación y el aprendizaje significan siempre que el alumno cambia, y no solamente en lo que respecta al comportamiento. Pero un cambio en el comportamiento solo pondría de relieve en seguida un proceso de formación.

Finalmente, aunque no menor en importancia, hablando idealmente, desde el punto de vista del aprendizaje individual, el proceso de formación debe girar en torno a una voluntad de aprender desde el supuesto de una total libertad de pensamiento y acción. Esto no quiere decir que lo anterior signifique que un programa de formación no puede ser nunca educativo, ni que la formación no tenga nada que ver con el conocimiento o la capacitación. En un número de casos bastante elevado, lo que se requiere es precisamente una cierta capacitación (por ejemplo, hacer cálculos o dirigir experiencias) para poder incluso adquirir en primer lugar conocimiento y visión. Como dice R. Dearden:

> "El aprendizaje bajo forma de formación vocacional tiene como finalidad asegurar una eficacia operativa; la persona será capaz de trabajar con el procesador de textos, prestar una primera ayuda, poner una inyección o llevar una tienda. El aprendizaje bajo forma de educación tiene como fin asegurar un conocimiento amplio y profundo, un cierto grado de capacidad de reflexión crítica y la correspondiente autonomía de juicio.
>
> ¿Son compatibles? *A priori*, no parece que haya razón alguna para que no lo sean. El proceso de formación se debería concebir liberalmente, de manera tal que explorase aspectos relevantes del entendimiento, y de forma que satisficiera los estándares internos de verdad y adecuación. La formación para el desempeño de las profesiones liberales es a menudo así."[4]

Está claro que la formación para la dirección de empresas incluirá aspectos no solo de la formación vocacional, sino también de la educación, especialmente elementos de "educación liberal". De lo que se sigue que un programa de formación para la dirección que se considere serio deberá fomentar tanto la competencia social como la capacidad para el análisis intelectual. Además, habrá de prestar atención a las aptitudes interpersonales, tales como la toma de decisiones en situaciones de incertidumbre, la familiarización con la confección de un presupuesto, con la empresa comercial, etc.[5] Además, será muy valioso tener un conocimiento extenso de las organizaciones y, sobre todo, ser capaz de analizarlas.[6]

¿SE PUEDE FORMAR A LOS DIRECTIVOS?

Los participantes en todos los programas de formación orientados a la carrera pueden suponer perfectamente que es probable que mejore su nivel de rendimiento. La formación de directivos, al emular indirectamente lo que se hace en cualesquiera otros cursos de formación de otras profesiones, seguirá el ejemplo de los mismos, impartiendo conocimiento y capacitaciones en varias áreas funcionales.

No hace falta decir que ningún programa de formación de directivos puede sustituir a la experiencia. Lo que sí se puede es adquirir la competencia necesaria como para sacar el máximo partido de la propia experiencia, para lo cual serán de gran ayuda el conocimiento de la perspectiva y el desarrollo de las facultades reflexivas y críticas mencionadas antes. También podría contribuir mucho a ello el debate abierto y objetivo. Resulta sin duda obvio que este enfoque esboza, una vez más, las características de la "educación liberal".

Un segundo lazo de unión entre la formación y los logros de los directivos reside en la mejora de la capacidad para gestionar el cambio. Después de todo, si para implementar el cambio uno tuviera que depender solo de la propia cultura, las cosas irían con demasiada lentitud.[7] La formación y la enseñanza deberían ser más eficaces. Un directivo bien formado se prestará menos a dejarse sorprender por lo nuevo y se sentirá estimulado a contemplar el cambio como algo constante.

La paradoja reside en que, por una parte, la formación en dirección de empresas pretende hacer más eficaz el *management*, pero, por otra, puede, quizás por definición, no enseñar exactamente la forma de conseguir este objetivo. "La paradoja consiste en que la formación solo demostrará ser útil si se preocupa de metas más amplias, de mantener la vista apartada de la bola de cristal. Parece ser que se requiere hacer algún juego de manos, algún embaucamiento, por medio del cual parece que damos a los clientes lo que desean, mientras que trabajamos en nuestro propio concepto de lo que necesitan."[8]

En otras palabras, lo que se necesita es un truco, una forma de embaucamiento por la que parezca como si el cliente estuviera consiguiendo lo que quiere, cuando lo que se produce es exactamente lo que la formación del directivo estima necesario. Pero esto es cualquier cosa menos deseable, porque si, como consecuencia, se confecciona un programa de formación separado de la práctica del *management*, hemos regresado al punto de partida.

La esencia del proceso en discusión está increíblemente expuesta en una de las fábulas de La Fontaine:

> "Los niños eran demasiado perezosos (presumiblemente) para ganarse la vida trabajando en el campo, como quería su padre. De manera que este les dijo que había un tesoro escondido bajo tierra. Ávidos por hacerse ricos rápidamente, removieron el suelo en la búsqueda infructuosa del tesoro y con ello lo hicieron tan fértil, que se hicieron ricos de verdad."[9]

En relación a lo que hemos señalado antes sobre la eficacia de los directivos en la práctica y la (supuesta) contribución a ello de la formación de directivos, la anticipación y los análisis de efectos deberían de poder proporcionar una comprensión mayor de las pretensiones originales y del resultado final, y, con ello, de lo que ocurre con los resultados positivos y negativos no previstos de antemano.

LA FORMACIÓN DE DIRECTIVOS COMO PROCESO

El pensamiento académico sobre el *management* se desarrolla en una galería de espejos. Las teorías sobre el *management* se suelen originar en un conjunto de institutos públicos que son, en sí mismos, resultado de una planificación básica o de un proceso de *management*. De acuerdo con Chia, las teorías sobre la dirección de empresas son una aspiración socialmente "dirigida" sobre un cuerpo de conocimiento cuyas partes componentes contribuyen al reforzamiento del mismo principio de planificación dominante que desean ayudar a desenmascarar. De hecho, la dirección de la organización y la organización del pensamiento sobre la dirección son imágenes que se miran en el espejo. Reflejan y refuerzan el sistema circundante de los valores y símbolos dominantes. Esta relación mutua no se reconoce ni asume de buena gana. Tampoco se ha prestado mucha atención a lo que esto puede significar con respecto tanto a teorizar sobre ello, como a formar para dirigir empresas.[10]

La mayoría de las teorías actuales sobre la dirección de empresas están dominadas por un marco de referencia con un plan fijo de espacio, tiempo, y materia objeto. Esto determina la imagen trazada, o más bien limitada, que se tiene de la realidad. De acuerdo con Chia:

"... la creencia de que las teorías son intentos de las élites intelectuales de la sociedad para describir fielmente la realidad y representarla tal como es. Cuando se alcanza este reflejo fiel, se pretende que las teorías sean verdad, y de aquí que lleven incorporado todo el peso de la autoridad científica. La univocidad de la afirmación y, de aquí, la universalidad de la aplicación, se consiguen minando sistemáticamente y matando las visiones competidoras, casi del mismo modo en que los estrategas militares maniobran para aislar primero y eliminar después a las fuerzas opuestas."[11]

En esta visión newtoniana, el pensamiento de causalidad y el estado de reposo y la estabilidad determinan lo que se considera normal y lo que debería seguir siéndolo. El movimiento no es más que la transición de un estado estable al siguiente. Desde este punto de vista, el cambio, el movimiento y la transformación son meramente piedras que nos ayudan a pasar el arroyo y cuestiones colaterales; no forman parte esencial de la realidad verdadera. Buena parte del pensamiento actual sobre la planificación, la dirección de empresas y el conocimiento representan, así, una realidad que él mismo ha creado.

El poeta Wordsworth pinta esta autolimitación de forma más conmovedora:

"... Ese falso poder secundario
por el que nosotros multiplicamos las diferenciaciones, luego
pretendemos que nuestras débiles fronteras son cosas
que percibimos y no que hemos construido."[12]

¡Qué diferente es la visión de que todo fluye y se mueve; en la que todo está en un estado de devenir y convirtiéndose en ser continuamente! Esta forma de pensar aparece repetidamente, como un contraataque, aunque en forma de una vaga generalización intuitiva. "*Panta rhei: oude menei*", de Heráclito, es una proposición filosófica presocrática que ha sido adoptada por Bergson y Whitehead, entre otros. Ambos merecen que les dediquemos un momento para insistir en su importancia y en su posible contribución a la formación en dirección empresarial.[13] Una vez más, nos hemos familiarizado con la movilidad fundamental de la realidad: "Debemos acostumbrarnos al movimiento y considerarlo lo más sencillo y claro, puesto que la inmovilidad solo es el límite extremo de la disminución del movimiento, un límite que solo se alcanza, quizás, en el pensamiento, pero que no se da en la naturaleza."[14]

La adopción, como premisa, de la primacía del movimiento y el proceso sobre las entidades estáticas y la permanencia, tendrá consecuencias radicales a la hora de captar y comprender el proceso de gestión, y a la hora de confeccionar el programa de formación para la dirección de empresas. La idea de que el *management* se preocupa, sobre todo, de conseguir los objetivos trazados -de aquí que el conocimiento del *management* sea un artículo del que se puede tener tanto como se quiera- se basa en los presupuestos de la ontología existencial ("así es como es") y en una epistemología de la representación ("... y estas son las etiquetas del conocimiento con las que trabajamos"). La objeción —incluso desde los propios programas de aprendizaje— de que se presta atención realmente a las ideas y a la visión, nos induce a seguir contemplando qué elementos nuevos tienen que añadir Bergson y Whitehead (reparemos en que ambos publicaron sus hallazgos a principios de siglo).

Bergson ve que las dos formas fundamentales de conocer y de adquirir conocimiento son la inteligencia y la intuición. La inteligencia explora externamente un objeto dado, mientras que la intuición lo explora desde el interior. La primera observa y compara, mientras que la segunda entra y desea aprender lo más posible desde dentro. La inteligencia pone su fe en lo conocido, al tiempo que el conocer intuitivo es empatía intelectual, es decir, se pretende captar lo que es único y que, por esa razón, no está puesto aún en palabras. En cierto sentido, esto requiere una reversión del modo en que estamos acostumbrados a pensar: "Filosofar... es invertir la dirección habitual del trabajo del pensamiento".[15]

Las etiquetas del lenguaje y otros conceptos asociados bien conocidos no son ya centrales. Es demasiado tentador utilizarlos como medio de ver las cosas de la manera antigua. Wittgenstein dice: "Los límites de mi lenguaje representan los límites de mi mundo".[16] Según Rorty, no hay manera de describir el mundo independientemente del modo en que lo hacemos.[17] Cuando nos afanamos por pensar más allá de lo ya conocido, penetramos en lo que era un territorio desconocido hasta ese momento, y buscamos con los ojos abiertos lo que es nuevo e incierto. De cualquier forma, no vamos a evitarlo, pero estaremos preparados para permitirnos a nosotros mismos vernos imbuidos de una realidad distinta a la que nos es familiar.

Al rebelarnos contra los conceptos existentes, creamos el espacio necesario para formular visiones personales, de las que puede desarrollarse una visión individual del *management*: "Un adelanto creativo en la novedad".[18] La capacidad negativa es exactamente lo que mantiene a Alicia de pie en la turbulencia e inseguridad del País de las

Maravillas, en el que todo concepto familiar está patas arriba y los nuevos conceptos surgen para ser utilizables solo si (al modo de Whitehead) son entendidos más allá de las categorías familiares del conocimiento.[19]

El cultivo de la visión o de la premonición es de crucial importancia para triunfar en un mundo que se caracteriza cada vez más por la fluidez y la continuamente indecisa y cambiante actividad en los negocios. Es vital reconocer y controlar las rutinas, para orientarse y ver el futuro. Las rutinas tienen una importancia transcendental. Comprueban por sí mismas si les prestamos atención o no, y cuando es necesario desarrollar otras nuevas. La vida social, al igual que la organización empresarial, está imbuida de rutina y florece bajo ella. Una comunidad necesita estabilidad, la visión presupone, en sí misma, estabilidad, y la estabilidad es producto de la rutina.

Pero, con independencia de lo importante que esto pueda ser, la aceptación de la rutina y la confianza en ella no es suficiente. Para triunfar como directivo hay que desarrollar la capacidad de entender la continuamente compleja variedad de sociedades, hay que conseguir comprender las tendencias y los movimientos sociales y ser capaz también de evaluar cuantitativamente estos cambios cualitativos. Este aspecto complementario del poder de la rutina y de la instintiva captación de las pautas de interconectividad es el que forma la visión o premonición.

Para Whitehead, la visión o premonición es una actitud general "para llegar a generalizar a partir de los particulares y para ver la divergente plasmación de las generalidades en distintas circunstancias."[20] Si se posee la capacidad de ver similaridades en las diferencias y diferencias en las similaridades, se pueden volver también a ver y a redefinir ciertos tipos de situaciones de *management*: "el comportamiento de las empresas requiere imaginación intelectual!"[21] Si la formación para el *management* puede promover esto, resaltando al mismo tiempo el conocimiento y el conocer creativo e intuitivo, se podría ser más capaz de ver posibilidades alternativas en situaciones y circunstancias específicas de gestión.

La cuestión clave continúa girando en torno al grado en que el conocimiento contextual o la situación específica sean un factor determinante del resultado final. Cada vez está más claro que el enfoque de la dirección empresarial más eficaz y válido sería el proporcionado, reflexivo y, por tanto, pragmático. Ya no hay dispensarios, hemos llegado a ser todos ciudadanos del País de las Maravillas. La configuración del desarrollo político, tecnológico, cultural —pero también ideológico— está en constante movimiento.

Toda situación de *management* se debería ver como lastrada por el modo en que se originó; con errores, ajustes, evaluaciones buenas y malas, pero también con una serie de posibilidades de resultados futuros. La observación de tales procesos, y una constante avidez por aprender, hace que nos demos cuenta de que el modo en que se originan los acontecimientos se ve afectado por el modo en que observamos y por lo que percibimos. El modo en que captamos una situación inspira un tipo específico de enfoque, mientras que, al mismo tiempo, la elección de una reacción particular, a su vez, influye sobre la cambiante pauta de quién, qué, cómo observa uno.

No hay ningún modo más vívido y optimista de ilustrar el éxito de esta dinámica y sustancial interacción, que citando la teoría de Goodwin sobre el modo en que pudo surgir el área del Amazonas: "Los árboles modifican y enriquecen el suelo al dejar caer sus hojas y producir un compuesto orgánico que retiene el agua, de manera que los sistemas selváticos como el del Amazonas se desarrollaron originalmente en suelos pobres, creando las condiciones para que se diera la sorprendente variedad de especies que ha brotado en este vasto ecosistema".[22]

La educación para la dirección empresarial en cuanto actividad procesal-filosófica se prueba a sí misma planteando cuestiones de fondo y poniendo en perspectiva lo que ha sido durante demasiado tiempo la norma aceptada, y que se ha incrustado en el pensamiento del *management*. Esta teoría del conocimiento basada en el proceso plantea sus propias y justificadas demandas sobre el aprendizaje del *management*.[23] El que se agarra fuertemente a una experiencia, puede obtener tanto de ella como desee. Tales situaciones solo se pueden entender plenamente si se ve hasta que punto están cargadas con el peso de su pasado. Entonces es cuando se puede percibir el tejido específico de un evento o circunstancia. La influencia mutua y recíproca, en cuanto opuesta a una supuesta causalidad lineal, es de mas ayuda a la hora de ver claramente cómo y por qué llegan a ser como son las cosas, los acontecimientos y los resultados; las nuevas predicciones raramente vienen a través de la actividad experimental pura y simple.[24] Recíprocamente, este proceso sólo es posible si, como Peter Pan, se está preparado para entablar batalla con la propia sombra sin que se vea otra imagen que el propio reflejo de uno mismo.[25]

LA RACIONALIDAD TÉCNICA

Hay que llegar a entender mejor los procesos sociales de organización y, en particular, el papel del propio comportamiento en la producción y reproducción de la vida de la organización. Por esto es verdad que "... los efectos del *management* sobre las vidas de los empleados, los consumidores y los ciudadanos son demasiado importantes como para que se deje llevar por una forma instrumental de racionalidad".[26]

Los programas de dirección de empresas aconsejan fervientemente a los estudiantes sobre la importancia de cuidar sus carreras profesionales. Casi todo y casi cada uno son vistos como una ayuda o como un obstáculo para este fin. Esta actitud se ve más reforzada aún por la inseguridad en los negocios y en el mercado de trabajo, aunque en una extensión ligeramente menor en los años recientes. Lo opuesto solo invitaría a la resistencia. Leamos de la forma tan elegante en que expresa su crítica el director de cursos de dirección de empresas, Peters: "Me gustaría dar una clase de estrategia e integración de negocios. Me gustaría utilizar material que tenga un mínimo de 25 años. Me gustaría quitar las fechas del copyright del material y me gustaría pensar que puedo funcionar con él, sin el menor atisbo de sospecha en la clase".[27]

En formación y en las cuestiones relacionadas con la formación, sirve de ayuda debatir explícitamente la tendencia de las personas a evitar emociones o discusiones sobre temas de poder y sobre los procesos dinámicos subyacentes. No es posible abordar lo que hace al aprendizaje experimental tan valioso si no se deja una vía de escape. Los estudiantes y otros participantes en el programa serán contrarios inicialmente a expresar sus emociones y se sentirán inquietos, pero la superación de esta situación ayuda y facilita el aprendizaje. No es menos importante estimular la capacidad para poner en duda la autenticidad de las percepciones.[28] Pero la realidad se construye, no se descubre.

Las cosas no tienen por qué ser lo que parecen a primera vista. Déjenme ilustrar esto. Dos niños se caen, jugando, en el barro. Uno de ellos no se mancha la cara y, cuando ve la cara de su amigo llena de fango, entiende que es él quien tiene que correr a lavarse inmediatamente. El otro, que es realmente el que está sucio y al que le vendría bien un buen lavado, se queda sentado tranquilamente. Después de todo, él no se ha asustado: su amigo tenía el mismo aspecto de siempre. Pero es mucho menos comprensible que sean los directivos los que se conviertan en prisioneros involuntarios de una percepción "instrumental" supuesta.

La visión técnica de la práctica del *management* se puede criticar tanto desde dentro como desde fuera. En este último caso, lo que se critica es el intento de dominar a los demás. Cuando se contempla el aparato instrumental desde dentro, no hay pruebas en absoluto de que las técnicas de control produzcan el control deseado. Drucker ha reconocido ya que "el control debilita al control".[29] En otras palabras, las visiones puramente técnicas de la práctica del *management* no son particularmente morales o eficaces, ni siquiera dentro del marco de referencia propio.

En la práctica hay que contemplar un cuadro mucho más complejo. Sin embargo, parece como si una gran parte de la enseñanza de la dirección empresarial estuviera jugando con la inseguridad y la codicia y, por tanto, con la idea de que se puede hacer todo (técnicamente), siempre que sea *managerial*. Lo peor es que se pone mucha energía en los esfuerzos por mantener la ilusión a nivel de la organización. La alternativa consiste en reconocer que la práctica del *management* es, principalmente, de naturaleza socio-relacional y política; y aprender a implantar la disciplina necesaria para actuar con ese inconveniente (¿o es, de hecho, una oportunidad?). Esto significa contar con un plan de formación que resalte que un directivo será siempre una persona tangible y cercana, en lugar de alguien que solo tiene un papel directivo. Las cosas contra las que tendrán que aprender a luchar realmente los directivos son la inseguridad, las dudas y los misterios.[30] La biblioteca tendrá que ser siempre un lugar más seguro para pensar, experimentar, comprobar y cuestionar que el propio despacho. Es un buen lugar para practicar y aprender a estar alerta en las situaciones laborales de cada día.

El papel de la formación para la dirección empresarial es, por tanto, más amplio y se preocupa también de aceptar los dilemas diarios, tanto morales como instrumentales, y de no seguir creyendo que un enfoque técnico puede ser neutral, incluso aunque parezca que se ha enseñado que lo es.[31] Los últimos 20 años, que se han caracterizado en Occidente por un clima político neocapitalista, han validado cada vez más la utilidad de la formación para el *management*. Por una parte, se considera que la formación es socialmente válida en cuanto contribuye al bienestar económico y a la competencia internacional. Por otra, dentro del marco de una cultura de consumidor individualista, la formación se considera personalmente válida desde el momento en que mejora la posición económica y la trayectoria profesional del individuo.

Los estudios empresariales y la formación para la dirección casan bien con ambos criterios. Sin embargo, esto solo será verdad si la gente continúa sintiendo que hay una relación positiva entre la formación en dirección empresarial, los resultados en la práctica de la dirección y los logros individuales de los directivos.

¿QUÉ ES LO RACIONAL Y QUÉ LO MODERNO?

Un tema interesante es el rol dominante de la racionalidad, que está sufriendo ataques considerables, en y para las organizaciones, y en y para los mercados. Si es cierto que la racionalidad y la linealidad son modelos inválidos, como sugieren los estudios críticos, los programas de formación para directivos tendrán que ser purgados de ellos. Pero, ¿no deberían someterse a examen crítico y atento, al igual que muchas técnicas lineales y otras técnicas cuantitativas, y, sobre todo, que el modo subyacente de pensar? ¿Qué significa esto con respecto a la relación entre la práctica y la formación para el *management*, al menos en el modo en que contemplan esta relación los que lo practican y los que piden formación para él?

Este problema sobre la naturaleza de la racionalidad es, en sí mismo, un campo de batalla para diferentes tradiciones investigadoras y disciplinarias. De hecho, como todo el mundo sabe, no parece que ninguno de los enfoques pueda ganar esta disputa definitivamente. Porque lleva dentro el criticismo relativista: incluso, aunque fuera posible, ¿desearíamos hacerlo en serio? Es mucho más válido contemplar este tipo de disputas como incitación para utilizarla una y otra vez en la formación de directivos, con el fin de poner de manifiesto que siempre hay perspectivas diferentes, y que continuarán apareciendo a medida que sigamos confiando en que las suposiciones son ciertas. Se trata de una invitación a los *managerialistas* para que se familiaricen con estudios críticos, pero también a la inversa, para que la investigación crítica siga comenzando por las tradiciones establecidas en el pensamiento sobre la dirección de empresas.

El conocimiento del *management* merece que se le gestione adecuadamente. Es un deber paradójico aceptar las diferencias y valorar la pluriformidad. Después de todo, a uno se le invita a pensar sobre la naturaleza compleja y discutible tanto sobre el conocimiento como sobre la práctica del *management*.

Se criticó que el *managerialismo* fuera funcionalista, en esencia. Además, se emplearon argumentos contra el acento positivista y newtoniano sobre la causa y el efecto del razonamiento. Desde mi punto de vista, el pensamiento del proceso y la aceptación de la pluralidad ofrecen una alternativa. El enfoque del que estoy hablando es, en efecto, relativista y postmoderno. Lo he elegido sobre la base del análisis de Latour de los resultados de la aspiración de que es lo moderno. En el mismo año, pareció que no sólo el Muro de Berlín sucumbió en el Este, sino que la naturaleza, que determina la calidad de nuestra existencia, se estaba desmoronando bajo nuestros pies.[32] Dice Latour:

> "La perfecta simetría entre el desmantelamiento del muro de la vergüenza y el fin de la naturaleza sin límites solo es invisible para las ricas democracias occidentales. Las distintas manifestaciones del socialismo destruyeron sus pueblos y sus ecosistemas, mientras que el poder del Norte y del Oeste han podido salvar a sus pueblos y a algunos de sus países, destruyendo el resto del mundo y reduciendo a sus pueblos a una pobreza abyecta. De aquí se deriva una doble tragedia: las antiguas sociedades socialistas creen que pueden resolver ambos problemas imitando a Occidente: Occidente piensa que ha eludido ambos problemas y cree que tiene una lección que dar a los demás, incluso aunque deje morir a la Tierra y a sus pueblos. Occidente piensa que es el único en posesión del truco inteligente que le permitirá mantenerse como ganador indefinidamente, siendo así que quizás haya perdido ya todo."[33]

Se necesita una orientación diferente, que empiece en cada individuo, en cada directivo, en cada empresa. No es aceptable dejarse llevar solo por el valor para el accionista, al coste del valor de la oportunidad de trabajo. Tampoco se puede elegir sólo mantenerse en marcha cuando la naturaleza se está yendo por la alcantarilla demostrablemente. Esta generación tiene que dejar algo de vida para los que vienen detrás. La calidad del *management* responsable descansa en la aceptación y en la necesidad de equilibrar los diferentes intereses y consecuencias.

GESTIÓN DEL CONOCIMIENTO Y LIDERAZGO

El problema más importante planteado por la existencia de intereses diferentes, lo que es lo mismo que decir diferentes modelos y paradigmas mentales sobre las organizaciones y en el interior de las mismas, es como abordar su (potencial) incompatibilidad. Para gestionar las diferencias y preferencias cognitivas y normativas como parte de la práctica organizativa, la gestión del conocimiento y, con ella, la formación para la gestión, tendrán que desprenderse de una ideología funcionalista del *management*, y de la idea positivista del conocimiento y de la racionalidad asociada a ella.[34] Los conceptos tales como cambios de enésimo orden, e innovación (en lugar de mejoras) no se adecuan al enfoque final. El funcionalismo tiene una marcada preferencia por la unidad sobre la diversidad, por la armonía sobre el conflicto, por la integración (funcional), y prefiere el orden al caos potencial del cambio continuo.

La incompatibilidad o la inconmensurabilidad se ven entonces como una grave amenaza a los intereses creados. Los funcionalistas, en particular, reaccionan demasiado emocionalmente y con disgusto a la idea de que la inconmesurabilidad lleve adheridas diferencias (aparentemente) irreconciliables. Si, no obstante, la gestión del conocimiento y, por tanto, también la formación para la dirección de empresas, desean poder enorgullecerse de aspirar a la innovación continua y al aprendizaje en las organizaciones, la gestión de la irreconciliabilidad y de la pluriformidad será un prerrequisito inevitable e indispensable para su éxito.

".... el posmodernismo cree toda las grandes narrativas como las del positivismo e incluso la teoría de Habermas de la racionalidad, que (...) tratan de meter a la gente en el molde de un modo específico de pensar y de actuar (...). El posmodernismo explica esta tendencia de grandes sistemas teóricos planteando dos características centrales de la razón humana: primero, la razón tiene una libertad fundamental e inalienable para conceptualizar 'el mundo' de diferentes maneras, mientras que, segundo, cada una de estas conceptualizaciones lleva incorporada una irreductible aspiración a la universalidad."[35]

La gestión de la inconmensurabilidad y de la heterogeneidad en las organizaciones demanda expresamente una perspectiva epistemológica posmoderna. En el posmodernismo tienen un lugar preeminente conceptos tales como los de inconmensurabilidad y diferencias internas. Como resulta evidente a partir de la cita anterior, el posmodernismo cree todas las grandes narrativas a los niveles de la epistemología y de la filosofía social. El positivismo, e incluso la teoría de la racionalidad de Habermas, que bajo la guisa de universalidad intentan obligar a la gente a adoptar una cierta manera de pensamiento y de acción, como la historia ha demostrado tan adecuadamente, no se sustraen a un enfoque totalitario.[36]

El posmodernismo muestra que la incompatibilidad de los grandes sistemas teóricos tiene que buscarse en dos características centrales de la razón humana: primero, la libertad fundamental de pensamiento para ver el mundo en una forma propia de cada uno y, por tanto, diferente, y, segundo, la inherente aspiración a la universalidad, es decir, la consideración de todo individuo de que su punto de vista es el mejor.[37] Por esta razón, en la práctica no es suficiente minimalizar las diferencias entre perspectivas alternativas (que nos podrían conducir a una especie de indiferencia pluralística); tampoco podría resolver los conflictos entre ellos de manera convincente (esto conduciría solo al dogmatismo). La gestión de las diferencias será, por tanto, un reto a la gestión del conocimiento para que encuentre el elemento conductor que ayudaría a dirigir al barco de la organización para pasar las rocas del totalitarismo y, después, rodear los acantilados de la indiferencia.

La puesta en contexto

El liderazgo del conocimiento contribuye realmente a la innovación y al aprendizaje, siempre que se tomen en serio la inconmensurabilidad y la pluriformidad y, por tanto, se incremente esa auténtica libertad de elegir que tienen la organización y sus miembros. Si, contrariamente, la aspiración del liderazgo del conocimiento fuera averiguar que es lo que los trabajadores/compañeros en las organizaciones piensan y hacen y prescribirlo (y quizás, incluso, reprimirlo), su papel futuro estaría bordeando el absurdo, tanto moral como prácticamente: el Gran Hermano seguiría estando con nosotros, pero esta vez en el milenio próximo.

Desde un punto de vista funcionalista, el peligro es bastante cierto, si tenemos en cuenta su innata preferencia por la unidad y el orden. Uno se pregunta si allí donde, hablando desde el punto de vista histórico, la gestión del conocimiento ha dejado intacta la integridad de la mente humana, hará lo mismo una interpretación orientada al control del liderazgo del conocimiento.[38]

No es necesario decir que uno elegiría la gestión de la pluriformidad. Considerando el ritmo de cambio e innovación en la economía y los negocios mundiales, el liderazgo del conocimiento y la formación para el *management* están haciendo una contribución considerable a las pretensiones estratégicas de los negocios de salvaguardar la flexibilidad, la adaptabilidad y la creatividad organizativas. Y así es como se ha planteado la cuestión de hasta que punto la racionalidad técnica moderna se puede ver separada de la necesidad posmoderna de gestionar el cambio y la diversidad.[39]

CAPÍTULO 13

DESARROLLO DEL LIDERAZGO FUTURO

ROBERT M. FULMER Y MARSHALL GOLDSMITH

El mantra de los años noventa ha sido: "Puede que la formación sea la única fuente de ventaja competitiva sostenible". Los altos directivos inteligentes efectúan grandes inversiones estratégicas cuando se trata de formar líderes, a fin de asegurar que sus directivos rindan al máximo. Según *Training Magazine*, se estima que las empresas gastaron 60,7 mil millones de dólares en formación en 1998. *Business Week* estima que las empresas gastan 15.000 millones de dólares anualmente, solo en formación para ejecutivos y desarrollo del liderazgo. Pero el compromiso no es solo de tipo presupuestario. Ejecutivos como Roger Enrico, de PepsiCo y Larry Bossidy, de Allied Signal, dedican partes significativas de su tiempo diario a formar y monitorizar personalmente a futuros líderes de sus organizaciones. Cada vez está quedando más claro que el desarrollo del talento ejecutivo no es un lujo, sino una necesidad cuando se quiere seguir siendo competitivo.

La necesidad de formar a los ejecutivos es evidente. Las cuestiones claves que se plantean son, entre otras: ¿Cómo podemos aprender de los mejores ejecutivos actuales, en la práctica, para comprender las tendencias y los retos que serán norma en el futuro? ¿Hay formas "mejores" de desarrollar a los líderes del hoy y del mañana? ¿Cómo seleccionamos a nuestros líderes? ¿Qué procesos transformarán a los directivos en líderes listos para emprender acciones estratégicas? ¿Quién diseñará, gestionará e impartirá programas de liderazgo de validez mundial?

DESARROLLO DE LÍDERES: ALCANCE Y PROCESO

Centrando la atención en la estrategia corporativa

El desarrollo del liderazgo se adscribe a la estrategia corporativa y se utiliza cada vez más en su apoyo. Cuestiones tales como la globalización, la descentralización y la velocidad a la que va el mercado hoy han obligado a las empresas a poner en cuestión sus formas de actuar. Los paradigmas que fueron válidos durante años dejan de ser efectivos cuando el cliente principal de la organización está a miles de millas de distancia. Es importante tomar conciencia de la necesidad de efectuar un cambio. Pero decidir la forma exacta de convertir estas amenazas en oportunidades es algo que quita el sueño a muchos consejeros delegados. En algunos casos, se han emprendido audaces iniciativas estratégicas para rediseñar el modelo de hacer negocios de las organizaciones, al tiempo que se reorganiza al personal para llevar a cabo estos esfuerzos.

Las mejores prácticas de las organizaciones contemplan el proceso de desarrollo del liderazgo como fuente creciente de ventaja competitiva. Crotonville, de GE, se describe como una "base de escenificación de revoluciones corporativas". General Electric ha más que triplicado sus ingresos, al tiempo que reducía su personal en todo el mundo desde 404.000 personas a alrededor de 240.000. Naturalmente, un cambio de este tipo ha originado un cambio cultural enorme dentro de GE, incluyendo a Crotonville. La función central de formación ha cambiado su nombre de Management & Desarrollo Corporativo a Desarrollo de Liderazgo Corporativo.

James Wolfensohn llegó a la presidencia del Banco Mundial en 1995, cuando la necesidad de cambio era evidente. Consciente de los retos tanto internos como externos, se dio cuenta también de que el Banco Mundial ofrecía grandes oportunidades. La caída del Muro de Berlín supuso que se podrían adherir a la organización muchos clientes y potenciales aportadores de fondos financieros nuevos. La revolución de la información posibilitaba la transferencia de conocimiento a un ritmo mucho más rápido, tanto a los países miembros como a los clientes del Banco Mundial. Wolfensohn consideró que podía utilizar los esfuerzos por desarrollar un liderazgo nuevo como herramienta para remodelar la cultura de la organización.

Alineando el desarrollo del liderazgo con la estrategia corporativa

Si se quiere que el proceso de desarrollo del liderazgo sea una pieza eficaz del proceso de cambio, se debe alinear con todos los objetivos estratégicos de la organización. Las iniciativas de desarrollo del liderazgo se han dedicado en gran parte a comprender y a ayudar a poner en práctica la estrategia corporativa global. Los nuevos líderes no podrán acordar eficazmente los retos del negocio a los imperativos del mercado global si no ponen en consonancia sus esfuerzos.

El Programa de Desarrollo de Socios de Arthur Andersen debe ligarse estrechamente a la estrategia de negocio de la firma para estar en sincronía con los objetivos actuales y, por tanto, ayudar a satisfacer las necesidades de un negocio que sigue diversificándose y globalizándose. Al analizar las necesidades, el Programa revisa constantemente los documentos estratégicos no solo del negocio, sino también de las cuatro categorías de servicios.

Johnson & Johnson considera fundamental iniciar el debate sobre la formación y el desarrollo por los objetivos de la empresa. La compañía se ha centrado en tres objetivos básicos:

- *Desarrollo desde la dirección:* la historia del crecimiento de dos dígitos de la empresa desde arriba requiere innovación, ya sea a través de una gran inversión en I+D, como de nuevas alianzas, o de fusiones y adquisiciones;
- *Mejora de la competitividad:* Johnson & Johnson cree que la mejora de la competitividad se consigue mediante la agresiva reducción de costes, y no mediante el incremento de los precios. La organización ha empleado a 90.000 personas durante los últimos cinco años y aún así ha conseguido crecer en una magnitud de dos dígitos durante este período;
- *Excelencia organizativa:* Johnson & Johnson tiene que centrarse en encontrar grandes profesionales y formarlos después.

Shell, por su parte, ha comprendido hace tiempo que la formación de líderes es una fuente significativa de ventaja competitiva. La base para planificar el desarrollo de estos líderes ha sido el trabajo en el contexto de las estrategias y valores de su negocio fundamental —la integridad, la profesionalidad, el respeto a las personas, las iniciativas a largo plazo y el orgullo sin arrogancia—. Shell admitía que no sabía exactamente cómo tendrían que ser sus futuros líderes. La empresa solo sabía que, si quería seguir siendo competitiva en una economía global en continuo cambio, tenía que transformarse, y se dedicó a mejorar su rendimiento para aprovechar plenamente las oportunidades.

Centrarse en las cuestiones claves

El desarrollo del liderazgo corporativo se centrará más en las cuestiones claves, tales como los valores y el cambio estratégico, que son vitales para la organización en su conjunto, mientras que las unidades de negocio se centrarán en los retos específicos de sus actividades. La función de desarrollo de liderazgo corporativo se centra en capacitar para el liderazgo y, a menudo, deja el desarrollo de las aptitudes para el *management* y el desarrollo de las aptitudes específicas para el negocio a las unidades de negocio. La formación para el *management* tiende a ocuparse de las aptitudes y del comportamiento básicos que capacita a los empleados para cumplir con sus cometidos. El desarrollo del liderazgo construye sobre estos atributos claves. En GE se considera fundamental la capacidad para influir sobre los compañeros. En Johnson & Johnson, la formación de líderes implica dotar a los empleados de las herramientas necesarias para que puedan tomar difíciles decisiones éticas. Los esfuerzos de desarrollo del liderazgo corporativo parecen centrarse en la aplicación de los valores corporativos a iniciativas estratégicas específicas. Generalmente, la capacitación para el *management* y las tareas administrativas se desarrollan a nivel de las unidades de negocio

Esta separación de cometidos parecía funcionar bien —el trabajo de los líderes corporativos complementa al de las unidades de negocio, en cuanto que no compite con él—. Generalmente, las unidades de negocios están mucho mejor equipadas para gestionar sus propias necesidades de dirección/formación. Pero los programas de liderazgo corporativo están proporcionando el marco para que en la toma de decisiones se utilicen eficazmente las herramientas que proporcionan las unidades de negocio.

Johnson & Johnson considera que la pericia para el desarrollo del *management* en una empresa particular está a menudo dentro de ella. Como consecuencia, no tiene sentido asignar la plena responsabilidad por esta actividad al nivel corporativo. Por otro lado, el desarrollo del liderazgo es coherente en todo el ámbito de la empresa y, por tanto, tiene sentido disponer de un grupo central que asuma el mando de esta cuestión.

La concentración en el desarrollo de los recursos humanos y en la experiencia del negocio

La excelencia en el desarrollo del liderazgo implicará equipos que resalten la importancia tanto del desarrollo de los recursos humanos como de la experiencia del negocio. Los directores del proceso de desarrollo del liderazgo de Arthur Andersen, Johnson & Johnson y Shell International han adquirido experiencia del negocio al más alto nivel antes de asumir las responsabilidades que implica esta función. La utilización de líderes de las unidades de negocio en posiciones claves de desarrollo de recursos humanos no implica una falta de respeto por los aspectos genuinos de la disciplina. Se basa, por el contrario, en la convicción de que la presencia de líderes de las unidades de negocio en las funciones ayudará a asegurar su aceptación por parte de tales unidades de negocio y que los programas sean prácticos.

Algunas de las organizaciones más destacadas en este campo encontraron formas innovadoras de aportar experiencia adicional del negocio trabajando sobre el concepto de "contratar desde el interior". La General Electric y la Shell International hacen rotar por distintos puestos, durante dos años, a individuos de alto potencial. Hewlett Packard recluta personas claves de posiciones de línea para asegurar que se de un tratamiento adecuado al "Modo HP" y a las necesidades pragmáticas del negocio. Estas asignaciones de cometidos ayudan a la función de desarrollo del liderazgo en sus intentos por basar sus esfuerzos en las realidades del negocio y, al tiempo, ayudan a los individuos que proceden de las unidades de negocio. A menudo, una persona puede empezar un cometido con conocimiento de una línea particular del negocio, pero cuando lo deja, conoce toda la organización.

Concentración en los factores internos y externos

Los esfuerzos para desarrollar el liderazgo deberían de ser internamente centrados y externamente conscientes. Las demandas del nuevo negocio dictan la necesidad de cambio, pero ciertamente no proporcionan un marco que indique la manera de efectuarlo. El foco sobre creación de las aptitudes de los líderes actuales y futuros aflora como potencial posibilitador del cambio, ya comience este en el consejero delegado o borbotee por toda la organización. La necesidad de poner en marcha un proceso para desarrollar aptitudes, habilidades y técnicas de liderazgo ha obligado a las organizaciones a buscar respuestas interna y externamente.

Las organizaciones deberían ser conscientes de que para que el proceso de desarrollo de liderazgo posibilite el cambio, debe ajustarse a la cultura de la organización. Un primer paso a dar por los que diseñen el proceso de desarrollo de liderazgo consiste en asegurar esta ilación, solicitando opiniones directas de sus clientes. Recabar la opinión de los clientes claves se ha convertido en un proceso corriente para las organizaciones. Para llevar a cabo un análisis adecuado de las necesidades, las organizaciones confían en un determinado número de herramientas, que incluyen:

- Utilización de líneas ejecutivas en posiciones de desarrollo de recursos humanos claves
- Comités directivos de programas
- Extensas conversaciones con los líderes de negocios
- Encuestas a los clientes internos y externos

Estas evaluaciones de necesidades formales pueden parecer un paso obvio a la hora de emprender un proceso de desarrollo del liderazgo, pero no se han efectuado siempre, ni mucho menos.

IDENTIFICACIÓN DEL MANANTIAL DEL LIDERAZGO

Competencias en lugar de éxitos anteriores

La confianza en la identificación de competencias para el liderazgo es más importante que los estudios sobre los éxitos anteriores. Todo debate sobre las competencias puede verse controvertido fácilmente. Muchos aseveran que la identificación de las competencias ayuda a las organizaciones a comprender esas cualidades, características y aptitudes que llevan a conseguir rendimientos y resultados sobresalientes. Otros ponen en cuestión que se puedan definir las competencias.

La gran mayoría de las organizaciones creen que una vez que se han definido las competencias, los resultados deberían ser coherentes en toda la empresa —con independencia de la posición, de la unidad de negocios o de la localización geográfica—. Por ejemplo, Johnson & Johnson envió a un equipo por todo el mundo para asegurarse de que un líder triunfador en los Estados Unidos, por ejemplo, se podría trasladar a Asia o a Europa. Aunque la empresa descubrió que tenía que cambiar algo la redacción de su modelo de competencia de un lugar a otro, los comportamientos eran, de hecho, coherentes.

La General Electric es, quizás, la más escéptica de estas empresas a la hora de conceptualizar las competencias. GE, coherentemente con el énfasis que pone su consejero delegado en "rapidez, sencillez y confianza en uno mismo", no consume tiempo en definir las competencias del liderazgo. Lo cual no significa, sin embargo, que los líderes de GE funcionen sin un mapa de carreteras. La siguiente declaración de valor de GE sirve como guía para los rasgos a evaluar y desarrollar.

Los líderes de GE... siempre y con integridad inquebrantable:

- Sienten pasión por la excelencia y odian la burocracia.
- Están abiertos a las ideas, vengan de donde vengan.
- Viven la calidad y trabajan sobre los costes y la rapidez para conseguir ventaja competitiva.
- Tienen la autoconfianza necesaria para implicar a todos y comportarse de la misma forma sin que existan fronteras.
- Crean una visión clara, sencilla, basada en la realidad, y la comunican a todos los que dependen de ellos.
- Tienen una enorme energía y la capacidad de energizar a los demás.
- Establecen metas agresivas, recompensan el progreso, pero entienden la fiabilidad y el compromiso.
- Ven los cambios como oportunidades, no como amenazas.
- Tienen mentalidad global y forman equipos diversos y globales.

Los valores de GE desempeñan un papel clave a la hora de determinar el rendimiento de cada uno. Todos los empleados tratan con sus directivos de su rendimiento y de las metas de sus carreras en una reunión al efecto. La organización tiene un famoso gráfico de clasificación del personal: en un eje de coordenadas se representa su rendimiento (es decir, "los números"), mientras que en el otro se representa su grado de adhesión a las valores de GE. Los más premiados son los que han rendido y, además, han demostrado cumplir con los valores de GE (y los menos son los que no han satisfecho ninguna de las dos condiciones). A los que no han alcanzado "los números", pero se han comportado de acuerdo con los valores, se les da una segunda oportunidad. De hecho, se les valora mas positivamente que a los que han hecho "la tarea", pero no han demostrado adherirse a los valores.

Desarrollar líderes en lugar de contratarlos

Desarrollar líderes será más eficaz que contratarlos. Las empresas con ambiciones quieren conocer el secreto de hacer de sus "líderes su producto más importante". Las organizaciones deben procurar que sus líderes máximos procedan de su interior. Los altos ejecutivos tienden a ser productos del sistema de desarrollo del liderazgo, preparados desde el principio para asumir responsabilidades crecientes. En muchas empresas actuales, a veces se contrata talento del más alto nivel, pero no se fomenta la práctica. Las mejores organizaciones en este sentido se inclinan hacia la promoción de líderes internos por las poderosas y distintas culturas en que trabajan. Estas organizaciones consideran que su sólida cultura es fundamental para continuar triunfando, pero reconocen que no todos pueden prosperar en estas situaciones singulares. Puede que los ejecutivos que contratan procedentes de otras organizaciones tengan la experiencia y las aptitudes correctas, pero puede que no se adecuen bien al credo de Johnson & Johnson o a la estructura descentralizada de Hewlett Packard. Los líderes procedentes de la propia organización se adecuan perfectamente –han demostrado la capacidad de cumplir con éxito las asignaciones de la forma que ha determinado la organización para sus líderes.

Las organizaciones deberían reconocer también que algunos puestos ejecutivos deben cubrirse externamente para evitar el estancamiento y la "endogamia". En algunos caso, la contratación de talento se convierte en un deber competitivo. Cuando la organización se transforma para competir en nuevos mercados, en tecnología o en la captación de clientes, la forma más rápida de incrementar las competencias y las capacidades es contratar externamente. Cuando las organizaciones contratan a alguien de fuera, deben confiar en que la función de desarrollo cumpla con el papel de "aclimatador" cultural, infundiendo a los nuevos la cultura y los valores de la organización.

Asignación de las personas adecuadas a los programas adecuados

Las organizaciones del mañana concederán mucha importancia al hecho de que estén las personas adecuadas en los programas adecuados. Para ello, tienen que conocer bien tanto el tipo de individuo con el que necesitan contar, como el tipo de programas que quieren desarrollar como parte de su proceso de desarrollo del liderazgo. Las organizaciones tienen que estudiar cuales van a ser las metas de su proceso de desarrollo del liderazgo con el fin de decidir a quienes van a seleccionar como participantes en el mismo. La finalidad del programa en Shell International es crear líderes a todos los niveles, por lo que sus programas LEAP están abiertos a cualquier persona interna a la organización (incluso aunque ciertos programas pretendan contar con individuos del mayor potencial). El programa de desarrollo de ejecutivos del Banco Mundial y el de desarrollo de socios de Arthur Andersen se centran solo en ellos a nivel de liderazgo. Otras empresas, como General Electric y Hewlett Packard, son más selectivas a la hora de admitir a alguien en sus programas de liderazgo, porque quieren centrarse solo en los "protagonistas A", aquellos individuos que tienen aptitudes para escalar puestos rápidamente.

Las organizaciones deberían dedicar una buena porción de tiempo a decidir quién necesita implicarse en el desarrollo del liderazgo, sean cuales sean los criterios específicos. Es muy importante para una organización implicar a una población diversa en el proceso de desarrollo del liderazgo. Toda organización de éxito operará, en el futuro, en el mercado global y, en consecuencia, debe contemplar el proceso de desarrollo del liderazgo para contribuir a que su organización disponga de un equipo humano más diverso. Además, la diversidad de características añade diferentes perspectivas que mejoran el aprendizaje. La mayoría de las organizaciones principales dicen que tratan de conseguir una mezcla de diferentes países, culturas y capacitaciones a la hora de luchar por su desarrollo corporativo.

En Crotonville, de GE, se dan oportunidades de desarrollo del liderazgo a individuos de alto potencial (los "protagonistas A" de la organización, que se identifican a partir de distintos procesos de planificación). La organización considera que debería emplear la mayor parte de su tiempo en el desarrollo de los mejores y más brillantes. La empresa emplea a unas 240.000 personas aproximadamente en todo el mundo, y forma anualmente en Crotonville a unos 10.000.

En Arthur Andersen, cada equipo de programa es responsable de dirigir a vendedores y de trabajar con ellos para modificar los cursos existentes. Johnson & Johnson prefiere asociarse con un número menor de proveedores, a los que conoce y respeta. La empresa busca proveedores que se acomoden bien a su cultura y trata de desarrollar relaciones a largo plazo con ellos. Por otra parte, la Shell recurre a consultores externos y universidades para desarrollar sus programas, simplemente porque carece de miembros suficientes para ello en su plantilla.

En el Banco Mundial, todos los módulos del programa de desarrollo de ejecutivos los lleva un consorcio de centros (Harvard Business School, John F. Kennedy School of Government, Stanford Business School, INSEAD e IESE). Estos programas se han confeccionado de acuerdo con las necesidades específicas de los directivos del Banco, pero están influidos por los centros que los imparten, que era precisamente la idea del Banco cuando acudió a ellos. Como el Banco Mundial opera en una cultura en la que muchos de sus empleados tienen altas graduaciones, la organización tenía que recurrir a programas de escuelas altamente reputadas.

COMPROMETER A LOS LÍDERES EN EL PROCESO
Acción más que conocimiento

El propósito principal de la formación corporativa y del desarrollo del liderazgo es la acción, no el conocimiento. A la hora de preparar líderes para que tomen las decisiones fundamentales, las funciones de desarrollo del liderazgo han constatado que no pueden limitarse a proporcionar a sus líderes conocimiento e información. La impartición del conocimiento adecuado puede constituir una buena base, pero el proceso de desarrollo del liderazgo debe dotar a los participantes de las aptitudes, cualidades y técnicas necesarias para aplicar ese conocimiento a las situaciones ambiguas.

Las organizaciones deberían centrarse en enseñar para la acción y en aprovechar los problemas empresariales que se presentan en tiempo real como base para la formación y el desarrollo. Con ello, no se sacrifica el contenido en favor de soluciones simplistas. En este nuevo modelo, las respuestas a las cuestiones difíciles no están en la mente del instructor, sino que los alumnos las tienen que desarrollar sobre el terreno.

Arthur Andersen utiliza mucho en sus actividades programáticas pequeños grupos de solución de problemas. Cada uno de los cursos consta de unos determinados contenidos y de otras técnicas de aprendizaje, que incluyen:

- Estudio de casos
- Simulación
- Aprendizaje de la acción
- Aprendizaje experimental
- Entrenamiento ejecutivo

Jacques Welch, presidente y consejero delegado de GE, elige los temas de aprendizaje de actuaciones para todos sus cursos de dirección empresarial (tres al año) y de formación de ejecutivos (uno al año). Como consecuencia de ello, cuando los individuos/empleados oyen decir que una determinada iniciativa venía recomendada por alguno de estos dos cursos, hacen todo lo posible para que se convierta en realidad. Las recomendaciones que han hecho los participantes se han puesto en práctica la mayoría de las veces.

Tecnología e interacción

La tecnología está adquiriendo más importancia cada vez, pero no será nunca más importante que reunir a los líderes para profundizar en la experiencia del aprendizaje. Todas las empresas del mundo reconocen que la tecnología tiene un potencial enorme para crear una organización que aprende. Las empresas más importantes utilizan la tecnología para:

- difundir el conocimiento
- mantener conectado al personal de toda la organización
- agilizar y facilitar el aprendizaje en equipo
- permitir acceder al conocimiento capital de la organización

Por otra parte, la experiencia de sacar a los líderes de sus tareas y hacerlos actuar cara a cara con sus colegas de todo el mundo es una parte esencial de los mejores programas. William James dijo, en una ocasión: "El genio no es más que la capacidad para ver el mundo desde una perspectiva diferente". Los programas corporativos pueden proporcionar esta capacidad a los alumnos.

Las organizaciones más adelantadas en este campo sienten que no pueden aprovechar todos los beneficios del trabajo en red mediante la tecnología. Su método favorito de enseñar es el cara a cara. A menudo, la tecnología se ve hoy como un tapón que llena huecos en el proceso de aprendizaje. Por ejemplo, parte de la estrategia de Johnson & Johnson es crear una organización de 90.000 líderes, pero la empresa es consciente de que no puede impartir sus programas de alto desarrollo a 90.000 personas. Lo que sí puede es proporcionar a sus empleados de todo el mundo la tecnología que les permita interactuar con los demás y aprender de todos ellos. En este caso, la tecnología se contempla como un puente potencial que permita tomar contacto con líderes a todos los niveles de la organización.

Johnson & Johnson ha creado una estrategia de cuatro puntos para ponerla en práctica a la hora de utilizar más la tecnología en las ofertas de liderazgo:

1. *acceso al 100 por cien:* todos los empleados de todo el mundo deberían tener acceso a lo que necesiten para ser eficaces.
2. *experimentación:* como no está claro cuales son las mejores tecnologías para la educación, tiene que experimentar con varias formas de diseño e impartición de cursos.
3. *benchmark y asociación:* internamente, el curso de desarrollo de ejecutivos se asocia a la función de tecnologías de la información y al grupo de comunicación avanzado, con el fin de liberar recursos y decidir las mejores estrategias a la hora de utilizar la tecnología educativa. Externamente, la organización realiza una labor significativa de *benchmarking* para mantenerse al día.
4. *valor para la empresa:* el aprendizaje y la experiencia tienen que centrarse en cuestiones de rendimiento críticas y apremiantes.

Shell ha comenzado a utilizar las tecnologías al constatar los inconvenientes de coste y de tiempo. Los distintos equipos utilizan las computadoras, el correo electrónico e Internet, pero no se ha esforzado por sustituir los seminarios presenciales por el aprendizaje a distancia.

Planificación de la sucesión

El proceso de desarrollo del liderazgo se está ligando cada vez más a la planificación de la sucesión. La organización debería unir los esfuerzos y el proceso formal de sucesión como parte de la coordinación entre el desarrollo del liderazgo y otros sistemas corporativos. Las funciones de desarrollo del más alto nivel deberían debatir la utilización de evaluaciones de 360 grados como parte de su proceso de desarrollo del liderazgo, tanto si es para desarrollo simplemente como si es para propósitos reales de selección. Se anima a que se hagan planes de entrenamiento y desarrollo como producto de esta realimentación, pero los resultados de la evaluación no se incluyen directamente en el proceso de planificación de la sucesión.

Las organizaciones deberían ligar la evaluación, el desarrollo, la realimentación, el entrenamiento y la planificación de la sucesión en un sistema alineado e integrado. En este nuevo modelo, el desarrollo del liderazgo se convierte en una parte importante del mantenimiento de un flujo de información firme en toda la organización, con el fin de asegurar que se sigue la pista al talento al más alto nivel y que dicho talento se continúa desarrollando. La General Electric liga directamente el proceso de desarrollo del liderazgo a la planificación de la sucesión. Todos los directivos de GE participan en una evaluación obligatoria anual de rendimiento con todos los empleados. Esta evaluación incluye un debate sobre el rendimiento y la adhesión a los valores de GE, y después la interpreta alguien a un nivel directivo más elevado para asegurar la imparcialidad y la precisión. GE clasifica a todos sus empleados en un sistema de nueve bloques como parte de su proceso de planificación de recursos humanos. Este sistema incorpora el alto (o bajo) potencial del empleado y la calidad de su rendimiento anual. El presidente cree que "el corporativo tiene a las 500 mejores personas de la compañía y las alquila a las unidades de negocio". GE incluye en sus evaluaciones de rendimiento una variable de valor negativa para los directivos que no mantienen el talento. El rendimiento empresarial sobresaliente y el desarrollo del liderazgo van de la mano.

EVALUACIÓN DEL IMPACTO

El proceso de desarrollo del liderazgo se considera cada vez más como un instrumento simbiótico de los líderes eficaces. El apoyo al más alto nivel es una clave consistente del desarrollo de los líderes y del mantenimiento del proceso. El proceso perdería consistencia sin ese apoyo. Pero el éxito del desarrollo del liderazgo engendra incluso más apoyo de alto nivel. Las funciones de desarrollo de liderazgo al más alto nivel conseguirán más apoyo por parte de los líderes de la organización, a medida que ayuden a su organización a satisfacer las demandas competitivas actuales y futuras. Es más probable que los ejecutivos corporativos apoyen los esfuerzos de liderazgo que les ayudan claramente a conseguir los resultados que persiguen. El "círculo virtuoso" de las mejores organizaciones se mantiene vivo cuando se aplica una estrategia de monitorización de los procesos de desarrollo del liderazgo, se capitalizan los triunfos y se comunica el éxito a toda la organización.

Grupos como el PDP de Arthur Andersen y el de Crotonville de GE siguen teniendo éxito con una estrategia centrada en el cliente en la que la escucha atenta, la redacción inteligente de los programas, la constante monitorización y la comunicación forman parte de la formación de altos directivos procedentes del interior. Esto hace que sea mucho más fácil para los altos ejecutivos comprender el modo en que el proceso de desarrollo del liderazgo ha ayudado a configurar y difundir la cultura de su organización, a superar la resistencia al cambio y a conseguir las metas estratégicas.

El proceso de desarrollo del liderazgo de General Electric es una herramienta eficaz para mantener a GE en la cumbre de su juego competitivo. Las razones de ello son:

- La cultura
- El apoyo al más alto nivel
- El apoyo a nivel operativo

Con el fin de mantener un alto nivel de provisión interna de líderes, el centro de desarrollo de liderazgo corporativo realiza encuestas entre los líderes de GE de todo el mundo para averiguar las necesidades futuras de la empresa y los requisitos de los futuros líderes. Adicionalmente, el centro identifica y utiliza "adoptadores tempranos" del proceso de liderazgo. Algunas iniciativas de desarrollo animan a algunos líderes de las unidades de negocio antes que a otros, dentro de GE. Al identificar a estos campeones y conseguir su apoyo, la empresa ha podido conseguir una masa crítica de apoyo a sus esfuerzos. Esta identificación y asociación tempranas se utilizaron en el programa Work-Out y en el Proceso de Aceleración del Cambio.

Hewlett Packard ha conseguido apoyo para su proceso de desarrollo del liderazgo implicando en sus programas al consejero delegado y a los altos directivos. Estos ejecutivos sirven como mentores, árbitros y patrocinadores en el diseño del proceso y en los programas. El consejero delegado de HP, Lew Platt, abre y cierra todos los programas de desarrollo acelerado con una sesión de diálogo sobre el modo de hacer de HP y sobre las expectativas de todos los que participan en el proceso. El director financiero Bob Wayman es el patrocinador de una emisión planificada para todo el mundo y dirige un panel de debate. Los ejecutivos hacen también de profesores durante los programas y de mentores de los participantes en el mismo.

El programa de desarrollo de ejecutivos del Banco Mundial se inició después de un pacto estratégico entre el presidente, Jim Wolfensohn y el consejo directivo. En el pacto, el presidente delineó un cierto número de iniciativas integradas, entre las que se incluía prestar más atención cada vez al talento ejecutivo y directivo. Este pacto dio principio al movimiento hacia el EDP actual, por lo que el apoyo de Wolfensohn fue evidente desde el principio. Este apoyo continúa después de los resultados positivos iniciales, a pesar de que el programa es costoso. El apoyo a nivel de altos directivos al programa de desarrollo de ejecutivos se incentiva por la participación de los ejecutivos como campeones y entrenadores de los equipos de proyecto EDP.

Atención a la evaluación y a la medición

La evaluación y la medición se están haciendo más importantes cada vez. Todas las organizaciones se deberían preocupar por comprobar el valor de sus esfuerzos. La Shell Internacional informó de que los miembros del *staff* de formación no apreciaban que su programa estuviese añadiendo valor, a menos que los equipos de proyectos generaran beneficios de al menos 25 veces el coste del proyecto, e incluso esa meta podría ser demasiado baja. Johnson & Johnson emprendió un estudio para ver si los subordinados y los colegas podían ver una mejora significativa en áreas de rendimiento claves después de una conferencia ejecutiva. Arthur Andersen ha descubierto que los graduados de su programa de desarrollo de socios han alcanzado mayores niveles en lo que se refiere a satisfacción del cliente y mayores índices netos por hora que los socios que no han asistido a las actividades del programa.

La evaluación se debería haber visto también como un medio de generar una cantera de líderes y de mantener los esfuerzos centrados en los objetivos adecuados. El tipo e intensidad de la evaluación dependen de los objetivos del proceso de desarrollo del liderazgo y de la cultura de la firma. Para recopilar esta información vital, las organizaciones que se destacan en este campo utilizan un cierto número de herramientas y de técnicas. El Modelo de Evaluación de Cuatro Niveles (reacción del participante, conocimiento adquirido, cambio en el comportamiento, resultados comerciales) es solo uno de los medios que utilizan las organizaciones para determinar el impacto de los esfuerzos de desarrollo de liderazgo, pero no es muy común ni importante.

Por ejemplo, Artur Andersen ha descubierto que la autoevaluación es muy precisa:

- *estudio del impacto:* la firma ha comparado a los socios que han seguido el programa de desarrollo de socios con los que no lo han seguido (curso por curso). Los resultados ponen de manifiesto que hay relación entre el seguimiento del programa y la satisfacción del cliente y mayores ganancias netas por hora de trabajo. El estudio sobre el impacto se hace de acuerdo a un ciclo de dos años; se recopila la información de los socios un año antes del programa y se extiende hasta un año después de que haya concluido

- los estudios sobre la satisfacción del participante y el estudio del impacto proporcionan un conjunto equilibrado de resultados. Por ejemplo, Arthur Andersen descubrió que uno de sus programas no estaba obteniendo una buena evaluación en lo que respecta a la satisfacción del participante, pero el análisis de impacto demostró que el programa estaba teniendo un impacto mayor que cualquiera de los otros cursos.

El proceso de desarrollo de liderazgo de GE no se rige por las típicas medidas tales como coste y retorno sobre inversiones. Steve Kerr, director de formación, sugiere que "Crotonville puede que no sea el único centro de costes de GE que no está medido ni controlado". A la hora de asegurar de que se continúa en el buen camino, la organización confía en la realimentación a partir de un cierto número de fuentes, en lugar de en los métodos tradicionales de medición del impacto. Por ejemplo, más de la mitad de los cursos de desarrollo de los altos ejecutivos de la empresa los dirigen los líderes de la organización. Constituyen una gran fuente de realimentación sobre la eficacia del diseño de los cursos. La organización confía también bastante en la realimentación procedente de los alumnos.

En términos de medición, la Shell tiene una situación única, en cuanto que todos los programas LEAP tienen metas y actuaciones parciales reales. Un miembro del LEAP y el líder de la unidad de negocio determinan los resultados del proyecto durante el proceso inicial de contratación. El líder de la unidad de negocio expresa sus objetivos al enviar al candidato al programa, como parte de este debate, y en muchos casos eso es lo que define al programa y el problema que tiene que resolver el equipo o el candidato. Estas metas específicas son seguidas por el personal del LEAP y los equipos informan del resultado al líder de la unidad de negocio. Además, se tienen en cuenta los costes al principio y al final del programa, con el fin de identificar cualquier cambio y los factores que puedan haber desempeñado un papel en cualesquiera de los cambios.

Atención al valor más que a los costes

El desarrollo del liderazgo se está haciendo más caro —y convirtiendo en una mejor inversión—. En las organizaciones que mejor lo practican parece que se está cumpliendo el viejo dicho de que "tienes aquello por lo que pagas". Si las organizaciones se enfrentan al cambio, deberían ver el valor de invertir en sus futuros líderes. En el proceso se debe considerar el coste, pero debe prestarse más atención al valor que podría proporcionar el programa. Por ejemplo, cuando se nos ha pedido que clasificáramos la importancia de ciertos criterios para seleccionar un socio o vendedor externo para el proceso de desarrollo de liderazgo, hemos tendido a considerar a los "costes" como uno de los factores menos importantes.

El desarrollo de liderazgo se tiene que ver como una inversión a largo plazo. En 1997, Arthur Andersen invirtió en formación 306.726.651 dólares, un 6 por ciento aproximadamente de los ingresos totales. La empresa se gasta este dinero porque cree que si se quiere ofrecer un programa de "mejores prácticas" hay que centrarse en el valor y no en el coste (el coste es importante, pero no es el factor principal). La General Electric tiene un nivel de desarrollo del liderazgo corporativo interno extremadamente elevado. Crotonville ha demostrado una y otra vez que vale la pena, de forma que la compañía tiene pocas dudas sobre la inversión en formación corporativa. El Banco Mundial descubrió que el precio de incentivar un cambio cultural estratégico y recrear un lenguaje nuevo para los líderes no es bajo. Jim Wolfensohn dejó claro en el pacto con el consejo que la consecución de un cambio real supondría una inversión elevada.

CONCLUSIÓN

El desarrollo del liderazgo será una herramienta importante para las organizaciones del futuro. Cada organización requerirá un compromiso único y debería hacer un programa (y un proceso) soberbio sobre bases sólidas. Esta excelencia se debería basar en dos pilares claves. Primero, el tono global de calidad debe anclarse con el compromiso; el segundo mejor no se debería aceptar, sencillamente. Al mismo tiempo, es importante rentabilizar el dinero que se emplee. Segundo, el proceso de desarrollo de liderazgo se crea para la organización específica. Este capítulo combina nuestra experiencia con los métodos de algunos de los mejores prácticos mundiales de desarrollo de liderazgo. Ninguno de ellos se adecuará perfectamente a las necesidades de su organización, pero pueden sugerir alternativas o estimularse ideas que podrían ajustarse a sus retos específicos. Lea, reflexione y utilice lo que sea aplicable a su situación. Sobre todo, siga escuchando y aprendiendo.[1]

CAPÍTULO 14

LAS COMUNIDADES DE LÍDERES O LA AUSENCIA DE LIDERAZGO

PETER M. SENGER Y KATRIN H. KÄUFER

Enfrentadas a realidades empresariales totalmente nuevas —competencia global sin precedentes, nuevas tecnologías, mercados emergentes, posibles fusiones y alianzas y crecientes presiones medio ambientales— muchas empresas están volviendo a caer en hábitos de liderazgo antiguos. En particular, tratan de crear empresas más adaptables y flexibles, volviéndose hacia los consejeros delegados héroes que pueden incrementar el valor para el accionista. A su vez, e irónicamente, se suele pedir a estos consejeros delegados que distribuyan más ampliamente la autoridad y la responsabilidad del negocio, de manera que la empresa pueda reconocer la dinámica del mercado y responder más fácilmente a ella. Pero muchos descubren pronto que no es posible crear organizaciones menos jerárquicas con mejores líderes jerárquicos simplemente.

Esta es la paradoja del liderazgo de nuestro tiempo: las empresas deben hacerse significativamente más flexibles y adaptables, y esto requerirá, indudablemente, cambios culturales profundos y un liderazgo sólido, pero los jefes poderosos pueden llegar a impedir el incremento de la creatividad, la asunción de riesgos y la innovación que se precisan para ser más adaptables. La tasa de éxito de los cambios desde arriba no es incentivadora: de acuerdo a estudios de Arthur D. Little y McKinsey & Co., dos tercios de los programas de gestión de la calidad total "tuvieron que suprimirse por el fracaso en producir los resultados esperados".[1] Lo mismo se puede decir de los procesos de reingeniería, en los que el índice de éxitos cae al 20-25 por ciento.[2] Por otro lado, resulta difícil imaginar que la respuesta consista en reducir el liderazgo.

Nuestras experiencias con muchos proyectos significativos de cambio en el transcurso de los diez últimos años sugieren que la única solución de esta paradoja reside en un replanteamiento fundamental de *qué es lo que queremos decir con liderazgo*. Si nos aferramos a la noción de que líder significa directivo máximo y que liderazgo sólido equivale a ejecutivos poderosos, continuará la perpetua búsqueda del consejero delegado héroe. De hecho, la primera causa del mantenimiento de instituciones contrarias al cambio puede ser el culto al héroe-líder. Una alternativa es restablecer una vieja noción de líder como alguien que camina hacia delante, que tiene el valor, la capacidad y la credibilidad de inspirar el cambio a muchos niveles. Esta noción conduce inevitablemente a ver el liderazgo como un fenómeno distribuido y a formular una pregunta clave: ¿cómo podemos entender y alimentar mejor las comunidades de líderes, personas en distintos puestos que ayudan colectivamente a los miembros de una empresa a modelar su futuro? Defendemos que las comunidades de líderes, en lugar de hacer menos importantes a los ejecutivos, ponen más de relieve los roles únicos de los líderes ejecutivos, como ocurre con otros tipos de líderes —todos los cuales dependerán, finalmente, de los demás a la hora de crear empresas de éxito en el siglo XXI.

TRES TIPOS DE LÍDERES

Los puntos de vista expresados en este capítulo proceden de experiencias recopiladas dentro de un consorcio de empresas, primer capítulo de una emergente red global de comunidades de formación, la Society of Organizational Learning (SoL). Esta primera SoL (anteriormente el MIT Organizational Lerning Center) engloba a unas 20 empresas de los Estados Unidos, la mayoría de las cuales están entre las primeras 100 de *Fortune*, pero incluye también al Banco Mundial, la Urban League y varios organismos de la Administración Federal norteamericana. Desde 1991, se han emprendido en estas organizaciones muchos proyectos a largo plazo, con el fin de implementar procesos y estructuras nuevos para acelerar la enseñanza organizativa y profundizar en ella. Estas iniciativas han buscado objetivos distintos y se han desarrollado en contextos empresariales específicos, pero todas se han centrado en temas cruciales para las empresas, concernientes por lo general al rediseño de los entornos del puesto de trabajo, de manera que las actividades laborales del día a día impliquen también oportunidades de desarrollo de aptitudes esenciales para el aprendizaje:

- Aspiración individual y colectiva: clarificación de la visión y de los valores personales, y establecimiento de las visiones compartidas.

- Conversaciones reflexivas: incremento de la reflexión personal, especialmente en relación a los modelos mentales individuales y compartidos, y desarrollo de capacitaciones para el diálogo y el debate productivo en los equipos.

- Comprensión de la complejidad: desarrollo de las aptitudes para pensar en los sistemas con el fin de conceptualizar cuestiones altamente independientes y distinguir estrategias de alto perfil y bajo apalancamiento.[3]

SoL, en cuanto a organización de investigación y formación sin ánimo de lucro, proporciona una infraestructura que ayuda a las personas a aprender de la experiencia de las demás y a comprometer a los consultores que ayudan en los esfuerzos de cambio y a los investigadores a comprender mejor esos esfuerzos. En particular, el hecho de dar sentido a los éxitos y fracasos durante estos proyectos de cambio profundo ha llevado a identificar tres tipos distintos de líderes: líderes de línea locales, líderes ejecutivos y creadores de redes internos o constructores de la comunidad.

Es de resaltar que, en algunas de las empresas miembros de SoL, ha habido muchos ejemplos de esfuerzos para el cambio significativos que han durado diez años o más, sin apoyo ni conocimiento de la alta dirección; pero no se han dado ejemplos de esfuerzos de cambio sostenidos sin comprometer a los líderes de línea locales.[4] La razón por la que los líderes de línea locales son tan esenciales en el proceso de innovación es simple. Toda dirección empresarial genuina, o toda innovación organizativa, se preocupan de mejorar los procesos en los que se genera valor. La empresa que no mejore su capacidad de creación de valor, mediante el incremento de la eficacia de las actividades actuales, o que no aprenda a generar nuevas fuentes de valor, no influirá en aquellos a los que sirve la organización, sus clientes. Los líderes de línea local son esenciales para la innovación porque operan cerca de donde se crea realmente valor, en primera línea de los departamentos en que se diseñan, desarrollan, producen y venden los productos, donde se generan los servicios y se entablan las relaciones con los clientes. Como saben demasiado bien los ejecutivos, los directivos de línea conforman el modo en que las nuevas ideas se convierten o no en nuevas prácticas de la organización. Muchas grandes estrategias fracasan a la hora de ponerse en práctica porque los directivos de línea locales no se sienten comprometidos con las iniciativas de cambio de los ejecutivos. Los directivos de línea no comprometidos tienen un gran margen de maniobra para socavar esos cambios, incluso aunque atiendan aparentemente a las pautas marcadas por los ejecutivos y cumplan sus recomendaciones. Por otra parte, los directivos de línea comprometidos son instrumentales a la hora de establecer realmente las nuevas prácticas y procesos allí donde las metas de cambio amplio se traducen en acciones y resultados. Pero hemos descubierto que el papel de los líderes de línea locales va más allá de implementar o de dejar de implementar las estrategias ejecutivas. Son, en sí mismos, una fuente crucial de ideas innovadoras, tanto desde el punto de vista operativo como desde el estratégico.

Por el contrario, en el mejor de los casos, los líderes ejecutivos hacen una contribución única como diseñadores, mentores y modelos de rol.[5] Pueden tener una profunda influencia, a largo plazo, sobre el entorno general para la que se produzca la innovación en una organización. Como diseñadores se pueden centrar en ideas conductoras —valores, estrategias esenciales para el negocio, visión y propósito a largo plazo— que orienten las acciones del día a día y les den significado, sobre los sistemas de gobierno y sobre otros impedimentos a la innovación, estructurales y profundos. En cuanto mentores, ayudan a los líderes de línea a relacionar los retos inmediatos con los propósitos a largo plazo, y pueden desempeñar papeles cruciales en el desarrollo de las capacidades de liderazgo de otros. Como modelos de rol, personifican el compromiso con el cambio, demostrando su propia vulnerabilidad y el aprendizaje continuo.

Hasta los ejecutivos que intentan iniciar cambios importantes se dan cuenta a menudo de que no pueden hacer mucho sin el apoyo de los líderes de línea locales, capaces de traducir los nuevos mandatos en nuevas prácticas. "Quien crea que puede dirigir este tipo de cambio desde arriba, se equivoca", dice Rich Teerlink, consejero delegado jubilado de Harley Davidson.[6] Y Phil Carroll, de Shell Oil, dice: "Cuando llegué a consejero delegado la primera vez, todo el mundo pensó: 'Phil va a decirnos lo que tenemos que hacer'. Pero yo no tenía la respuesta, gracias a Dios. Si la hubiera tenido, hubiera sido un desastre".[7]

Tanto Teerlink como Carroll tuvieron mucho éxito ayudando a desarrollar redes de líderes de línea locales con talento, como resultado de estrategias abiertas (por ejemplo, la conferencia anual de Shell de los 200 líderes máximos) y su constante animar a otros a que tomaran iniciativas. Cercano ya a jubilarse de Shell, Carroll reflexionó sobre su experiencia como consejero delegado y comentó, en torno a la vulnerabilidad: "Necesitamos una saludable dosis de humildad... lo cierto es que todos pueden ver nuestros defectos... si tratamos de ocultarlos, se preguntarán que otra cosa estás escondiendo".[8]

Finalmente, los creadores de redes internos representan a un tipo de líder totalmente olvidado, tanto en la literatura como por muchos directivos. Estos creadores de redes internos proceden de muchos roles formales: pueden pertenecer a recursos humanos o a formación, ser ingenieros o incluso directivos locales. Lo que les distingue es su movilidad, su capacidad para moverse libremente dentro de las redes informales que operan en todas las organizaciones. Desempeñan la función clave de conectar a los directivos de línea predispuestos, pero aislados, con las nuevas ideas y prácticas y con otros directivos de la misma mentalidad. Sirven como mentores, consultores internos y "socios pensadores", y ayudan a los líderes de línea locales a luchar con la multitud de cuestiones prácticas del día a día que, si no se solucionan, frustran el cambio. Pero a menudo su importancia pasa inadvertida, incluso para aquellos con quienes trabajan estrechamente, porque no suelen ocupar puestos importantes en la jerarquía directiva.

¿Por qué les llamamos "líderes" creadores de redes internos? Porque hemos descubierto que las grandes empresas tienen enormes dificultades para mantener un esfuerzo cambio significativo sin un trabajo de red interno eficaz. Los creadores de redes internos son cruciales a la hora de difundir las prácticas innovadoras, como ha puesto de relieve el estudio sobre las "comunidades de práctica", las redes informales a través de las cuales se difunde la mayoría de las innovaciones.[9] Sin creadores de redes internos eficaces, hay muchas "bolsas" de innovación, pero estos cambios rara vez añaden algo a los cambios de la organización en general. Y, sobre todo, les llamamos "líderes" creadores de redes internos como consecuencia de nuestra definición del liderazgo: la capacidad de una comunidad humana para configurar su futuro, para mantener un cambio significativo. El hecho de no considerar como líderes a los muñidores de la comunidad interna sería ignorar una dimensión fundamental de la capacidad de la organización para el cambio a gran escala.

Para comprender mejor y desarrollar la capacidad de una organización para mantener un cambio significativo, es esencial entender las interacciones dinámicas entre estos diferentes tipos de líderes y los retos a los que se enfrentan. Esto requiere una visión sistémica de los procesos de cambio.

EL LIDERAZGO Y LOS RETOS PARA MANTENER EL CAMBIO

En 1993, iniciamos una serie de seminarios con los miembros de SoL, utilizando el pensamiento sistémico para entender mejor las fuerzas que configuran los esfuerzos de cambio significativo y el modo en que se enfrentan a estas fuerzas los diferentes tipos de líderes.[10] Las premisas principales de este estudio en curso han sido:

1. Los tipos de cambio necesarios para las instituciones de la Era Industrial se desarrollan en los niveles "externo" e "interno". Implican cambios en los sistemas, procesos y prácticas que definen el modo de funcionamiento de las organizaciones; pero implican también cambio en las creencias, las suposiciones y los hábitos sociales y, en último término, personales. En otras palabras, los cambios son personales, interpersonales, organizativos e incluso interorganizativos —la esencia del auténtico cambio sistémico—. Muchos intentos de cambio fracasan porque no consiguen entender la multi dimensionalidad del cambio profundo.

2. Se puede considerar que los líderes de tal cambio sistémico están desarrollando nuevas maneras de trabajar conjuntamente, no cambiando los modos antiguos. No se trata solo de una distinción semántica. Los líderes eficaces tratan de cambiar a las personas, tratan de demostrar que es posible hacer algo nuevo. Guían mediante la creación de lo nuevo y, específicamente, mediante su voluntad de cambiar ellos mismos, mas bien que mediante tratar de convencer a los otros de que "esos otros" tienen que cambiar. Esto es cierto, con independencia de la posición que ocupen tales líderes dentro de la organización.

3. Pensar en el cambio como desarrollo de algo nuevo significa que los procesos de cambio institucional se tienen que entender mediante la analogía de los procesos de crecimiento en todos los sistemas naturales. Todos los procesos de crecimiento de la naturaleza están gobernados por la interacción entre el auto reforza-

miento (positivo) y la equilibradora (negativo) realimentación. Por ejemplo, si una población biológica crece es porque existe un proceso de reforzamiento en el que más adultos producen más nacimientos, que a la larga originan más adultos y, como consecuencia, más nacimientos. De la misma forma, el desarrollo de nuevas prácticas organizativas implica procesos de autorefuerzo, tales como nuevos enfoques que producen nuevos resultados, lo que conduce a que se incremente el compromiso y la voluntad de extender estos nuevos enfoques. Pero todo proceso de crecimiento de la naturaleza se ve contra balanceado por "procesos limitadores". Estos procesos limitadores significan que el sistema busca constantemente el equilibrio —un estado homoestático del cuerpo humano, un balance ecosistémico de predador y presa, o un sentido de identidad y continuidad histórica de una empresa—. Como afirma el biólogo chileno Humberto Maturana, "todo crecimiento se produce al tiempo que está siendo inhibido".

4. Los líderes de todos los niveles sostienen el cambio ayudando a crear las energías (visión, pasión, imaginación, compromiso) que generan procesos de crecimiento auto reforzante, al tiempo que se ocupan, simultáneamente, de las fuerzas que limitan el cambio.

5. En la mayor parte de las situaciones, lo principal es comprender y atender los procesos limitadores. Mientras que muchos posibles líderes tratan de superar estos límites empujando más y más las locomotoras del crecimiento, los líderes hábiles prestan mucha atención a las dificultades con que se encuentran, porque saben intuitivamente que ahí residen sus estrategias más eficaces.

6. La comprensión de la diversidad de los procesos limitadores con que se encuentran los esfuerzos de cambio profundo puede poner de manifiesto la variedad de estrategias de liderazgo y de líderes necesarios para mantener tal cambio. En particular, ayuda a entender inicialmente la forma en que dependen unos de otros los líderes ejecutivos, los líderes de línea locales y los creadores de redes internos.

Hasta el momento se han identificado diez obstáculos o conjuntos de fuerzas distintos que impiden la puesta en marcha de un cambio organizativo significativo. Cada uno de estos obstáculos surge como consecuencia, en alguna medida, de tener éxito a la hora de alcanzar el *momentum* en un proceso de cambio. Si no se alcanza el *momentum*, no se encuentran nunca estos obstáculos, porque los límites de cualquier proceso de crecimiento en la naturaleza solamente se presentan como consecuencia del crecimiento.

Sin embargo, y a pesar de que estos obstáculos se pueden predecir, muchos líderes no están preparados para ellos, y reaccionan débilmente cuando se presentan. En este punto reside una idea clave para líderes de todo tipo: el éxito alimentará fuerzas que se opondrán a la consecución de más éxito; para mantener el cambio hay que comprender el origen de estas fuerzas y disponer de estrategias eficaces que se ocupen de ellas. Esta es "la danza del cambio"[11], el inevitable juego entre las fuerzas que producen innovación y crecimiento y las fuerzas que conservan la estabilidad. Los grandes líderes entienden esto y aprenden a vérselas con toda la gama de fuerzas cruciales para el cambio a largo plazo. Los líderes ineficaces desdeñan estas fuerzas y se limitan a seguir forzando las cosas, al creer que su misión es "superar la resistencia al cambio" en lugar de ver tal resistencia como un subproducto inevitable de sus propios esfuerzos y, en último término, como una fuente de apalancamiento poderoso para mantener el cambio.

La lista que sigue resume estos obstáculos, agrupados en una secuencia tipo en la que se los encontraron grupos pilotos de todos los niveles, incluido un equipo de alta dirección.[12] "Los obstáculos al comienzo" tienen que ver con las fuerzas que entran en juego en las primeras etapas, deteniendo el movimiento antes de que alcance nunca un grado de cambio significativo. "Los obstáculos al mantenimiento" se desarrollan algo más tarde, a menudo después de que los grupos pilotos innovadores hayan alcanzado lo que consideran logros significativos, solo para encontrarse con que surgen nuevos problemas, tanto porque su esfuerzo piloto atrae a más personas como porque encuentran dificultades dentro de la organización mayor. "Los obstáculos al rediseño y al replanteamiento" tienen que ver con los límites profundos al cambio transformador en la mayor parte de las organizaciones de la era industrial, límites tales como la concentración de poder y el control centralizado en la configuración de la estrategia y el objetivo. Aunque son penetrantes y están presentes siempre, estos obstáculos se hacen a menudo evidentes durante el ciclo de vida de las iniciativas de cambio que tienen éxito.

Obstáculos al comienzo
- tiempo: "No tenemos tiempo para estas cosas".
- ayuda: "No nos ayudan", o "estamos perdiendo el tiempo".
- importancia: "Estas cosas no son importantes".
- predicar con el ejemplo: "No están predicando con el ejemplo".

Obstáculos al mantenimiento
- miedo y ansiedad: "Esto no es bueno".
- medida: "Esto no funciona".
- los que creen verdaderamente y los que no creen: "Tenemos el modo" o (desde la perspectiva de los que no creen) "Están dándole culto".

Cambios en el diseño y el replanteamiento
- gobierno: "Ellos (los que tienen el poder) no nos permiten nunca estas cosas...".
- difusión: "Estamos reinventando la rueda...".
- estrategia y objetivo: "¿Para que estamos aquí?".

No decimos que todas las iniciativas de cambio encuentren estos obstáculos necesariamente. No es probable que quienes no superen los obstáculos al comienzo, por ejemplo, se vean retrasados por los obstáculos siguientes. Pero la mayor parte de ellos se los acaban por encontrar, especialmente cuando alcanzan un cierto grado de éxito. Nuestra experiencia con la comunidad SoL ha puesto de manifiesto que cada uno de estos obstáculos puede detener procesos que, de otra forma, hubieran sido prometedores.

ESTRATEGIAS DE LIDERAZGO

En *The Dance of Change*, los prácticos, los estudiosos y los consultores trazan un cuadro de estos obstáculos y ofrecen sus experiencias y reflexiones sobre las estrategias que les han ayudado a superarlos.

Obstáculos al comienzo

El tiempo

El primer obstáculo con que se encuentran muchos proyectos pilotos es la falta de tiempo. Los líderes, atrapados entre el trabajo diario y las aspiraciones de cambiar el puesto de trabajo, se dan cuenta pronto de que ni siquiera las ideas atractivas se acaban poniendo en práctica porque no hay tiempo sencillamente para que le gente piense ni siquiera en serio sobre el posible cambio, y mucho menos que se comprometa en esfuerzos serios por cambiar.

Ejemplo de una estrategia creativa y exitosa para superar este obstáculo fue la que pusieron en marcha el profesor del MIT Lotte Bailyn y su equipo de investigadores de la acción implicados en múltiples iniciativas de cambio destinadas a ayudar a la gente a equilibrar el trabajo con la vida familiar.[13] Bailyn y sus colegas establecieron la distinción entre "tiempo para pensar" y "tiempo para comunicar". Descubrieron que se perdía mucho tiempo a diario por el hecho de que la gente no se podía poner a hacer una tarea sin que le interrumpieran. Los grupos de trabajo establecieron, con su ayuda, "tiempo para pensar" con el estatus de una reunión: reservaban una parte del día a hacer su trabajo individual.

Las estrategias para superar el obstáculo de la "falta de tiempo" dependen de la identificación de los modos de perder el tiempo, y tratan de capacitar a la gente para que controle mejor su tiempo. La lista que presentamos a continuación resume las estrategias para superar el obstáculo de la "falta de tiempo":

- integrar iniciativas y centrarse en una cosa, en lugar de atender varias iniciativas distintas.

- dar confianza a la gente para que controle su tiempo.

- valorar el tiempo dedicado a la reflexión, al diálogo, al debate interesante, a la práctica y al aprendizaje.
- encontrar el modo de suprimir el trabajo innecesario.
- decir "no" al juego político.
- decir no a peticiones no esenciales.
- experimentar conscientemente con el tiempo como práctica de dirección.

Ayuda

El obstáculo consistente en la "falta de ayuda" procede del hecho de que el desarrollo de aptitudes nuevas para aprender no es una tarea trivial. Exige tiempo y perseverancia. Y generalmente implica contar con el apoyo activo de personas con experiencia, que pueden ser consultores externos. Pero pueden implicar también a consultores internos o a directivos con experiencia significativa en iniciativas similares. Lo importante es no subestimar las ayudas necesarias. Si fuera fácil desarrollar capacidades de reflexión y diálogo, poner de relieve complejas y controvertidas cuestiones que ignoraron los que hicieron el proyecto, entender las interdependencias complejas entre los diversos procesos y actividades de la organización y hacer que se compartan iniciativas, todo el mundo podría hacerlo. Pero precisamente porque es difícil es por lo que llevan aparejado un potencial de mejora significativo. A menudo, los grupos pilotos tienen acceso a numerosas fuentes de ayuda, pero la calidad de la ayuda es importante. No todos los consultores o los altos directivos pueden ofrecer experiencia y consejo adecuados. El obstáculo de la "falta de ayuda" tiene dos caras: los líderes de los grupos pilotos deben aceptar el hecho de que la ayuda puede ser esencial para el éxito y deben de saber la clase y calidad de la ayuda que necesitan. La búsqueda de ayuda eficaz requiere que el equipo tenga claras sus metas y aspiraciones y sea capaz de articular necesidades específicas. Las estrategias para enfrentarse a estos obstáculos son:

- invertir pronto en ayuda.
- crear capacidad de entrenamiento interna.
- encontrar socios con los que aconsejarse mutuamente.
- incluir la de adiestramiento entre las responsabilidades de los directivos de línea.
- recapacitar sobre la propia actitud para buscar ayuda.

Importancia

El obstáculo de la importancia se deriva de la cuestión fundamental "¿por qué es importante una iniciativa de cambio para las metas específicas de las personas dentro de la empresa y para los requerimientos de sus puestos de trabajo?" Los directivos parecen pensar a veces que los demás tienen clara conciencia de la importancia por el hecho de que el cambio es importante para ellos, o simplemente porque declaran que "esto es algo que debemos hacer." Pero las iniciativas de cambio que lideran los ejecutivos quedan minadas rutinariamente cuando los directivos locales no ven la importancia que puedan tener para sus propias metas y sus objetivos empresariales. Cuando el esfuerzo que hay que hacer para cambiar no resulta significativo para las necesidades prácticas de la gente, el compromiso se deteriora. Las estrategias para hacer que el cambio sea importante en un grupo piloto son:

- hacer que sean conscientes los líderes claves del equipo.
- plantear cuestiones explícitas sobre la importancia en el grupo piloto -hacer que se debata el tema.
- poner más información a disposición de los miembros del grupo.
- mantener ligada estrechamente a los resultados del negocio todo tipo de formación.
- preguntar abiertamente, si surgen sospechas de que la gente se está entusiasmando: las personas pueden llegar a entusiasmarse tanto con cambios particulares, como incrementar el diálogo, que alienan a otros miembros del equipo menos entusiastas.
- revisar periódicamente la importancia.

Predicar con el ejemplo

Todo cambio implica riesgos, en última instancia y muchas personas se comprometerán sólo en función de la confianza que tengan en las personas que propongan el cambio. Si los que abogan por el cambio son directivos de línea locales, creadores de redes internos o ejecutivos, su credibilidad personal y la integridad demostrada son inseparables de la credibilidad de sus aspiraciones de cambio. Cuando se percibe que los líderes no predican con el ejemplo, la voluntad de la gente para comprometerse en cualquier iniciativa de cambio se limita severamente. Este límite es especialmente importante, según nuestra experiencia, cuando se da en los directivos de línea locales, porque son el punto de contacto más inmediato en la jerarquía para la mayor parte de la gente.

La credibilidad de los líderes se tiene que construir constantemente, pero la gente toma especialmente los períodos de tensión como indicadores de lo que una persona hace realmente. David Marsing, vicepresidente de Intel, describe una de estas experiencias durante una situación difícil de la empresa al principio de su carrera como directivo de línea local.[14]

14 • LAS COMUNIDADES DE LÍDERES O LA AUSENCIA DE LIDERAZGO

"A mediados de los años ochenta, me convertí en el jefe de una planta de fabricación de Intel en Livermore, California, la fábrica en la que producíamos el procesador 386 que dio origen al crecimiento espectacular de los beneficios de Intel. Esta planta era también el lugar en el que se producían las mejoras técnicas más notables, pero como tenía ya 18 años no podía seguir compitiendo con las instalaciones nuevas y más avanzadas. En 1989, se nos dijo que teníamos que cerrar la planta. Los altos ejecutivos nos comprometimos a que todos los que trabajaban allí tenían que conservar el puesto de trabajo, hiciéramos lo que hiciéramos. Les encontraríamos un puesto en el área o, si se podían recolocar, en alguna otra parte de Intel. Pasamos dos años recolocando a más de 700 personas. Fue una tarea fenomenal, pero creó un grupo cerrado de personas, distribuidas por todo Intel, que ayudarían a hacer cualquier cosa importante más adelante. Los empleados de otras fábricas podrían decir: 'No se puede confiar en la dirección'. Pero las personas que habían estado en Livermore dirían: 'Se puede confiar en estos directivos, porque se implican en ayudarte'".

La historia de Marsing ilustra de qué manera la confianza y la responsabilidad compartida que se forjan en los tiempos difíciles pueden conservarse en el futuro. Por el contrario, faltar a la confianza cuando se hace necesaria limita muchas iniciativas de cambio. Las estrategias para superar el obstáculo de predicar con el ejemplo incluyen:

- Desarrolle la adscripción a fines y valores creíbles en términos de la calidad de la vida en la organización.
- Forje la credibilidad en los valores y fines de la organización por demostración, no por enunciación -recuerde el viejo dicho, "no puedo oír tus palabras porque tus acciones hablan demasiado alto".
- No vaya solo —trabaje con socios que puedan ayudarle a ver cómo su comportamiento puede comunicar mensajes en los que usted no había reparado.
- Cultive la paciencia en los momentos de presión.
- Desarrolle un sentido mayor de la conciencia de la organización.
- Piense detenidamente en sus creencias sobre el personal.
- Haga sitio a las conversaciones sobre los valores del individuo.
- Cultive la paciencia con los jefes.
- Practique la diplomacia.

Los obstáculos de mantenimiento

Miedo y ansiedad

El obstáculo del miedo y de la ansiedad surge porque, hasta cierto punto, todo el mundo tienen miedo a exponerse, a cometer un error, a demostrar ignorancia o a herir accidentalmente a los demás como consecuencia de una sinceridad o de un comportamiento inadecuados. Se trata de preocupaciones muy razonables y surgen inevitablemente cuando los procesos de cambio significativo ponen de manifiesto más cuestiones profundas de aquellas por las que nos hemos preocupado usualmente durante muchos años. En cierto sentido, todos los esfuerzos de cambio pueden inducir el miedo a lo desconocido. Pero los procesos de cambio continuo que acaban poniendo en cuestión creencias y actitudes mantenidas durante mucho tiempo, y formas habituales de actuar (tales como hacer caso inmediatamente a los jefes, o que los jefes no tienen por qué revelar sus razones) pueden ser especialmente amenazadoras. El miedo y la ansiedad se convierten en obstáculos poderosos para el cambio cuando no se reconocen. El personal puede decir todo tipo de cosas, que van desde "esto es una pérdida de tiempo" a "estas nuevas ideas son grandes" (porque tienen miedo a decir lo que piensan realmente), pero su miedo les hará hurtar su implicación emocional y trabajarán a la defensiva en lugar de emplear la imaginación.

Sin embargo, el miedo y la ansiedad no tienen que suponer unas limitaciones insuperables. Algunos líderes consideran que el miedo es una fuente potencial de toma de conciencia. Como dicen los escaladores, "los que no tienen miedo son los primeros en morir". El miedo es una reacción saludable ante lo desconocido, especialmente cuando los peligros son reales. El miedo sólo es contraproducente cuando es desconocido y comienza a apoderarse de la mente de las personas. Pero el miedo y la ansiedad se deben tratar también gradualmente. La confianza no se consigue en un día. Cuando no se aprecia la dinámica natural de la forja de la confianza necesaria para superar el miedo, los directivos impacientes tienden a menudo a "solventar este problema confianza", de la misma forma en que afrontarían otros problemas técnicos. Hace varios años, un consejero delegado de una empresa de SoL supo por unos consultores que los miembros de su equipo consideraban que ciertos temas difíciles no se podían tratar en su presencia. Se sintió sorprendido y dijo, "resolveremos este problema. Incluiremos todos estos temas en la agenda de nuestra próxima reunión de personal". Ni que decir tiene que esto no mejoró la situación. El miedo que hacía que estos temas no se sacaran a la luz no hizo más que intensificarse cuando el jefe se dirigió al personal para pedirle que se debatieran en su presencia.

Las estrategias para enfrentarse al miedo y la ansiedad incluyen:

- Empieza modestamente y construye el momentum antes de afrontar las cuestiones difíciles.

- Evita los "asaltos frontales" a las ansiedades del personal.

- Da ejemplo de apertura.

- Aprende a considerar la diversidad como un activo.

- Utiliza los problemas como oportunidades para aprender.
- Haz todo lo posible para asegurar que los que participan en grupos pilotos y en iniciativas de cambio lo hacen voluntariamente y no obligados.
- Recuerda que las aptitudes importan.
- Trabaja, como directivo, para establecer un enlace entre la visión y la realidad.
- Recuerda, y recuerda a los demás, que el miedo y la ansiedad son respuestas naturales a la precariedad de una situación sobre la que se está aprendiendo.

La medida

El obstáculo de la medida surge por dos razones. La primera, es que algunas personas esperan ver mejorar los resultados del negocio poco después de que comience una iniciativa de cambio. Pero, generalmente, a la hora de poner en marcha nuevas prácticas empresariales transcurren unos plazos de tiempo significativos, que pueden ir de unos cuantos meses a incluso años. El "desfase resultante" entre los resultados esperados y los reales induce a menudo una valoración negativa dentro de un equipo piloto y especialmente fuera de él. Además, puede que las evaluaciones negativas se deban a que los medios tradicionales utilizados para comprobar el rendimiento no sean adecuados para las nuevas formas de trabajar conjuntamente.

* * *

El equipo de desarrollo del producto Epsilon, que desarrollaba un nuevo modelo de automóvil, consiguió mejoras significativas en términos de coste, calidad, y tiempo15. Sin embargo, sus mejoras produjeron también efectos colaterales que hicieron que las cosas parecieran peor cuando se les aplicaban algunas medidas tradicionales. Por ejemplo, establecieron un nuevo récord de terminación a tiempo en una importante etapa del prototipo. El equipo Epsilon tenía un 88% de "partes a tiempo", mientras que el promedio de toda la empresa era inferior al 50%. Los miembros del equipo consideraron esto como un logro grande y como prueba de que estaban dando resultado los cambios en la manera de trabajar conjuntamente. Pero completar a tiempo más partes del prototipo también creó problemas; principalmente produjo una oleada subsecuente de "peticiones de cambio" o "preocupaciones", informes documentados oficiales realizados por un ingeniero informando de que había que cambiar algo. Las "peticiones de cambio" aumentaron porque todos los equipos de ingeniería en tareas de subensambalaje podían ver ahora el trabajo de los demás y descubrieron rápidamente muchos problemas potenciales que de otra manera no se hubieran manifestado hasta mucho más tarde. Los miembros del equipo consideraron el incremento de las peticiones de cambio como algo positivo, pero fuera del equipo se les consideró un gran problema.[16] El programa se consideró fuera de control porque nadie había visto nunca tantas peticiones de cambio.

* * *

Las estrategias para superar el obstáculo de la evaluación y la medida incluyen:

- Apreciar los retrasos que implica el cambio profundo.
- Establecer una asociación con líderes en la evaluación del progreso y comprobar también el mismo proceso de evaluación.
- Hacerse proactivo en lo que respecta a la evaluación: hacer que los progresos en la evaluación y el desarrollo de formas nuevas de evaluar, se hagan prioritarios entre los abogados del cambio, en lugar de dejar que los jefes se pregunten "como van las cosas".
- Aprender a distinguir las necesidades de los que participan en el cambio para evaluar sus propios progresos a fin de mejorar, de las necesidades de los que tienen que juzgar el progreso, desde fuera, por otras razones (como la asignación de recursos).

Los creyentes auténticos y los no creyentes

Es común que los miembros de un equipo implicado en cometidos pilotos muy innovadores se dividan en creyentes auténticos y no creyentes. Cuando se produce esta polarización, no sólo se encuentran en dificultades los que están comprometidos con el proyecto, sino que también es probable que disminuya considerablemente la posibilidad de que se extienda su visión. La confianza es vital para los innovadores. Pero puede tener también una parte oscura, cuando origina arrogancia y aislamiento. La confianza de los innovadores se incrementa cuando las iniciativas de transformación consiguen cambios significativos. Esto se produce por dos razones. La primera, a medida que se desarrollan nuevas capacidades de aprendizaje, los miembros del equipo descubren que están afrontando cuestiones importantes de manera nueva y más eficaz. Segundo, la mejora de los resultados empresariales demuestra que están mejorando sus cualidades. Sin embargo entre la confianza y la arrogancia hay una línea muy fina y a veces es difícil saber si se ha cruzado o no. Cuanto más tiempo pasan juntos los miembros de un grupo piloto, y cuanto más desarrollan unas maneras únicas de operar, más se pueden aislar y distanciar del resto de la organización. La dinámica de ambos lados del abismo refuerza este aislamiento y ensancha la distancia. Ambas partes pueden sentir una presión casi irresistible de defenderse. Irónicamente, cuanto más profundos sean los cambios que se producen en un grupo piloto, más fácil es que los miembros puedan sentirse desconectados de la corriente principal de la organización. Estos problemas son inevitables en un cierto grado, como muestra Art Kleiner en *The age of heretics*;[17] han existido a lo largo de toda la historia corporativa e industrial.

Como los grupos pilotos de innovadores crean sub culturas, maneras de trabajar que difieren de las principales de la organización, es inevitable que se produzca una fractura entre los que están dentro y los que están fuera de esos grupos. Pero no hay que desembocar en la polarización disfuncional si los líderes reconocen el peligro y desarrollan estrategias para enfrentarse a el. Algunas de estas estrategias incluyen:

- Los líderes se hacen biculturales: desarrollan capacitaciones no sólo para operar eficazmente dentro de nuevas subculturas, sino para atravesar fronteras y cooperar eficazmente también dentro de la cultura general de la organización.
- Búsqueda de mentores para otros líderes, especialmente para aquellos que gozan de una alta credibilidad dentro de la cultura principal.
- Hacer que el grupo piloto tenga la capacidad de comprometer desde el principio al sistema general.
- Cultivar la apertura.
- Respetar las inhibiciones de las personas en lo que se refiere al cambio personal.
- Desarrollar una fraseología que se entienda dentro y fuera del equipo.
- Establecer una base de valores comunes.

Obstáculos de rediseño y replanteamiento

La gobernación

Más pronto o más tarde, los grupos innovadores se encuentran implicados en cuestiones de responsabilidad y de poder. Estas son las que representan el reto de la gobernación. Pueden producirse cuando los grupos presionan para conseguir más autonomía, al sentir que tienen capacidad para tomar decisiones por sí mismos, como consecuencia de sus crecientes capacitaciones. Puede ocurrir cuando atraviesan las fronteras de la organización; por ejemplo, cuando inician cambios para servir mejor a los clientes pero socaban, sin darse cuenta, prácticas establecidas en las que confían otros directivos. Los grupos pilotos con altos niveles de autonomía expandirán sus actividades más pronto o más tarde y afectarán a otras partes de la empresa de las que son responsables otras personas. Cuando ocurre esto, los grupos pilotos se enfrentan a los sistemas de gobierno de la organización, puenteando a quien tiene el poder para tomar esa clase de decisiones. Las cuestiones relativas al gobierno no se refieren necesariamente a los grupos pilotos; implican también a muchos ejecutivos que diseñan empresas para los mercados actuales. De hecho, el grupo piloto puede ser realmente el equipo directivo máximo, que lucha con tales cuestiones de diseño. "No tratamos de eliminar el control en nuestras organizaciones", dice el antiguo consejero delegado de Hannover Insurance Bill O'Brian. "El movimiento de incrementar lo local trata realmente de reemplazar el control impuesto jerárquicamente por un autocontrol creciente. Este es un reto mucho más difícil que el de dar a la gente simplemente autoridad para que tome decisiones".

Las estrategias para superar el reto de la gobernación son diferentes para el grupo piloto y para el liderazgo ejecutivo:

El grupo piloto debería:

- Prestar atención a las fronteras y cuidar el modo que atravesarlas.
- Articular los argumentos para el cambio en términos de resultados empresariales.
- Hacer que las prioridades de los líderes ejecutivos formen parte del pensamiento creativo del equipo.
- Experimentar con equipos transfuncionales y transfronterizos si la jerarquía está preparada para respaldarlos.

Los líderes ejecutivos deberían:

- Promover una filosofía coherente con respecto a las fuentes y usos del poder.
- Cuando no hay principios claros de gobierno, el poder tiende a ejercerse en forma de decisiones unilaterales de los ejecutivos, lo que refuerza la percepción de que se ejerce arbitrariamente.
- Desarrolle estructuras y específicas que defiendan contra el "desvío autoritario", la concentración gradual del poder en niveles más altos (esto puede suceder tanto porque los ejecutivos ejerzan el poder, como porque los directivos de nivel medio eludan la responsabilidad).
- Promulgue sensatamente nuevas reglas y regulaciones.
- Esté preparado para un largo viaje si es sincero al hablar de la distribución pacífica del poder y de la autoridad. Y no se embarque solo: asegúrese de que tiene quien le apoye dentro del grupo ejecutivo y/o en su consejo.

La difusión

Muchos ejecutivos tienen que luchar contra el obstáculo de la difusión: la persistente preocupación por el hecho de que se está generando mucho conocimiento nuevo en la organización que nunca sale de las "bolsas de innovación" locales. Esta preocupación es una de las razones principales para invertir en sistemas de gestión del conocimiento, generalmente, y para esforzarse por acumular tecnologías de la información para capturar, almacenar y recuperar conocimiento organizativo. El hecho de que muchas de tales inversiones se conviertan en grandes decepciones refleja la realidad de que los obstáculos más profundos para la difusión son sociales y no técnicos. Esto puede ser consecuencia de la sensación que tienen los innovadores de que nadie se preocupa realmente por sus esfuerzos. La difusión del conocimiento no se produce sólo porque lo diga el consejero delegado, o porque la dirección compre tecnología de la información nueva. En último término, superar el obstáculo de la difusión depende de la creación de un clima en la organización que anime la toma de riesgos y la compartición, de que se valore la diversidad de las maneras que tiene la gente de aprender y de que se incentive un saludable equilibrio entre la competencia y la colaboración. Ninguna de estas cosas es fácil, pero los líderes deben empezar por centrarse en los cambios tangibles de las infraestructuras del aprendizaje que animan a las gente a atravesar las fronteras funcionales y a comprometerse en un proceso de aprendizaje mutuo. Las estrategias para superar estos obstáculo son:

- Aprender a valorar a los líderes de la red como transmisores de nuevas ideas y como preparadores; los líderes que tienen autoridad jerárquica están demasiado centrados a menudo en sus tareas inmediatas para poder compartir, con eficacia, lo que han aprendido.
- Prestar atención a las comunidades existentes de personas en una organización como canales para difundir el conocimiento y la información, aprender cómo funcionan y como se pueden alimentar.
- Difundir más libremente información sobre las innovaciones.
- Reunir a la gente periódicamente atravesando fronteras funcionales para que se produzca una interrogación colectiva sobre temas importantes para todos.
- Diseñar medios más eficaces para el intercambio interno de información.
- Cultivar la "pesquisa apreciativa".[18]

Estrategia y objetivos

Finalmente, el obstáculo de la estrategia y de los objetivos se presenta de diferentes formas de acuerdo a los distintos tipos de líderes. El campo de la estrategia y de la planificación estratégica está muy agitado en la actualidad. Muchos pensadores, incluidos muchos de los que militan en las filas de los líderes, constatan hoy que los mercados, que eran tradicionalmente asunto de la alta dirección, de sus planes estratégicos y de sus consultores sobre estrategias, son demasiado dinámicos como para "imaginarse que tienen que tratarse desde la cumbre". Incluso aunque tuvieran que generarse en lo más alto, ocurre que, a menudo, ha cambiado todo cuando sus brillantes estrategias llegan a la línea de fuego. Como dice el brillante estratega Gary Hamel: "El cuello de botella se encuentra en la parte de arriba de la misma".[19]

El obstáculo de la estrategia y de los objetivos significa, para la alta dirección, tener que replantearse el proceso de estrategia. No significa esto que la alta dirección no tenga responsabilidades, o que tuviera que dejarse todo el planteamiento estratégico en manos de los que están en primera línea, que son los que están preocupados, por lo general, por el corto plazo. Pero la delicada labor estratégica, o la incentivación de las estrategias emergentes eficaces, deben convertirse en un camino de doble sentido, incrementando el toma y daca entre todos los niveles directivos. Los grupos pilotos, que son los que continúan la lucha durante un cierto tiempo y los que consiguen los éxitos significativos en la práctica, siempre se topan con nuevas aspiraciones emergentes. Empiezan a funcionar con preguntas básicas del tipo: "¿Qué es lo que queremos crear, en realidad?" Pero cuando los grupos locales articulan nuevas visiones del negocio se puede considerar que están sobrepasando sus cometidos. Además, puede que no sean conscientes de muchas cosas, desde la tendencia de los mercados y de la tecnología hasta la dinámica política interna, que es vital para iniciar nuevas estrategias. Finalmente, dejan atrás muchas cuestiones referentes a la estrategia e incluso cuestiones más profundas sobre el objetivo de las empresas mercantiles. La creencia de que el fin del negocio es conseguir la máxima rentabilidad para el accionista, que se tiene por garantizada, se está poniendo más en cuestión cada vez en mercados con abundante capital financiero, con recursos naturales cada vez más escasos y con presiones crecientes desde el punto de vista de la responsabilidad social.

Las estrategias para superar este obstáculo incluyen:

- Utilizar escenarios mentales para investigar los puntos ciegos y los signos de acontecimientos inesperados.
- Comprometer al personal a todos los niveles en cuestiones de estrategia y objetivo organizativo.
- Exponer y chequear los supuestos que hay detrás de la estrategia actual.
- Centrarse en desarrollar un mejor pensamiento estratégico y las capacitaciones del pensamiento ético.

LA DANZA DEL CAMBIO

Cuando se considera la gama de los obstáculos descritos, podríamos imaginar que todo lo que la organización necesita es un gran consejero delegado héroe que produzca el cambio. De hecho, la creación del cambio significa afrontar los diversos obstáculos de iniciar, mantener y rediseñar, entre los cuales, los que acabamos de describir constituyen, indudablemente, una gran simplificación. Esta diversidad de obstáculos nos proporciona un telón de fondo para entender el liderazgo de un modo nuevo, como un fenómeno complejo en el que diversos jugadores se enfrentan a las diversas fuerzas. Específicamente, creemos que este cuadro añade sustancia a la creencia de que los cambios significativos solo se producen por la actuación de una comunidad de líderes, que centrarse en los líderes como individuos con ciertas características y capacidades es incompleto, en el mejor de los casos, y un malentendido peligroso en el peor, y que es posible pensar en el liderazgo mas sistemáticamente.

En particular, los obstáculos que hemos identificado más arriba representan un buen punto de partida para ver los roles específicos que desempeñan los diferentes tipos de líderes en la iniciación y el sostén del cambio profundo. Por ejemplo, los líderes de línea locales son cruciales a la hora de afrontar los obstáculos del comienzo, especialmente los de tiempo, relevancia y predicar con el ejemplo. Al fin y al cabo, sólo los líderes de línea locales están en posición de ayudar a la gente a priorizar sus esfuerzos, de manera que puedan tener el tiempo necesario para las nuevas iniciativas. De la misma forma, necesitan hacer que los esfuerzos de cambio particulares sean relevantes cara a las metas prácticas de la gente. Finalmente, el personal mirará a estos campeones del cambio como modelos de rol locales, y si los líderes de línea locales no se acompasan a ellos, muchos renunciarán a comprometerse. Los creadores de redes internos son importantes también a la hora de afrontar los obstáculos del comienzo, primero mediante la identificación de los líderes de línea locales auténticamente dispuestos y para incentivar su interés y su curiosidad (por ejemplo, a menudo presentándoles a compañeros ya comprometidos en tales procesos) y después sirviendo como entrenadores y mentores de los miembros del equipo. Pero también ayudan a evitar que los equipos innovadores se mantengan demasiado aislados de otros equipos y se mantengan dentro del proceso global de difusión. Finalmente, los líderes ejecutivos pueden jugar un papel de iniciadores cuando comienzan a aplicar en sus equipos las iniciativas de transformación.

De manera opuesta, sobre los ejecutivos recae una especial responsabilidad por el modo en que las innovaciones locales llevan a un aprendizaje más amplio por toda la organización, afrontando obstáculos de mantenimiento y especialmente los obstáculos al rediseño y a la reformulación. Por ejemplo, los líderes de línea locales poco pueden hacer en lo que se refiere a los sistemas de medida que pudieran frustrar la expansión de las prácticas innovadoras, pero los ejecutivos pueden hacer mucho —pueden ayudar a que los que están fuera entiendan la naturaleza y significado de las nuevas prácticas, superando, con ello, el obstáculo de "los que creen y los que no creen"—. De manera similar, las cuestiones de gobierno y estrategia son distintos dominios ejecutivos de exploración y liderazgo.

En los lugares en que las actividades de liderazgo se solapan, los diferentes tipos de líderes tienden a proporcionar importantes perspectivas complementarias. Por ejemplo, los líderes de línea locales y otros miembros del equipo necesitan consejos y preparación. Los creadores de redes internos y los ejecutivos ayudan en esto. Pero los ejecutivos tienden a centrarse más en los grandes temas de la organización, tales como las formas en que un equipo innovador puede ser mal percibido por los que están fuera del equipo o el modo en que los estándares de medida pueden originar indicadores erróneos del rendimiento del equipo, mientras que el entrenamiento de los creadores de redes internos tiende a jugar una parte importante en el modo en que se difunden las innovaciones locales —éstos a través de los sistemas informales y los ejecutivos más a través de enfrentarse a barreras estructurales específicas, como recompensa y sistemas de medición; y a través de crear infraestructuras de aprendizaje organizativas tales como invertir en capacidades de investigación para comprender mejor las nuevas prácticas de trabajo.[20]

Pensar sistemáticamente en el liderazgo significa también nutrir el entendimiento de los principios sistémicos dentro de tales comunidades de liderazgo. Un principio sistémico que deberían de entender todos los líderes es "la realimentación compensadora", la tendencia natural de un sistema complejo a resistirse a los esfuerzos por cambiar el comportamiento.[21] La realimentación compensadora revela un defecto común en las estrategias de los líderes de todo tipo que se encuentran a sí mismos luchando a ciegas contra la resistencia al cambio. Los líderes que se obsesionan por superar tal resistencia aprecian poco, por lo general, las fuerzas con las que luchan y el modo de enfrentarse con, en lugar de contra, dichas fuerzas. Cuando encuentran dificultades, generalmente trabajan más para superarlas. Pero cuanto más empujan, más resistencia encuentran en el sistema. Por ejemplo, consideremos el predicamento de un líder de línea local que no consigue entender por que el personal no parece comprometido con una iniciativa nueva. Les suplica que hagan la tarea, haciéndoles ver la importancia que tiene. Pero cuanto más trata de convencerlos, menos convencidos parecen estar. Debe reconocer que la cuestión está en predicar con el ejemplo y hacer ver la credibilidad de sus valores y propósitos.

Finalmente, esta teoría de los sistemas emergentes de liderazgo resalta los modos en los que son críticamente interdependientes los diferentes tipos de líderes. A menudo, para las personas que están dentro de un proceso de cambio complejo, estas interdependencias distan mucho de ser evidentes, especialmente dado el mito del héroe-líder que centra la atención en las acciones individuales y a menudo es causa de que la gente no vea como estas dependen de las otras.

Consideremos los cuatro obstáculos básicos de la iniciación —tiempo, ayuda, relevancia y alineación de los fines y valores individuales y organizativos—. No es sólo que cada uno de ellos requiera distintos tipos de liderazgo, sino que como cada tipo de líder contribuye de su única forma, las contribuciones de los demás se hacen más importantes. Por ejemplo, si los líderes de línea locales y los creadores de redes internos consiguen que se inicien las iniciativas de transformación, los líderes ejecutivos se hacen más importantes. Esto ocurre porque, si una iniciativa de transformación se mantiene durante un cierto tiempo, la gente empieza a darse cuenta del grado de compromiso requerido. Entonces comienzan a cuestionarse los valores y el compromiso de la dirección. Si los ejecutivos han estado siendo campeones de la necesidad de tales iniciativas, la gente empezará a mirar cada vez con más atención el comportamiento de los mismos y su aparente compromiso con tales cambios. Esto es por lo que a veces es mejor contar con ejecutivos que no estén comprometidos que con otros que estén difundiendo como campeones, superficialmente, ideas como las "organizaciones que aprenden".

Tales interdependencias sistémicas entre los diferentes tipos de líderes se hacen más sutiles —y más difíciles de ver por la gente— cuando están distanciadas en el tiempo. Esto es por lo que tantos líderes de línea locales, que de otro modo conseguirían muchos éxitos, a menudo se ven a sí mismos como más independientes de lo que son en la realidad. Por ejemplo, los líderes de línea locales tienden a centrar toda su atención en el éxito de sus iniciativas de transformación locales, sin darse cuenta de que cuanto más éxito tienen, más necesitarán la ayuda de los ejecutivos y de los creadores de redes internos a la hora de afrontar los obstáculos que les surjan en el futuro fuera de su equipo o de su unidad de negocio.

Esto ilustra una razón crucial de por que es tan importante pensar sistemáticamente en las fuerzas subyacentes al cambio profundo: cuando los líderes entienden las relaciones sistémicas que modelan estas fuerzas, no tienen que esperar a que se presenten los problemas para afrontarlos. Pueden anticiparse a los problemas porque comprenden el juego de las fuerzas que operan en tales procesos de cambio. Pueden prepararse para las dificultades y a menudo, pasar a la acción, para evitar que surjan. Pueden cultivar por adelantado las relaciones personales, para cuando necesiten, realmente, la ayuda de los demás. Esta es la danza del cambio que los líderes habilidosos conocen intuitivamente y juegan con la continua interacción de fuerzas que modelan el cambio. Además, se trata de una danza bailada en compañía por un conjunto de líderes en muchos puestos y cometidos, que determinan colectivamente la capacidad de la empresa para sostener el cambio transformacional.

Lo que hemos presentado aquí no son más que los inicios de una teoría. Lo que es importante no es su verdad absoluta, porque seguramente hay muchas formas de mejorarla, sino el modo que se propone de pensar sobre el liderazgo —ver que el fenómeno del liderazgo está inmerso en redes de interdependencias que moldean el cambio—. Trasladar esta teoría a la práctica supone desarrollar la capacidad de pensar sistemáticamente de las personas comprometidas en los procesos de cambio reales, de forma que puedan ver y apreciar mejor las interdependencias en las que operan, y actuar cada vez más de forma que apoyen verdaderamente al conjunto.

PARTE III

SIGLO XXI

ORGANIZACIÓN

La organización del siglo XXI se caracterizará por una complejidad sin precedentes, y requerirá un tipo distinto de líder. El *management* tendrá que afrontar el reto de asimilar las diversas y cambiantes necesidades de los individuos, y tener en cuenta la flexibilidad impuesta por los empleados. Hamid Bouchikhil, de Essec, Francia, y John R. Kimberly, de la Wharton School, abren la última parte de la obra con la afirmación de que las organizaciones tienen que transformarse en *lugares de trabajo a medida del cliente (customizados),* con el fin de satisfacer las necesidades de los clientes y de los trabajadores. Los autores creen firmemente que los directivos del siglo XXI tendrán que situar a la *customización,* no solo en el centro de sus estrategias externas, sino también en el meollo de sus relaciones con los que trabajan para ellos.

Muchas estructuras organizativas del siglo XXI dependerán tanto de la cooperación como de la competición. Las corporaciones colaborarán para expansionar el valor que han añadido otros. Este conjunto de corporaciones se esforzarán por crear bienes y servicios únicos. El profesor David Conklin y Dean Lawrence Tapp, de la Richard Ivey School of Business, de Canadá, creen que el éxito en la dirección empresarial dependerá del desarrollo de una *tela de araña creativa*[*] en la que la innovación exigirá coordinar todos los puntos de dicha tela. Afirman que, en el nuevo milenio, el éxito lo alcanzará la corporación que pueda estimular la innovación no solo dentro de su organización, sino en toda la tela de araña creativa de la que forma parte.

---

[*] El autor emplea la expresión *creative web,* empleando el término "web" con la intención evidente de aprovechar las connotaciones que le presta la *world wide web*. Ello nos ha planteado la duda de conservar el término inglés "web" en la traducción, pero la lectura del texto nos ha aconsejado traducirlo y hablar de la "tela de araña". (N. del T.)

Las organizaciones pretenderán identificar y estimular un puñado de capacidades críticas. Continuarán cambiando el centro de atención desde la estructura a la capacidad —aquello que la organización es capaz de hacer y cómo lo hace, en lugar de quién reporta a quién y cuáles son las reglas por las que se gobierna. El gurú de recursos humanos Dave Ulrich nos presenta sus observaciones sobre los factores contextuales que impactan en la organización, sobre cómo operará la organización y sobre cómo deben prepararse los individuos hoy para responder mañana.

El arma que ayudará a los líderes a superar los obstáculos del siglo XXI será el "pensamiento caleidoscópico". La eminente pensadora de la Harvard Business School, profesora Rosabeth Moss Kanter, conduce al lector a través de un viaje auténticamente global por el nuevo panorama empresarial. Al examinar las estrategias y culturas de las organizaciones de ámbito mundial, ha identificado también tres activos intangibles —conceptos, competencias y conexiones—. En este capítulo final, la profesora Kanter denomina confidencialmente "el caleidoscopio" al símbolo de la era de la información global.

CAPÍTULO

15

EL PUESTO DE TRABAJO CUSTOMIZADO

HAMID BOUCHIKHI Y JOHN R. KIMBERLEY

Estamos a 1 de diciembre de 1998. Cuando nos planteamos la organización del siglo XXI, nuestros ojos se topan con la portada de la edición de hoy del *Finantial Times*. Un titular vocifera: "5.500 puestos de trabajo eliminados en la toma del Banker Trust por Deutche", en otro se lee "Volvo elimina 5.300 puestos de trabajo en su intento de elevar los márgenes de beneficio", al tiempo que un tercero anuncia: "Total se decide por la toma de PetroFina". En esta misma edición leemos también cosas sobre las uniones de Hoechs y Rhône-Poulenc y de Exxon y Mobil. En la parte superior de la portada otro titular que dice, en un tipo de letra más pequeño: "Los jóvenes desean vivir, no trabajar muchas horas". Todo esto ilustra claramente sobre la colisión que se avecina entre las estrategias empresariales orientadas por imperativos económicos y la cambiante naturaleza de las personas ante el puesto de trabajo. Nosotros opinamos que el reto de la organización del siglo XXI será equilibrar estas dos fuerzas aparentemente contradictorias.

En la segunda mitad del siglo XX, las empresas se han visto pilladas entre las crecientes demandas de más beneficios por parte de los accionistas y la cada vez mayor presión de los competidores en lo referente al precio, la calidad y la diferenciación del producto. Estas presiones han llevado a muchas empresas a desarrollar estrategias de *customización* masiva, orientadas al cliente, y las más agresivas permiten a los clientes *customizar* un producto o servicio particular, dentro de una amplia gama de opciones.[1]

Como consecuencia de la aplicación de las tecnologías de la información a la fabricación, y del crecimiento del comercio electrónico, la gente podrá personalizar cada vez más un coche, una computadora o un paquete de vacaciones, de acuerdo a su presupuesto, sus gustos, sus características personales y familiares, y a su disponibilidad de tiempo. Por ello, uno de los rasgos característicos de finales del siglo XX es la emergencia de un poder creciente del consumidor-emprendedor. Como consecuencia de esta tendencia, y de los desarrollos conseguidos en otras esferas, se ha producido un desfase entre el poder y la capacidad de elección de que disfrutan los individuos en cuanto consumidores y ciudadanos, por una parte, y lo que el mercado pone a su disposición, por otra.

El argumento principal de este capítulo es que este desfase, que se está agrandando cada vez más, es insostenible a largo plazo. Uno de los mayores retos del *management* del siglo XXI, y una fuente potencial de innovación directiva radical, será reducirlo. Creemos firmemente que los directivos van a tener que situar a la lógica de la *customización* no solo en el centro de sus estrategias externas, sino también en el corazón de sus relaciones con los que trabajan para ellos. El *management* va a tener que *customizar* el puesto de trabajo en paralelo con sus productos y servicios.

Con el fin de explicar que es lo que queremos decir por puesto de trabajo *customizado* y el modo en que difiere de enfoques más comúnmente adoptados del *management*, comenzamos por trazar una breve caricatura histórica, comparando el modo en que los paradigmas directivos de los siglos XIX y XX tienen que afrontar la importante cuestión de la flexibilidad, y por qué el nuevo paradigma tienen que basarse en la flexibilidad desde la perspectiva del trabajador al igual que desde la de la firma.

Después plantearemos el tema del puesto de trabajo *customizado*. Defenderemos que es necesario responder a los cambios significativos que se producen fuera de la firma. Las teorías sobre el personal que subyacen a los modelos y prácticas del *management* hasta la fecha, no están sincronizadas con estos cambios. La firma que quiera mantener su legitimidad como institución social clave tendrá que inventar modos de satisfacer las cambiantes necesidades y demandas de los que trabajan para ella. Históricamente, estos individuos han podido contentarse más o menos con un papel relativamente pasivo en relación a las estrategias, políticas e incentivos de la empresa, pero ahora se están convirtiendo en arquitectos mucho más proactivos de su propia *planificación estratégica*[2] y de su conexión con el mundo del trabajo.

En la tercera sección sostenemos que es improbable que innovaciones directivas de los años ochenta y noventa, como *management* participativo, *empowerment*, gestión de la calidad total y pago de acuerdo al rendimiento, constituyan respuestas adecuadas a las demandas de la persona-como-arquitecto. El ciclo de ajustes incrementales, inaugurado por el movimiento de relaciones humanas y orientado por las necesidades de la firma, se verá reemplazado por un nuevo paradigma del *management* más adecuado para un individuo que ha cambiado radicalmente en el transcurso del siglo XX.

La misma noción de puesto de trabajo *customizado* excluye la posibilidad de un modelo de *management*. Sin embargo, se deberían de aplicar unos cuantos principios básicos, con independencia de los específicos asociados a un modelo particular. En la sección final debatimos algunos de estos principios y exploramos sus implicaciones pragmáticas.

LA TEORÍA DEL MANAGEMENT EN CARICATURA: DEL PUESTO DE TRABAJO ESTANDARIZADO AL CUSTOMIZADO

Más que unas herramientas y técnicas específicas, lo que diferencia a los paradigmas del *management* de los siglos XIX, XX y XXI, es la flexibilidad y responsabilidad de la firma ante los distintos colectivos que participan en ella (véase la tabla 15.1).

El paradigma del siglo XIX, que está todavía vivo en muchas industrias y áreas de todo el globo, no es responsable, por lo general, ante los accionistas, los clientes y los empleados al mismo tiempo. A menudo, la firma es propiedad de una familia, que la dirige como un sistema cerrado. Los clientes compran cualquier cosa que esté disponible. Los empleados se consideran intercambiables y reemplazables, se contratan y se echan a voluntad, y no tienen voz prácticamente ni posibilidades de elegir. Sus oportunidades consisten en encontrar un capitalista paternalista que ofrezca algunos beneficios para hacer que la vida sea un poco menos penosa y que las fatigas del trabajo se hagan un poco más tolerables.

En la segunda mitad del siglo XX, los clientes y los accionistas han sido más proactivos y el *management* ha tenido que adquirir más responsabilidades ante ellos. Como consecuencia de ello, se han desarrollado las estrategias en función del mercado y las

Tabla 15.1 Paradigmas del *management* en los siglos XIX, XX y XXI

Demandas individuales de flexibilidad	Baja	Alta
Necesidades de flexibilidad de la organización		
Baja	**Management del siglo XIX** No responsable ni ante los clientes ni ante el personal Organización orientada a la fabricación	
Alta	*Management* del siglo XX Responsable ante los clientes Organización orientada al mercado	**Management del siglo XXI** Responsable ante los clientes y ante el personal Puesto de trabajo customizado

organizaciones flexibles. El *management* del siglo XX es más abierto si se le compara con el paradigma del siglo XIX. La firma escucha a sus clientes y accionistas de manera activa y les implica en una serie de procesos de decisión, a través de diferentes mecanismos.

En el *management* del siglo XX, los clientes son los principales inductores de las necesidades de flexibilidad de la firma, mientras que los empleados están al final y se les exige que ajusten sus horarios de trabajo, sus tareas, sus períodos vacacionales, sus lugares de residencia y sus puestos de trabajo de acuerdo con estas necesidades.[3] Los trabajadores están los últimos y se quejan a menudo de los inconvenientes que esto conlleva. Los esfuerzos de los directivos para responder mediante mejoras en la "calidad de la vida laboral", aunque muy vistosos, son producto del paradigma del siglo XX y no serán suficientes en el futuro.

El reto de los directivos en el siglo XXI será interiorizar plenamente las diversas y cambiantes necesidades de los individuos e inventar una flexibilidad orientada al empleado. El reto es significativo, porque los directivos tendrán que *customizar* el puesto de trabajo para satisfacer las necesidades de los trabajadores y de los clientes al mismo tiempo. Para hacer esto con eficacia, la firma del siglo XXI tendrá que aplicar a sus relaciones con los trabajadores la lógica del *marketing* desarrollado para sus clientes.

"Nuestro activo más importante es nuestro personal". Este eslogan, repetido a menudo por las firmas del siglo XX, pero que no se ha visto acompañado siempre por una práctica directiva coherente, y de aquí que suene bastante a cinismo, no capta lo que se necesitará en el siglo XXI. Creemos que, en lugar de poner en primer lugar a los clientes o a los trabajadores, lo que los directivos tendrán que hacer será poner "en primer lugar a los accionistas, a los clientes, y a los trabajadores". El individuo, ya actúe como cliente, como inversor, como trabajador, como esposo, como padre, o como activista comunitario, está cada vez menos dispuesto a permitir que otros tomen decisiones por él. Las instituciones que no consigan darse cuenta de esta tendencia están en peligro. El *management*, que no tiene posibilidad de elegir entre reconocer o ignorar a los accionistas y a los clientes, tendrá que luchar también ahora con las demandas de individuos autónomos y proactivos cuya colaboración y compromiso no puede ya considerar garantizados.

EL CONTEXTO SOCIOLÓGICO DEL MANAGEMENT DEL SIGLO XXI

Si queremos avistar los retos que habrán de afrontar las firmas del siglo XXI, tenemos que ir más allá del discurso convencional de la empresa y considerar las consecuencias que tendrán para la dirección de empresas algunas tendencias sociológicas visibles ya en la actualidad.[4]

Los fundamentos del *management* se establecieron en el siglo XIX, con el nacimiento de la fábrica moderna, y los sistematizaron, entre otros, en las primeras décadas del siglo XX, Frederick Taylor, Henri Fayol y el empresario automovilístico Henri Ford. Las teorías y prescripciones del *management* del siglo XIX se construyeron sobre una visión del trabajador como un individuo renuente cuyos esfuerzos había que definir, controlar y sancionar. Aunque reflejaba el orden social del capitalismo temprano —la relación antagonista entre el capital y el trabajo—, y todavía apuntala de forma significativa la acción directiva, esta visión tendrá que sustituirse por otra más coherente con la vida en lo que Giddens llama sociedades post industriales.

La característica distintiva de la vida en un orden post tradicional, de acuerdo a Giddens, es el declive del papel de la tradición y de la jerarquía en el gobierno de las actitudes y del comportamiento de los individuos. Al desligarse de la tradición, el individuo descubre una nueva forma de autonomía y de discrecionalidad a la hora de tomar decisiones sobre su vida. En este nuevo contexto, el individuo tiene un conocimiento amplio sobre la vida social, disponible como consecuencia del carácter cada vez más reflexivo de las sociedades modernas, y desarrolla activamente un sentido de identidad propio a través de la planificación estratégica de la vida. Las personas eligen en áreas en las que antes no lo hacían, no podían hacerlo. Por ejemplo, los individuos deciden sobre su aspecto físico, su vida sexual y su género, su paternidad, sobre si viven solos o con una pareja, sobre sus hábitos alimenticios, los lugares en los que viven y ser miembros o no de varias comunidades. Si el siglo XIX asistía a la aparición del emprendedor en los negocios, el final del siglo XX ha visto nacimiento del emprendedor en la vida: un individuo que participa activamente en la construcción y el mantenimiento de una identidad propia.

A nivel macro social, la emergencia del yo autónomo y reflexivo precipita, y se ve reforzada por ella, la crisis paralela de instituciones tradicionales como el matrimonio, la familia, la paternidad, las comunidades definidas geográficamente, la iglesia y la milicia. Es interesante observar que las dos últimas instituciones tradicionales claves han sido criticadas en los últimos años porque han entrado en conflicto con los homosexuales y las mujeres, dos grupos sociales que ejemplifican el nuevo mundo proactivo que habrán de afrontar las empresas.

Al tiempo que muchas instituciones tradicionales están en crisis, emergen nuevas formas y normas sociales: los Juegos Olímpicos Gay, las comunidades virtuales, los grupos pro libertad de elección, los matrimonios entre personas del mismo sexo y la legislación sobre ingeniería genética, por mencionar sólo unos cuantos. Estas formas y normas, se corresponden, independientemente del área especifica en que se desarrollen, con lo que parece ser una necesidad universal de más instituciones democráticas que puedan reflejar y soportar las relaciones cada vez más democratizadas, interpersonales, en las sociedades post tradicionales. El desarrollo de formas alternativas de socialización se ve incentivado por la disponibilidad de facilidades para la educación y de tecnologías que posibilitan al individuo un acceso instantáneo a grandes cantidades de información y comunicarse más allá de las fronteras tradicionales del tiempo y del espacio.

Atrapada entre los rápidos cambios a niveles micro y macro sociales, la empresa, que es una institución intermedia clave, se enfrenta a medida que se aproxima al siglo XXI, a un cierto número de desafíos a su legitimidad. Ya no se percibe de forma tan favorable como antes. Se la critica por perpetuar la jerarquía y la dominación, por perpetuar las desigualdades entre los sexos y los grupos étnicos, por destruir los recursos naturales, por contaminar el entorno, por estresar y sacrificar a las personas, y por romper familias y comunidades. Cada vez es mayor la proporción de personas para las que una carrera tradicional no constituye ya un gran trayectoria natural, y muchos de los que trabajan para las empresas disocian su identidad personal de la de la firma. Las oleadas sucesivas de reestructuración y de reducción de puestos de trabajo, y la proliferación simultánea del discurso sobre la empleabilidad, están induciendo a los individuos a disociar su destino del de sus empresas y a explorar modelos alternativos de trabajo.[5]

El mercado de trabajo de los países en desarrollo se ha visto afectado por estas tendencias. Las empresas de los sectores tradicionales, perjudicadas por su imagen antiprogresista, encuentran cada vez más dificultades a la hora de contratar a las personas que necesitan. En ciertas industrias, las firmas compiten por una reserva limitada de talento e invierten en el reclutamiento una cantidad considerable de tiempo y de dinero. Los más jóvenes parecen sentirse atraídos cada vez más por el auto empleo, por las oportunidades de crear sus empresas y por las profesiones liberales. En la prensa económica aparecen regularmente reportajes sobre ejecutivos de altos vuelos que dejan sus confortables puestos para emprender sus propios negocios, trabajar como consultores independientes o, más sencillamente, dedicar más tiempo a sus familias.[6]

Estas tendencias ponen de manifiesto el empeño creciente de los individuos en reclamar el control sobre sus vidas. Desean tener algo que decir sobre lo que hacen; donde, cuando, como, y con quien, y, quizás lo más importante, por qué. A medida que la firma escuche a la gente y la implique en estas decisiones, tendrá que afrontar inevitablemente la *customización* del puesto de trabajo, de la misma manera que ha hecho suyas las necesidades de los clientes.

En la dirección empresarial del siglo XIX, el personal se tenía por garantizado, y no tenía posibilidades de elegir ni de opinar. Sus bases se construyeron sobre una relación asimétrica entre el empleado y el empleador. El *management* del siglo XX y las innovaciones en la dirección empresarial de los ochenta y de los noventa, no van a capacitar a la empresa para tratar eficazmente al arquitecto hacedor/emprendedor de su vida y su persona de las sociedades post tradicionales, porque no han cuestionado seriamente estos fundamentos.

LA COLISIÓN ENTRE EL MANAGEMENT DEL SIGLO XX Y EL ARQUITECTO/EMPRENDEDOR DE SU PROPIA VIDA

Al principio de este capítulo, hemos dicho que una de las características de la dirección empresarial del siglo XX ha sido la creciente responsabilidad de la firma hacia las necesidades de los clientes bajo la creciente presión de los accionistas. Otro sello es la creciente toma de conciencia de la importancia de las cuestiones de personal. El *management* ha sido consciente, desde los experimentos de Hawthorne en los años treinta, de la importancia de una fuerza laboral motivada e implicada en la consecución de las metas de la organización. Las sucesivas "innovaciones directivas" se diseñaron para mejorar la motivación y el compromiso, incluyendo el enriquecimiento del puesto de trabajo, los equipos de trabajo semi autónomos, el tiempo flexible, el *management* participativo, el pago de acuerdo al rendimiento, la gestión de la calidad total, y el *empowerment*.

Sin embargo, es interesante observar que a pesar de este flujo sostenido de esfuerzos por parte de la dirección, los estudios independientes continúan poniendo de manifiesto que la satisfacción y la moral de los empleados es baja y que se confía poco en la dirección. El *Finantial Times,* en un reportaje sobre la satisfacción de los empleados en las empresas europeas, basado en un estudio dirigido por la International Survey Research Corp., escribe:

> "Los trabajadores británicos se encontraban entre los más descontentos desde el punto de vista de la satisfacción. 'Las actitudes de los empleados hacia la organización y la eficacia de su trabajo están entre las menos favorables de Europa, a pesar de los intentos significativos que se han hecho por reestructurar y hacer un proceso de reingeniería corporativo' dice el informe. 'A pesar del fuerte compromiso con la gestión de la calidad total de muchas empresas, las actitudes hacía la calidad o hacia el rendimiento en el trabajo son más críticas que en cualquier otro país'."[7]

Estos datos plantean un serio problema, a menos que pensemos, como pueden hacerlo muchos altos directivos, que la gente nunca está contenta.

El impacto de las innovaciones que se han producido en el campo de la dirección empresarial a finales del siglo XX es limitado, porque tienen su origen en el hecho de que la firma necesita ser eficaz y flexible. Hasta los libros de *management* más progresistas, como *Liberation Management*[8], *The individualized Corporation*[9] o *The Human Equation*[10], comienzan por la necesidad que tiene la empresa de flexibilidad, innovación y/o competitividad y continúan suplicando por un *management* más orientado al personal. ¿No es una ironía que el libro de *management* más popular de hoy, *The Dilbert Principle*, sea una parodia del *management* innovador?

La gente no se deja engañar fácilmente. De hecho, está bien situada para comprender que estas "innovaciones" no están motivada siempre por un deseo genuino de responder a sus necesidades. Sabe de sobra que la dirección es leal, cada vez más, en primer lugar, a los accionistas y a los clientes y que, cuando las dificultades obligan a elegir, no se pone en primer lugar al personal. Hasta una empresa como Levi-Strauss, que se ha alabado durante mucho tiempo como un lugar de trabajo amigable para el empleado, empieza por despedir personal cuando descienden el beneficio y los retornos estimados.

La numerosa casuística de *downsizings*, reestructuraciones y otras formas de despido es, sin duda, responsable en gran parte de la profunda y extendida falta de confianza en la dirección. *Business Week* informaba de los hallazgos de otro estudio de la *International Survey Research Corp.*, que ponían de manifiesto que la confianza de los empleados en el *management* ha disminuido en los años noventa (por debajo del 50 por ciento en 1997).[11] Pero, lo que es mas digno de considerar, el 70 por ciento de los altos directivos piensan que los empleados confían en el *management*. Este desfase sugiere que la realidad del puesto de trabajo puede no coincidir con la promesa del discurso directivo convencional. Mientras tanto, el *Finantial Times* utilizaba el titular "Los ratones descontentos atacan a los gatos gordos" para informar de los resultados de otro estudio de la ISR, esta vez sobre 450 empresas de 18 países.[12]

¿Cuántas personas pueden rechazar un puesto, sin poner en peligro sus oportunidades de hacer carrera? ¿Cuántos ejecutivos, por no hablar de los empleados del nivel más inferior, prefieren dar la impresión de que están de acuerdo con sus jefes en lugar de hablar sinceramente? ¿Cuántas personas son capaces de tomarse los permisos por maternidad o paternidad sin verse relegadas al carril lento? ¿Cuántas personas pueden ajustar su carga de trabajo, de manera que se adecuen a las circunstancias personales de sus vidas? ¿Cuántas personas están en condiciones de desarrollar un conjunto de capacitaciones que les sirva para cambiarse, por iniciativa propia, a un puesto de trabajo diferente? ¿A cuántas personas se les pidió una opinión de la que se derivaran consecuencias, sobre la eficacia de sus líderes? Estas son solamente algunas de las preguntas que hacemos regularmente a los ejecutivos durante los programas de desarrollo de directivos, y las respuestas ponen de relieve que los asuntos de personal se siguen tratando y decidiendo generalmente de forma unilateral. La única posibilidad real de elección que tienen las personas en muchas empresas actuales es acomodarse o marcharse, por mucho que diga lo contrario el discurso popular entre los directivos actuales. Pero, ¿será esto adecuado para la firma del siglo XXI?

Después de haber tenido que luchar durante el siglo XX en el terreno del *marketing* y de la *customización* del producto de masas, las empresas tendrán que transferir lo que aprendieron en su trato con los clientes a las relaciones con sus empleados. La dirección de empresas no dará el salto al siglo XXI, hasta que no reconozca que su objeto -el individuo- ha cambiado de manera radical y no está dispuesto a seguirse encontrando simplemente el último en las políticas de incentivos de la dirección. El individuo de hoy está dispuesto a tomar parte activa en las decisiones que se refieran a su vida y a un trabajo externo, y lo estará cada vez más. En el *management* del siglo XXI, el individuo ya no será el objeto, sino el sujeto. Esta evolución requerirá un genuino co ejercicio del poder.

El coejercicio del poder, de acuerdo a como lo entendemos, es muy diferente del *empowerment*. La noción de este último descansa en la idea de que el poder reside en una parte y que esta delega en otra una porción del mismo. En otras palabras, el *empowerment* no cambia la naturaleza jerárquica y asimétrica del puesto de trabajo.[13]

No es nuestro propósito desestimar varias décadas de esfuerzos directivos para mejorar la calidad de la vida laboral. Todavía hay muchos trabajadores en todo el mundo que serían felices si disfrutaran del mismo tratamiento que disfrutan sus compañeros americanos y franceses. Pero lo que nosotros decimos es que tratar bien a la gente ya no es suficiente cuando la gente está pidiendo, de hecho, que se cuente con ella.

EL PUESTO DE TRABAJO CUSTOMIZADO: UN NUEVO PARADIGMA PARA EL SIGLO XXI

En contraste con el proceso de diseño de la organización tradicional, en el que las estructuras y sistemas de la organización se derivaban de una estrategia definida con anterioridad, el diseño del puesto de trabajo *customizado*, tal como lo vemos, procurará equilibrar lo que es importante para la firma, su estrategia, y lo que es importante para los individuos, sus estrategias vitales.

Las tendencias sociológicas que hemos resumido más arriba, sugieren que el individuo de la organización del siglo XXI reclamará cierto control sobre algunos aspectos fundamentales de su vida laboral: para qué trabajar, contenido del trabajo, cuándo y dónde trabajar, como, con quien y para quién, cuánto tiempo, dirección de un plan de carrera, y capacitaciones necesarias para seguirlo.

Las necesidades y aspiraciones de los individuos, que los directivos de los siglos XIX y XX han considerado perturbadoras, representan el punto de partida del diseño del puesto de trabajo *customizado*. Equilibrar las necesidades de predicción y eficacia de las empresas con las distintas necesidades individuales, exige un nuevo contrato laboral, un contrato en el que los directivos y los empleados confronten sus planes estratégicos y vitales y traten de encontrar un terreno común.

Aunque todavía tienen que aparecer ejemplos muy notables de puestos de trabajo *customizados*, ya hay unas cuantas organizaciones en todo el mundo que presentan algunas de sus características. En la empresa brasileña Semco, que se hizo famosa por el libro *Maverick*, de Ricardo Semler,[14] los empleados se implican a la hora de decidir la localización de las nuevas fábricas y la adquisición de maquinaria, tienen una libertad sustancial a la hora de decidir sus horarios de trabajo y tienen capacidad de decisión a

Tabla 15.2 Contraste de los paradigmas

	Siglo XIX	**Siglo XX**	**Siglo XXI**
Teoría sobre la personalidad del trabajador	Músculo y energía intercambiables	Subordinado con una jerarquía de necesidades	Individuo reflexivo y autónomo
Información y conocimiento	Competencia exclusiva de la dirección	Dominada por la dirección y compartida de forma limitada	Muy difundida
Objetivo del trabajo	Sobrevivir	Acumulación de riqueza y estatus social	Parte de un plan de vida estratégico
Identificación	Con la empresa y/o la clase trabajadora	Identificado con un grupo social y/o con la empresa	El ego independiente
Conflicto	Perturbador y que hay que evitar	Perturbador, pero tolerado, y se puede encauzar mediante la negociación colectiva	Parte normal de la vida
División del trabajo	Los directivos deciden, los empleados ejecutan	Los directivos deciden, los empleados ejecutan conscientemente	Los empleados y los directivos deciden y ejecutan
Poder	Concentrado en la cumbre	Limitado, compartición funcional/empowerment	Difuso y compartido

la hora de invertir una parte de los beneficios. En Metanoiques, una empresa francesa mediana especializada en software colaborador y creada por un fundador muy poco convencional, no hay empleados. Cada uno de los miembros tiene el mismo número de acciones de la empresa y actúa como emprendedor independiente, con responsabilidad sobre pérdidas y ganancias, la empresa no tiene una oficina central y la gente tiene libertad para organizar sus propios horarios de trabajo. La colaboración interna se realiza a través del uso masivo de las tecnologías de la información y de la comunicación.

El fundador de la Compagnie Française de Défense et Protection (CFDP), una pequeña compañía de seguros francesa, llegó al punto de vender la empresa a los empleados y a sus agentes de seguro asociados y desmantelar la oficina principal. Con esto, espera transformar la organización en una "comunidad de emprendedores independientes", en la que los asociados tienen libertad para llevar su negocio local y utilizar mecanismos en red para coordinarse con los demás miembros de la organización.

Therese Rieult, la directora y fundadora de KA-Linformatique Douce, una empresa de venta de ordenadores y de software de tamaño medio, ha rehusado siempre reflejar sobre el papel descripciones del puestos de trabajo formales, porque cree que tendría que permitirse a los individuos diseñar sus propios puestos de trabajo. Ella actuó movida por la creencia de que la dirección se debería preocupar principalmente por los resultados y dejar a la gente decidir sobre la mejor forma de realizar las tareas.[15]

El puesto de trabajo *customizado* es, en primer y más importante lugar, y con independencia de las características específicas que pueda adoptar, una actitud filosófica para afrontar las cuestiones de gestión de personal frente a frente. Implica la sustitución de la actitud empecinada, machista, y de "el jefe aquí soy yo", por otra más abierta a las necesidades de los individuos y más tolerante con el conflicto y la divergencia. Esta actitud se observa hoy con más probabilidad entre las mujeres y los directivos con pocas personas a su cargo, que entre los varones y los directivos con muchas personas a su cargo.

La *customización* del puesto de trabajo requiere que se reconozca que los individuos son emprendedores vitales que tienen su propia planificación estratégica de la vida. En el *management* del siglo XX, incluso en sus versiones más ilustradas, la firma es el único agente de planificación estratégica. La alta dirección elabora primero una estrategia corporativa y después se plantea cual es la estructura organizativa y de incentivos óptima para motivar a la gente a desarrollar la estrategia de la firma. En un contexto en el que los individuos no se inclinan fácilmente a trabajar más por más dinero o estatus social, es importante implicarles y darles la oportunidad de influir en la estrategia empresarial en un sentido más coherente con las estrategias de sus propias vidas. Esta evolución va a ser difícil, porque está muy arraigada la creencia de que la estrategia es privilegio exclusivo de la alta dirección y que invitar a participar en ella a los niveles más bajos sólo llevaría a conseguir ideas mediocres y, lo que constituye quizás una amenaza mayor, a desafiar la competencia y autoridad de la alta dirección.

Otro ingrediente de la *customización* del puesto de trabajo es el compartimiento con los empleados de información y de la responsabilidad sobre la situación de la empresa. Algunas empresas, opuestas a la idea ampliamente difundida en los círculos directivos de que la gente nunca toma decisiones que puedan herirlas, han demostrado que el compartimiento de la carga de la situación con los empleados puede ser una estrategia muy eficaz de recuperación, como demostró el caso de Bertrand Martin y Sulzer France. Martin entró en Sulzer France, empresa especializada en fabricación de motores diesel, como consejero delegado en un momento en que atravesaba una severa crisis financiera. En lugar de formular unilateralmente un plan de acción, dijo a los empleados que no tendrían que esperar que él diera con una solución milagrosa, que el destino de la empresa estaba en sus manos, y que tenían que comprometerse en el proceso de desarrollo conjunto de una estrategia eficaz de recuperación. Este caso se sigue citando en Francia como ejemplo de recuperación de abajo arriba, y Martín, que está retirado, es un conferenciante muy solicitado.

La experiencia diaria nos muestra que los individuos saben comprometer una gran cantidad de su tiempo, de sus recursos y de su identidad cuando se establecen unas relaciones fiables. Se está volviendo a descubrir el importantísimo papel que juega la confianza en la vida empresarial, después de que la lógica del "*management* científico" la relegara a lo más hondo. Por ejemplo, los escritos sobre las alianzas y las uniones de empresas subrayan el papel crítico que desempeñaba la confianza en el mantenimiento eficaz de estas relaciones. Creemos que los retos que se plantean al *management* del siglo XXI exigirán situar a la confianza en el centro de las relaciones con los empleados. La importancia de la confianza se pone de manifiesto más claramente en los tiempos difíciles. Sólo una fuerza de trabajo que confíe puede sacrificarse voluntariamente y estudiar con la dirección todas las opciones posibles para mejorar la situación de la organización.

Pero la confianza se tiene que forjar antes de que lleguen los tiempos difíciles, y para que se desarrolle la confianza entre dos partes, tiene que haber reciprocidad. Las personas sólo estarían dispuestas a poner en manos de los directivos una parte de su destino si estos ponen también parte de su destino en manos de la gente. La reciprocidad se desarrolla sólo cuando cada una de las partes de una relación es potencialmente vulnerable a las decisiones de la otra. Los directivos que necesitan mantener bajo control las cosas y las personas nunca podrán entablar relaciones basadas en la confianza.

El individuo que ocupa un puesto de trabajo *customizado,* planifica y negocia activamente su empleo presente y futuro. Puede que los directivos encuentren muy difícil esta transición porque han dirigido históricamente a los individuos mediante políticas diseñadas para grupos agregados: trabajadores de cuello azul, trabajadores por horas, trabajadores a tiempo parcial, trabajadores del cuello blanco, ejecutivos de alto potencial, mujeres, minorías, etcétera. En el puesto de trabajo *customizado* no se puede seguir dirigiendo a las personas en cuanto miembros de un grupo dado; necesitan que se les trate como individuos. El mayor reto de la dirección empresarial consistirá en alcanzar la suficiente capacidad de predicción ante individuos cuyos comportamientos están menos sujetos a control directo.

Pero la consecución de una capacidad de previsión organizativa en el puesto de trabajo *customizado* no será posible si no se dan unos mínimos de compromiso y de responsabilidad mutuos. El puesto de trabajo *customizado* no es viable si se compone de electrones libres que pueden cambiar su comportamiento o retirarse del juego en cualquier momento. Las organizaciones que han confiado siempre en la cooperación de individuos autónomos y dotados de poder, como los equipos deportivos profesionales, han situado en el centro de la relación laboral un compromiso y una responsabilidad. Los atletas y los entrenadores profesionales se encuentran ligados por un cierto número de temporadas y la finalización del contrato antes de tiempo por una parte autoriza a la otra a obtener una compensación sustancial. Este tipo de acuerdos se ha reservado en el mundo de la empresa principalmente a los altos directivos de las grandes corporaciones públicas. Pero en el siglo XXI tendrá que hacerse extensivo a toda relación laboral. Cuando la relación laboral ligue a las partes por un período predeterminado de tiempo y las haga responsables de la rescisión oportunista, la gente no podrá temer que la firma les trate como activos de los que se puede disponer y, a su vez, la firma podrán contar con su colaboración durante toda la duración del contrato.

El puesto de trabajo *customizado*, al estar basado en la compartición de poder, la confianza, la negociación, la reciprocidad y el compromiso, requerirá un liderazgo adulto, en cuanto opuesto a liderazgo carismático. El liderazgo adulto no participa del paternalismo subyacente en el liderazgo carismático, sino que concibe la relación con los individuos en cuanto adultos y requiere capacidades para escuchar, entender la identidad propia de cada individuo, anticipar, mediar, comprometerse y confiar.

La organización del siglo XXI se verá zarandeada por fuerzas múltiples y contradictorias y se caracterizará por una complejidad sin precedentes.[16] Requerirá un tipo diferente de líder. El líder del siglo XXI no será un "dios", sino un mortal que ayuda a los mortales a despertar "el dios que hay que todos nosotros".

CONCLUSIÓN

En el mundo real, aún no se han puesto de manifiesto versiones plenas de la *customización* del puesto de trabajo; se han manifestado algunas de sus principales características, si bien tienden a aplicarse a una élite minoritaria de profesionales muy solicitados. La tesis central de este capítulo es que la empresa del siglo XXI tendrá que extender a toda la masa laboral el tratamiento ofrecido hoy a esta pequeña minoría.

Como quiera que en la práctica del puesto de trabajo *customizado* tienen la misma importancia los accionistas, los clientes y los empleados, es probable que se requiera una estructura de gobierno diferente en la que se puedan confrontar y equilibrar los intereses de todos estos participantes en la empresa. La transición hacia la *customización* del puesto de trabajo será más fácil para las corporaciones en que los empleados tienen una parte significativa de la propiedad y para las que operan en sociedades más democráticas. Quizás no sea demasiado atrevido afirmar que la forma dominante de la organización del siglo XX, caracterizada por la separación entre la propiedad, la dirección y el trabajo, no sea el fin de la historia y que con el desarrollo del puesto de trabajo *customizado* surgirán otras formas de cooperación y estructuras de gestión.[17]

A lo largo de este capítulo, hemos resaltado que el reto mayor que plantean a los directivos las tendencias del mundo externo a la empresa es la necesidad de apertura a las necesidades de los individuos y a la democratización. Si no se hacen esfuerzos sustanciales y sinceros en esta dirección, la empresa puede experimentar la misma pérdida de legitimidad y marginalización que han experimentado otras instituciones sociales en el transcurso de la historia humana.

¿Creemos que los imperativos económicos disminuirán de repente, en algún modo, y que el *management* "ilustrado" estará menos orientado a basar las decisiones estratégicas principales sobre criterios económicos solamente? No a corto plazo. ¿Qué los accionistas aceptarán voluntariamente menores retornos del capital invertido para permitir que florezca el puesto de trabajo *customizado*? No, hasta que no se den cuenta de hasta qué punto están conectadas sus vidas como accionistas y las de quienes ocupan los puestos de trabajo. ¿Somos románticos empedernidos y estamos fuera de las realidades del mercado? Quizá. Pero los cambios que hemos descrito en este capítulo se han estado desarrollando a lo largo de varias décadas. No olvidemos que al capitalismo le llevó la mayor parte del siglo XX ganar la batalla de la libre empresa. Ahora tendrá que demostrar que puede acomodarse también a la libre persona.

CAPÍTULO 16

LA TELA DE ARAÑA CREATIVA*

DAVID CONKLIN Y LAWRENCE TAPP

Las estructuras corporativas se están deshaciendo y descentralizando, y estas tendencias añaden una complejidad nueva al proceso de innovación. Las grandes corporaciones están dando en *outsourcing* a firmas proveedoras más pequeñas una variedad cada vez más amplia de componentes y servicios. También las grandes corporaciones están otorgando una responsabilidad cada vez mayor a unidades individuales de la firma, achatando con ello la pirámide jerárquica. La literatura académica ha comenzado a ocuparse de esta transformación.[1] En el siglo XXI, esperamos ver cómo este tema adquiere más importancia, y cómo se dedica cada vez más atención a estructuras organizativas que pueden incentivar la innovación entre la red de unidades de tomas decisiones interrelacionadas. Para gestionar los nuevos tipos de decisiones a los que se tendrá que enfrentar la dirección es necesario contar con marcos analíticos frescos. El éxito en la dirección empresarial dependerá en el siglo XXI del desarrollo de una tela de araña creativa.

El tamaño de las corporaciones en el pasado estuvo condicionado fundamentalmente por los costes de transacción y por los costes del transporte cuando las actividades se llevaban en firmas separadas. La revolución de las telecomunicaciones ha reducido los costes de transacción entre las corporaciones y ha facilitado el flujo de información intercorporativo. Las unidades de negocio autónomas podrán integrar sus planes en un grado creciente sin necesidad de contar con una organización jerárquica singular. La revolución de los transportes y la disminución de los componentes

---

* Véase N. del T. En la Introducción a Parte III.

físicos han reducido los costes de los fletes y su porcentaje en el valor final de un bien o servicio. La naturaleza de las economías de escala ha cambiado como consecuencia de estas transformaciones. El ensamblaje final y el *marketing* seguirán desempeñando un papel clave en las grandes corporaciones, pero el éxito dependerá de saber inducir y coordinar mejoras continuas entre una amplia gama de unidades de negocios individuales.

La cadena de valor tradicional más simple era aquella en la que una firma proporcionaba piezas a un ensamblador, que después vendía a un detallista o a un usuario final. En el siglo XXI, es más probable que la firma se conecte con sus proveedores y con sus clientes por medio de una tela de araña interconectada, en lugar de a través de una cadena secuencial. La cadena implica un intercambio unidireccional a lo largo de un flujo determinado, mientras que la tela de araña sugiere relaciones interconectadas y multidireccionales, multiniveles, capaces de mejorar y acelerar la innovación. La innovación requiere hoy que todas las partes interactúen sobre una base amplia y progresiva. El productor inicial de componentes que conoce las necesidades del usuario final de sus productos puede diseñarlos para que satisfagan mejor tales necesidades. Cuando hay un intercambio libre de información y de comunicación, todas las partes se pueden beneficiar de tiempos de desarrollo menores, de una aceptación asegurada por parte del mercado y de ofertas continuas y planificadas.

La globalización añade una complicación a la innovación y a esta tela de araña creativa. Con las tecnologías de telecomunicación y del transporte actuales, el *outsourcing* puede implicar a cualquier país del mundo, por lo que todas las empresas tienen una amplia posibilidad de seleccionar proveedores potenciales alternativos. De aquí que la tela de araña creativa se convierta en una tela de araña geográfica. La coordinación de esta red compleja de forma que lleve a un proceso de innovación progresivo se ha convertido en un determinante clave para el éxito de la empresa. La corporación que quiera innovar ya no tiene que limitarse a aceptar los componentes o productos que les ofrecen los agentes de exportación o los distribuidores de otros países. Las corporaciones pueden crear estructuras organizativas que faciliten una colaboración internacional progresiva, centrada en el proceso de innovación. Para esto, puede que sea necesario establecer un intercambio regular de personal entre las distintas empresas, al tiempo que un diálogo progresivo y un intercambio de búsqueda de información.

Se ha escrito mucho en torno a los "enjambres" de empresas concentradas geográficamente en regiones particulares. Algunos autores se han centrado en las ventajas de la proximidad geográfica. Por ejemplo, Mick Carney, en el artículo "La competitividad de la producción en red: El papel de la confianza y de la evaluación específica", ha sugerido que "la proximidad favorece las normas de confianza porque es más probable que los negocios vecinos interactúen en el futuro y porque los indicios de reputación son más fiables cuando se transmiten a distancias cortas". A medida que contemplamos el siglo XXI, vemos que cada vez serán más importantes las estructuras organizativas capaces de conseguir tal confianza sin la concentración geográfica.²

Para entender estas nuevas estructuras organizativas, tenemos que disponer de un marco analítico fresco. En las últimas décadas, se han utilizado las "cinco fuerzas" de Michael Porter —que bosquejaremos— para analizar la estructura de la industria, centrándose en la división de la cadena de valor entre varios proveedores y competidores. La teoría de los juegos ha presentado un marco analítico alternativo, al basarse en el impacto de las decisiones de cada una de las industrias participantes sobre los demás participantes y sus decisiones. Cada organización debe de evaluar una cadena de reacciones con el fin de determinar cual es su mejor sendero para la toma de decisiones. Además, varios jugadores de una industria pueden cooperar de manera que mejoren los resultados económicos de cada uno de ellos. El análisis de la tela de araña creativa se construye sobre estos marcos.

LIMITACIONES DE LAS CINCO FUERZAS DE MICHAEL PORTER

Michael Porter desarrolló un marco para analizar la estructura de cada industria, centrándose en cinco fuerzas que actúan dentro de cada una de ellas: rivalidad entre los competidores existentes, amenazada de nuevos entrantes, poder de negociación de los compradores, amenazas de los sustitutos y poder de negociación de los proveedores. A medida que los bienes o servicios se mueven de una corporación a otra y llegan al cliente final a través de una cadena de suministradores, se crea un cierto valor. Esta perspectiva se centra en el modo en que se dividirá el valor añadido dentro de la industria entre una firma particular y los otros participantes de la industria. Con ello se puede examinar la "fuerza" relativa en las relaciones, a fin de determinar el modo de asignar el valor añadido por la industria. Esta perspectiva atrae la atención sobre un conjunto de bienes y servicios existentes, producidos en la industria, y por ello es importante el hecho de que se disponga de sustitutos, o no. El marco expresa con palabras los elementos que subyacen en las relaciones de demanda y oferta utilizadas en el análisis micro económico. La figura 16.1 ilustra sobre las cinco fuerzas de Porter.

Muchas estructuras organizativas del siglo XXI permanecerán centradas tanto en la cooperación como en la competencia. Un cierto número de corporaciones trabajarán juntas para expandir el valor añadido de su grupo. Este conjunto de corporaciones luchará continuamente, en particular, por crear bienes y servicios únicos, con el fin de alejar a los potenciales sustitutos de la decisión de compra del cliente final. Mientras que el grupo como un todo se enfrenta a la competencia de otros grupos, la dinámica organizativa dentro de cada grupo busca mejorar los resultados de todos los participantes. Por ello, las cinco fuerzas no son de particular ayuda en tanto que marco analítico para la tela de araña creativa.

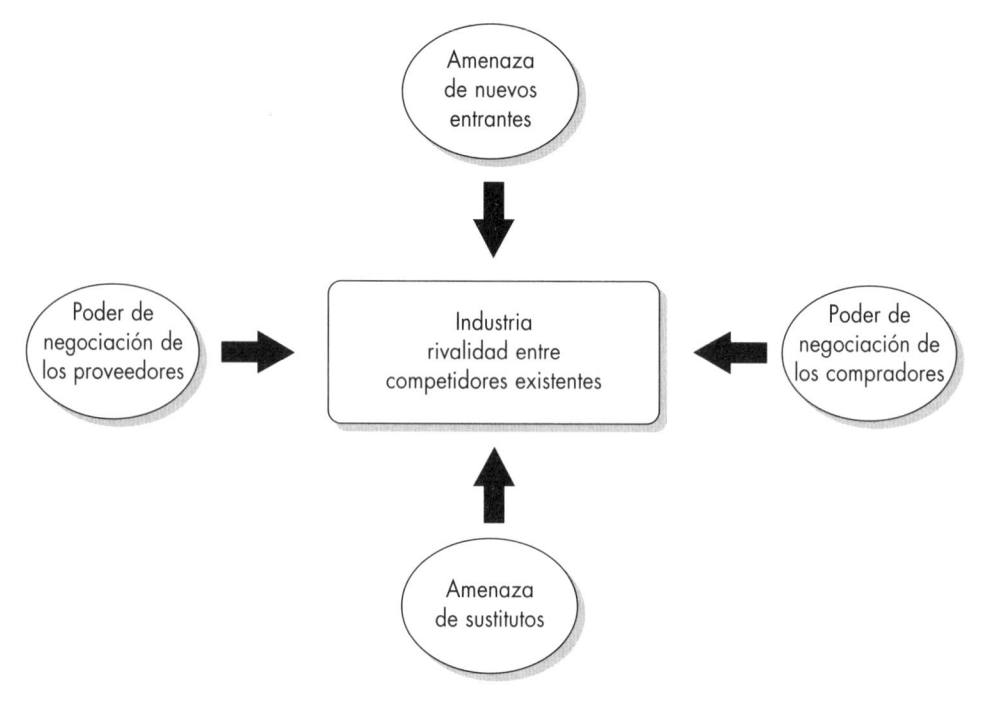

Fig. 16.1 Las cinco fuerzas, de Porter

CONSTRUIR A PARTIR DE LA TEORÍA DEL JUEGO

En los últimos años del siglo XX, se aplicó a las relaciones empresariales el concepto de teoría del juego. Se afirmó que las empresas que participan en una industria pueden incrementar el valor añadido de la misma, o al menos los beneficios financieros,

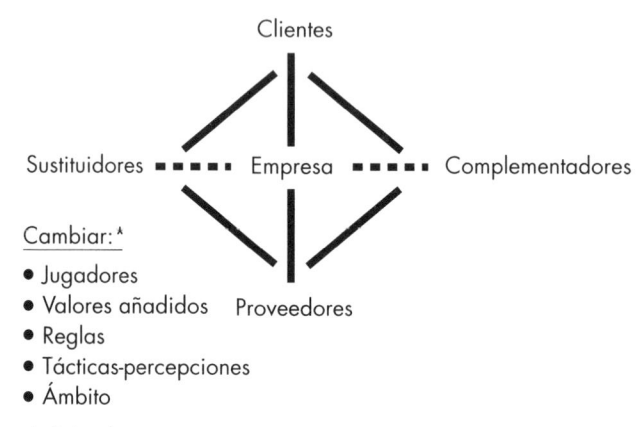

Fig. 16.2 La red del valor

---

* Las iniciales de los cinco elementos que siguen, en inglés, Players, Added values, Rules, Tactics- Perceptions, Scope, forman la palabra PARTS, que explica todo lo que se expone en el párrafo que viene a continuación. (N. del T.)

colaborando en lugar de compitiendo. En el ejemplo más sencillo, los competidores podían colaborar para subir los precios. El mundo de la empresa se puede contemplar como un juego, en el sentido de que las acciones de un participante influirán sobre el beneficio de los demás. Las decisiones se tienen que tomar en función de la evaluación de una serie de resultados posibles, en la que cada resultado depende de la reacción de los demás participantes en la industria. Brabdenburger y Nalebuff sugirieron el diagrama de la figura 16.2 como un marco útil para el análisis de una industria.[3]

Los participantes pueden alterar los resultados potenciales cambiando la estructura de la industria en cualquiera de una determinada variedad de formas. En particular, Brabdenburger y Nalebuff sugieren que cada corporación debería utilizar lo que ellos llaman "PARTES[**]" como un conjunto de apoyos generales teóricos" para ayudar a generar estrategias. Cada una de las letras de la palabra PARTS representa una palanca o apoyo para cambiar la estructura de la industria. Una corporación puede amenazar con cambiar el número de jugadores (*Players*- P) indicando que intenta entrar en una industria. La mera amenaza puede tener como resultado que se le pague como compensación a que deje de competir, lo que altera la asignación del elemento valor añadido entre los participantes. Una corporación puede modificar los "valores añadidos" (*Added values*- A) haciendo descender el valor añadido de las demás, o incrementando su propio valor añadido. Una corporación puede cambiar las reglas (*Rules*- R), por ejemplo, poniendo en práctica nuevas políticas de precio. Una corporación puede cambiar las tácticas (*Tactics*- T), alterando las percepciones de los otros jugadores y, por tanto, sus decisiones. Una corporación puede cambiar el ámbito (*Scope*- S) del juego, fortaleciendo sus lazos con otras empresas o estableciendo nuevas alianzas. El enfoque de esta teoría del juego examina los modos de cambiar la estructura de la industria, cosa que no hacen las cinco fuerzas de Porter, que analizan la estructura existente.

El análisis de la tela de araña creativa se construye sobre el marco de la teoría del juego, puesto que se centra en los modos en que las corporaciones individuales pueden influir en el éxito de cada una de las demás. Sin embargo, considera que el objetivo de todos los participantes en esta relación consiste en ganar mediante la innovación que incrementa el elemento valor añadido de la tela, posibilitando que todos los participantes incrementen su beneficio financiero. Además, el análisis de la tela de araña creativa nos plantea nuevas cuestiones sobre las formas y procesos de la toma de decisiones, nuevos acuerdos relativos a la investigación, al desarrollo, y al *marketing*, y a nuevos planes relativos a las inversiones, a las estructuras de los incentivos, y a la asignación de recompensas.

[**] Véase nota anterior. (N. del T.)

NUEVAS ESTRUCTURAS ORGANIZATIVAS: UN NUEVO MARCO ANALÍTICO

La tela de araña creativa presenta una nueva estructura organizativa y puede que ayude a los directivos y a los estudiosos a considerar un nuevo marco para sus análisis. Merecen considerarse una serie de atributos, como:

1. La tela de araña creativa se basa en la innovación y en la mejora continua. Su finalidad principal es incrementar el valor añadido dentro del grupo, mediante la creación de nuevos bienes y servicios y/o la proposición de métodos para reducir costes y mejorar la eficacia. Los miembros de un grupo pueden seguir intentando negociar una cuota particular del valor creado por el grupo, pero el éxito del grupo requiere que todos los participantes sean recompensados de una forma que consideren satisfactoria, como consecuencia de su contribución al éxito del grupo como un todo.

2. La tela de araña creativa implica un análisis dinámico más que estático. Las mejores "respuestas" a las preguntas sobre la gestión cambiarán con el tiempo. De hecho, uno de los propósitos de un grupo es crear el cambio. Mientras que la perspectiva de la teoría del juego se centraba en una corporación particular que conseguía triunfar frente a otras corporaciones, cambiando una o más de las "PARTES", la tela de araña creativa se basa en que es el grupo como un todo el que cambia las "PARTES".

3. Hay una continua colaboración en lo que se refiere al proceso de producción del grupo. En términos de la analogía del juego, todos los miembros del grupo están en el mismo lado cuando se trata de innovar más. Esta perspectiva pone de relieve, en mayor grado que el análisis de la teoría del juego, la dependencia de cada uno de los miembros del grupo de la creatividad del grupo como un todo. Esto cambia radicalmente los conceptos tradicionales de cliente-proveedor.

4. La tela de araña creativa tiene, generalmente, un organizador central. En este sentido, la estructura de la organización no es "una red". Existe una concentración del poder de tomar decisiones en manos de una sola corporación que se encuentra cerca del centro de la tela. Para conseguir el éxito, tiene que haber coordinación, y una pregunta central de la tela araña creativa es: "¿Quién hará de coordinador?" A menudo, éste será un detallista o un ensamblador final, cada uno de los cuales procura desarrollar un conjunto de bienes y servicios diferenciados que proporcione al coordinador —y, de aquí, a cada tela de araña— un lugar único desde la perspectiva del cliente final. Ni el detallista ni el ensamblador final pueden tener éxito por sí mismos. Cada uno de tales coordinadores depende de una telaraña de relaciones.

5. Al final de la tela de araña de relaciones, puede que haya corporaciones individuales que no tengan relación directa con todas las demás. En este sentido, tales corporaciones no forman parte de una red, sino que son las hebras finales de la tela de araña. El éxito de la tela de araña tiene que ser un éxito compartido, y en este sentido, hay una dependencia mutua progresiva y permanente, incluso por parte de los que se encuentran más distantes del coordinador central.
6. La naturaleza de las relaciones implica mucho más que un flujo unidireccional de componentes o de materiales terminados parcialmente. El flujo en sentido contrario acarrea decisiones relativas a los objetivos y procedimientos de I+D+M (investigación, desarrollo y *marketing*) y, a menudo, ayuda financiera para el logro de estos objetivos y procedimientos. Este flujo inverso puede ser crucial para el éxito de la tela de araña creativa. De aquí que la dependencia circule en muchos sentidos a través de toda la tela de araña, como se pone de manifiesto en la figura 16.3.

La llegada del nuevo milenio ha producido un cuerpo importante de escritos que han debatido la modificación de las jerarquías de las empresas tradicionales.[4] Muchas empresas han reconocido la importancia de dar poder al empleado y de las nuevas técnicas directivas para estimular la implicación positiva de todos los empleados en la

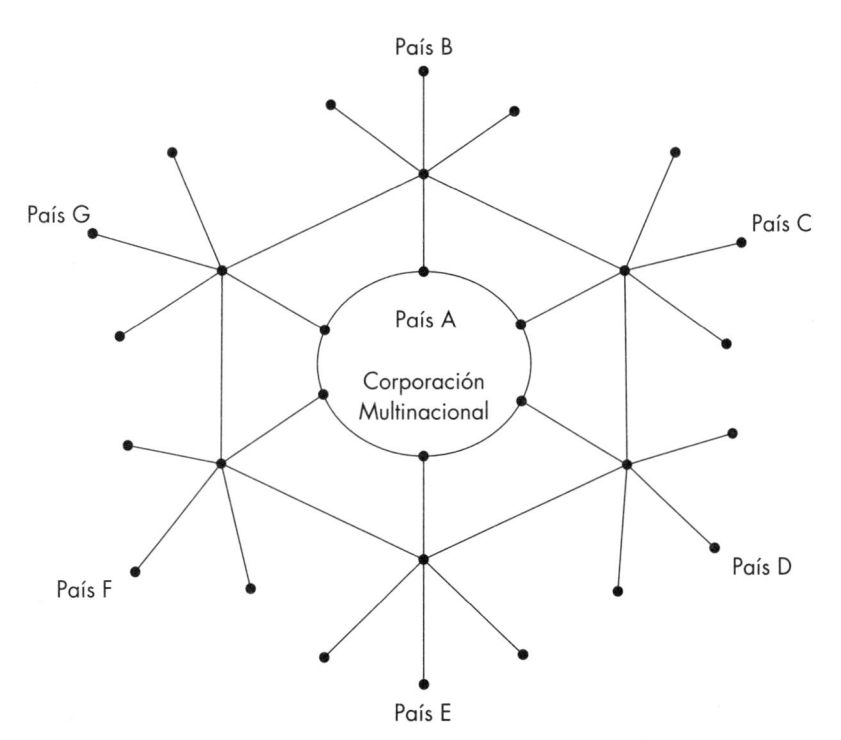

Fig. 16.3 La tela de araña creativa en una estructura corporativa dada

consecución de los objetivos corporativos. Los escritores norteamericanos han considerado durante muchos años al Japón como la nación pionera en conceptos tales como los " círculos de calidad ", en los que los empleados participan activamente en el debate sobre el modo de modificar los procedimientos para satisfacer mejor a los clientes de la empresa. Se han hecho comunes los incentivos basados en la compartición de los beneficios y la concesión de propiedad sobre acciones a los empleados, junto con el proceso de crear centros de beneficio dentro de la estructura corporativa. Como consecuencia de estos cambios en la estructura de la organización, se han creado unidades de tomas de decisiones descentralizadas que operan con una cierta independencia dentro de la estructura corporativa global. Las incentivación de la tela de araña creativa es un reto interno para tales organizaciones. Con el cambio de la responsabilidad desde una estructura corporativa jerárquica a grupos de trabajo separados, aunque relacionados, se ha convertido en básico el conjunto de sistemas que pueden incentivar mejor la actividad emprendedora.

LA INTERNACIONALIZACIÓN DE LA TELA DE ARAÑA CREATIVA

La tela de araña creativa se ha hecho internacional por muchas razones, con participantes en distintos países. Esto añade una complejidad que no queda representada en el modelo de la teoría del juego de Brandenburger. La dispersión geográfica es un elemento importante de la tela de araña creativa. Esto es mucho más que la "teoría del racimo" de Porter, en la que la proximidad geográfica puede estimular la creatividad entre las corporaciones.

Varias fuerzas poderosas han estimulado la internacionalización de las estrategias corporativas, entre ellas los acuerdos internacionales que han reducido las barreras comerciales, han liberalizado la inversión directa extranjera y han protegido la propiedad intelectual, junto con las nuevas tecnologías que han facilitado esta tendencia. Durante buena parte del siglo XX, las corporaciones pudieron triunfar con base en estrategias nacionales, sin considerar apenas las fuerzas políticas, económicas, sociales y tecnológicas de otros países. Cuando el siglo XX se acerca a su final, las corporaciones se han reestructurado en respuesta a estas nuevas estrategias globales; y el análisis de las fuerzas del entorno en otros países alcanza un significado nuevo.

Para gran parte del sector manufacturero, la estructura corporativa de la empresa multinacional permite el traslado casi automático de las actividades empresariales desde los países desarrollados a los países menos desarrollados, con menores índices salariales. La literatura sobre el ciclo del producto internacional se desarrolló para explicar el crecimiento de la corporación multinacional, en la que la función y el comercio están ligados a la innovación y a la difusión internacional de la nueva tecnología. El crecimiento de los pedidos globales de nuevos productos y componentes se ha convertido en una necesidad continua para las filiales de las corporaciones multinacionales. Aunque los estudiosos han analizado estos "procesos de producción racionalizados", su importancia para el rol de la tela de araña creativa merecerá cada vez más atención.

John Dunning ha señalado dos características del capitalismo jerárquico del siglo XX que, en su opinión, merecen examinarse de nuevo en el contexto de las internacionalización:

> La primera es la que asume implícitamente que la prosperidad de las empresas depende exclusivamente de la forma en que sus directivos organizan internamente los recursos y capacitaciones de que disponen... Las transacciones externas de las empresas se supone que son exógenas, más que endógenas, a su cartera de activos y de cualidades, y al modo en que estos activos y cualidades se combinan entre si para conseguir incrementar el valor añadido. La segunda característica del capitalismo jerárquico es que las empresas reaccionan principalmente ante el fracaso en el mercado endémico y estructural adoptando estrategias del tipo "salida" en lugar de "afinación."[5]

Dunning sugiere que ambas características se tendrían que poner en cuestión a medida que las corporaciones multinacionales triunfen a través de las relaciones externas, y a medida que intenten cambiar la estructura industrial a la que se enfrentan, en lugar de limitarse a "salir" o a no entrar en el país donde existe esa estructura particular.

Son muchísimos los artículos que tratan de las experiencias corporativas en lo que se refiere a las *joint ventures* y a las alianzas estratégicas internacionales.[6] Los estudios se han centrado, efectivamente, en cuestiones técnicas de "como hacerlo", tales como las que se refieren a los retos transculturales y al desarrollo que la "confianza" en las relaciones mercantiles. En todos ellos se ve la necesidad de estudiar de forma más efectiva las fuerzas del entorno en otros países, cuando se relacionan con las corporaciones extranjeras. Las generalizaciones sobre la globalización tienen que centrarse en sectores y en naciones y regiones particulares.[7] Queda mucho por hacer en el análisis de los "países de riesgo", y en el modo de conducirse en ellos.

LOS NUEVOS TEMAS DEL *MANAGEMENT* EN LA TELA DE ARAÑA CREATIVA

La tela de araña creativa trae consigo una serie de temas de *management* nuevos, entre los que se encuentran:

1. Cada corporación debe decidir a qué tela de araña unirse y si debería unirse a más de una. Esta decisión es similar a la decisión de invertir, en el sentido de que se van a comprometer recursos para el éxito de la nueva estructura de la organización. Un importante conjunto de temas se refiere a los criterios, términos y condiciones para abandonar una tela de araña creativa particular, o para expulsar a un miembro de una tela de araña creativa particular. El grado en el que la

tela de araña creativa debería dedicar recursos a la investigación, al desarrollo y al *marketing* es crucial para el éxito de cada uno de los miembros del grupo. La decisión de unirse a un grupo o a otro la debe de tomar la corporación después de evaluar la creatividad de la tela de araña. Y, en sentido opuesto, la tela de araña debe decidir a quien aceptar, y a este respecto es un criterio favorable importante la capacidad de innovación.

2. El tema de la confianza es crucial en los temas relativos a las decisiones que acabamos de mencionar. Sin embargo, no se trata de la misma cuestión que encontramos en bastantes de los escritos actuales sobre la confianza, en los que la atención se centra en si se puede confiar o no en el compromiso de la otra parte de mantener una promesa. Aquí, el concepto de confianza implica una evaluación de la capacidad de los distintos participantes para trabajar conjuntamente, con el fin de conseguir una investigación, desarrollo y *marketing* eficaces a largo plazo. Los 229 resultados son inciertos y la confianza se refiere a la fe en que todos los participantes sean capaces de triunfar. En este sentido, es la estructura de la organización la que guía la confianza; mientras que para muchos científicos sociales, como Fukuyama, es el grado de confianza el que guía la estructura de la organización.[8] Para Fukuyama, las estructuras organizativas difieren según los distintos países porque el grado de confianza difiere de unas sociedades a otras. Nuestra perspectiva sugiere que la tela de araña creativa se convertirá en una estructura organizativa común por todo el mundo en el siglo XXI. No se trata de que la gente se sienta más cómoda con la tela de araña creativa que con las cinco fuerzas de Porter o con el valor neto de Brandenbuerger, sino simplemente de que la tela de araña creativa les promete tener mucho más éxito que ninguno de estos modelos tradicionales.

3. La naturaleza de las relaciones financieras en el contexto de compromisos sustanciales de investigación y desarrollo con resultados inciertos, o la necesidad de hacer *marketing* eficaz para conseguir que estos resultados sean los mejores posibles constituyen, y constituirán, preocupaciones fundamentales. Hay que incentivar a todos los miembros de la tela de araña para innovar con éxito. Cada uno de los miembros debería sentirse recompensado adecuadamente, en interés de todos. ¿Cómo debería evaluarse el éxito de un miembro particular en el contexto del éxito del grupo? Es probable que se utilicen derivadas, en un momento dado, para ajustar las compensaciones a los resultados que se obtengan más adelante.

4. Para algunas corporaciones, la incorporación a una tela de araña creativa puede que requiera la creación de filiales que no carguen con el equipaje del pasado. La tela de araña creativa demanda una mentalidad muy diferente de la de la corporación jerárquica tradicional, y puede que sea sencillamente imposible incorporar a la segunda en la primera.

Los enfoques de la estructura corporativa descentralizada basados en la "gestión del valor" han recibido una creciente atención en los años noventa, en el contexto de la asignación de pedidos globales y de la evaluación del éxito de los centros de beneficio. Sin embargo, a la hora de procurar un crecimiento mayor, la dirección de algunas empresas ha preferido concentrarse ciegamente en el tamaño y en la cuota de mercado, en detrimento del retorno del capital. Un enfoque de gestión del valor que se ha situado en primera línea, dentro de la comunidad empresarial, es el Economic Value Added (EVA), marca registrada de Stern Steward & Company.[9] El EVA crea un lenguaje común que se puede emplear tanto dentro de una organización como con los participantes externos en la misma. El EVA integra la planificación financiera, la presupuestación del capital, la medida del rendimiento, los niveles de compensación y la fijación de metas. Esta herramienta de medición intenta contabilizar con precisión todas las complejidades implicadas en la creación de valor para los accionistas. La utilización de este instrumento financiero puede evitar el fracaso de los directivos a la hora de contabilizar adecuadamente el coste de capital de sus decisiones, y, consiguientemente, la dificultad de hacer que los directivos sean responsables de tales decisiones. El EVA permite a los directivos concentrarse en la importancia de generar beneficios incrementales sobre los costes capital y, por tanto, generar beneficios económicos. Una parte esencial del éxito del sistema de gestión financiera del EVA reside en la ejecución adecuada del programa de compensación de incentivos. El sistema de compensación se diseña para incentivar a los directivos a que actúen como si fueran dueños de la empresa. Para asegurar que los directivos creen valor, se les evalúa y recompensa de acuerdo con su rendimiento respecto al EVA.

Aunque el concepto del EVA se ha desarrollado para utilizarle en una estructura corporativa singular, es importante saber si un sistema de evaluación como el que representa se puede aplicar a la tela de araña creativa. Está claro que se tienen que instituir nuevos conceptos relativos a los criterios de éxito y a los sistemas de incentivos para las organizaciones individuales que han desarrollado telas de araña creativas internas. La tela de araña creativa interempresarial introduce un segundo objetivo relacionado con la maximización del valor del accionista, dentro de cada una de las empresas: añadir al grupo de accionistas de la organización a todos los accionistas de la tela de araña, como centro de la maximalización del valor.

ANÁLISIS Y EJEMPLOS DE LA TELA DE ARAÑA CREATIVA

Hacia finales del siglo XX, los estudiosos comenzaron a debatir varios aspectos de la descomposición y la descentralización de la corporación. La figura 16.4 ilustra sobre un *continuum* que comprende el grado de jerarquía y de cooperación. Sugerimos que, a medida que avance el siglo XXI, las corporaciones se trasladarán desde el cuadrante inferior izquierda al cuadrante superior de la derecha, de A, a B.

```
                Alta      Jerárquica    Baja
         Alta
                                          B


         Cooperación


         Baja
                   A
```

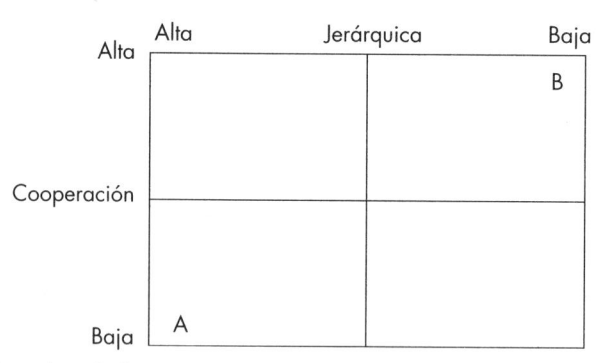

Figura 16.4 El cambio de la estructura organizativa

En *Blueprint to the digital economy: Creating wealth in the era of e-business,* Don Tapscott *et al.* han proporcionado un extenso conjunto de referencias a corporaciones que han cambiado sus estructuras como respuesta a las nuevas tecnologías de la información. Estas transformaciones han sido comunes en la banca, la edición y la educación. Tapscott *et al.* han puesto de relieve la cuestión de la innovación en estas nuevas relaciones.

> Cuando la competencia se intensifica, no se puede innovar sólo dentro de la empresa industrial integrada, o incluso de la llamada corporación virtual. Las empresas, por el contrario, deben trabajar conjuntamente para crear redes en línea (on line) de clientes, proveedores y procesos de valor añadido. El resultado es lo que llamamos la comunidad *e-business,* o EBC (e-busines community).[10]
>
> En la industria del software, las principales EBCs son Wintel (de Microsoft e Intel) y Java (Sun, Oracle y Netscape). A menudo, una empresa es miembro de dos o más EBCs que compiten entre sí; Microsoft e Intel, para bien o para mal, están implicadas en la comunidad Java. Al mismo tiempo, IBM, Oracle y Netscape participan activamente en la EBC Wintel. El término " competencia " es el que mejor describe esta dinámica.[11]

En un artículo de la *Harvard Business Review* titulado "When is virtual virtuous?", Henry W. Chesbrough y David J. Teece se refieren a la literatura sobre las corporaciones virtuales: "Los campeones de las corporaciones virtuales están urgiendo a los directivos a subcontratarlo todo. Empresas de todo el mundo están arrimándose al sol que más calienta, descentralizando, haciendo *downsizing* y forjando alianzas en busca de la innovación".[12] Los autores expresan su preocupación por la relación entre tales organizaciones y la capacidad de innovar. Sugieren que los diferentes tipos de innovación requieren diferentes tipos de organización y, por ello, es importante elegir el diseño organizativo adecuado. "Como quiera que tantas innovaciones importantes son sistémicas, la descentralización sin apoyo y coordinación estratégicos es exactamente la estrategia organizativa equivocada".[13]

Algunos autores han expresado el punto de vista de que la innovación dentro de una tela de araña de corporaciones plantea dificultades mucho más severas que la innovación dentro de una empresa singular. "Los argumentos basados en el conocimiento sugieren que el conocimiento de la organización proporciona una ventaja 232 sinérgica que no se reproduce en el mercado".[14] Estos autores han planteado varios temas severos de imagen que son importantes para el diseño y la puesta en práctica de una tela de araña creativa, particularmente de una tela de araña que implique a un cierto número de corporaciones. La solución de estas cuestiones será un tema importante en la literatura sobre las empresas en el siglo XXI.

Richard Normann y Rafael Ramírez, en un artículo publicado en 1993 en la *Harvard Business Review*, debaten lo que ellos llaman "una nueva lógica del valor".[15] Citan a IKEA como una corporación que ha dado a una serie de actividades a lo largo de una cadena de valor una nueva configuración que ha mejorado los resultados, tanto para el cliente como para ella misma. Se refieren también a farmacias danesas que han alterado sus actividades de venta al por menor, para implicar a clientes privados y a instituciones de salud en nuevas relaciones y ofertas. Sugieren que las constelaciones del valor tienen el nuevo reto de integrar conocimiento y relaciones, y que esto lo han conseguido empresas francesas como la Compagnie Générale des Eaux y la Lyonnaise des Eaux Dumez. Una serie de comentarios al artículo de Normann y Ramírez han ofrecido perspectivas adicionales sobre las estructuras organizativas nuevas de estas empresas.[16]

En su artículo publicado en 1997 en la *Sloan Management Review*, Michael Weiner y otro discuten el impacto que han producido sobre la estructura de la industria eléctrica tres conjuntos de fuerzas que dirigen el cambio: la desregulación, un conjunto de fuerzas del mercado y las fuerzas tecnológicas. Como consecuencia, "las empresas eléctricas tendrán que volverse a inventar de nuevo a sí mismas, con el fin de pasar de la integración vertical a la 'virtual', basada en las redes de valor y segmentadas en seis áreas: generación, transmisión, distribución, servicios de energía, mercados de la energía, y productos y servicios de tecnologías de la información".[17] Este cambio plantea a la industria eléctrica retos radicalmente distintos en relación a los acuerdos dentro de la nueva tela de araña de valor.

En su artículo de la *California Management Review*, Gianni Lorenzoni y Charles Baden-Fuller Discuten el papel que desempeña en la creación de valor un centro estratégico:

> Generalmente, cada una de estas asociaciones va más allá de una simple relación de subcontratación. Los centros estratégicos esperan que sus socios hagan algo más que cumplir las reglas, esperan que sean creativos. Por ejemplo, Apple trabajó con Canon y Adobe para diseñar y crear una impresora láser que proporcionó a Apple una buena posición en su industria. El centro estratégico pretende que los socios sean creativos a la hora de resolver los problemas y proactivos en lo que se refiere a las relaciones, en todos los casos que hemos estudiado. Los socios demandaban mas —y obtenían más— de sus socios que sus equivalentes y menos eficaces que utilizaban la subcontratación tradicional.[18]

Lorenzoni y Baden-Fuller presentan una serie de sugerencias por las que el centro estratégico puede mejorar su eficacia a la hora de consolidar la tela de araña creativa. Ellos ponen el acento en la necesidad de nuevas estructuras y de nuevas estrategias. Un artículo publicado en 1998, en la *Sloan Management Review*, por John D. Kasarda y Dennis A. Rondinelli, señala la necesidad de sistemas de apoyo a la infraestructura nueva y de centros de conocimiento para estimular la innovación, proporcionando una fuente fiable de personal capaz de alcanzar ese triunfo.[19]

La industria automovilística nos proporciona un buen ejemplo de tela de araña creativa. La combinación de los cambios en las demandas de los consumidores, en las regulaciones gubernamentales y la presión competitiva de Japón, han originado una revolución de la innovación en la producción automovilística norteamericana. Esta innovación ha dado paso a vehículos menos pesados, más pequeños, más eficientes en el consumo, más seguros y durables y con mejor rendimiento. Algunas de estas innovaciones han supuesto la sustitución del acero por aluminio y plástico, la creación de motores más pequeños y eficientes, la utilización de ordenadores para controlar los sistemas del vehículo y la necesidad de enfocar la instrumentación de un modo nuevo. ¿Cuántas de estas innovaciones se deben solamente a los grandes ensambladores? Es evidente que numerosas firmas proveedoras han desempeñado papeles claves en esta revolución de la innovación.

Unas veces han sido las empresas llamadas "primeras de la fila" que suministran los componentes a los ensambladores las que han introducido la innovación que proporciona una ventaja competitiva a toda la tela de araña creativa. Y, a menudo, las empresas "segundas de la fila", que suministran a las primeras, están también íntimamente implicadas en el proceso de innovación, y generalmente basan las modificaciones de sus productos en la investigación y el desarrollo de las firmas del primer nivel. El desarrollo de estas innovaciones tiene su origen en las relaciones constantes con los ensambladores y con los usuarios finales. A veces, los productores de piezas pueden contactar directamente con el usuario final, saltándose a los ensambladores para ver qué es lo que desea el mercado y ajustando sus productos de acuerdo con el. El ensamblador puede animar a este tipo de interacción y facilitar con ello la innovación.

Las telas de araña creativas se están ampliando para incluir a los suministradores de los suministradores. La responsabilidad de la investigación, el diseño, el desarrollo y las pruebas se expande cada vez más a lo largo de las ramas de la tela de araña, de manera que cada una de las empresas que pertenece a la tela busca formas nuevas de innovar, de reducir costes y de satisfacer las necesidades de sus clientes directos y del cliente final. Los suministradores de la primera fila se están convirtiendo en sistemas integrados que combinan la innovación de sus suministradores de segundo y del tercer nivel en ofertas de productos que tienen en cuenta las necesidades de toda la tela. Incluso las pequeñas empresas de servicios se apoyan cada vez más en otras firmas a la hora de plantearse la innovación. A medida que el siglo XX se acercaba a su final, los sectores manufactureros a gran escala de las economías occidentales estaban dejando de ser los principales contribuidores a su producto nacional bruto. El principal creador de empleo es ahora el sector económico de servicios, y la mayor parte de los empleos se crean en empresas de menos de 100 empleados. En muchos casos, es esta interconectividad de las telas de araña creativas a pequeña escala la que incorpora en sus ofertas más innovaciones creativas que incrementan su atractivo para el cliente final.

La tela de araña creativa se ha convertido también en clave para el éxito del detallista. El proceso de venta al por menor de hoy día implica un amplio diálogo con los fabricantes sobre las necesidades del cliente y las modificaciones del producto, lo que requiere que el detallista conozca las innovaciones potenciales, y los fabricantes se ven animados continuamente a introducir mejoras en la construcción y perfeccionamiento del producto. El personal de las empresas de venta final viaja regularmente para visitar a los fabricantes en todo el mundo.

Para un creciente número de empresas, la innovación incorpora investigación a nivel de la universidad, y se han creado muchos parques de investigación para consolidar los lazos investigadores entre las empresas y la universidad. Las empresas constatan a menudo que el *outsourcing* de sus labores de investigación y desarrollo les ahorra inversiones, pues se evitan los costes adicionales de las instalaciones. Aunque las autoridades académicas han hablado del éxito de los parques de investigación corporativa universitarios, todavía hay mucho que escribir sobre los procedimientos que pueden mejorar la eficacia de estas relaciones. El análisis de esta cuestión constituirá, sin duda, una parte importante de la investigación en las escuelas de negocios para el siglo XXI, y no cabe duda de que las prescripciones diferirán de acuerdo a las regiones y a los sectores de negocios. Además, parece ser que las escuelas de negocio apenas si han desempeñado un papel clave en tales parques de investigación y podríamos esperar que tal papel se explore y expanda en los años venideros.

Se ha hecho cada vez más importante para las escuelas de negocios desarrollar sus propias telas de araña creativas, mejorando la eficacia de los distintos tipos de enlaces corporativos. También aquí es probable que las telas de araña creativas impliquen alianzas internacionales en orden a mejorar las experiencias de aprendizaje. Se ha hecho necesario crear programas de desarrollo de ejecutivos ajustados a las necesidades de cada una de las corporaciones. Aunque las escuelas de negocio han utilizado tradicionalmente los estudios de casos como mecanismo para insuflar realismo en la clase, se puede esperar que proliferen nuevos tipos de flujos de comunicación en los que las corporaciones jueguen un papel mayor, en lo que se refiere a la financiación y al asesoramiento. Se da la paradoja de que el tamaño pequeño facilita la especialización, la pericia y la flexibilidad reactiva que subyace en el proceso de innovación. Pero, al mismo tiempo, la innovación requiere una coordinación continua entre todos los puntos de la tela de araña creativa, con independencia del tamaño de la misma. La solución de esta paradoja continúa siendo un tema central para las corporaciones. El éxito en el nuevo milenio lo conseguirá la corporación que pueda estimular la innovación no sólo dentro de su propia organización, sino a lo largo de toda la tela de araña creativa de la que es miembro.

CAPÍTULO 17

CONTEXTO, CAPACIDAD Y RESPUESTA

DAVE ULRICH

En 1964, visité la Feria Mundial de Nueva York. Recuerdo claramente dos cosas. Un expositor mostraba un helicóptero y prometía que esta máquina de viajar relativamente innovadora resolvería la mayor parte de los problemas de congestión de las autopistas. El expositor proclamaba con toda confianza que "dentro de veinte años, tendremos helicópteros en todos los caminos". Un segundo expositor hablaba de la tecnología y el ocio. Mostraba la evolución de las tecnologías en el hogar y proclamaba que la nueva revolución tecnológica que estaba brotando nos proporcionaría una enorme cantidad de tiempo para el ocio.

Mi experiencia sobre la predicción del futuro no es única. En los últimos cinco años, he podido leer un cierto número de historias, verdaderas o apócrifas, sobre nuestra capacidad para predecir el futuro:

"Nada podrá sustituir nunca al papel carbón". Un informe de asesoría de marketing de IBM sobre si comprar o no Haloid, que más tarde se convirtió en Xerox.

"¿Quién demonios quiere oír hablar a los actores?". H. M. Warner, Warner Brothers, 1927

"No hay razón alguna para que nadie quiera tener un ordenador en su casa". Ken Olson, presidente, consejero delegado y fundador de Digital Equipment Corporation, 1977.

"Es imposible fabricar máquinas voladoras más pesadas que el aire". Lord Kelvin, presidente de la Royal society, 1895

"Creo que puede haber mercado quizás para cinco computadoras". Thomas Watson, Presidente, IBM, 1943.

Todas estas predicciones ponen de manifiesto que nadie puede predecir totalmente el futuro.[1] Los helicópteros no se ven en la mayor parte de los caminos; las tecnologías, aunque se han extendido, no nos han proporcionado más tiempo para el ocio (de hecho, podríamos argumentar lo contrario, puesto que ahora podemos engancharnos al ordenador y trabajar 24 horas al día). Las predicciones en el mundo de los negocios con frecuencia no dan en el blanco. Sin embargo, no anticipamos y vivimos para un futuro, vivimos condenados a repetir las experiencias del pasado y a estar ligados a ellas. El hecho de considerar y atisbar el futuro nos da esperanza para lo que puede venir y confianza en lo que podemos hacer hoy para llegar a ello. El reconocimiento de que los actos de hoy determinan los resultados del mañana es signo de madurez. Proyectar el futuro puede cambiar lo que necesito hacer hoy tanto para crear algo positivo como para evitar resultados negativos. Como yo empleo mi tiempo en pensar el modo de mejorar las organizaciones y tratar de ponerlo en práctica, haré unas cuantas observaciones acerca de los factores contextuales que influyen en las organizaciones, sobre cómo operarán las organizaciones, y sobre cómo se pueden preparar los individuos hoy para responder, en vistas al mañana. Yo espero que estas observaciones, si bien son claramente especulativas, puedan ayudar al individuo a pensar, a prepararse, y a pasarlo bien ante un futuro desconocido. Después de todo, va a venir, aunque sea impredecible.

FACTORES CONTEXTUALES QUE IMPACTAN EN LA ORGANIZACIÓN

Un cierto número de autores han catalogado las fuerzas que influirán en las organizaciones futuras.[2] Permítanme resaltar seis de esas fuerzas que van a producir un profundo impacto en el modo en que operan las organizaciones y se comportan las personas.

Global

Vivimos en una aldea global. Como consecuencia de los noticiarios mundiales que emiten 24 horas al día, los ciudadanos del mundo nos sentimos conmovidos por la muerte de una princesa británica, experimentamos las devastaciones causadas por una inundación en China en primer plano y vivimos el trauma continuo de los conflictos armados en Irlanda, en Irak y en África. Internet permite tener más accesibles a colegas de todo el mundo que a los que están en la puerta de al lado. La crisis económica asiática afecta los precios de las acciones en Europa y en los Estados Unidos. Cuando se producen fusiones globales en sectores como los del automóvil, la banca, la energía y las líneas aéreas, grandes compañías domésticas se convierten en compañías globales gigantes, a menudo con el ámbito y la influencia de países de mediano tamaño.

Cualquier organización que tenga éxito puede conseguir presencia y conocimiento globales. La presencia global permitirá que el diseño de los productos, el *marketing* y la distribución de un país se adopten en todo el mundo. El conocimiento y la sensibilidad globales permitirán a las firmas adaptar los productos a las condiciones y culturas locales. Una homogeneidad global simultánea en la que las cosas se hacen iguales —por ejemplo, los productos alimenticios, las modas y los gustos— y una heterogeneidad en la que se respetan las diferencias culturales —por ejemplo, en los productos alimenticios, en la moda y en los gustos— continuarán retando a las compañías y a los ejecutivos a vivir en la paradoja de ser, al mismo tiempo, globales y locales.

Tecnología

La tecnología, impulsada particularmente por el hardware y el software, harán al mundo más pequeño y más rápido. Una mañana, entre las 6 y las 7, trabajé en un capítulo que estoy escribiendo con colegas de Hong Kong, Australia y Utah. Hicimos los comentarios en nuestras propias zonas horarias y por la tarde había revisado el trabajo. En lo que antes se tardaba días —con un correo que llevaba las cosas de un día para otro—, ahora se tarda horas. A medida que la tecnología se hace más sofisticada (por ejemplo, reconocimiento de voz, transmisión de vídeo en vivo), apenas si podemos imaginar la forma en que esto conectará a las personas con mayor rapidez. Aunque hay que evaluar la parte negativa de la tecnología (por ejemplo, el aislamiento personal y emocional, la pérdida de la privacidad, los debates sobre quién tiene la propiedad de una información determinada), sería difícil concebir un mundo sin ella. A medida que proliferan las tecnologías, los que disponen de ellas (países, empresas e individuos), pueden tener una ventaja significativa sobre los que no disponen de ella, o van a tardar en adquirirla, amenazando con producir desfases no sólo en la afluencia, sino en el acceso a la información.

La tecnología afectará tanto al lugar como a la forma en que se trabaje y al tipo de trabajo que se haga. Con la tecnología, la oficina no se define tanto ya por ser un lugar físico como por ser conexión y control. Los colegas no tienen necesidad de verse entre ellos para estar conectados; pueden establecerse oficinas virtuales en el domicilio, en los hoteles, o también oficinas compartidas, siempre que las personas puedan conectarse y compartir información. La tecnología aporta también un canal totalmente nuevo de distribución de productos y servicios. El potencial de Internet se ha empezado a poner de manifiesto con empresas como Amazon, que se ha convertido en la librería más grande del mundo, y con Dell Computer, que vende cerca de dos mil millones de dólares al año a través de este canal de distribución. A medida que la gente se acostumbre más a Internet y confíe más en ella, más productos y servicios pasarán a través de este canal, terminando con la intermediación en los canales de distribución.

Rapidez

La rapidez se convertirá en un gran determinante del éxito de las organizaciones. Hoy se pueden emitir mucho más rápidamente juicios sobre programas de televisión, estilos de vestir o películas. Los ciclos de vida de los productos se acortarán y las ventajas de ser el primero serán cada vez mayores. Sun Microsystems consiguió una gran cuota de mercado al ser el primero en sacar Java, un lenguaje informático integrado para Internet que estará en peligro cuando surja la generación siguiente. Y con la rapidez llega el requisito de la agilidad para cambiar, adaptarse y aprender más rápidamente.

La rapidez significa cambiar de una mentalidad de precisión a otra de innovación y asunción de riesgos. Como decía un ejecutivo: "Antes de lanzar un producto, solíamos esperar a tener bien el 98%; ahora tenemos que salir con el 80% bien y ajustar el resto a medida que caminamos". Rapidez significa plazos más cortos para diseñar programas de formación, reestructurar empresas y probar nuevos productos y servicios. Agilidad significa aprovechar las oportunidades tan pronto como se presentan, o perder ante un competidor que tenga la habilidad de moverse con rapidez.

Customización

La *customización* del cliente se da cuando la investigación del *marketing* se centra en los hogares y no en segmentos de consumidores. Una cadena de tiendas de comestibles dota a sus clientes predilectos de una tarjeta de compradores frecuentes que les permite pagar la cuenta pasando la tarjeta por un lector, sin necesidad de guardar cola. Dos años después, la cadena envía al cliente un impreso con sus preferencias de compra que incluyen marca, precio y duración. La cadena ofrece a cada cliente predilecto la opción de llevarle a su casa estos productos, de acuerdo con las pautas de compra de los dos años anteriores. Muchos clientes ocupados aprecian esta manera de actuar por parte de la cadena de tiendas, aunque no deja de ser intrusivo y de presentar riesgos en términos de privacidad. Esta cadena de tiendas no tiene segmentos de mercado, sino datos precisos sobre cada cliente objetivo que le permite adaptar sus ofertas para ese cliente. Es probable que la *customización* se de en cualquier negocio en el que se puedan recopilar datos del cliente que servirán para atender a cada uno de una manera única.

La *customización* del empleado será también más frecuente. Se ponen en práctica negociaciones especiales para atraer a la empresa a las personas de más talento —sea un científico puntero, un ejecutivo, un atleta o un analista— que pueden incluir períodos de vacaciones, opciones sobre acciones, bonus en efectivo, opciones sobre acciones para la esposa o esposo, acceso a universidades privadas, cesiones de casas y de coches, asesores de investigación y consejeros legales. Como el talento de los empleados es cada vez más escaso a todos los niveles de la empresa, las negociaciones *customizadas* se tendrán que ampliar a toda la organización. Normalmente, la *customización* del empleado se da con las personas de más talento (por ejemplo, el mejor atleta puede recibir en su contrato un tratamiento especial o único), pero con el tiempo emigrarán a toda la organización. Las organizaciones que *customizan* a los empleados y a los clientes deben centrarse en la flexibilidad más que en las reglas, en el servicio más que en los sistemas y en el compromiso más que en la coherencia.

Capital intelectual/trabajadores del conocimiento

El capital intelectual y el conocimiento de sus empleados será un activo cada vez más esencial para las empresas. El conocimiento es más que el poder y que quién está a su cargo; representa los valores subyacentes y el alma de una organización. Las empresas que accedan al conocimiento, se apoyen en él y lo creen, ganarán; las que no, jugarán eternamente a dar alcance a algo inaccesible. El conocimiento afectará directamente al creciente sector de los servicios —por ejemplo, empresas de servicios profesionales que venden conocimiento como producto primario, empresas financieras que dependen del conocimiento para crear productos e inducir un mayor compromiso— y para el sector fabricante tradicional.[3]

Las organizaciones deben aprender a acceder continuamente al conocimiento y a las ideas. Deben convertirse en organizaciones aprendientes que generan y generalizan ideas con impacto. Deben llegar a ser líderes conscientes dentro de su industria, para que puedan establecer las reglas del juego, en lugar de verse obligadas a seguir las estrategias de otros. Los empleados deben ser capaces de olvidar para aprender, de abandonar modos antiguos para adoptar los nuevos y de experimentar constantemente. En mi trabajo como profesor, me he obligado a mí mismo a renovar cada año un 25% del material. Esto puede parecer fácil, pero después de unos años, el reto continuo obliga a plantearse cuestiones para las que no hay respuestas y a asumir riesgos con el nuevo material, en lugar de enseñar con lecciones y estudios de casos trillados. Los directivos deben retarse a sí mismos a adoptar continuamente nuevos enfoques, puntos de vistas y procesos. El conocimiento es el único activo que se puede autoregenerar. Cuando el conocimiento se deprecia, se destruye valor; cuando el conocimiento se incrementa, se crea valor. En el futuro, como dice Thomas Steward, el conocimiento será la oculta riqueza de las naciones, de las organizaciones y de los empleados.[4]

Crecimiento beneficioso

En la jungla de los negocios seguirán sobreviviendo los más capacitados. Las empresas que no alcancen sus metas financieras fracasarán. El éxito financiero no se obtendrá sólo a través de la reducción de costes, sino de la generación de crecimiento. Continuarán las presiones para reducir costes, como se ha puesto de manifiesto en la atención que se presta a la mejora de procesos, a evitar las redundancia y a conseguir más productividad. Se seguirá prestando atención al crecimiento a través de la distribución global (vender productos y/o servicios en nuevos mercados), de las relaciones con el cliente (vendiendo más a los que ya son clientes), y de la innovación (creando productos y/o servicios).

Las organizaciones deben seguir equilibrando las demandas de los empleados, de los clientes y de los inversores, tanto a corto como a largo plazo. Deben mantener la credibilidad cumpliendo las metas trimestralmente y manteniendo la visión del largo plazo para incentivar las posibilidades. Deben encontrar formas de continuar incrementando los ingresos, al tiempo que gestionan los costes. Los líderes del mañana tendrán una clara estrategia del crecimiento y del coste simultáneamente.

CAPACIDADES ORGANIZATIVAS CRÍTICAS

Las implicaciones que tienen para las organizaciones las tendencias contextuales explicadas más arriba, demandarán un cambio en la forma de pensar sobre las mismas. Las organizaciones formales en cuanto medio para trabajar son un fenómeno relativamente nuevo en el esquema global de las cosas. Como ha puesto de manifiesto Alfred Chadler en su análisis clásico del crecimiento de la organización, las grandes organizaciones burocráticas han evolucionado desde el final del siglo XIX para dominar la sociedad cuando entramos en el siglo XXI.[5] Durante la mayor parte de estos cien años, hemos mantenido la idea de que las organizaciones se definían de acuerdo con su estructura —los roles que desempeña el personal, las reglas creadas para dirigir el trabajo y la cadena de mandos dentro de la organización.[6]

Con los factores contextuales velozmente cambiantes y dinámicos expuestos más arriba, la esencia de las organizaciones ha cambiado y continuará cambiando en el sentido de que su centro de atención pasará de la estructura a la capacidad. La capacidad representa aquello que la organización es capaz de hacer y el modo en que lo hace, más que el cuadro más visible de quién reporta a quién y cuáles son las reglas por las que se rige el trabajo. Cuando pensamos en Disney, por ejemplo, no pensamos en el número de niveles de su organización jerárquica, en la proporción de toma de decisiones que delega en cada uno de los empleados o en como se asignan los salarios en función de la experiencia, sino que pensamos en su capacidad para proporcionar a sus visitantes una experiencia alegre, para crear una atmósfera segura y sana, y para crear continuamente experiencias para los clientes.

Las organizaciones trabajarán en el futuro para identificar e incentivar un puñado de capacidades críticas. Aunque estas capacidades diferirán claramente de una industria a otra —una empresa farmacéutica está más preocupada por la innovación y por los ciclos temporales, mientras que una empresa de servicio público está más interesada en dar un buen servicio en un mundo desregulado—, unas cuantas capacidades esenciales pueden abarcar la esencia del modo de operar de las organizaciones.[7]

Flex-todo

En un mundo que cambia con tanta rapidez, las organizaciones deben poder dominar las capacidades de rapidez, agilidad, cambio cultural, reducción de los ciclos y transformación. Debajo de todas estas capacidades está la noción de flex-todo, o todo-flexible. Las organizaciones tendrán que adoptar prácticas de empleo más flexibles (tiempo parcial, tiempo completo), distintas prácticas de remuneración (salario flexible y recompensas) y modos de realizar el trabajo (trabajo en casa o en la oficina). Los ejecutivos desearán que se identifique a sus organizaciones como las más innovadoras, las más rápidas y las de más capacidad de adaptación de su industria. Crearán prácticas de dirección flexibles que incentiven la capacidad de cambio. Esto significa que las estructuras de las organizaciones serán probablemente más fluidas y dinámicas. Por ejemplo, los empleados pueden trabajar en grupos que cambian continuamente, en unos determinados proyectos y con distintos colegas, de acuerdo con las demandas del cliente, en lugar de ser contratados para trabajar en un departamento o función para un período de tiempo determinado.

Tales organizaciones se dan hoy en empresas de servicios profesionales. Los consultores de cualquiera de las grandes empresas consultoras trabajan en una organización fluida. Cada uno de los empleados puede representar una competencia que, al juntarse con otras competencias, o miembros del equipo, creará valor para los clientes de la firma consultora. Esto significa, en la práctica, que las carreras de los consultores se organizan en torno a una serie de proyectos, o de compromisos con los clientes, en los que colaboran para crear valor para clientes individuales. Las organizaciones futuras comprometidas con la fabricación ajustada contarán con una organización similarmente flexible.[8]

Capital humano (intelectual)

Las obras recientes sobre el capital intelectual ponen de manifiesto que la fuerza de trabajo de una empresa se ha convertido en un elemento fundamental para predecir su éxito.[9] A un nivel amplio, el capital intelectual comprende el conocimiento colectivo, las capacidades y las actitudes de todos los empleados. Los economistas calculan el capital intelectual dividiendo el valor de mercado por el valor de sustitución.[10] Esta ecuación nos da una perspectiva amplia de la importancia del conocimiento y de las personas en la empresa. Por ejemplo, las firmas tradicionalmente grandes y muy capitalizadas, como General Motors, tienen mucho menos capital intelectual que las empresas de alta tecnología y creadoras de conocimiento como Dell Computer. El índice valor de mercado/valor de sustitución ofrece un indicador global del capital intelectual, pero no se traduce en acciones específicas de la dirección para crearlo.

Obras más recientes sobre el capital intelectual evalúan la competencia y el compromiso de los empleados de una unidad de trabajo.[11] Por ejemplo McDonald's ha descubierto que los restaurantes que incrementan la competencia y el compromiso de sus empleados (la medida del capital intelectual de cada uno de los establecimientos), consiguen mejores rendimientos. Se pueden emplear claramente prácticas de recursos humanos para incrementar tanto la competencia como el compromiso de los empleados. Las empresas pueden incrementar su capital humano contratando, formando, incentivando y dirigiendo a empleados que tengan las características adecuadas y en la forma adecuada.

Profundidad del liderazgo

Un estudio reciente de la consultora McKinsey ha descubierto que los máximos responsables de las empresas creen que existe una "guerra por el talento", particularmente a la hora de encontrar sucesores para los puestos de la alta dirección. Las empresas que cuentan con un banco de liderazgo pueden seguir adaptándose y cambiar ante las nuevas condiciones de los negocios. Johnson & Johnson ha invertido mucho en formar a la próxima generación de líderes mediante programas de formación y adscripciones a puestos de trabajo muy exigentes. Estas inversiones producen líderes con la capacidad de tomar decisiones arriesgadas y difíciles, y de configurar una organización para el futuro. Se pueden utilizar prácticas de recursos humanos para crear bancos de liderazgo. Las empresas serán más sólidas y capaces cuanto más líderes de talento contraten. Estas organizaciones parecen tener éxito a largo y no a corto plazo; crean estrategias para cambiar las condiciones del negocio; y se constituyen para durar.[12]

Hacer que un liderazgo sea profundo implica que una firma produzca una marca o identidad única para sus líderes. Tradicionalmente, la marca se ha referido a los productos que produce una firma (por ejemplo, la coca-cola); después, la marca se refería a la firma, o a la identidad que el cliente podía asociar con la firma (por ejemplo, Nordstrom). Si se puede crear la marca de liderazgo, los líderes de la firma no sólo encarnarán los valores de la firma, sino que asegurarán la consecución de los resultados que necesita la firma.[13] Las firmas que invierten en la marca de liderazgo tienen líderes que destacan. En una conferencia profesional, saldrán los líderes de la firma X y todos los participantes reconocerán que este individuo debe pertenecer a la firma X por el modo en que enfoca los problemas, piensa en los temas, define los resultados y realiza al trabajo. Tal creación de marca de liderazgo puede producirse en toda la organización.

Aprendizaje

En los últimos años, las organizaciones que aprenden se han considerado fundamentales para el éxito de la firma.[14] Las organizaciones que aprenden parecen tener la capacidad de reinventarse a sí mismas, de gestionar el conocimiento y de adaptarse a las cambiantes condiciones competitivas. En nuestro estudio hemos descubierto que las organizaciones que aprendían tenían la capacidad tanto de generar como de generalizar ideas con impacto.[15] La Coca-Cola, por ejemplo, ha invertido mucho en un consorcio de aprendizaje en el que las ideas innovadoras de un país se han codificado y compartido en otros países en los que surgían problemas similares. Al aprender a compartir y poner en práctica ideas, la Coca-Cola se ha convertido en algo más que en una organización que aprende. Las inversiones en prácticas de recursos humanos incrementan esta capacidad de aprender a través de formación innovadora, recompensas y esfuerzos por incentivar la comunicación que animan a compartir ideas. Las organizaciones que aprenden tienden a ser más innovadoras, más capaces de gestionar a los trabajadores del conocimiento y más capaces de crear estrategias.

Las organizaciones que triunfen tendrán la capacidad de regenerarse a sí mismas, tanto generando ideas como generalizándolas. Se pueden generar ideas haciendo experimentos, contratando personas de fuera, por las actividades de formación y por realizar esfuerzos continuos de mejora. Sin embargo, el hecho de tener una idea nueva no es suficiente para llegar a ser una organización que aprende. La idea se tiene que generalizar o compartir con otros. Esto significa que los actos eventuales (por ejemplo, una reunión externa en la que se comparta información sincera sobre los clientes y los competidores), se deben convertir en una pauta (aplicándose el mismo nivel de sinceridad a las operaciones diarias). El éxito de una unidad se debe compartir con otras unidades de producto, funcionales o geográficas. Los líderes de las organizaciones que aprenden deben sazonar el cambio y los experimentos e implantar la disciplina de compartir ideas entre las distintas unidades.

Conexión con el cliente

Muchas empresas han descubierto, mediante análisis de valor del cliente, que el 80% de sus resultados se deben al 20% de los clientes. Estos clientes objetivo son fundamentales para que la empresa compita y gane. En algunas empresas, la atención a los clientes objetivo ha llevado a definir el éxito como la "cuota de clientes objetivo". El Royal Bank, por ejemplo, ha identificado a los clientes ricos y los ha convertido en sus clientes objetivo. Se ha esforzado por ganarse un alto porcentaje del negocio de estos clientes dedicándoles directivos de cuenta y equipos de cuenta. El éxito se mide por la "cuota de clientes", en vez de por el ingreso absoluto. Esto significa que el banco trabaja para conseguir una elevada cuota de cuentas objetivo, gestionando las acciones, los bonos, los valores, los préstamos, los seguros, las pensiones y otras transacciones financieras de los clientes objetivo. Las prácticas de los recursos humanos pueden incrementar esta conexión con el cliente, formando equipos de cuentas, estableciendo programas de compensación basados en el rendimiento de la cuenta, e incluyendo a los clientes claves en las prácticas de recursos humanos. Estas prácticas incrementan la conexión con el cliente lo cual, a su vez, produce resultados a través de la repetición de los negocios, de la lealtad del cliente y de la reducción de costes para generar los retornos.

La conexión con el cliente puede proceder de bases de datos que identifican y permiten seguir la pista de las preferencias de cada cliente individual. Por ejemplo, cuando entro en la web Amazon.com, se me indican los libros que me podrían interesar en función de mis compras anteriores, los autores que han publicado un nuevo libro, o los libros de un género similar que han obtenido buenas críticas. La conexión con el cliente puede proceder de equipos de cuenta dedicados que establecen relaciones a largo plazo con una cuenta objetivo. Las firmas de contabilidad pública asignan a menudo a un socio conductor del compromiso para mantener la relación con el cliente a lo largo del tiempo. La conexión con el cliente puede proceder también de implicar al cliente en las prácticas de recursos humanos de la firma. Cuando un restaurante que frecuentaba a menudo quiso contratar a un nuevo chef, invitó a los clientes objetivo a entrevistar a los posibles candidatos y a probar su cocina. Al participar en la decisión de contratación, me comprometí más con el restaurante. De la misma manera, muchas empresas están incluyendo a los clientes a la ahora de proveerse de personal, de formarle, de compensarle y de implantar prácticas de comunicación, con el resultado neto de intimar con el cliente.

Mentalidad compartida

La mentalidad compartida, o cultura común, representa el grado en que los empleados comparten un plan. Cuando existe una mentalidad compartida, los empleados tienen un objetivo común y un compromiso con la forma de trabajar para alcanzar las metas. Una mentalidad compartida ayuda a la empresa a establecer un plan y asegurarse de que esta informa el comportamiento del empleado. Cuando los ejecutivos de la Continental se esforzaban por dar la vuelta a la situación de la compañía aérea, seleccionaron una mentalidad compartida que comenzó con los clientes claves, con los viajeros del mundo de los negocios que pagaban la tarifa máxima. Los viajeros de negocios deseaban que se conociera a la Continental como la compañía aérea "puntual", que les permitiera predecir su tiempo. Los ejecutivos de la Continental trabajaron con la "puntualidad" como la mentalidad deseada para asegurar que las prácticas de recursos humanos centraran en ella el comportamiento de los empleados. Esto significaba poner en práctica programas de formación que permitieran a los empleados comprender como se podía conseguir la puntualidad; establecer compensaciones que les incentivaran a ser puntuales; e introducir sistemas de sugerencias para que pudieran compartir sus ideas sobre cómo ser puntuales. La mentalidad compartida incrementa el rendimiento de los negocios porque los empleados están centrados, atentos, comprometidos en una agenda común.

La mentalidad compartida se convierte también en un factor importante de predicción del éxito de una empresa.[16] Cuando los empleados de toda una empresa comparten tanto las metas de la misma como el compromiso con los procesos necesarios para conseguir tales metas, la mentalidad compartida existe y la firma gana. Cuando existe una mentalidad compartida, se hace evidente rápidamente lo que los juristas llaman "estar en la misma página".

Claridad estratégica

Si se pidiera a unos cuantos empleados elegidos al azar que identificaran con una sola pregunta la probabilidad de éxito de una empresa, dicha pregunta podría ser: "¿cuál es la estrategia de este negocio que nos diferencia de los competidores y nos ayuda a ganar clientes?" Cuando los empleados tienen respuestas comunes a esta pregunta, es que la estrategia está clara. Esta claridad ayuda a los clientes a diferenciar a una firma y, a los empleados, a saber qué se espera de ellos. Southwest Airlines tiene claridad estratégica. Todos sus empleados saben que quiere ser la compañía aérea de alto porte y bajo coste. Múltiples decisiones directivas apoyan esta estrategia: por ejemplo, ahorro de tiempo en los aeropuertos, ausencia de boato en toda la compañía, billetes más baratos prescindiendo de las agencias de viajes, utilización de máquinas para la venta de billetes, trayectos punto a punto, no reserva de asientos. Esta claridad estratégica ayuda a Southwest a crear un nicho distinto. También compromete a los empleados con un plan y un objetivo claros. Las prácticas de recursos humanos sobre las personas a contratar, el tipo de contratos y de formación desempeñan un papel fundamental para que la estrategia sea clara para los empleados.

Responsabilidad

Muchas empresas hacen promesas a los inversores, a los clientes, a los empleados. La responsabilidad incrementa la probabilidad de cumplir las promesas. Las firmas que cumplen sus promesas tienen más fácil el camino del éxito porque establecen compromisos a largo plazo con los clientes y con los inversores. Allied Signal ha creado una cultura en la que la disciplina y la responsabilidad son importantes. Cuando suprimió sectores y se organizó en torno a unidades de negocio, pudo asignar a los líderes de las unidades de negocio una responsabilidad clara sobre pérdidas y ganancias. Estos líderes saben que tienen que conseguir rendimientos y que cuentan con los recursos necesarios para ello. Esta cultura de la responsabilidad ha ayudado a los líderes a tomar decisiones difíciles y a cumplir lo prometido.

Las responsabilidad se incentiva mediante prácticas de recursos humanos. Cuando se establecen metas y se cumplen, ocurren cosas buenas; cuando se establecen metas pero no se cumplen, ocurren cosas malas. Esta responsabilidad recae en unas ocasiones sobre individuos y en otras sobre equipos. La responsabilidad procede también de procesos claros y estándares de trabajo que pueden proceder de superar la calidad y de otros procesos.

Ausencia de fronteras

La mayor parte de las empresas establecen múltiples fronteras con el tiempo.[17] Las fronteras verticales separan a los empleados de los niveles más alto y más bajo. Las fronteras horizontales separan las funciones o las unidades. Las fronteras geográficas separan a los países. Las fronteras externas separan una empresa de los proveedores y de los clientes. Cruzar estas fronteras cuesta tiempo y dinero. La supresión de las fronteras hace a la empresa más eficaz y más rápida. General Electric ha luchado mucho para suprimir muchos tipos de fronteras. Incentiva el compartimiento de información, el traslado del talento, los equipos y el compartimiento de recompensas desde arriba hasta abajo, de un lado a otro, de dentro afuera y por todo el mundo. La supresión de las fronteras procede en parte de prácticas de recursos humanos que organizan foros para compartir información, establecen compensaciones basadas en el equipo y comunican claramente la supresión de las fronteras.

Diagnóstico y evaluación organizativos

Las capacidades que hemos mencionado anteriormente no son inclusivas, sino indicativas. Puede que en el futuro haya otras capacidades organizativas fundamentales para el éxito del negocio. Contemplar la organización a través de la lente de la capacidad cambia el modo de evaluar y de mejorar las organizaciones, con independencia de cuáles sean las capacidades más o menos críticas.

Los ejecutivos encargados de mejorar las organizaciones se preocuparán menos de la estructura y más de las capacidades. No juzgarán el éxito de su organización por el número de niveles, de personas, de sistemas, sino por el grado de capacidades esenciales que demuestre la organización. Identificar, medir y mejorar estas capacidades se convertirá en el estándar de evaluación organizativo. Esta evaluación requerirá métodos de medida innovadores que cambien su foco de atención a los tipos de capacidades que pueda poseer una organización para ganar. Requerirá que los ejecutivos prueben continuamente y mantengan a los directivos responsables de las capacidades que creen.

¿CÓMO SE PREPARAN LOS INDIVIDUOS HOY PARA RESPONDER MAÑANA?

Es de esperar que los individuos piensen y se comporten de manera distinta en el contexto y organización del futuro, en el que las capacidades organizativas importan más que la jerarquía. Se les pedirá que, al igual que las organizaciones para las que trabajan, sean flexibles, comprometidos con el aprendizaje, que no conozcan las fronteras y sean capaces de unirse y trabajar en equipo. Los empleados tienen que considerarse a sí mismos esencialmente como una empresa de un solo empleado. El empleado debe ocuparse de cinco temas y responder a cinco preguntas como si fuera el consejero delegado de su propia empresa.

Confianza en sí mismo: ¿Cómo asumo la responsabilidad de mi propia trayectoria profesional?

Bonner Richtie, mi mentor, me enseñó que "nunca puedes hacer que las organizaciones sean seguras para las personas, tienes que hacer que las personas estén seguras de las organizaciones". Cada persona tiene que asumir la responsabilidad principal de cómo quiere que sea su trayectoria profesional, y de cómo quiere interactuar con la organización. Esto significa conocer claramente las cualidades que se aportan a la organización, saber cómo se quiere que se utilicen, y cómo se quiere ser tratado por la organización. Mi experiencia reciente es que las organizaciones tienen capacidad infinita para tomar, y a veces abusar, de las capacitaciones de los empleados hasta que el empleado define los parámetros del contrato de trabajo. Los empleados que tienen confianza en sí mismos tienen conciencia de sus aptitudes, de lo que desean obtener de su trabajo en la organización, y están dispuestos a responsabilizarse de hacer que ocurran buenas cosas en la organización y que les ocurran también a ellos, sin culpar a los demás.

La confianza en uno mismo se da cuando el empleado tiene la disciplina, la confianza en sí mismo y la autoestima suficientes para evaluar honestamente su trayectoria profesional. Los empleados tienen la responsabilidad última de sus trayectorias profesionales y necesitan hacer evaluaciones periódicas para ver si les está yendo bien o no.

Una señora de poco más de cuarenta años y madre soltera con dos hijos en casa ha sido una de las administrativas mejores de su empresa. Cuando asumió la responsabilidad de su trayectoria profesional y de su vida, decidió dejar el empleo a jornada completa y emplear tiempo en actuar como madre. Fue una decisión consciente, estudiada y flexible. Se dio cuenta, en su momento, de que podía entrar y salir del mundo del trabajo en una gran variedad de formas —jornada completa en una compañía, jornada parcial en una empresa, consultora independiente y madre de familia—. Ella acepta la responsabilidad de las decisiones que tomó, constatando que las elecciones de hoy influyen en las oportunidades de mañana, pero no las inhiben.

Elasticidad: ¿cuál es el ciclo vital de mis conocimientos? ¿Cómo me mantengo al día?

Los empleados tienen que llevar la carga de mantenerse al día a medida que el conocimiento se mueve más rápido a través del espacio invisible de Internet. Los empleados elásticos serán los que aprendan, cambien, y se mantengan constantemente al día en su especialidad. Estos empleados están al tanto de las ideas y de las innovaciones. Están insertos en una red de otros empleados que se encuentran en una etapa similar de su carrera y están dispuestos a abandonar las ideas viejas cuando se quedan obsoletas. Los empleados elásticos experimentan con nuevas ideas, aprenden de sus fracasos y de sus éxitos y piensan siempre más en lo próximo que en lo pasado. Es probable que cambien de proyectos, de actividades laborales o incluso de carreras cuando les surgen oportunidades no planificadas. Consideran al riesgo como una oportunidad de aprender y no de fracasar.

La elasticidad procede del deseo insaciable de preguntar: "¿Qué es lo próximo?" Un viejo adagio dice: "Si haces lo que has hecho siempre, tendrás lo que siempre has tenido". Los empleados del futuro no pueden permanecer ociosos, no pueden aceptar lo que han hecho siempre. Lo que distinguirá al empleado que tenga éxito será el descubrimiento de formas innovadoras, no experimentadas y, a menudo, arriesgadas de pensar sobre el trabajo, y de realizarlo. Llegados a este punto, es necesario que nos preguntemos cosas como "¿qué ocurre si?", "¿cuáles son las preguntas para las que no tengo respuestas?" y "¿cómo puedo aprender de A y aplicarlo a B?".

Resultados: ¿quiénes son los receptores de mi trabajo y qué valor les añado?

Los empleados que entregan valor permanecerán activos. Como quiera que el valor lo define el que lo recibe y no el que lo entrega, el primer paso a la hora que entregar los resultados del trabajo que uno hace consiste en identificar quiénes son los que los reciben. Esto llega con la respuesta a la pregunta: "¿Quién utiliza las ideas, los productos o los servicios que produzco?". Después, una vez identificados los receptores, es importante enterarse de qué es lo que estos receptores desean (que pueden conocer) y necesitan (que pueden no conocer) y cómo puedes satisfacer estos deseos y necesidades. Cuando se crea valor, se producen resultados.

Los resultados deseados cambian cuando cambian los clientes y sus necesidades. La directora de recursos humanos de una empresa que se planteaba reducir puestos de trabajo, propuso que su departamento absorbiera una carga excesiva de esta reducción. Al contemplar las estrategias de la firma y los requerimientos para triunfar a corto plazo, ella comprendió que otros departamentos eran más importante para el éxito de la firma. Este sacrificio se debió a que conocía la situación de la firma y cómo se había llegado a ella. Este sacrificio le deparó, con el tiempo, una enorme credibilidad, al comprender los directivos que hacía estas recomendaciones pensando en la empresa y no en ella misma.

Relaciones: ¿quién se ocupa de mí y de quién me ocupo yo?

El aislamiento, la soledad, y la alienación constituyen un gran inconveniente del contexto de la organización del futuro. La conexión tecnológica no puede sustituir el contacto personal que tanto necesitamos. En un mundo rápidamente cambiante e informado por la tecnología, seguimos necesitando conectar con los otros de formas íntimas y emocionales. Esto significa que el buen empleado del futuro reconocerá que no puede ser todas las cosas para todas las personas, porque la intimidad no se crea de manera uniforme, sino que hay que dedicarle tiempo y atención. Definir quién se ocupa de quién y cómo se alimentan las relaciones se convertirá en un reto para empleados que están ocupados, que tienen mentalidad global y que están unidos por la tecnología. Pero es a través de las relaciones como se forman las comunidades, en las que se respetan las diferencias, se valora a los individuos y la preocupación por los demás asegura la valía personal.

Las relaciones proceden de la confianza. La amistad importa. La intimidad cuenta. Capacitan a los empleados del futuro no sólo para invertir en el desarrollo profesional, sino para incrementar sus relaciones. La igualdad en las relaciones se da cuando la gente pasa tiempo junta, cuando se preocupa por comunicarse con los demás, sacrifica objetivos personales, confirma el valor todos los demás, comparte calor y preocupación por las personas, y trabaja conjuntamente para conseguir objetivos comunes. En un mundo de rápido cambio, la continuidad de la relación ofrece una estabilidad para que se produzca el cambio.

Decisión: ¿qué quiero hacer y cual es mi identidad?

Decisión personal significa tener una identidad clara y después asegurarse de que todos los actos son congruentes con esa identidad. Una definición personal del éxito ayuda a las personas a evitar ser todas las cosas para todas las personas y como consecuencia no satisfacer a ninguna. La decisión que procede de una identidad personal sólida ayuda a las personas a dominar el cambio, en lugar de que sea el cambio el que las domine a ellas. La identidad viene a menudo cuando un individuo ve la acción personal en el contexto de la acción: ¿cómo me porto con los demás? ¿es congruente con la identidad a la que quiero que se me asocie?

La decisión procede de valores y afirmaciones de misión en las que el individuo se pregunta constantemente: ¿es esto lo que quiero estar haciendo precisamente ahora? Los empleados que triunfen tendrán la capacidad de encontrar la paz interior en un mundo de cambio caótico, de aprendizaje, ideas, globalización, tecnología y *customización*. Esta paz procede de la reflexión sobre qué es lo que más importa y de tener la capacidad de tomar las propias decisiones y de moldear la propia identidad. Los empleados que gozan de esta calma interior destilan confianza y se mantienen centrados en lo que más importa, incluso en los momentos difíciles.

CONCLUSIÓN

Algunos profetas adivinan el futuro y dicen a la gente que está condenada. Otros ven el futuro y le dicen a la gente que se prepare. A mí me gusta pertenecer a esta última categoría. Como quiera que el futuro es impredecible, pero va a venir de cualquier forma, necesitamos prepararnos del mejor modo que podamos, haciendo proyectos sobre el contexto, la organización y las personas. Algún día, mis hijos o mis hijas pueden leer este capítulo y maravillarse de lo lejos que quedaron mis predicciones de la realidad. Puede que, para ellos, mis visiones del futuro se hayan convertido en sus realidades, o no. Sin embargo, al tener un punto de vista sobre el futuro, pueden adquirir perspectiva y propósito en relación con él.

CAPÍTULO 18

PENSAMIENTO CALEIDOSCÓPICO

ROSABETH MOSS KANTER

La escena fue memorable. Estaba sentada en un salón, en Singapur, cuando el jefe británico de una compañía petrolífera global habló a sus altos directivos de todo el mundo sobre lo que necesitaban para triunfar en su empresa en el futuro. Yo me sentía violenta, al igual que otros oyentes, porque pensaba que iba a escuchar los clichés usuales acerca de las metas audaces, del trabajo en equipo y de considerar a los clientes en primer lugar.

"Cerebros", dijo, "necesitan cerebros". Y se sentó.

Qué inesperado. Qué refrescante. Qué apropiado.

La agilidad mental es esencial cuando es el mismo negocio el que se encuentra en un cruce de caminos. Miremos donde miremos, vemos que todo lo que se nos ha transmitido acerca de cómo fueron siempre las cosas, o de cómo deberían ser, está siendo sometido a revisión. Las nuevas tecnologías y las posibilidades de los mercados expandidos están revolucionando las industrias. Tratar de dirigir empresas mientras que es el mismo sistema el que está siendo sometido a una redefinición da un gran valor a los cerebros —imaginar posibilidades fuera de las categorías convencionales, adivinar acciones que traspasan las fronteras tradicionales, anticipar las repercusiones y sacar ventaja de las interdependencia, hacer nuevas conexiones o inventar nuevas combinaciones—. A los que carezcan de flexibilidad mental y de imaginación, les será cada vez más difícil mantenerse y, mucho menos, prosperar.

El último acto de los emprendedores es pensar de manera transfronteriza y crear nuevas categorías. Llamémosle creatividad empresarial. Llamémosle pensamiento holístico. Los estudios han asociado el pensamiento integrador con niveles más altos de innovación organizativa, creatividad personal, incluso mayor longevidad. Borrar las fronteras y desafiar las categorías permite que emerjan nuevas posibilidades, como cuando hacemos girar un caleidoscopio para ver las formas sin fin que se pueden crear a partir del mismo conjunto de fragmentos. Yo lo llamo pensamiento caleidoscópico. Es la última arma que tenemos para ayudar a los líderes a superar los retos del siglo XXI.

IMPULSAR LA NECESIDAD DE CALEIDOSCOPIOS MENTALES: UN BREVE PASEO POR EL NUEVO PAISAJE DE LOS NEGOCIOS

La característica que define a la sociedad de la información global no es el flujo de bienes —el comercio internacional ha sido una característica casi constante de la civilización moderna—, sino el de capital, personas y, especialmente, información. El tiempo y el espacio ya no constituyen una barrera para hacer operaciones en cualquier lugar del mundo; las redes informáticas permiten efectuar transacciones instantáneas y los vigilantes de los mercados operan las 24 horas del día. La consolidación del sector financiero pone en menos manos el control sobre el flujo de dinero —de hecho, suprime la necesidad de las "manos", puesto que las transacciones financieras se efectúan electrónicamente—. Las fusiones y adquisiciones internacionales se hacen cada vez más frecuentes, especialmente desde que muchos países han ido suprimiendo las restricciones a la inversión extranjera directa. Los viajes y el turismo se han incrementado enormemente. El coste real de los viajes internacionales descendió un 60% entre 1960 y 1988; durante el mismo período, el número de extranjeros que entraron en los Estados Unidos con fines comerciales creció en un 2.800%.

Las industrias de la información están sustituyendo rápidamente a los objetos tangibles, a los entornos físicos y a los contactos intensivos en trabajo, con productos y servicios consistentes en información empaquetada, disponibles a través de las redes electrónicas. El crecimiento del comercio electrónico en los últimos cinco años es sólo la parte visible de un fenómeno mucho más profundo; los e-servicios basados en Internet podrían crecer incluso más: desde el diagnóstico médico remoto, a los sistemas basados en satélites que pueden informar a un granjero sobre las condiciones específicas del tiempo en cada lugar de sus campos. La tecnología de la información incluye hoy a la biotecnología; semillas con genes particulares (una especie de "software" implantado en la semilla) pueden dar lugar a cosechas resistentes a los insectos, con mayores producciones, sustituyendo a los pesticidas y al trabajo físico de esparcirlos.

La información es incluso más móvil que el capital o las personas. La información puede llegar en la actualidad a varios lugares del mundo simultáneamente. Cuando la CNN retransmitió imágenes en directo del comienzo de la guerra del Golfo, se sobrepasó un hito; y otro cuando el Congreso de los Estados Unidos colocó en la web el informe especial del fiscal sobre el presidente Clinton. Internet permite que cualquier diseño, moda o idea, se conozca en cualquier lugar del mundo al momento de ponerla en ella; un fabricante de ropa de Nueva York puso en Internet su colección de primavera y en unos días tenía cinco pedidos de Beijing. De acuerdo a un informe de ActiveMedia, las empresas de *business-to-business* están adoptando ávidamente los productos que permiten establecer una comunicación bidireccional con los clientes, como el teléfono, la videoconferencia y los programas de trabajo en grupo, todos ellos a través de las redes IP

Los gigantes globales de medios de comunicación y de programas de ocio –Sony, Bertelsmann, Time Warner y Disney- buscan productos o conceptos que viajen fácilmente a través de los canales de comunicación mundiales, canales que están, a su vez, controlados cada vez más por gigantes globales. Las industrias de la comunicación, tanto por la parte de los de contenidos como de las infraestructuras, se están consolidando rápidamente en los Estados Unidos, y protagonizaron, a lo largo de 1997, las cuatro o cinco fusiones mayores que se hubieran producido nunca: la adquisición de MCI por WorldCom por 37 mil millones de dólares; la de Nynex por parte de Bell Atlantic por 25,6 mil millones; la de CapCities/ABC por Disney, por 19 mil millones; y la de Pacific Telesis por SBC Communications por 16,1 mil millones. La adquisición de GTE por Bell Atlantic en 1998 por más de 50 mil millones superó a todas las anteriores. El alza de las comunicaciones globales fomenta el empleo de idiomas universales. El inglés es ya el idioma preferido en las actividades comerciales, incluyendo las de comercio electrónico. De acuerdo con un informe de la OCDE de 1999, titulado "Communication Outlook", un 78% aproximadamente de los sitios web utilizan el inglés, y más del 91% de los sitios soportados en servidores consolidados están en inglés. En Bélgica, la utilización del inglés en el comercio electrónico excede, con mucho, la de los dos idiomas nacionales, el francés y el flamenco. Hasta en un país tan sensible al hecho lingüístico como Francia, el 20% de las páginas web soportadas en servidores consolidados que figuran bajo el dominio nacional ".fr" están en inglés.

La estrategia empresarial de las industrias claves han cambiado de un enfoque país por país a líneas de negocio globales en las que los mismos productos se venden al mismo tiempo en todo el mundo, fabricados en pocos lugares que suministran a todo el globo y apoyados en la compra global. Consideremos el cambio de Gillette a productos mundiales hace una década. Gillette, como muchas empresas de bienes de consumo, desarrollaba productos para un mercado, con rotaciones graduales por todo el mundo, cuando se suponía que un mercado estaba listo para algo nuevo o más avanzado. En 1990 creó por primera vez un producto global, la maquinilla Sensor, con un lanzamiento global —el mismo producto avanzado, anunciado con el mismo mensaje y disponible en cada rincón del mundo en unos meses.

A Gillette la han seguido otros fabricantes de productos de consumo. La recientemente anunciada reestructuración de Procter & Gamble se diseñó para asegurar la simultaneidad global, la eliminación de las unidades de negocio regionales y la asignación de la responsabilidad de los beneficios a siete ejecutivos que estaban al frente de las unidades de producto globales. El nuevo producto de P&G para el cuidado de los tejidos, Febreze, se lanzó primero en los Estados Unidos, con ventas anuales esperadas de 150 a 200 millones de dólares. Si la hubiera lanzado la nueva unidad global de cuidado de tejidos y lavandería, se hubiera extendido probablemente a otros países al mismo tiempo, generando 500 millones de ventas anuales, dijo al *Wall Street Journal* el nuevo consejero delegado, Durk Jager.

Los personajes de dibujos animados de Disney se iban presentando por todo el mundo sin prisa alguna, aprovechando la popularidad de las películas, a medida que estas se iban produciendo y exhibiendo. Ahora, antes incluso de que se proyecten las películas, ya hay acuerdos de distribución y juguetes en todos los lugares del mundo. Esto pone en movimiento una cascada global: compra global por parte de estas empresas, lo que presiona a los suministradores para que se hagan globales o se unan a redes globales.

Mientras que las empresas grandes ya existentes se están reinventando a sí mismas para hacerse más globales, las empresas de la última tecnología han nacido globales. Estas empresas son inherentemente transfronterizas, como ocurre con las de ordenadores y las comunicaciones electrónicas, y las potentes empresas americanas que las desarrollan y utilizan están creando rápidamente alianzas y redes con numerosas compañías en muchas partes mundo. Las empresas del campo de las nuevas tecnologías tales como software, biotecnología, aparatos médicos o telecomunicaciones tienden a diseñar sus productos de acuerdo a estándares mundiales y con socios en muchos lugares, incluso antes de que estén listas para botar un producto específico fuera de su mercado local. Esta postura se ve impulsada a veces por la asociación de estas pequeñas empresas con gigantes globales de las industrias; las pequeñas empresas nuevas de biotecnología encuentran socios bien dispuestos en la industria farmacéutica, en la que los grandes protagonistas como GlaxoWellcome, Merck y Novartis han crecido mediante fusiones y se han organizados en torno a líneas de productos globales.

Esto tendrá como consecuencia, inevitablemente, la consolidación de estándares comerciales mundiales y el desarrollo continuo de la transparencia. (La falta de transparencia fue el problema que acabó originando la explosión de la burbuja especulativa asiática). Más vigilantes, con herramientas analíticas cada vez más poderosas y con canales de comunicación cada vez más rápidos —analistas del bolsa, medios de comunicación, recopiladores de datos de los gobiernos, supervisores de los tratados de comercio internacionales, activistas centrados en un tema— proporcionan datos que permiten seguir la pista al rendimiento. Los sistemas de adquisición electrónica de datos permiten efectuar rápidas comparaciones entre muchos proveedores de bienes y servicios diferentes. UPS y Federal Express ofrecen software y enlaces de datos que permiten a los clientes seguir la pista al estado en que están sus encargos; tales sistemas permiten también a los clientes contar con baremos instantáneos de rendimiento. En el futuro, es probable que se vigilen, comparen y expongan más dimensiones de las conductas, incluso aunque los países tengan reglas y prácticas diferentes y no se pongan de acuerdo sobre los estándares. Están surgiendo nuevas empresas para recopilar y difundir estos datos -contemplemos el fenomenal crecimiento de los servicios de noticias económicas Bloomberg que están disponibles en todas las modalidades de medios de comunicación. De hecho, el *management* se hará cada vez más complicados para los que están aún comprometidos en el *management* de la corrupción o el amiguismo. Esta situación será, inevitablemente, una fuerza más para expandir los estándares mundiales. El estándar europeo de calidad ISO 9000 y subsiguientes, se han convertido *de facto* en el proceso mundial de garantización de los estándares necesarios para cualquier organización que quiera hacer negocios con los mejores clientes industriales.

Pero globalización no significa homogeneización; exige estrategias y prácticas que se acomoden a la diversidad que se da entre los distintos países. Algunos procesos comerciales llevan por sí mismos a una uniformidad mayor y a economías de ámbito mundial, mientras que otros necesitan de la diferenciación local. Los procesos de producción, las tecnologías y los suministros se han globalizado más fácilmente que la distribución, puesto que ésta tiene que conectar con la infraestructura local. Hasta los productos y los conceptos mundiales llegan a los clientes de forma distinta según las condiciones de los países. Por ejemplo, Wal-Mart cometió algunos errores obvios de mercadeo durante su entrada en Brasil, tales como regalar balones de fútbol americano en un país donde el fútbol europeo es rey, o recogedores de hojas en una ciudad como Sao Paulo, que no tiene árboles ni patios y está dominada por el cemento, según el *Wall Street Journal,* y donde tenía que enfrenarse a distintos competidores (como Carrefour, de Francia). Pero el reto más difícil lo plantea la infraestructura local. La empresa recibía 300 entregas al día en Sao Paulo, en vez de las siete de Estados Unidos. La cadena carecía de influencia ante los proveedores locales, por lo que no podía obtener las mismas ventajas en precios o logísticas que en los Estados Unidos. Su sistema de manipulación de las mercancías no servía para los tamaños de las palas brasileñas, y tampoco su contabilidad informatizada se ajustaba a la compleja legislación fiscal de Brasil. Las empresas locales se adaptan a la presencia de los competidores internacionales mediante ajustes creativos, mientras que las empresas extranjeras se tienen que acomodar a las prácticas locales. En Lima, Perú, un restaurante marisquería local que estaba en el mismo centro comercial que Burger King, estudió y adaptó las técnicas de la cadena extranjera para servir ceviche (que es más popular allí que las hamburguesas) al estilo comida rápida. El gigante global, por su parte, incorporó en sus menús una bebida peruana, la Golden Cola, porque se vende más que las marcas internacionales.

Estrategia comercial significa, desde este punto de vista, un pensamiento multi-local y multidimensionado. La globalización crea una élite empresarial mundial -una clase empresarial que habla inglés y que tiene una gran formación- pero la clase directiva debe comprender las diferencias que existen entre los distintos mercados y naciones cuando se instalan en ellos.

Este breve recorrido por el macroentorno nos permite identificar las fuerzas que crean la necesidad de innovación en cualquier lugar del mundo. La economía de la información global ofrece a los consumidores y a los clientes más información y más rápidamente, menos obstáculos geográficos y una gran capacidad de acceso a productos y servicios mundiales. Para las empresas, esto significa más competencia, menos cuasi monopolios protegidos, una obsolescencia del producto más rápida, más estándares y la necesidad de casar el ámbito global con la responsabilidad local. Las empresas que quieran triunfar deben de aprovechar el poder del cerebro: agilidad mental, imaginación, capacidad para aprender y, después, confrontar lo aprendido con una idea nueva.

CALEIDOSCOPIOS Y EMPRESAS

La capacidad intelectual es a la economía de la información lo que el petróleo fue a la economía industrial. Los estudios económicos demuestran que los activos intangibles se están convirtiendo en la fuente más importante del valor de la empresa; un estudio de la Brookings Institution puso de manifiesto que los activos físicos (el suelo, la fábrica, el equipamiento), suponían el 62.8% del valor total de mercado de las empresas de los Estados Unidos en las industrias de fabricación y minería en 1982, pero ese valor había caído en 1991 hasta sólo el 37.9%. En las industrias del sector servicios, son los activos intangibles los que crea casi todo el valor.

Al examinar las estrategias y culturas de las empresas de ámbito mundial, hay que identificar tres activos intangibles que son particularmente importantes. Yo los he llamado las "3Cs".

- *conceptos:* las ideas y tecnologías mejores y últimas, resultado de la innovación continua;

- *competencia*: la capacidad para ejecutar y entregar valor a los clientes con estándares cada vez mayores, a medida que el personal aprende y después enseña a los otros sus mejores prácticas; y

- *conexiones*: socios fuertes que apalancan las ofertas de una empresa, que las relacionan con nuevos mercados y les proporcionan acceso a las innovaciones y oportunidades que, a su vez, dan poder a la imaginación para innovar.

En resumen, las empresas mejores canalizan la capacidad mental hacia la búsqueda de nuevas ideas significativas. Construyen sobre el conocimiento que existe en la organización y en su red de socios, pero animan al personal para que superen los conocimientos adquiridos y den con nuevas ideas, girando y agitando sus caleidoscopios mentales.

Los conceptos son las ideas que guían a la organización, que enmarcan las posibilidades y que se convierten en los medios con que se crea y entrega valor. Los conceptos van desde los macros y estratégicos —el gran objetivo de globalización— a los micros y tácticos. Las empresas pueden tener un concepto central o teoría del "negocio": por qué existe la organización, qué elementos son esenciales a su modelo de entrega de valor. Desde el punto de vista más táctico, los activos conceptuales incluyen los conceptos específicos de productos o servicios —qué se ofrece y a quién— así como los conceptos de los procesos que permiten entregar valor a los clientes y a otros participantes en los intereses de la empresa.

Los negocios o industrias que están en medio de la agitación competitiva, tecnológica, política, regulatoria, se caracterizan por un gran número de nuevos conceptos claves -modelos rompedores únicos o innovaciones con gran capacidad de transformación que representan giros calaidoscópicos muy importantes. Los nuevos conceptos o teorías esenciales de los negocios proceden a menudo de emprendedores que puentean a los canales establecidos dominados por los actores actuales —tales como Dell Computers, que innovó al ser el primero en ofrecer ordenadores por catálogo, y en construir ordenadores de acuerdo con los pedidos del cliente; los Salick Health Centers, que pusieron en marcha centros para el tratamiento del cáncer que incluían todos los servicios, aportando un modelo más a una revolución conceptual en la prestación de cuidados sanitarios en los Estados Unidos; Amazón.com, que transformó la venta de libros a través de sus librerías virtuales en línea, en Internet, que ofrece cualquier título junto e información adaptada a las preferencias del cliente—. O, en la educación pública americana, las escuelas "a la carta". Los innovadores pueden crear un producto de oficina mejor (las copiadoras Xerox de alta velocidad), o se puede crear un modo mejor de distribuir productos de oficinas (Staples, entre los primeros grandes almacenes de suministros para oficinas). Incluso la industria tiene sus pensadores caleidoscópicos, con independencia de su punto de madurez o de rutina. El transporte aéreo, por ejemplo, podría convertirse fácilmente en una empresa de servicio público —el mismo aparato, la misma configuración de los asientos, idéntica formación de los pilotos, o procesos de venta de billetes, o agentes de viaje—. La Southwest Airlines encontró un nicho en servicios de bajo coste mediante la creatividad. El concepto central de su fundador, Herb Kelleher, de crear una clase diferente de aerolínea se complementó con la orden al personal de que intentara todo lo que se le ocurriera, lo que originó numerosas pequeñas diferencias creativas.

La innovación comienza cuando alguien es lo suficientemente inteligente como para darse cuenta de que existe una necesidad nueva. Por supuesto que ser "lo suficientemente inteligente" procede de haber dedicado tiempo y atención a cosas que pasan en el entorno y que envían señales de que se necesita innovar -quizás porque los accionistas claves empiezan a estar descontentos, y a ver nuevas formas de satisfacer sus necesidades, contemplando las ofertas de los competidores. Sintonizar con el mundo más amplio exterior al medio diario de una persona es como llenar un caleidoscopio con trozos y piezas que acabarán formando una nueva imagen. La imaginación y la intuición dependen a menudo de fragmentos y experiencias nuevas y distintas que se pueden combinar después de formas nuevas y diferentes. Consideremos algunas formas sencillas de estimulación mental que pueden incentivar las organizaciones, todas las cuales se han asociado a tasas de innovación más altas:

- Visitas regulares a otras partes de la organización e intercambio de ideas.
- Viajes a lugares nuevos para experimentar cosas radicalmente distintas a la práctica normal.
- Discusiones con los críticos y los contrarios o simplemente con los que mantienen un diferente punto de vista, tienen creencias diferentes y hacen suposiciones distintas.
- Adivinar las tendencias preguntando a todo el mundo que es lo nuevo y que es lo que está cambiando.
- Hacer una incursión en el mundo exterior a una persona, al tiempo que en su mundo interior.
- Asistir a conferencias sobre temas que sean nuevos y no familiares.

Esta es la causa de que las organizaciones flexibles incentiven la movilidad y de que las que son ricas en asociaciones exteriores sean innovadoras más probablemente que las jerarquías rígidas y burocráticas. La imaginación queda limitada cuando las personas tienen conocimientos convencionales o prejuicios, reforzados por el hecho de hablar sólo con quienes están de acuerdo con ellas y piensa exactamente lo mismo. Esto bloquea el caleidoscopio.

Los clientes, los proveedores, y los socios de las *join ventures* son importantes fuentes de ideas para innovar. La innovación y la colaboración pueden funcionar conjuntamente cuando los socios proporcionan un conjunto de ideas nuevas y distintas y abren una ventana sobre nuevos desarrollos y cambios del mercado. Las líneas aéreas que integran la Star Alliance (Lufthansa, United, Air Canada, Varig, AllNippon y otras) han hecho del aprendizaje de cada una de las demás una meta explícita, puesto que todas buscan innovar en una industria donde a veces es difícil distinguir una línea aérea de otra. Las nuevas formas de sociedades de negocios con los gobiernos, comunidades u organizaciones sin ánimo de lucro pueden forzar al pensamiento a explorar nuevas direcciones. La iniciativa IBM's Reinventing Education puso a los ingenieros, a los investigadores de sistemas y a los consultores de proyectos significativos de IBM en estrecho contacto con el sistema escolar de los Estados Unidos y de países tales como Brasil, Irlanda, Italia y Vietnam para aplicar nuevas tecnologías que pueden transformar la educación; pero estos proyectos han ayudado también a los equipos de IBM a desarrollar nuevas soluciones, con aplicaciones comerciales tales como la tecnología de reconocimiento de voz basada en voces de niños o el *warehousing* de datos para grandes grupos de usuarios.

En la edad de la información global, se aprende de muchas formas y en todas las direcciones, y no sólo de arriba a abajo o desde las centrales de las empresas hacia afuera, o en el interior de una organización. Los noveles enseña a sus directivos; por ejemplo, el distinguido editor Michael Kinsley no se está preocupando por aprender las reglas que gobiernan el negocio de las revistas impresas y está aprendiendo la Internet que le enseñan directivos de Microsoft, varias décadas más jóvenes, para crear una nueva revista en línea, *Slate*. Las ideas útiles pueden venir de lugares remotos considerados "atrasados" en su momento; la *joint venture* de Nynex en Tailandia, anterior a su fusión con la Bell Atlantic, enseñó a los ingenieros americanos tecnología de telecomunicaciones que aún no se utilizaba en los Estados Unidos. Los consejeros delegados que han tenido éxito, como Alfred Zeien, de Gillette, están constantemente en la calle, en lugar de encerrarse en los bunkers de sus cuarteles generales, para intercambiar ideas cara a cara sobre el terreno. Para DuPont, las redes incentivan el proceso de generación de ideas necesario para la innovación y el proceso de transferencia de conocimientos necesario para resolver problemas o para aplicar rápidamente las mejores prácticas. Su laboratorio de investigación central mantiene más de 400 redes. Al combinar reuniones cara a cara con intercambios electrónicos, podían desde resolver un problema particular mediante un intercambio de ideas ad hoc, hasta animar a grupos interés a especializarse en cuestiones tecnológicas.

La innovación se estimula por la competencia para conseguir clientes que puedan hacer ver sus preferencias y necesidades directamente a las empresas. Es difícil utilizar la imaginación en vacío; los informes y los números pueden poner de manifiesto que hay un problema o una oportunidad, pero no estimulan el pensamiento para ver nuevas posibilidades en la misma forma que las experiencias inmediatas de vivir en un mundo de usuarios potenciales. Una de las formas que tienen las empresas de capacitar a su personal para que tenga contacto directo con el usuario final es el "vaya directamente", incluso cuando venden a otras organizaciones a lo largo de la cadena de valor. Rubbermaid, que distribuye sus productos a través de grandes detallistas, recopila observaciones de las reacciones de los clientes a los prototipos de productos nuevos e identifica necesidades no satisfechas de los consumidores, mediante la información que llega a los almacenes de sus laboratorios. Para las empresas que se limitan a suministrar componentes a la compañía que le sigue dentro de la cadena de valor, es más difícil recabar información de los usuarios finales para crear innovaciones transformadoras; consiguen información de segunda mano de sus clientes inmediatos, al tiempo que trabajan duro en el anonimato, desconocidas para los consumidores finales y aisladas de la realidad de los usuarios.

Décadas de estudios sobre la innovación industrial ponen de manifiesto que los usuarios son, a menudo, los estímulos primarios de la innovación. Pero cuando las tecnologías cambian radicalmente, como dijo el profesor de la Harvard Business School, Clay Christensen, los clientes se unen a veces a los directivos para resistirse al cambio, especialmente cuando esos clientes están demasiado comprometidos con los viejos métodos. Por esta razón, las empresas tienen que experimentar con (y aprender de) nuevas ideas que las lleven mas allá de los deseos o los intereses de los clientes actuales.

Cuanto más holística sea la experiencia y más amplia la visión —esto es, cuanto más elementos de un sistema se incluyan en el caleidoscopio—, más probable es que se produzcan saltos hacia delante. Las empresas de tecnologías líderes reconocen hoy que deben crear nuevos conceptos comerciales y no simplemente una tecnología excelente. Podrían recurrir al arsenal del *marketing* —desde el desarrollo de la marca al servicio al gran cliente— para ofrecer en sus productos algo más que tecnología; Intel, por ejemplo, contribuyó a la recuperación del liderazgo americano en semiconductores, que se había perdido a manos de Japón, y después procedió a saltar por encima de la industria, convirtiendo a sus chips en una marca de consumo (la "*Intel inside*").

La innovación requiere tanto valor como imaginación. Los líderes deben crear culturas en las que los experimentos, las preguntas y los retos al modelo anterior no sean sólo para los valientes. Está ampliamente demostrado que la innovación requiere múltiples experimentos. Un estudio sobre la innovación industrial puso de manifiesto que producir un éxito comercial supone estudiar unas 3000 ideas primeras, reflejarlas en 300 propuestas formales y cribarlas finalmente para quedarse con nueve grandes proyectos de desarrollo. Pfizer examina más de cien pistas al año, con el fin de encontrar una dirección prometedora para el desarrollo de un medicamento nuevo.

Las grandes empresas de nivel mundial esperan a la innovación constantemente y en cualquier lugar, porque la innovación es difícil de predecir, puede producirse en cualquier lugar y requiere de múltiples experimentos. Estas empresas generan actividad a los tres niveles de una pirámide:

- En la parte superior, unas cuantas apuestas grandes sobre el futuro y, con ellas, las mayores inversiones en productos, tecnología, o innovación del mercado.

- En el medio, una cartera de experimentos prometedores pero no demostrados aún, nuevas *joint ventures* en sus primeros estadios, prototipos u otros proyectos únicos.

- En la base, puesta en operación de numerosas innovaciones incrementales, continuas mejoras y nuevas ideas en sus primeras etapas que producirán beneficios inmediatos, reducirán costes, acortarán los plazos o tendrán un gran éxito entre los clientes —pero, sobre todo, que sugieren una dirección futura prometedora.

La pirámide no es estática. Se generan influencias en muchas direcciones: de arriba abajo, de abajo arriba, o de manera horizontal a lo largo de toda la empresa. Las grandes apuestas influyen sobre la experimentación y proporcionan la estructura para investigar las ideas en sus primeras etapas. Las ideas modestas que suben desde abajo pueden acumularse en una fuerza mayor que hace alumbrar nuevas ideas, alcanzando el estatus de prototipo. Los proyectos e ideas de una parte de la organización estimulan el nuevo pensamiento y las nuevas oportunidades en otra parte.

Así, los líderes de las organizaciones intensivas en innovación proporcionan caleidoscopios a todo el mundo. Capacitan y conceden poder a personas de todos los niveles para que busquen nuevas ideas, desde constantes mejoras operativas hasta saltos adelante fundamentales. El tiempo y los recursos pueden ayudar a que broten las semillas de las nuevas ideas. Presupuestos reducidos —quizás a través de un fondo de garantía especial para la innovación— pueden ayudar a las personas a actuar rápidamente cuando se presenten oportunidades prometedoras nuevas, sin necesidad de tener que remontar toda la jerarquía, saltándose una lenta confección de un presupuesto y un proceso de asignación de recursos. Los fondos de garantías ayudan al personal a poner en práctica oportunidades inesperadas e incuban iniciativas nuevas sin socavar a los directivos de líneas locales. Algunas propuestas podrían implicar iniciativas únicas; otras, proyectos que se pueden integrar dentro de las unidades de negocio. Los fondos de garantía de ayuda a la creación de empresas financian la confección de un "plan de negocios" que, después, se podría encaminar tanto hacia atrás, para consolidar el compromiso con el desarrollo de la organización de línea, o se podría aplicar a dar un apoyo corporativo complementario a la innovación. Además de los beneficios empresariales directos, esto tiene el beneficio colateral de animar a más personas a pensar de manera emprendedora sobre los modos creativos de enfocar los problemas y oportunidades en los negocios.

Hacer de la búsqueda de la innovación parte del trabajo de cada uno no significa que las personas queden confinadas a sus puestos de trabajo. Algunas compañías animan a su personal para que sean exploradores de ideas, para que busquen ideas más allá de sus puestos de trabajo, de la empresa y de la industria. Yo he acuñado el término "excursiones lejanas" para denominar estas descubiertas más allá de las fronteras convencionales para encontrar ideas o tecnologías que surgen en cualquier parte y que sugieren nuevas oportunidades para la empresa. La creatividad se estimula abandonando los escenarios familiares y enfrentando las perspectivas y los retos a la sabiduría convencional que llevan a las ideas que suponen una ruptura. La experiencia de primera mano de los cambios de poder en los países en desarrollo, permitió al director de una empresa que fabricaba cámaras fotográficas para fotos de documentos de identidad, dependientes de la electricidad, ver el potencial para las cámaras alimentadas con pilas, incluso en países que contaban con una energía eléctrica fiable. Algunas empresas animan las descubiertas de otras, algunas sacan ventaja de todas las formas de descubrir nuevas posibilidades que emplee su personal —incluso cuando están de vacaciones en países extranjeros y vean algo que no hayan visto nunca—. Las personas que trabajan en la empresa pueden estimular también a las demás, especialmente mediante la fertilización cruzada de ideas por las contribuciones de personas de diferentes lugares con diferentes perspectivas.

Los líderes deben crear una cultura que permita discutir las posibilidades embrionarias. La empresa de desarrollo de productos IDEO mantiene sesiones abiertas de *brainstorming*. Los foros periódicos abiertos a distintos niveles para el desarrollo de productos de Ocean Spray, posibilitaron que un ingeniero del nivel más inferior expresara la idea de introducir innovaciones en el envase, lo que permitió a la empresa de bebidas superar a competidores mucho más potentes, al ser la primera en adoptar el envase de papel. Para muchas empresas, sus empleados son también usuarios del producto que pueden implicarse en el desarrollo de un producto y ofrecer una importante realimentación, con independencia del puesto que ocupen. Gillette comprueba sus maquinillas y hojas de afeitar con empleados que llegan al trabajo sin afeitar y se avienen a utilizar diferentes productos en distintas partes de sus caras. Los innovadores de Xerox implican a los empleados (a todos los que manejen documentos) en la búsqueda de soluciones de gestión de documentos.

Los encargados de desarrollar productos se han centrado siempre en la innovación, pero en el futuro, se encargarán de la innovación muchos otros a los que no se llama "creativos." Las personas tendrán el nuevo rol de servir como "agentes de cambio", con el mandato de encontrar y dirigir proyectos innovadores en muchos campos y funciones. Y habrá "sitios conductores" que asuman la responsabilidad de desarrollar o de hacer prototipos de innovaciones útiles en otras partes de la empresa -oficinas de campo que actúen como centros de experimentación para todo el conjunto. A menudo, nuevas unidades de riesgo internas centradas en un nuevo mercado o en una tecnología nueva crean conceptos que tienen muchas aplicaciones. El First Community Bank (FCB) del BankBoston se diseñó como un banco dentro de otro banco para servir a los clientes urbanos olvidados del centro de las ciudades que a menudo tienen poca experiencia de banca; el plan de ahorro y préstamo "Primer paso", fácil de entender, que desarrolló el FCB, se convirtió en una oferta atractiva para cualquiera que se aproximara por primera vez a un banco.

COMUNIDADES RICAS EN CALEIDOSCOPIOS

El recurso más deseado por las compañías innovadoras es, cada vez más, el capital humano y no el capital financiero. El Silicon Valley está inundado de capital ávido de financiar nuevas empresas, pero no hay suficiente talento para gestionarlo. John Doerr, el capitalista de riesgo que está detrás de Netscape, ha dicho que el producto de Sillicon Valley es el trabajo en red, y que su recurso más escaso es el talento técnico y directivo. Cuanto más deseable sea ese talento, más se le buscará en un mercado de trabajo mundial —especialmente cuando los profesionales se forman de acuerdo con estándares comunes en todo el mundo—, algo que facilita la tecnología de la información. Coopers & Lybrand utiliza la Internet para reclutar trabajadores de contabilidad y auditoría de nivel de entrada, incluyendo herramientas de evaluación en línea en sus sistema "Springboard".

La formación por parte de las empresas es ya una industria de 55 mil millones de dólares en los Estados Unidos, y continuará creciendo en todas partes, como prueba de la necesidad de aprender durante toda la vida. La formación interna no se relaciona con el tamaño de la empresa, sino con la complejidad de sus mercados y la utilización de nuevas prácticas en el lugar de trabajo, tales como el trabajo en equipo, la integración trans funcional y asociaciones de suministradores- que son sellos de las empresas de ámbito mundial.

Pero los líderes que buscan más innovación en sus empresas tienen que mirar también hacia fuera, para ver si los escenarios en los que operan, las comunidades en las que se nutren de talento, les dan acceso a la capacidad intelectual y a la estimulación que activa los caleidoscopios de la mente. La excelencia en la educación primaria, secundaria y superior es una característica obvia de los entornos que facilitan la innovación, pero sólo uno. Lo que asegura que la innovación funciona son las infraestructuras para el desarrollo del conocimiento y la traducción del conocimiento en empresas comerciales, apoyadas por las culturas emprendedoras nacional y local. Muchos lugares de los Estados Unidos ejemplifican las condiciones asociadas con la innovación y la flexibilidad emprendedora. Los funcionarios encargados del desarrollo económico europeo envidian la vitalidad de Silicon Valley y el sector de pequeñas empresas creadoras de empleo en América. La capacidad emprendedora de América implica una creencia ampliamente compartida en las posibilidades, no en la inevitabilidad, como en otras muchas culturas, así como la tolerancia del riesgo y del fracaso. América, que estuvo en peligro de perder su lado innovador, ha recuperado su liderazgo; el índice de patentes extranjeras en Estados Unidos, que subió durante los ochenta, ha descendido. Como los productos y servicios innovadores ofrecen una gran utilidad a los clientes y se pueden pedir precios muy altos en los mercados mundiales, o estimular la demanda, los altos niveles de innovación van asociados generalmente con mayores salarios y una mayor prosperidad.

Las regiones que se han especializado en conceptos, tales como Silicon Valley, el Área de la Bahía de San Francisco, el Gran Boston y el Massachusetts Este, o el Gran Seattle, son imanes para la capacidad intelectual que, a su vez, se canaliza en industrias del conocimiento. La competitividad de estas regiones se debe a la innovación continua. Establecen estándares mundiales y exportan conocimiento y productos basados en el conocimiento que disfrutan de monopolios temporales y consiguen venderse a precios por encima de los normal. El Gran Boston, por ejemplo, es líder en innovación gracias a instituciones educativas y de investigación que atraen capacidad intelectual y crean nuevas ideas o desarrollan la próxima generación de tecnologías; abundantes sistemas de apoyo a los emprendedores —fuentes de capital y de estímulo de los sectores privado y público; formas de transferir ideas prometedoras de los laboratorios a los negocios; proveedores de servicios profesionales (legales, bancarios, de *marketing*), familiarizados con los requisitos de la industria y las necesidades de las empresas que empiezan—. El pensamiento caleidoscópico se ve ayudado todavía más por densas redes de las empresas e interempresariales —incluyendo consejos de la industria para las interacciones informales— que incentivan el flujo de personas y de ideas, facilitan alianzas y asociaciones y aseguran que la imaginación de la gente se sienta estimulada por la constante exposición al pensamiento nuevo.

Al ser lugares en los que se valora el conocimiento nuevo, las personas aprenden de las demás, al tiempo que resulta más probable que los recursos disponibles para nuevas actividades emprendedoras mantengan girando al caleidoscopio. Tales lugares serán centros mundiales de innovación para la sociedad de la información global. Los líderes empresariales entienden cada vez mejor que uno de sus nuevos roles en el siglo XXI es el de contribuir a crear tales entornos en las comunidades en que operan sus empresas. Los líderes de categoría mundial serán cosmopolitas y evitarán la insularidad, disfrutarán afrontando ideas nuevas y diferentes, incentivarán la fertilización y el aprendizaje a través de las fronteras, y apoyarán a su personal para que desarrolle y utilice su capacidad intelectual en busca de la innovación.

Al comenzar el siglo XX, el símbolo de la emergente era industrial de fabricación en masa era la regla de cálculo de los ingenieros. Un siglo después, necesitamos un nuevo símbolo para la edad de la información global. Yo lo he denominado el caleidoscopio —un símbolo de formas eternamente cambiantes y nuevas posibilidades sin fin, impulsado por la imaginación humana.

NOTAS

CAPÍTULO 1

1. Huey, John y Colvin, Geoffrey (1999), "The Jack and Herb Show", *Fortune,* 11 enero, p. 163-166.
2. Wetlaufer, Suzy (1999), "Driving change. An interview with Ford Motor Company's jacques Nasser, *Harward Business Review,* marzo-abril, p. 77-88.
3. Bylinsky, Gene (1998)"How to bring out better products faster", *Fortune,* 23 de noviembre, 238.
4. http://www.insead.fr/IVC/Guide/Manager.
5. Smith, Alison (1998) "Marketing Global Brands: The Global Consumer is a Myth", *Finantial Times,* 2 abril.
6. Govindarajan, Vijay and Gupta, Anil (1998) "Global business: Turning global presence into global competitive advantage," *Mastering Global Business, Finantial Times,* octubre.
7. Pfeffer, Feffrey (1998) *The human equation: Building profits by putting people first,* Harvard Business School Press.
8. Reich, Robert B. (1998), "The Company of the Future," *Fast Company,* noviembre, 124-150.
9. Deogun, Nikhil, (1998), "Soft-drink marketers at Triarc deftly give Snapple back its 'Buzz'", *The Wall Street Journal,* 14 de diciembre, 1.
10. http://www.enron.com.

CAPÍTULO 2

1. El Sawy, O.A. (1983) "Temporal perspective and managerial attention: A study of chief executives strategiec behavior" (Ph.D. Diss. Stanford University). Véase también El Sawy, O.A., (nov 1988) "Temporal biases in strategic attention" (proyecto de investigación, Department of Decision Sciences, School of Business Administration, University of Southern California).
2. Véase Kouzes, J.M. y Posner, B.Z. (1995) *The leadership challenge: How to keep getting estraordinary things done in orgaanizations.* San Francisco: Jossey-Bass, y Kouzes, J.M. y Posner, B.Z. (1993) *Credibility: How leaders gain and lose it, why pwople demand it,* San Francisco: Jossey-Bass. Todas las historias y ejemplos de este capítulo están sacados de estudios realizados por los autores.

3 "Melissa Poe", *Caring People* [6] (otoño 1993), 66, complementado con una entrevista realizada por los autores a Trish Poe el 3 de noviembre de 1994.
4 Blum, A. (1980) *Annapurna: a Woman's Place*, San Francisco: Sierra Club Books.
5 Blum, A., p. 12.
6 Blum, A., p. 12.
7 Arlene Blum, citada en P. Labarre, "Here's how to make it to the top", *Fast Company* (N. 17, septiembre 1992), p. 72.
8 Kohn, A. (1986) *No contest: The case against competition*, Boston:Houghton Mifflin, p. 55.
9 *Innovation Survey* (1999) Londres: PricewaterhouseCoopers, p. 3.
10 Para mayor información sobre esta historia y otras de las expuestas en esta sección, véase Kouzes, J.M. y Posner, B.Z. (1999) *Encouraging the Heart. A leader's guide to rewarding and recognizing others,* San Francisco: Jossey-Bass.
11 Entrevista telefónica a Jodi Taylor, Ph.D., Center for Creative Leadership, Colorado Springs, Colorado, abril 1998.
12 El FIRO-B lo desarrolló Will Schutz. Mide dos dimensiones de tres factores. Mide hasta que punto una persona *expresa* y *desea* a) inclusión, b) control y c) afecto. Véase Schutz, W. (1966) *The interpersonal underworld (FIRO)*, Palo Alto, California: Science & Behavior Books. Véase también Schutz, W. (1989) *FIRO: a three- dimensional theory of interpersonal behavior,* Mill Valley, California: Will Zchutz Associates.

CAPÍTULO 3

1 Schumpeter, Joseph (1911-1934), *The theory of economic development,* Cambridge, Massachussets, Harvad University Press.
2 Hamel, Gary y Prahalad, C.K. (mayo-junio 1990) "The core competence of the organization", *Harvard Business Review.*
3 Chandler, Alfred D. (1962) *Strategy and structure,* Cambridge, Ma, MIT Press.
4 March, James G. (1991) "Exploration and exploitation in organizational learning", *Organizatin Science,* vol. 2, nro. 1.
5 March, James G. y Olsen, Johan (1976) *Ambiguity and choice in organizations,* Bergen, Universitetsforlag.
6 Kao, JOHN, *Jamming* (1996)HarperCollins Business.
7 *Fast Company,* junio-julio 1998.

CAPÍTULO 4

1 Véase, por ejemplo, Kanter, R.M. (1997) *On the frontiers of management,* Boston, MA: Harvard Business School Press; y Drucker, P.F. (1986) *The frontiers of management,* Nueva York: Truman Talley Books.
2 La información y las citas de los individuos presentes en este artículo se han entresacado de entrevistas realizadas como parte de mi estudio y del curso sobre el modo en que la gente aprende a liderar y sobre la evolución del partenariado en las empresas de la nueva tecnología. Para una referencia más completa, véanse los siguientes casos de la Harvard Business

School: "Intersoft of Argentina (A), (B) y (C)", HBS nos. 497-025, 297-026, 497-027; "Randy Haykin: The making of an entrepreneur (A)", HBS nro. 498-094; "Franco Bernabé at ENI (A), (B), (C)", HBS nros. 498-034, 498-035, 498-040; "de Passe Entertainment and Creative Partners", HBS nro. 494-013; "Lark International Entertainment, Ltd. (A), (B) y (C)", HBS nros. 499-023, 499-024, 499-025.

3. Gardner, H. (1993) *Creating minds,* NY, Basic Books, p.44. Véase también Csikszentmihalyi, M. (1996) *Creativity,* NY HarperCollins Publishers, y Bennis, W., Biederman, P.W. (1997) *Organizing genius,* Reading, MA: Adisson Wesley Publishing Company, Inc.

4. McCall, M. (1998) *High flyers,* Boston, MA: Harvard Business School Press.

5. Para mas información sobre Franco Bernabé y la transformación de ENI, véase Hill, L.A. y Wetlaufer, S. (1998) "Leadership when there's no one to ask", *Harvard Business Review,* julio-agosto, 128-139.

6. Kelley, R. y Caplan, J. (1993) "How Bell Labs creates star performers", *Harvard Business Review,* julio-agosto, 128-139.

7. Véase, por ejemplo, Leonard, Dorothy y Swap, Walter (1999) *When saparks fly: Igniting group creativity,* Boston, Harvard Business School Press.

8. Hirschhorn, L. (1992) "The new boundaries of the 'boundaryless' company", *Harvard Business Review*, mayo-junio, 4-16.

9. Véase, por ejemplo, Murninghan, J.K. y Conlon, D.E. (1991) "The dynamics of intense work groups: A study of British strings quarters", *Administrative Science Querterly, 36,* junio, 165-186.

10. Hill, L.A. (primavera 1998) "Developing the star performer", *Leader to Leader*, Nueva York: Drucker Foundation, 30-37. Para una descripción más detallada de las paradojas inherentes a la vida del equipo, véase, por ejemplo, Bradford, D.L.y Cohen, A.R. (1984) *Managing for excellence: The guide to developing high perfomance contempiorary organizations,* Nueva York: Wiley, y Smith, K.K. y Berg, D.N. (1987) *Paradoxes of group ñife: Understanding conflict, paralysis, and movement in group dynamics,* San Francisco: Jossey-Bass.

11. Hill, L.A. (1991) "Beyond the myth of the perfect mentor", Harvard Business School nro. 491-096.

12. Noria, N. y Berkeley, J.D. (1995) "From structure to structuring. A pragmatic perspective on organizational design" (documento de trabajo).

13. Drucker, P. (1992) "There's more that one kind of team", *Wall Street Journal,* 11 de febrero.

14. Pisano, G. (1996) *The development factory: Unlocking the potential of process innovation,* Boston: Harvard Business School Press.

15. Hansen, M.T. Nohria, N. y Tierney, T. (1999) "What's your strategy for managing knowledge?" *Harvard Business Review,* 72 (2), marzo-abril: 106-116. En este artículo, distinguen entre gestión del conocimiento personalizada y codificada. Las circunstancias de Millenium demandan claramente la primera.

16. Christensen, C.M. (1997) *The innovator's dilemma,* Boston, MA: Harvard Business School Press.

17. Kotter, J.P. (1990) "What leaders really do" *Harvard Business Review*, mayo-junio: 103-111. Kotter distingue entre liderazgo y *management*. El liderazgo se ocupa del cambio, de

marcar la dirección, de situar, motivar e inspirar al personal. La dirección se ocupa de la complejidad: planificar y presupuestar, organizar y dirigir al personal, controlar y resolver problemas.

18 Winblad, A. "Leadership secrets of a venture capitalist", *Leader to Leader,* Nueva York: Drucker Foundation, p. 184.
19 Véase, por ejemplo, Hill, L.A. (1992) *Becoming a manager,* Bloston, MA: Harvard Business School Press para un debate sobre la importancia de la capacidad para resistir las emociones y agobios que implica la carga del liderazgo.

CAPÍTULO 5

1 Quinn, R.E. y Rohrbaught, J. (1983) "A spatial model of effectiveness criteria: Towards a competing values approach to organizational analysis", *Management Science,* 29:3, 363-377.
2 Hampden-Turner, C. (1990) *Charting the corporate mind: From dilemma to strategy,* Oxford, Basil Blackwell, y Handy, C. (1994) *The empty raincoat: Making sense of the future,* **Londres: Hutchinson.**
3 Hampden-Turner, ibid.
4 Hampden-Turner, ibid.
5 Miller, D. (1990) *The Icarus paradox: How excepcional companies bring about their own downfall,* Nueva York, Harper Business.
6 Pascale, R.T. (1990) *Managing on the edge: Hoe sucessful companies use conflict to stay ahead,* Londres y Nueva York, Viking.
7 Tichy, N.M. y Shermans, S. (1993) *Control your destiny or someone else will,* Nueva York: Harper Business, p. 60.
8 Eisenhardt, K.M., Kahwajy, J.L. y Bourgeois, L.J. III (1997) "How management teams can have a good fight", *Harvard Business Review* (julio-agosto) 77-85.
9 Schein, E.H. (1998) "The family as a metaphor for culture: Somme comments on the DEC Story", *Journal of Management Inquiry,* 7:2: 131-132.
10 Kets de Vries, M.F.R. (1994) "Percy Barnevik y ABB", INSEAD, caso nro. 05/94-4308, Fontainebleau.
11 Evans, P.A.L. (1993) "dosing the glue: Applying human resource technology to build the global organization" *Research in personnel and human resources management, Suupl. 3,* grenwich CT: JAI Press, y Evans, P.A.L. (1992) "Management development as glue technology" *Human Resource Planning* 14:4.
12 Bartlett, C.A. y Ghoshal, S. (1990) "Matrix management: Not a structure, a frame of mind" *Harvard Business Review,* julio-agosto, 138-145.
13 Tichy y Sherman, op. cit., p.66.
14 Collins, J.C. y Porras, J.I. (1994) *Built to last,* Nueva York, Harper Business.
15 Kets de Vries, M.F.R. y Miller, D. (1984) *The neurotic organization: Diagnosing and changing counterproductive styles of management,* San Francisco: Jossey Bass.
16 Rosenzweig, P. y Raillard, B. (1992) "Accor (A)", Harvard Business School caso 9-393-012.
17 Para más detalles sobre el análisis de la tensión, véase Evans, P.A.L. y Genadry, N. (1998) "A duality-based prospective for strategic human resource management", en Wright, P.,

Dyer, L., Boudreau, J. Y Milkovich, G. (eds.) *Research in personnel and human resources management: Strategic HRM in the 21st century*, Greenwich, CT: JAI Press.
18 Evans, P.A.L., y Bartolomé, F. (1979) *Must success cost so much?*, Londres, Grant McIntyre; Nueva York, Basic Books.

CAPÍTULO 6

1 Brown, Eryn (1999) "America's most admired companies", *Fortune*, 1, marzo, p. 70.
2 "Four pioneers reflect on leadership", (1998) *Training and Development*, julio, p. 38.
3 Russo, Jean-Pierre, "Operating principles", informe del consejero delegado, suplemento de la revista *Chief Executive*, "Inventing new industries: A field guide to revolution without anarchy", p. 21.
4 Drucker, Peter F. (1999) *"Managing oneself"*, Harvard Business School Publishing. Resumido en http://www.hbsp.harvard.edu.
5 Entrevista personal con Edward Travaglianti, presidente y consejero delegado, European American Bank, marzo 1999.
6 Entrevista personal con Michael A. Wellman, presidente, prácticas especiales globales, Korn Ferry International, marzo 1999.
7 Tiersen, Sylvia (1999) "Lucent Technologies' Carly Fiorina", *Investor's Business Daily*, 4 marzo, p. A8.
8 "Four pioneers reflect on leadership" (1998) *Training and Development*, julio, p. 41.
9 Row, Heath (1998) "Feeling connected to your work brings energy to the workplace", *Fast Company*, diciembre, p. 192.
10 Entrevista personal con Joseph Corella, director de ingeniería de sistemas, Microsoft corporation, marzo 1999.
11 Hallowell, Edward M., (1999) "The human moment at work", *Harvard Business Review*, enero-febrero, p. 60.
12 Hallowell, Edward M., op.cit., p. 63.
13 Entrevista personal, marzo 1999.
14 Tiersten, Sylvia. op. cit.
15 Entrevista personal con Bernard F. Reynolds, presidente y consejero delegado de ASI Solutions Incorporated, marzo 1999.
16 "Four pioneers reflect on leadership" (1998) *Training and Development*, julio, p. 41.
17 "Four pioneers reflect on leadership" (1998) *Training and Development*, julio, p. 38.
18 Entrevista personal con Edwin S. Marks, presidente de Calr Marks & Co. Inc., marzo 1999.
19 Entrevista personal con el Dr. James M. Shuart, presidente de la Hofstra University, marzo 1999.
20 Entrevista personal, marzo 1999.
21 "Four pioneers reflect on leadership" (1998) *Training and Development*, julio, p. 40.
22 Entrevista personal, marzo 1999.
23 Entrevista personal con Bernard F. Reynolds, presidente y consejero delegado de ASI Solutions Incorporated, marzo 1999.

24 Tichy, Noel M. y Cohen, Eli (1998) "The teaching organization", *Training and Development,* julio p. 28.

25 Entrevista personal con Helene Fortunoff, vice tesorera de Fortunoff Fine Jelwery, marzo 1999.

CAPÍTULO 7

1 Ames, Joan Evelyn (1997) *Mastery: Interviews with 30 remarkable people,* Rudra Press, Portland, Oregon.

2 Farren, Caela (1997) *Who's running your career? Creating stable work in unstable times,* Bard Press, Austin Texas.
Reference: Bennis, Warren y Ward Biederman, Patricia (1997) *Organizing genius: The secrets of creative collaboration,* Addison-Wesley Publishing Company, Reading, MA;.
Frankel, Lois P. (1997) *Overcoming your strengths: 8 reasons why successful people derail and how to get back on track,* Nueva York, Harmony Books;.
Hartwick, P.J. y Farren, Caela (1996) "Specialist or generalist" A false dichotomy: An important distinction" pp. 115-132, *Future vision: Ideas, insights and strategies,* editado por Howard F. Didsbury, Jr., World Future Society, Bethesda, MD;.
Peters, Thomas (1997) *The circle of innovation: You can't shrink your way to greatness,* Alfred A. Knopf, Nueva York.

CAPÍTULO 8

1 Handy, C. (1994) *The empty raincoat* (2 ed.) Gran Bretaña, Arrow Books.
2 Howard, A. (1995) "Rethinking the psicology of work", en Howard, A. (ed.) *The changing nature of work,* San Francisco: Jossey-Bass. Inc.
3 Evans, P.B. y Wurster, T.S. (1997) "Strategy and the new economics of information", *Harvard Business Review:* 75(5) 70-82.
4 Dainty, P. y Andersen, M. (1996) *The capable executive:Effective perfomance in senior management,* Basingstoke, McMillan.
5 Pfeffer, J. (1998) "Seven practices of highly succesful organizations", *California Management Review*, 40(2) 96-124.
6 Hall, D.T. (1996) "Protean careers of the 21st century" *Academy of Managemente Executive, 10(4) 8-16.*
7 Hope, J. Y Hope, T. (19997) *Competing in the third wave: The ten key management issues of the information age,* Boston: Harvard Business School Press.
8 Tetzeli, R. (1994) "Surviving information overload", *Fortune* 130, 26-29, 11 de julio.
9 Veiga, J.F. y Dechant, K. (1997) "Wired world woes:www.help" *Academy of Management Executive,* 11(3) 73-79.
10 Evans, P.B. y Wurster, T.S. (1997) "Strategic and the new economics of information" *Harvard Business Review,* 75(5) 70-82.
11 Kotter, J.P. y Heskett, J.L. (1992) *Corporate culture and perfomance,* Nueva York: McMillan.
12 Kouzes, J. Y Posner, B. (1997) "Building credibility", *AIM Management,* 5-7.

13 Guyon, J. (1997) "Why is the world's most profitable companyturning itself inside out?", *Fortune,* 136, 62-67, 4 de agosto.
14 Mintzberg, H. (1994) *The rise and fall of strategic planning,* Nueva York: Prentice Hall.
15 O'Reilly, C.A. (1983) "The secrets of America's most admired corporations", Nueva York: Prentice Hall.
16 Van de Vliet, A. (1997) "Gary Hamel", *Management Today,* 52-53 julio.
17 Goleman, D. (1996) *Emotional Intelligence,* Londres: Bloomsbury Publishing.
18 Howard, A. (1995) "Rethinking the pschicology of work", en Howard A. (de.) *The changing nature of work,* San Francisco: Jossey-Bass Inc.
19 O'Reilly, C.A. (1983) "The use of informationin organizational decision making: a model and some propositions", en Staw, B.M. y Cummings, L.I. (eds) *Research in organizational behaviour (vol.5) Greenwich: JAI Press.*
20 Davenport, T.H. y Prusak, L. (1997) *Information ecology,* Nueva York: Oxford University Press.
21 Dainty, P. y Anderson, M. (1996) *The capable executive: Effective perfomance in senior management,* Basingstoke: McMillan.
22 Senge, P. (1990) "The leader's new work: Building learning organizations", *Sloan Management Review* 32(1) 7-23.
23 Isenberg, D.J. (1984) "How senior management think", *Harvard Business Review* 62(6) 80-90.
24 Drucker, P.F., Dyson, E., Handi, C., Saffo, P., y Senge, P.M. (1997) "Looking ahead: Implications of the present", *Harvard Business Review,* 75(5) 18-32.

CAPÍTULO 9

1 Porter, M.E. (1980) *Competitive strategy,* Nueva York: Free Press.
2 Simon, H.A. (1991) "Organizations and markets", *Journal of Economics Perspectives,* 5, (2):25-44.
3 Schumpeter, J.A. (1947) *The theory of economic development,* Cambridge, MA: Harvard University Press.
4 Bartlett, C.A. y Ghoshal, S. (1995) "Rebuilding nehavorial context: Turn process reengineering into people rejuvenation", *Sloan Management Review,* otoño, 11-23.
5 Para un debate teórico más detallado sobre este tema, véase Ghoshal, S. Y Moran, P. (1996) "Bad for practice: A critique for transaction cost theory", *Academy of Management Review,* enero, 13-47.
6 Schumpeter, J.A., *Capitalism, socialism and democracy,* Londres: Unwin University Books, p. 83.
7 En teoría económica, esta condición para el intercambio se describe como "doble coincidencia". Requiere plenamente lo que describe Coleman como "viabilidad recíproca" –véase Coleman, J.S. (1990) *The foundation of social theory,* Cambridge, MA: Harvard University Press.
8 Para un debate de algunos de loa ejemplos más citados de tales "fallos de coordinación", véase Milgrom, P.R., y Roberts, J. (1992) *Economics, organization and management,* Englewood Cliffs, NJ: Prentice-Hall.

9 Para seguir el desarrollo teórico de este concepto de ventaja organizativa, véase Ghoshal, S. Y Moran, P. (1996) "Bad for practice: A critique for transaction cost theory", *Academy of Management Review*, enero 13-47; Ghoshal, S., Moran, P. Y Almeida Costa, L. (1995) "The essence of the megacorporation: Shared context, not structural hierarchy", *Journal of Institutional and Theoretical Economics*, 151 (4 diciembre) 748-759; Moran, P. Y Ghoshal, S. (1999) "Markets, firms and the process of economic development", *Academy of management Review*.

10 Esto es lo que Coleman describe como "viabilidad independiente" y "viabilidad global" que, de acuerdo con Moran y Ghoshal, caracteriza a las organizaciones. Véase Coleman, J.S. (1990) *The foundations of social theory,* Cambridge, MA: Harvvard University Press; Moran, P. Y Ghoshal, S. (1996) "Value creation by firms", en Keys, J.B. y Dosier, L.N. (eds) *Academy of management Best Paper Proceedings*.

11 Ghoshal, S. Y Batlett, C.A. (1997) *The individuallist corporation*, Nueva York: HaperCollins.

12 Este es un argumento fundamental de la teoría de los mercados laborales internos –véase Doeringer, P.B. y Poire, M.J. (1971) *Internal labor markets and manpower analisys,* Lexington, MA: D.C. Heath and company.

13 Véase Capelli, P. (1995) "Rethinking employment", *British Journal of Industrial Relations*, 33(4): 563-602.

14 Leonard-Barton, D. (1992) "Core capabilities and core rigidities: A paradox in managing new product development", *Strategic Management Journal,* 13:111-125.

15 Quizás uno de los primeros autores en abogar por este nuevo contrato social fuera Kanter. Véase Kanter, R.M. (1989) "The new managerial world", *Harvard Business Review,* Nov.-dic. 85-92. Se puede encontrar un argumento muy similar en Waterman, R.H., Jr., Waterman, J.A. y Collard, B.A. (1994) "Toward a career-resilient workforce", *Harvard Business Review,* julio-agosto: 87-95.

CAPÍTULO 10

1 Prahalad, C.K. y Lieberthal, Kennet (1998) "The end of corporate imperialism", *Harvard Business Review,* julio-agosto, pp. 68-79.

CAPÍTULO 11

1 Hedberg, B. (1981) "How organizatins learn and unlearn", en Nystrom, P.L. y Starbuck, W.H., *Handbook for organizational design: Vol. 1*. Oxford: Oxford University Press.

2 Gaarder, Jostein (1997) "Descartes", *Sophie's world: a novel about the history of philosophy,* Londres, Phoenix, pp. 229-240.

3 Lewitt, H.J. (1986) *Corporate pathfindeers: Building vision and values into organizations,* Homewood: Dow Jones-Irvin.

4 Newman, W.H. (1975) *Constructive control*, Englewood Cliffs, NJ: Prentice-Hall.

CAPÍTULO 12

1 French, R. Y Grey, C. (eds.) (1996) *Tethinking management education*, Londres, 1-16.

2. Giddens, A. (1994) *Beyond left and rights: the future of radical politics*, Cambridge.
3. Thomas, A.B. y anthony, P.D. (1996) "Canagement educatrion be educational?, en French, R. Y Grey, C. Op. Cit., 22.
4. Dearden, R. En "Education and training", (1996), citado por Thomas A.B. y Anthony, P.D. op.cit., 23.
5. Mintzberg, H. *Mintzberg on management*, Nueva York, 1989.
6. Watson, S.R. (1993) "The place for universities in management education", en *Journal of General Management*, 19(2):23.
7. Kotter, J.P. y Heskett, J.L. (1992) *Corporate culture and perfomance*, Nueva York.
8. Thomas, A. B. Y Anthony, P.D. (1966) op. cit. 32.
9. Elster, J. (1983) *Sour grapes: Studies in the subversion of rationality*, Cambridge, 54.
10. Chia, R. (1997)"Process philosophy and management learning: Cultivating Foresight in management education" en Burgoyne, J. Y Reinolds, M. (eds) *Management learning: Integrating perspectives in theory and practice*, Londres, 72.
11. Chia, R. (1996) *Organizatinal analysis as desconstructive practice*, Berlin, 2-3.
12. Wordsworth, William, *The Prelude, Book II*.
13. Chia, R. (1997) op.cit. 76, e.v.
14. Bergson, H. (1913) *An introduction to metaphysics*, Londres, 44.
15. Bergson, H. op. cit.
16. Wittgenstein, L. (1992) *Tractatus logico-philosophicus* (5.6) Londres, 149.
17. Rorty, R. (1998) *Truth and progress: Philosophical papers III*, Cambridge.
18. Whitehead, A.N. (1929) *Process and reality*, Nueva York.
19. Carroll, L. (1960) *Alice's Adventures in Wonderland*, Nueva York.
20. Whitehead, A.N. (1933) op. cit., 120, citada por Chia en Chia, R. (1997) op.cit. 83.
21. Whitehead, A.N. (1929) *The aims of education*, Nueva York, 99.
22. Goodwin, R. (1994) *How the leopard changed its spots*, Nueva York, 99.
23. Audi, R. (1998) *Epistemology: A contemporary introductionin the theory of knowledge*, Londres, 2-5.
24. Chia, R., op.cit., 1997:87.
25. Stacey, R.D. (1996) *Strategic management and organizational dymamics*, Londres, 381.
26. Avesson, M. Y Willmott, H. (1992) "Critical theory and management studies: An introduction" en Alvesson, M. Y Willmott, H. (eds) *Critical management studies*, Londres, 1.
27. Peters, B.K.G. (1997) "The past and the future", en *Opportunities and threats of Europeans business schools in third millenium: a dean's prospective*, seminar report, 28, 17 de noviembre.
28. Vince, R. (1996) *Managing change: Reflections on equality ans management learning*, Bristol.
29. Drucker, P. (1974) *Management: Tasks, responsabilities, practices*, Oxford.
30. Chia, R. Y Morgan, S. (1996) "Educating the philosopher-manager; De-signing the times" en *Management learning*, 27(1) 37-64.
31. Roberts, J. "Management education and the limits of technical rationality: The conditions and consequences of management practice" en French, R. Y Grey, C. (eds) (1996) op.cit., 73.
32. En 1989, se organizaron en Paris, Londres y Amsterdam las primeras conferencias sobre las carencias de nuestro planeta.

33 Latour, B. (1993) *We have never been modern,* Nueva York, 9.
34 Véase Essers, J. y Schreinemakers, J. (1996) "The conception of knowledege under information in knowledege management" en Schreinemakers, J. (ed) *Knowledge management: Organization, competence ans methodology,* Wuzburg, 100-103.
35 Essers y Schreinemakers, J., op. cit. 102.
36 Véase Lyotard, J.F. (1979) *La condition postmoderne, rapport sur le savoir,* París.
37 Lyotard, J.F. (1986) *L'enthousiasme, la critique kantienne de l'histoire,* París.
38 Essers y Schreinemakers, J., op. cit. 112.
39 Véase Bauman, Z. (1997) *Postmodernity and its discontents,* Nueva York.

CAPÍTULO 13

1 *Reconocimientos.* Los autores quisieran expresar su aprecio a los participantes en el estudio de *benchmarking* del consorcio. Nos gustaría hacer extensivas las gracias especialmente a los representantes de la organización socio que han quitado tiempo a sus apretadas agendas para participar en este estudio y compartir su conocimiento y sus aprendizajes con el grupo patrocinador. El proyecto no se hubiera podido realizar nunca sin el liderazgo y el apoyo del personal de la American Productivity and Quality Center (APQc) Y DE LA American Society for Training and Development (ASTD). Fue un consejero especial para el estudio Jim Kouzes, presidente del Tom Peters Group.

CAPÍTULO 14

1 Véase *The Economist,* 18 abril 1992.
2 Strebel, Paul (1996) "Why do employees resist change?" *Harvard Business review,* mayo-junio 86.
3 Véase *The fifth discipline fieldbook: Strategies for building learning organizations,* Senge, Peter, Kleiner, Art, Roberts, Charlotte, Ross, Rick, Smith, Bryan, Nueva York: doubleday Currency (1994).
4 Varias de estas iniciativas de cambio están documentadas en "Leaarning Histories", estudios etnográficos del cambio complejo, narrado desde múltiples perspectivas. Para más información, véase la página web de SoL: solo-ne.org y Kleiner, A. Y Roth, G. (1997) "How to make experience your company's best teacher, *Harvard Business Review,* septiembre-octubre 172-177.
5 Senge, P. (1990) "The leaders new work: Building learning organizations", *Sloan Management Review.*
6 Senge, P. (1996) "Leading learning communities: the bold, the powerful and the invisible", en Hesseñbein, F. Et al., *The leader of the future,* San Francisco: Jossey-Bass.
7 Senge, P. op. cit.
8 Entrevista en video (1997) *"Leadership video"* (disponible en Innovation Associates Inc., Waltham MA Fax: 1-78-398-8523).
9 Wenger, E., (1998) *Communities of practice: Learning, meaning and identity,* Nueva York: Cambridge University Press.

10 Senge, P., y Kaeufer, K. "Towards a ecology of leadership", documento de trabajo de SoL.
11 Todas estas ideas están expuestas detalladamente en Senge, P., Kleiner, A., Roberts, C., Ross, R.,, Toth, G., Smith, B., (1999) *The dance of change, A fieldbook for sustaining momentum in a learning organization*, Nueva York, doubleday Currency.
12 Resumido de *The fith discipline fieldbook: The dance of change: Sustaining momentum in a learning organization,* ibid.
13 Bailyn, L. (1993) *Breaking the mold: women, men, and time in the new corporate world*, Nueva York, Free Press.
14 Senge et al. op. cit.
15 Roth, G. Y Kleiner, A. (1996) *The learning initiative at the AutoCo Epsilon Program,* 1991-1994. Center for Organizational Learning, MIT, Working Paper 18.005 Cambridge.
16 Roth, G. Y Kleiner, A, op. cit.
17 Kleiner, A. (1996) *The age of heretics. Heroes, outlaws, and the foreunners of corporate change,* Nueva York, Currency Doubleday.
18 Cooperider, D.L. y Srivastava, S. (1987) "Appreciative inquiry in organizational life", *Research in organizational change and development*, vol 1:129-169.
19 Véase, por ejemplo, Hammel, G. (1996) "Strategy as revolution", *Harvard Business Review,* julio-agosto.
20 Véase, por ejemplo, Senge *et al.* (1999) 444-476 para ejemplos de creación de nuevas infraestructuras de aprendizaje.
21 Véase Forrester, J.W. (1971) "The counterintuitive nature of social systems" *Technology Review*, enero, 52-68 (también en *The collected papers of Jay W. Forrester*, Cambridge, Mass: MIT Press, 1975; y Senge, P. (1990) *The fith discipline,* Nueva York: Doubleday/Currency, 58-60.

CAPÍTULO 15

1 Sobre el rol estratégico de la customización en masa, véase Pine, B.J. (1993) *Mass customización: The new frontier in business competition*, Boston, MA: Harvard Business School Publishing.
2 Hemos tomado esta frase de Giddens, A. (1991) *Modernity and self-identity*, Stanford CA: Sanford University Press.
3 Es curioso que los escritos de dirección de empresas que tratan de la flexibilidad se preocupan principalmente del diseño a nivel de la firma y tienden a tratar las cuestiones de personal desde esta perspectiva solamente.
4 El sociólogo británico Anthony Giddens ha sintetizado una considerable cantidad de estudios empíricos y teóricos sobre los rasgos y tendencias que caracterizan la vida de las sociedades modernas, particularmente en sus libros *The consequences of modernity* y *Modernity and self-identity*. Lo que exponemos en los párrafos siguientes está influido sustancialmente por sus escritos.
5 Hammonds, K., Zellner, W., y Melcher, R., (1996) "Writing a new social contract –O.K. job security is dead. What happens from here?" *Business Week*, 11 marzo.
6 "The Daddy Trap", *Business Week*, 21 septiembre 1998.

7 "Europe's unhappy world of work", *Finantial times,* 14 mayo 1997.
8 Peters, T. (1992) *Liberation Management,* Nueva York, Alfred A. Knopf.
9 Ghoshal, S. y Bartlett, C. (1997) *The individualized corporation,* Nueva York: Harper Business.
10 Pfeffer, J. (1998) *The human equation,* Boston MA: Harvard Business School Publishing.
11 "We want you to stay. Really" *Business Week,* 22 junio 1998, pp. 67-72.
12 *Financial Times,* 12/13 julio 1997.
13 Quizás esto se deba a que la gente ya no se deja engañar porque considera que el *empowerment* se ha convertido en blanco frecuente de los chistes sobre *management.*
14 Semler, R. (1993) *Maverick,* Nueva York: Warner Books.
15 Este caso se ha debatido en Kimberly, J. Y Bouchikhi, H. (1995) "The dynamics of organizational development and change: How the past shapes the present and constrains the future", *Organization science,* 6/1:9-18.
16 Tenemos que tomar aquí algunas precauciones respecto de la tendencia de muchas mujeres y de muchos directivos con pocos empleados a su cargo a mimetizar las actitudes y comportamientos imperantes en la práctica directiva con el fin de legitimizar su pertenencia a la élite.
17 Kumar, N. (1996) "The power of trust in manufacturer-retailer relationships", *Harvard Business Review,* Noviembre-diciembre, 92-106.
18 Para una mayor elaboración, véase Bouchikhi, H. (1998) "Living with and building on complexity: A constructiviste perspective on organizations", *Organization,* 5/2, 217-232.
19 El mismo estudio del ISR de que informaba el *Finantial Times* (14 de mayo de 1997) pone de manifiesto que los índices de satisfacción más elevados de toda Europa correspondía a los trabajadores de los países nórdicos.
20 Algunas de estas formas existen ya como asociaciones duraderas coordinadas entre emprendedores independientes.

CAPÍTULO 16

1 Véanse, por ejemplo, las siguientes publicaciones: Arzani, Sergio y Pellegrin, Jean-Pierr (1997) "Entrepreneurship and local development", *Organisation for economic cooperation and development, the OECD Observer,* no. 204, febrero/marzo 27/29; Birch, David L. (1987) *Job creation in America: How our smallest companies put the most people to work,* Nueva York, Free Press;Tapscoo, Don, Lowy, Alex y Ticoll, David (eds) (1991) *The nature of the firms: origins, evolution and development,* Nueva York, Oxford University Press; Carney, Mick (1998) "The competitiveness of networked production: the role of trust and asset specificity", *Journal of Management Studies* 35, nro. 4, julio, 457-479; Andrews, Philip y Hahn, Jerome (1998) "Transforming supply chains into value webs", *Strategy and Leadership,* julio 1, 6-11; Normann, Richard y Ramirez, Rafael (1993) "From value chain to value constellation: Designing interactive strategy", *Harvard Business Review,* julio-agosto, 65-77; Lorenzoni, Gianni y Baden-Fuller, Charles (1995) "Creating a strategic center to manage a web of partners", *California Management Review,* 37, nro. 3, primavera, 146-163; Weiner, Michael, Nohria, Nitin, Hickman, amanda y Smith, Huaard

(1997) "Value networks: The future of the US electric utility industry", *Sloan Management Review*, 38, nro. 4, verano, 21-34; y Kasarda, John D., y Rondinelli, Dennis A. (1998) "Innovative infrastructure for agile manufacturers", *Sloan Management Review* 39, nro. 2, invierno, 73-82.

2 Carney, Mick (1998) "The competitiviness of the networked production: The rule of trust and asset specificity", *Journal of Management Studies*, 35, nro. 4, julio, 460.

3 Brandenburger, Adam M. Y Nalebuff, Barry J. (1995) "The right game: Use game theory to shape strategy", *Harvard Business Review*, julio/agosto, 57-71.

4 Respecto del aplazamiento de las estructuras de información y responsabilidad, véanse, por ejemplo, las siguientes publicaciones:Goffee, Rob y Jones, Gareth (1998) *The character of a corporation: How your compan's culture can make or break your business*, Nueva York: Harper Collins; Hope, Jeremy y fraser, Robin (1998) "Measuring perfomance in the new organisational model", *Management Accounting* (inglesa) 76, nro. 6, junio, 22-23; Clemmer, Jim (1998) "Liberated perfomance", *Executive Excellence* 15, nro. 9, septiembre, 17; Seidmann, Abraham y Sundararajan, Arun (1997) "Competing in information-intensive services: Analising the impact of task consolidation and employee empowerment", *Journal of Management Information Systems* 14, nro. 2, otoño, 33-56; Zetka, James, R. (1998) "The technological foundations of task-coordinating structures in new works organizations", *Work and Occupations* 25, nro. 3, agosto, 356.379; Greco, JoAnn (1998) "Designing for the 21st century", *Journal of Business Strategy* 19, nro. 6, noviembre/diciembre, 34-37.

5 Dunning, John H. (1995) "Reappraising the eclectic paradigm in an age of alliance capitalism", *Journal of International Business Study* 26, nro. 3, tercer trimestre, 464.

6 Véanse, por ejemplo, las siguientes publicaciones referidas a las alianzas estratégicas y a las *joint ventures*: Anderson, Erin y Gatignon, Hubert (1986) "Modes of foreing entry: A transaction cost analysis and propositions", *Journal of International Business Studies* 17, nro. 3, otoño, 1-26; Beamish, Paul W. (1987) "Joint ventures in LDCs: Partner selection and perfomance", *Management International Review* 27, nro. 1, 23-37; Beamish, Paul W. Y Banks, John C. (1987) "Equity Joint ventures and the theory of the multinational enterprise", *Journal of International Business Studies* 18, nro. 2, verano, 1-16; davidson, W.H. y McFetridge, D.G. (1985) "Key characteristics in the choice of international technology transfer mode", *Journal of International Business Studies* 16, nro. 2, verano, 5-21; Kogut, B. (1983) "Foreing direct investment as a sequential process", en *Multinational Corporation in the 1980s*, de. Charles Kindleberger y Donald Audretsch, Cambride, MA: MIT Press.

7 Yip, George S. y Coundouriotis, George, A. (1991) "Diagnosing global strategy potential: The world chocolate confectionery industry", *Planning Review* 19, nro. 1, enero/febrero, 4-14.

8 Véase, por ejemplo, Fukuyama, Francis (1995) *Trust: The social virtues and the creation of prosperity*: Nueva York, Free Press.

9 Véase http://www.sternstewart.com.

10 Tapscott, Don, Lowy, Alex y Ticoll, David (eds) (1998) *Blueprint to the digital economy: Creating wealth in the era of e-business*, Nueva York: McGraw-Hill, 19.

11 Tapscott, Don et al. op. cit. 23.

12 Chesbrough, Henry W. Y Teece, David J. (1996) "When is virtual virtuous? Organizing for innovation", *Harvard Business Review*, enero/febrero, 65.
13 Chesbrough, Henry W. Y Teece, David J. op. cit. 73.
14 Seely Brown, John y Duguid, Paul (1998) "Organizing Knowledege", *California management Review*, 40, nro. 3, primavera, 90.
15 Normann, Richard y Ramirez, Rafael (1993) "From value chain to value constellation: Designing interactive strategy", *Harvard Business Review*, julio-agosto, 65-77.
15 Véase "Strategy and the art of reinventing value", (1993) *Harvard Business review*, septiembre-octubre, 39-51.
17 Weiner, Michael, Nohria, Nitin, Hickman, Amanda y Smith, Huard (1997) "Value networks: The future of the US electric utility industry, *Sloan Management Review* 38, nro. 4, verano, 21.
18 Lorenzoni, Gianni y Baden-Fuller, Charles (1995) "Creating a strategic center to manage a web of partners", *California Management Review*, 37, nro. 3, primavera, 146-163.
19 Kasarda, John y Rondinelli, Dennis A. (1998) "Innovative infraestructure for agiles manufacturers" *Sloan Management Review*, 39, nro. 2, invierno, 73-82.

CAPÍTULO 17

1 Estas citas proceden de diversas fuentes, la mayor parte de colegas, como Warren Wilheim, de Global consulting Alliance.
2 Una buene referencia es Coates, F. y Jarret, J. Y Mhaffle, J. (1990) *Future work: Seven critical forces reshaping work and the work force in North america*, San Francisco Oxford: Jossey Bass; Hesselbein, Frances, Goldsmith, Marshall y Beckhard, Richard (eds) (1997) *The organization of the future*, San Francisco, Jossey Bass.
3 Quinn, James Brian (1992) *Intelligent enterprise*, Nueva York: Free Press; Quinn, James Brian (1996) "Leveraging intellect", *Academy of Management Executive*, 10(3); 7-27.
4 Stewart, Thomas (1997) *Intellectual capital*, Nueva York: Doubleday.
5 Chandler, A.D. (1997), *The visible hand: The managerial revolution in American Business*, Cambridge, MA: Harvard University Press.
6 Chandler, A.D. op.cit.
7 El tema de la capacidad se ha presentado en Ulrich, Dave (1993) "Profiling organizational competitiveness: Cultivating capabilities", *Human Resource Plannig*, 16(3):1-17; Ulrich, Dave y Lake, Dale (1990) *Organizational capability: Competing from the inside-out*, Nueva York: Wiley.
8 Womack, James P. y Jones, Daniel (1996) *Lean thinking: Banish waste and create wealth in your corporation*, Nueva York: Simon & Schuster.
9 Saint-Onge, Hubert (1996) "Tacit knowledge: the key of the strategic alingment of intellectual capital", *Strategy and leadership*, marzo-abril, 10-14.
10 Snell, Scott, Lepak, David y Youndt, Mark (1998) "Managing the architecture of intellectual capital: Implications for strategic human resource management", en Wright, Patrick, Dyer, Lee, Boudreau, John y Milkovich, George (eds) *Research in personnel and human resources management*, Greenwich, CT:JAI Press.

11 Ulrich, Dave (1998) "Intellectual capital = competence x commitment", *Sloan Management Review*, invierno, 39(2):15-26.
12 Collins, James, y Porras, Jerry (1995) *Built to last: Sucessful habits of visionary companies*, Nueva York: Harper.
13 Ulrich, Dave, Zenger, Jack, Smallwood, Norm (1999) *Result based leadership,* Boston: Harvard Business School Press.
14 Wick, Cal (1993) *The learning edge: How smart managers and smart companies stay ahead*, Nueva York: McGraw-Hill.
15 Yeung, Arthur, Ulrich, Dave, Nason, Stephen, Von Glinow, Mary Ann (1998) *Learning capability,* Nueva York: oxford Press.
16 Kotter, J. Y Heskett, J. (1992) *Corporate culture and perfomance*, Nueva York, Free Press.
17 Ashkenas, Ron, Ulrich, Dave, Jick, todd y Kerr, Steve (1995) *The boundaryless organization: Breaking the chains of organization structure*, Jossey-Bass.

BIBLIOGRAFÍA

Ashenas, Ron, Ulrich, Dave, Jich, Todd, y Hear, Steve (1995) *The boundaryless organization: Breaking the chains of organizational structure,* San Francisco: Jossey-Bass Publishers.
Beatty, Jack (1998) *The world according to Peter Drucker,* Nueva York: Broadway Books.
Bennis, Warren y Nanus, Burt (1985) *Leaders: Strategies for taking charge,* Nueva York, Harper Business.
Bennis, Warren (1994) *On becoming a leader,* Nueva York: Perseus Press.
Collins, James C. y Porras, Jerry I. (1994) *Built to last: successful habits of visionary companies,* Nueva York: Harper Business.
Conklin, David W. (1991) *Comparative economic systems: Objetives, decision modes and the process of choice,* Londres: Cambridge University Press.
Davis, Stan y Meyer, Christopher (1998) *Blur: The speed of change in the connected economy,* Nueva York: Warner Books.
Dell, Michael (1999) *Direct from Dell: Strategies that revolutionized an industry,* Nueva York: Harper Business.
Drucker, Peter (1985) *Managing in a time of great change,* Nueva York: Penguin Group.
— (1992) *Managing for the future: The 1990s and beyond,* Nueva York: Dutton.
— (1996) *The executive in action,* Nueva York: Harper Business.
— (1999) *The frontiers of management,* Nueva York: Penguin Group.
Farren, Caela (1997) *Who's running your career: Creating stable work in unstable times,* Austin, Texas: Bard Press.
Gates, Bill (1999) *Business @ speed of tought: Using digital nervous system,* Nueva York: Warner Books.
Ghoshal, Sumantra y Hartlett, Christopher A. (1997) *The individualized corporation: A fundamentally new approach to management,* Nueva York: Harper Business.
Gibson, Rowan (1997) *Rethinking the future,* Londres: Nicholas Brealey Publishing Limited.
Grove, Andrew S. (1996) *Only the paranoid survive: How to exploit the crisis points that challenge every company,* Nueva York: Currency doubleday.
Hamel, Gary y Prahalad, C.JK. (1994) *Competing for the future,* Boston: Harvard Business School Press.
Handy, Charles (1998) *The hungry spirit beyond capitalism: A quest for purpose in the modern world,* Nueva York: Broadway Books.

Heenan, Davida y Bennis, Warren G. (1999) *Co-leaders: The power of great partnerships*, Nueva York: John Wiley & Sons.

Hesselbein, Frances, Goldsmith, Marshall y Beckhard, Richard (1996) *Leader of the future*, San Francisco: Jossey-Bass Publishers.

— (1997) Organization of the future, San Francisco: Jossey-Bass Publishers.

Hill, Linda A. *Becoming a manager: How new managers master the challenges of leadership*, Nueva York: Penguin.

Kanter, Rosabeth Moss (1989) *When giants learn to dance: Mastering the challenges of strategic management and careers in the 1990s*, Nueva York: Simon & Schuster.

Katz, Donald (1995) *Just do it: The Nike spirit in the corporate world*, Holbrook, Massachussets: Adams Media Corporation.

Kotter, John P. (1996*) Leading change*, Boston, Harvard Business School Press.

— (1997) *The new rules: Eight business breakthroughs to career success in 21st century*, Nueva York: Free Press Paperbacks.

— (1999) *On what leaders really do*, Boston: Harvard Business School Press.

Kouzes, James y Possner, Barry Z. (1995) *The leadership challenge*, San Francisco: Jossey-Bass Publishers.

Levine, R. Stuart, y Crom, Michael A. (1993) *The leader in you*, Nueva York: Simon & Schuster.

Lorange, Peter (1994) *Strategic planning: Reconceiving roles for planning, plans, planners*, Nueva York: Free Press.

Moore, James F. (1996) *The death of competition: Leadership & strategy in the age of business ecosystem*, Nueva York: Harper Business.

Peters, Thomas y Waterman, Robert H. (1990) *In search of excellence: Lessons from america's best run companies*, Nueva York: Warner Books.

Porter, Michael E. (1980) *Competitive advantage: Creating and sustaining superior perfomance*, Nueva York: The Free Press.

Senge, Peter M. (1990) *The fifth discipline: The art and practice of the learning organization*, Nueva York: Currency/Doubleday.

— (1999) Kleiner, Art, Roberts, charlotte, Ross, Richard, Roth, George y Smith, Bryan (1999) *The dance of change: The challenges to sustaining momentum in learning organizations*, Nueva York: Doubleday.

Sloan, alfred P. Jr. (1996) *My years with General Motors*, Nueva York: Doubleday.

Stewart, Thomas A. (1997) *Intellectual capital: the wealth of organizations*, Nueva York: Doubleday/Currency.

Vicere, Albert A. y Fulmer, robert M. (1996) *Leadership by design: How benchmark companies sustain success throuh investment in continuous learning*, Boston: harvard Business School Press.

LOS PENSADORES

MOREEN ANDERSON es consultora, especializada en desarrollo de altos ejecutivos. Es profesora asociada de la Melbourne Business School, donde dirige también trabajos de investigación e imparte clases sobre el comportamiento organizativo en los programas de MBA y para ejecutivos de la Escuela. Pasó la primera parte de su carrera en la industria, trabajando en el sector de la energía, y después trabajó durante más de diez años en la banca en el Reino Unido. Ha detentado diversos puestos de trabajo en áreas tales como los recursos humanos, los asuntos corporativos, el *marketing* y la planificación estratégica. Ha centrado su interés, como estudiosa y consultora, en los altos ejecutivos, el liderazgo y el desarrollo personal. Es coautora (junto con Paul Dainty), de *The capable executive.*

CHRISTOPHER A. BARTLETT es el profesor Daewoo de administración de empresas en la Harvard Business School. Es autor, coautor o editor de seis libros, incluidos (en colaboración con Sumantra Ghoshall) *Managing across borders: The transnational solution* y *The individualized corporation*, que se han traducido a más de diez idiomas. Ha obtenido también la Igor Ansolf Award para el mejor libro sobre *management* estratégico. Antes de entrar en la Harvard Business School, fue director de marketing de Alcoa, en Australia, consultor sobre administración de empresas en McKinsey y en la oficina londinense de la Compañía, y director general de la sucursal francesa de Baxter Laboratories. El Dr. Bartlett es actualmente presidente del nuevo Programa para el Liderazgo global, de la Harvard Business School.

HAMID BOUCHIKHI es profesor agregado de *management* estratégico en la Ecole Superieure des Sciences Economiques et Commerciales (ESSEC) de París. Investiga y enseña en los campos de innovación directiva, teoría de la organización, *entrepreneurship*, y evolución de carreras ejecutivas. El Dr. Bouchikhi ha colaborado con varias organizaciones de los sectores privado y público, entre ellas el Groupe Lafarge, Framatome, French-American Foundation, Philips, RATP y Usinor.

SUBIR CHOWDHURY es vicepresidente ejecutivo del American Supplier Institute, una empresa consultora internacional con sede en Livonia, Michigan. Es coautor del *bestseller* sobre gestión de calidad *QS-900 Pioneers*. Ha recibido la honorable U.S. Congressional Recognition, la mayor distinción de la Society of Automotive Engineer –el distinguido premio a la excelencia de Henry Ford II, el premio a la excelencia y al liderazgo joven del Automotive Hall of Fame y muchas distinciones internacionales, por sus obras y aportaciones. Actualmente es presidente de la división automovilística de la American Society for Quality. Recientemente ha publicado la obra *Robust Engineering* (McGraw-Hill, octubre 1999) en colaboración con el renombrado gurú en el tema de la calidad, el Dr. Genichi Taguchi.

DAVID CONKLIN es profesor de estrategia internacional en la Richard Ivey School of Business, Universidad de Western Ontario, Canadá. Analiza en sus estudios las fuerzas políticas, económicas, sociales y tecnológica que influyen en las tomas de decisiones en todo el mundo. Muchas de sus publicaciones se ocupan de la adecuación de las empresas a los nuevos acuerdos comerciales y de inversión. El Dr. Conklin realiza trabajos de consultoría para gobiernos y corporaciones, e imparte sus enseñanzas en muchos países.

PAUL DAINTY es director general ejecutivo de recursos humanos estratégicos en Pacific Dunlop Ltd, un gran conglomerado australiano, que es la séptima institución australiana por el número de empleados. Es también profesor en la Melbourne Business School, de la Universidad de Melbourne, en la que detentó la cátedra de gestión de recursos humanos antes de incorporarse a Pacific Dunlop. En los años noventa, ha centrado sus investigaciones en el desarrollo de altos ejecutivos, en el liderazgo estratégico y en la formación de equipos. El Dr. Dainty ha publicado artículos, monografías y varios libros. Fue el autor principal de *The capable executive: Effective perfomance in senior management* (Macmillan, 1996), que examina las capacitaciones asociadas al rendimiento eficaz a los niveles ejecutivos de las organizaciones.

PAUL A. L. EVANS es profesor de comportamiento en las organizaciones en el INSEAD, en donde ha dirigido las actividades relacionadas con los recursos humanos y la dirección de las organizaciones (director fundador de seminarios para ejecutivos sobre *Management of people* y director de *Managerial Skills for International Business*). Ex miembro del consejo de la Human Resource Planning Society de los Estados Unidos, es fundador del European Human Resource Forum, una red de proyectos de 150 corporaciones punteras. Sus estudios se centran en la intersección entre el liderazgo, la gestión de recursos humanos y la gestión del cambio, y ha trabajado como consultor y consejero sobre estos temas en más de 70 corporaciones. Entre sus obras se cuentan: *Must success cost so much?* (traducido a ocho idiomas), *Human resource management in international firms* y *Transnational human resources management.*

CAELA FARREN es autora de *Who's running your career?*, y una notable abogada laboralista. Es consejera delegada de MasteryWorks Inc., Washington, D.C. Ha impartido enseñanzas a trabajadores y directivos de muchas de las 500 empresas y asociaciones de Fortune, entre ellas AT&T, MTV, American Express, Nissan y BASF. La doctora Farren ha comparecido en cadenas de televisión y de radio, entre ellas CNN, NBC, Associated Press Radio Network, UPI Radio Network, The Business Channel, Bloomberg Television and Radio y muchas otras. Ha sido también destacada por periódicos y revistas nacionales, entre ellos *Los Angeles Times, Newsweek* y *USA Today*. Ha recibido también el prestigioso premio Walter Storey Career Practicioner Award, de 1995.

J. WILL FOPPEN es decano, profesor y director de la Escuela de Dirección de empresas de Rotterdam, Erasmus Graduate School of Business, en Holanda. Fue miembro del consejo ejecutivo de la Erasmus University, presidente del comité universitario de presupuestos y finanzas y presidente del consejo de la universidad. Como profesor de ciencia política, fue uno de los fundadores del programa conjunto inter universitario entre el gobierno y la administración pública de la Universidad de Leiden y la Erasmus University. Ha iniciado (en cooperación con otros) el European Master in Public Administration para postgraduados. El Dr. Foppen ha escrito y editado varias obras sobre política holandesa (1973, 1974), estadísticas (1975), sistemas y política de enseñanza superior (1989, 1991), reformas administrativas de los gobiernos locales (1991, 1992), gestión del conocimiento y aprendizaje organizativo (1996), y aprendizaje del *management* (1998).

ROBERT M. FULMER es el profesor W. Brooks George de *management* en el College of William and Mary. Con anterioridad, fue profesor visitante en el Center for Organizational Learning del MIT, enseñó organización y *management* en la Graduate Business School de la Universidad de Columbia, fue responsable del desarrollo del *management* en todo el mundo de AlliedSignal Inc., y director de formación de ejecutivos en la Emory University. Es autor de cuatro ediciones de *The new management* (Macmillan) y coautor, en 1998, de *Executive development and organizational learning for global business* (International Business Press) y *Leadership by design* (Harvard Business School Press). Ha diseñado y trabajado en iniciativas de desarrollo del liderazgo en 22 países de seis continentes. El Dr. Fulmer es profesor distinguido y asesor especial del presidente del EastWest Institute, miembro del International Research Advisory Board del Strategos Institute.

SUMANTRA GHOSHAL es titular de la cátedra Robert P. Bauman sobre liderazgo estratégico de la London Business School, donde es también director del Aditya V. Birla India Centre. Ha publicado ocho libros, unos 45 artículos y varios estudios de casos que han recibido diversos premios. *Managing across borders: The transnational solution*, escrita en colaboración con Christopher Bartlett, ha sido incluida en la lista de uno de los 50 libros de *management* más influyentes de este siglo, y se ha traducido a nueve idiomas. *The differenciates network: Organizing the multinational corporation for value creation*, escrita en colaboración con Nitin Nohria, ganó el Terry Book Award en 1997. El último libro del Dr. Ghoshal, *The individualized corporation*, escrito en colaboración con Christopher Bartlett, obtuvo la Igor Ansoff Award en 1997. Sumantra, al que *The Economist* ha llamado eurogurú, mantiene relaciones como profesor y consultor con varias empresas americanas, europeas y asiáticas.

MARSHALL GOLDSMITH es fundador y director de Keilty, Goldsmith & Company (KGC), empresa consultora con base en San Diego, California. Es socio de la Global Consulting Alliance y miembro activo del consejo de gobernadores de la Peter Drucker Foundation, una fundación sin ánimo de lucro para el desarrollo del *management*. Se le ha reconocido a nivel nacional como codiseñador de uno de los programas de desarrollo del liderazgo innovador de América. Es coeditor de los *bestsellers The leader of the future, The organization of the future* y *The community of the future*. El *Wall Street Journal* le clasificó entre los 10 máximos consultores en el campo del desarrollo ejecutivo.

LINDA A. HILL es la profesora Wallace Brett Donham de Business Administration en el área de comportamiento organizativo de la Harvard Business School. Su libro *Becoming a manager:*

Mastery of a new identity explora los retos que presenta la transición entre el productor estrella y el director empresarial. Es autora también de *Power and influence: Getting things done in organizations,* y del premiado cederrón *High perfomance management and coaching.* Ha trabajado, entre otras organizaciones, con Arthur Andersen, Cabot Corporation, General Electric, Bristol-Myers Squibb, IBM, Merrill Lynch, Molex International y PricewaterhouseCoopers. La profesora Hill es miembro del consejo directivo de Cooper Industries, del consejo asesor de Rockefeller Foundation, Bryn Mawr College, The Children's Museum, Boston, y del consejo de supervisores del Beth Israel Deaconess Medical Center, Boston.

INGALILL HOLMBERG es profesor adjunto y director del Centre for Advanced Studies in Leadership en la Stockholm School of Economics, Suecia. Sus estudios se centran en el liderazgo directivo y el gobierno de la corporación en diferentes contextos empresariales. Tiene en curso también proyectos sobre liderazgo y cultura, y ha sido consejero del Ministerio de Industria sueco. Sus últimos trabajos se ocupan del papel de las firmas multinacionales suecas en el incremento del ritmo de la creación de conocimiento para mejorar la competitividad de Suecia como nación.

ROSABETH MOSS KANTER es titular de la cátedra Class of 1960 de Business Administration de la Harvard Business School, Boston, Massachussets. Es una líder en el campo del *management* conocida a niveles internacionales, consejera de muchas corporaciones globales en todo el mundo, autora de *bestsellers*, eminente conferenciante sobre estrategia empresarial y liderazgo del cambio en numerosos países, y abogada del cambio efectivo en los sectores público y privado. Entre sus laureadas obras se encuentran: *The change masters* (Simon & Schuster; Touchstone Books), *Men and women of the corporation* (Basic Books), *When giants learn to dance: Mastering the challenges of strategy, managements and careers* (Simon and Schuster; Touchstone Books), *The challenge of organizational change* (Free Press), *World class: Thriving locally in the global economy* (Simon and Schuster; Touchstone Books), y *Rosabeth Moss Kanter on the frontiers of management* (Harvard Business School Press).

KATRIN H. KÄUFER es profesora visitante en la MIT Sloan School of Management y profesora de la Universidad de Innsbruck, Austria. Entre su experiencia profesional pueden citarse tres años como consultora de clientes en el Dresdner Bank, Alemania. Sus estudios actuales se centran en los métodos de liderazgo de los procesos de cambio profundo en las organizaciones. La doctora Käufer ganó el premio a la innovación del "Stiftung für Industrieforschung" para el desarrollo del Programa de Estudios Globales. En 1989-90, junto con el profesor Galtung, fundó este programa de estudio integrado en 12 universidades de todo el mundo. Ha sido consultora para una empresa farmacéutica global y para una red de formación de pequeñas y medianas empresas.

JAMES M. KOUZES es presidente de los Tom Peters Group/Learning Systems. Ha trabajado en el campo de la formación de directivos desde 1969 y el *Wall Street Journal* le citó en septiembre de 1993 como uno de los doce "formadores de directivos no universitarios" más solicitados por las empresas de los Estados Unidos. Ha dirigido programas de liderazgo para cientos de organizaciones, entre las que se encuentran Arthur Andersen, Boeing, Charles Schwab, Consumers Energy, Dell Computer, Honeywell, Johnson & Johnson, LeviStrauss & Co., 3M, Motorola, Pacific Telesis, Stanford University, Sun Microsystems y el YMCA. Kouzes es coautor, con Barry Z. Posner, de cuatro obras sobre liderazgo, entre ellas *The leadership challenge* y *Credibility*, ambas premiadas y *bestsellers*. Sus últimas colaboraciones han sido *Encouraging the heart* y *The leadership challenge planner*. Han desarrollado también conjuntamente el *Leadership practices inventor*, un instrumento de evaluación de 360 grados, que se ha aplicado a 250.000 líderes de todo el mundo.

STUART R. LEVINE es presidente y consejero delegado de Stuart Levine & Associates LLC, una consultora y grupo de formación internacional. Fue consejero delegado de Dale Carnegie & Associates, Inc. En 1995, recibió el premio de Emprendedor del Año, al liderazgo. Es coautor del *bestseller The leader in You*. Ganó el premio de Innovador del Año de 1999, de Techno-Bridge®, formación en liderazgo para profesionales de la tecnología. Es consultor muy solicitado en alineamiento organizativo, visión, planificación estratégica y gestión del cambio, con clientes como Microsoft Corporation, The Social Security Administration, Fort James, Young Presidents' Organization, Carl Marks Consulting Group, ABC, HMG Worldwide y la Legal Marketing Association. Trabajó en la Asamblea del Estado de Nueva York. Ha sido Presidente del consejo del Dowlin College y vicepresidente del North Shore University Hospital. Pertenece al consejo directivo de la Olsten Corporation y del European American Bank.

PETER LORANGE es presidente del IMD (International Institute of Management Development) en Lausana, Suiza. Fue presidente de la Norwegian School of Management (BI) y de la Wharton School University de Pensilvania. Fue el profesor Woster de negocios internacionales y director del Lauder Institute. Ha impartido clases también en la Sloan School, del MIT. Sus estudios se centran fundamentalmente en los distintos aspectos de la dirección estratégica, incluidos el rol de los procesos de gestión y de las alianzas estratégicas. Dirige distintos estudios sobre los retos estratégicos a que se enfrentan las instituciones académicas. Ha escrito más de 100 artículos y escrito, coescrito o editado 13 obras. Su último libro, *The dinamic business school* está a punto de aparecer.

PETER MORAN es profesor ayudante de estrategia y gestión internacional en la London Business School. Sus estudios actuales se centran en el modo en que las organizaciones y sus directivos pueden influir en la capacidad de los individuos para añadir valor para sí mismos, para sus organizaciones y para la sociedad. Sus publicaciones incluyen *Bad for practice: A critique of the transaction cost theory* y *Markets, fims and the process of economic development*, ambos en colaboración con Sumantra Ghoshal y aparecidos en la *Academy of Management Review*.

BARRY Z. POSNER es decano de la Leavey School of Business, de la Santa Clara University, y profesor de comportamiento organizativo. Ha recibido varios premios sobresalientes como profesor y líder y ha publicado más de 80 estudios y artículos. Es coautor, con James M. Kouzes, de cuatro libros sobre liderazgo, incluidos los dos premiados y *bestsellers The leadership challenge* y *Credibility*. El doctor Posner figura en los consejos editoriales de varias publicaciones académicas y en el consejo directivo de Public Allies-Silicon Valley y del Center for Excellence in Nonprofits. Es un experto en liderazgo de renombre internacional y ha trabajado en programas de desarrollo de ejecutivos en instituciones como ARCO, Australia Post, Ciba-Geigy, Gymboree, Hewlett-Packard, Kaiser Permanente Health Care, Motorola, Pacific Telesis, Silicon Graphics, TRW y United Way.

C. K. Prahalad es profesor Harvey C. Fruehauf de administración de empresas y de estrategia corporativa y negocio internacional en la Graduate School of Business Administration de la Universidad de Michigan. Junto con el profesor Gary Hamel, su obra ha ayudado a redefinir que es lo que significa ser estratégico, yendo más allá de las ideas actuales sobre la transformación de la empresa al concepto más visionario de transformación de la industria. Ha trabajado como consultor con muchas empresas multinacionales, entre ellas Eastman Kodak, AT&T, Cargill, Philips, Colgate-Palmolive, Motorola, Marriott, Oracle y Whirpoolo. Dos de los artículos para la Harvard Business Review que escribió en colaboración con Gary Hamel obtuvieron premios McKinsey. Es coautor, con Hamel, del *bestseller* de dirección de empresas *Competing for the future,* y, con Yves Doz, de un libro pionero sobre las multinacionales: *The multinational mission.*

Jonas Ridderstrale es profesor ayudante de la Stockholm School of Economics, Suecia, y trabaja en el Institute of International Business y en el Centre for Advanced Studies in Leadership. Ha efectuado estudios, impartido clases y trabajado como consultor en los campos del *management* international, la firma del futuro, y los estilos de liderazgo en la sociedad de la información. En 1997 publicó su libro *Global Innovation,* seguido pronto por *Funky Business.* El doctor Ridderstrale es un conferenciante muy apreciado, con frecuentes compromisos por todo el mundo.

Peter M. Senge es profesor jubilado del Massachussets Institut of Technology. Es autor del famoso *bestseller The fifth discipline: The art and practice of the lerarning organization* y coautor, con sus colegas Charlotte Roberts, Rick Ross, Bryan Smith y Art Kleiner, de *The fifth discipline fieldbook: Strategies and tools for building a learning organization.* Es coautor, también, de *The dance of change.* El doctor Senge ha impartido clases por todo el mundo, traduciendo las ideas abstractas de la teoría de sistemas en herramientas que ayuden a entender mejor la economía y el cambio organizativo. Su obra articula una posición angular de los valores humanos en el puesto de trabajo, fundamentalmente, que la visión, el objetivo, la alineación y el pensamiento contenido en la teoría de sistemas son esenciales para las organizaciones que quieran poner en práctica sus potencialidades. Ha trabajado con líderes en los campos de las empresas, la enseñanza, la salud y la administración.

Lawrence Tapp es decano de la Richard Ivey School of Business, de la Western Ontario University, Canadá. Su reputación como innovador y catalizador del cambio le es de gran utilidad cuando se prepara para llevar a la Ivey al próximo milenio. En 1985, inició y lideró la mayor compra apalancada del mundo fuera de los Estados Unidos que creó el Lawson Mardon Group Limited. Su interés por la enseñanza post secundaria se refleja en su prolongado trabajo (1985-1995) en el consejo de gobernadores de la Mcmaster University. Entre 1993 y 1995 trabajó como profesor ayudante en la Facultad de Management de la Universidad de Toronto, consiguiendo calificaciones de "profesor máximo" por parte de los estudiantes de MBS y EMBA.

Fue también presidente (1992-1995) del consejo asesor de la Facultad de Management de la Universidad de Toronto.

DAVE ULRICH es profesor de administración de empresas en la University of Michigan Business School. Es autor de *Human resource champions: The next agenda for adding value and delivering results* y coautor de *Organizational capability* y de *The boundaryless organization*. *Business Week* le proclamó como uno de los diez máximos educadores en el campo del *management* y como el número uno en la formación de recursos humanos. Ha recibido la Pericles Pro Meritus Award por su extraordinaria aportación al campo de los recursos humanos y ha sido consultor de más de la mitad de las 500 empresas de Fortune.

ÍNDICE

Activos
    Capacidades potenciales, 81-82
Afecto
    Búsqueda de, 45
    Necesidad de, 33
Alma, economías del, 42-43
Análisis y solución de problemas, 118-119
Apertura
    Lugar de la, 33
Aprendizaje y desarrollo
    centrarse en, 58-59
    consejero, 106-107-108
    entorno incluyente, 66
    experiencias, 109-110
    incentivación del, 112-113
    Véase también *Management,* Formación
Asociación, fortalezas de la, 70-71
Atmósfera de miedo, 3
Autodescubrimiento, importancia del, 21
Autoestima, 33-34
Autoridad
    Equilibrio entre autonomía y, 59
Biotecnología, compañías de, 64
Cambio
    Anticipación de la necesidad del, 74
    Continuidad del, 79
Caos, creadores del, 44
Capacidad intelectual
    Las comunidades y la, 283-284
    Las empresas y la, 276-282
    Valor de la, 271-276
Center for Creative Leadership, 33
Cinismo, superación del, 21
Cliente
    Interacción, 8
    Segmentos, emergencia, 154
Colaboración, el secreto de la, 28
Colectivos
    Decisión sobre quien debería formar parte del, 52
    Existencia de, 51
    Papel de los, 50-51
    Véase también tela de araña creativa
Compañías
    Creación de valor de las, 132-133
    Fuerzas del mercado, impacto en las, 137-138
    Fundamentalismo del mercado y las, 137
    Intereses de las, 133
    La innovación en las, 136
    Sociedad y las, 133-135, 139-141
    Véase también Organizaciones
Competencia, cooperación sobre la, 28
Competencias esenciales para, 38-39
Competitiva
    Estrategia, 133-134
    Ventaja, 40
Componentes de la organización, comprometer a los, 28
Comunicación "grupística", 2-3
Confianza, 29
    Cultura de la, desarrollo de una, 58
Conformación de la, 57
Conocimiento,
    Generación de, 12
    Valor futuro del, 114-115
    Véase también Aprendizaje y desarrollo
Contexto sociológico, 228-230
Contradicciones, entender sus, 82
Corto plazo versus largo plazo, 75-76
Crecimiento beneficioso, 259
Creencias
    Emoción y, 3-4
    Importancia, 3, 34-35
Cultura
    Distancia cultural, 4
    Diversidad, gestión de la, 153
    El reto de cambiar una, 98
Customización, véase puesto de trabajo
Descentralización, 46, 76-77
Desde la raíz, 6-7
    Gestión de la, véase Gestión de la formación

Desregulación, 152
Diferente personalidad
    Formación de un equipo con, 83-84
Directivos
    Competitividad, garantía de la, 143
    Confianza, 106
    Dominio de las TI, 104
    Emprendedor vital y, 231-233
    Formación, 175-176
    Futuro de los, 105-106
    Instintos de los, 105-106
    Mentalidades, 125-127
    Retención de los, 110
    Trabajo emergente de los, 152-162
Diversidad
    Adopción de la, 58
    Impacto de la, 154-156
    Importancia de la, 4
Edu-líder, 90-102
    Significado, 90
Emoción
    Creencias y, 3-4
    Inteligencia emocional, 122
Empleados
    Compromiso emocional, valor del, 3
    Contratos morales, 142
    Creación de valor para los, 141
    Futuro para los, 103-104
Empleo
    Formación, véase Formación y desarrollo
    Moralidad en el, 141-147
    Nuevo contrato, 144-147
    Reconocimiento de la dignidad individual en el, 147
    Relaciones duraderas en el, 149-151
Eni, transformación del, 54
Equipos de trabajo autogestionados, 59
Estandarización, fracaso de la, 39-40
Estructura, moldeado de la, 59-60
Foco, importancia del, 92-93
Formación
Formación, importancia, 148
Fracaso, importancia del, 5
Futuro
    Descubrimiento del, 266
    Foco en el, 26-27
    Predicción del, 255-256
Genio
    Búsqueda del, 50
    Colectivo, 18, 49
        Ejecución, 63
        Liderazgo del, 69-71
        Liberación del, 57
Gestión del, 13

Globalización
    Efectiva, 9-10
    Impacto de la, 256-257
Identificación del, 14
Individuos
    fuerza moral, 267-268
    preparación para el nuevo siglo, 268-270
    relaciones, creación de, 268-269
    resolución personal, 209
    valor, entrega de, 268-269
información
    flujo de, vitalidad del, 272-276
    liderazgo centrado en la, 124-125
    manejo, desarrollo de la amplitud y el foco en la, 124-125
    multi pensamiento, 274-276
    producción y compartición, 95-96
Iniciativa
    Dimensionamiento, 25
Innovación
    Búsqueda de la, 14
    Dominio de la, 41
    Organizativa, 41
Intelectual, capital, 259
    Atracción de, 69-70
    Véase también Conocimiento
Internet
    Gestión del impacto de, 154
    Papel de, 157-158
    Véase también Tecnología
Inversión en, 12
Investigación y desarrollo, cultura de, 111-112
Janusiano, líder, 19
Lealtad, pérdida de la, 20
Liderazgo dual, 84-89
Liderazgo
    Aprendizaje de la acción, 194
    Aptitudes requeridas para, 4-5
    Cambio, sostenimiento del, 205-208
    Conocimiento, véase educación para el *management*
    Credibilidad del, 20-21
    Cualidades de, 5, 20
    Desarrollo, 187
        Ámbito y procesos, 187
        Cuestiones claves del, 188-189
        Desarrollo de recursos humanos, 189-190
        Estrategia corporativa, 187-188
        Estrategia centrada en el cliente, 196-198
        Evaluación y medida, foco en, 198-199
        Experiencia empresarial, foco en, 189-190
        Factores externos, 190
        Factores internos, 190
        Iniciativas, 187-188

ÍNDICE

Valor, foco en el, 199-200
Estrategias, 208-221
   Combinación de, 218-221
   Iniciación, obstáculos para, 208-211
   Mantenimiento del, obstáculos para, 211-214
   Rediseño y replanteamiento del, 214-215
Líderes
   Comunidades de, 201-202
   Creadores de red internos, 204
   Ejecutivos, 203
   Líderes de línea local, 203
   Tipos de, 202-205
Líderes múltiples, efecto de, 190-191
Multi capacitado, 4-5
Planificación de la sucesión, 196
Pool, identificación del, 190-191
   Competencias, 190-192
   Líderes crecientes, 192
   Programa adecuado, personas adecuadas para, 192-194
   Profesiones claves, 111
   Rapidez del, 19
   Requisitos futuros del, 17-18
   Responsabilidad del, 22-23
   Sensacional, 43-44
   Solución de problemas y, 44
   Tecnología e interacción, 194-196
   Tensión, dominio de la, 18
Localización, valor de la, 40-41
Management
   Dificultades del, 173-174
   El error del, 3
   Filosofía del, nueva, 129-130
   Formación y, 174-175
      Contribución del, 173-174
      Gestión del conocimiento, 183-185
      Procesos del, 176-180
      Racionalidad técnica, 180-182
   Naturaleza cambiante del, 1, 161-162
   Manifiesto para el, 131-151
   Prevención del fuego, 7-8
   Procesos, 163
      Aprendizaje, 164-165
      Control, 169-170
      Desarrollo ejecutivo, 166-167
      Gestión de recursos humanos, 165-166
      Implicaciones del, 170-171
      Paradigma del proceso estratégico, emergencia, 164
      Presupuestación, 168-169
      Problemas de implementación, 171-172
   Super gestión, 69
   Teoría, atrapado por la, 132-133

Trabajo del, 159-160
Mentalidad emprendedora, 113-114
Mercado
   Poder del, 131-132
   Volatitilidad del, 153-154
Mercados emergentes, 152, 158-159
Millenium pharmaceuticals, 63-69
Misión, establecimientos de, 97-99
Monopolio
   Búsqueda del, 38
   Temporal, 38
Movilidad, 75-76
Necesidades humanas, 103
Opuestos
   Navegando entre, 73-75
Organización centrada en el, 10-11
Organización
   Capacidades críticas, 260-266
      Aprendizaje, 263
      Capital humano, 261-262
      Claridad estratégica, 265
      Conexión con el cliente, 263-264
      Mentalidad compartida, 264-265
      Flexibilidad, 261
      Profundidad del liderazgo, 262-263
      Responsabilidad, 265-266
      Sin fronteras, 266
   Eficacia, 72
      Rapidez y, 258
   Soluciones, 41-42
   Valores, 110-114
Organización
   Forma de la 223-224
   Véase también Puesto de trabajo
Orientado a la relación, 94-95
Orientado a los procesos, 93
Paradoja, gestión de la, 57-58
Pautas, reconocimiento de, 104-105
Pensamiento, importancia del, 27
Percepción, valores y creencias, 119-120
Personal
   Atención al, 99-100
   Desarrollo del 99
   Formación, 101
   Inversión en el, 66-69
   Valoración, 91
Personalidad y creatividad, 120-122
Productos, explosión de nuevos, 37
Publicidad, tácticas de choque de la, 36
Puesto de trabajo
   Customizado, 233-237
   Traslado a un, 225-228
Ravenswood School, 24

Rendimiento
    Atención al, 58
    Disparidad en el, 55
Retención del, 13
Reto, oportunidades para la grandeza, 22-24
Retorno sobre el, 11-12
Riqueza, compartición de la, 104
Sentido del propósito, 102
Sistema de gestión del talento, 12
Sueño, capacidad para el, 2
Talento
    Atracción de, 13, 52-53
Tecnología
    Convergencia, 152-153
    Efecto de la, 257
    Interacción con la, 122-124
    Utilización inteligente de la, 117-118
Tela de araña creativa, 239-254
    Centro estratégico, papel del, 251
    El *management* en, 247-249
    Estructuras corporativas
        Nacimiento de nuevas
        Ruptura en el, 230
        Internacionalización de las, 246-247
    Estructuras industriales, examen de las, 240, 242
    Innovación y, 252
    Outsourcing, 240
    Racimos de empresas, 244
    Referencias para crear la, 249-251
    Relaciones empresariales, futuro, 242-243
    Inclusión de los proveedores, 252
Tensión constructiva, incentivación de la, 86-88
Valores personales, credibilidad de los, 21
Volatilidad, gestión de la, 156-157
Zárate, filosofía, 29-30